서울법대 65동기

우리들의 50년 이야기

서울법대 65동기

우리들의 50년 이야기

● 발간사

50년 전으로 돌아가
젊은 시절을 다시 보는 듯

반세기 전 저마다 앳된 얼굴로 만나 4년여의 세월을 함께 강의를 듣고 공부하며 함께 술잔을 기울이고 노닐며 지냈던 기억이 아련히 떠오르는데, 벌써 상당히 지난 세월이 우리의 몸과 마음에 많은 흔적을 남기고 있습니다. 그러나 서로에 대한 우리의 마음만은 여전히 변함없으리라 믿고 싶습니다.

이러한 믿음에 대한 희망을 확인하고자 또 지난 우리의 과거를 돌이켜보며 각자의 일로 바빠 미처 못 다한 이야기를 하고자 우리들의 이야기집을 만들어보기로 하였습니다. 이러한 작업이 국내는 물론 세계로 흩어진 동기들을 다시 하나로 묶어주는 계기가 되었습니다. 끊어졌던 연락이 재개되면서 친구가 어떻게 사는지 관심을 기울이지 못하던 우리들이 대화를 나누기 시작했습니다. 곳곳에서 들려오는 동기들의 소식은 모두 우애가 넘치고 서로 보고 싶은 열망이 가득한 것이었습니다. 우리가 처음 만났던 시절로 돌아가 해맑고 열망이 가득하던 모습을 다시 보는 듯합니다. 이 모든 일들을 통해 수시로 우리의 믿음을 확인할 수 있었고 또 커다란 즐거움을 느낄 수 있었습니다.

비록 50년의 모든 역사를 다 담지 못하였으나 50년의 단편들이 나름대로 소중하고도 즐거운 기억으로, 그러면서도 애틋하게 담겨 있으리라 믿습니다. 참여해주신 모든 분들께 기쁨의 선물이 되기를 빌며 또 참여하지 못한 분들도 참여하려는 의욕만은 분명했기에 이 이야기

집이 우리 모두의 열망으로 만들어진 것임을 기록해두고자 합니다.

　우리들의 이야기집을 만드는 데에는 많은 분들의 참여와 격려가 큰 힘이 되었습니다. 처음에 생각했던 것보다 훨씬 많은 분들이 옥고를 보내주셨음은 물론 그림과 사진을 보내주셨으며, 옥고를 보내주시지 못한 분들도 많은 지원과 편달해주신 것에 감사를 드립니다. 또 정재룡 회장님을 포함한 동기회 임원진 여러분과 운영위원회 및 추진위원회의 적극적인 지원과 관심이 없었다면 이야기집이 제대로 발간되지 못하였을 것입니다. 심심한 감사를 드립니다. 편집위원 여러분의 자발적인 도움과 건설적인 의견제시 특히 김영수 작가께서 발의에서부터 출판 마감까지 이야기집의 기본적인 설계는 물론 세세한 일까지 신경을 써주신 덕분에 무사히 출간하게 되었습니다. 이 자리를 빌려 편집위원 모든 분들께 그 동안의 노고에 대해 감사의 말씀을 드립니다. 어려운 여건에서 이야기집이 제 때에 나오도록 힘써주신 도서출판 문학공원의 김순진 사장님께도 고마움을 표합니다.

　이제 다시 우리 인생의 앞을 바라보면서 나갑시다. 우리의 손자와 손녀들을 돌보고, 각자의 취미를 더 발전시키고, 못 다한 일이 있으면 마저 성실하게 하며 또 젊은이들에게 경험담을 들려주면서, 지금까지 그래 온 것처럼 열심히 인생을 즐기며 삽시다. 그리고 20년이나 30년 뒤에 우리가 걸어온 길을 회고하며 또 한 번 즐거운 이야기를 나눌 수 있기 바랍니다.

서울법대 65동기 50년 이야기집 편집위원회 위원장　백　윤　수

● 축 사

『우리들의 50년 이야기집』
발간에 즈음하여

    1965년에 駱山 기슭에 있던 法大에 入學한지 어언 50년이라는 세월이 지나갔습니다.

    돌이켜 보면 오랜 시간인 것 같지만, 한 세대 두 세대를 겪었다고 생각하면 짧은 세월, 激動의 시기를 우리 다 같이 보내고 이제 우리 이 자리에 와있습니다.

    大學生活은 疾風과 怒濤(STURM UND DRANG)의 시대 속에서 같이 아파하며 보냈고, 졸업 후에는 開發年代에 뿌리 깊은 가난을 떨쳐내기 위하여 안간힘을 쓰던 開發途上國인 이 나라를, 어두운 역사의 桎梏에서 脫出시키려고 우리 同期들 모두 各 분야에서 힘들지만 보람 있게 열심히 힘써 이 나라가 세계 속에서 오늘의 자리를 매김하는 데 크게 기여하였다고 자부합니다. 제2차세계대전 이후 民主化와 産業化를 同時에 이룬 유일한 나라인 오늘의 대한민국을 만드는 데 우리 모두 同參하여 기적을 일구어냈습니다.

    이제 各自 다른 길을 거쳐 다시 50년 前의 우리로 돌아 와 이 이야기集에 모여 있습니다. 인생의 황혼기를 맞으면서 지나간 50년 동안의 우리의 추억과 영광과 아픔을 기록하는 장을 만들었습니다.

    서울 법대 23회 동기회의 기록문집인 "50년 이야기 집"의 발간을 眞心으로 祝賀합니다.

    그동안 이 문집 발간을 위하여 애쓰신 이야기집 편집위원장 白倫

洙 교수와 편집과 궂은일을 도맡아 고생하신 金永秀 작가, 그리고 편집위원 여러분, 귀한 글과 그림 그리고 사진 자료를 제출해주신 동기들께 심심한 감사의 말씀을 드립니다.

특히 표지그림을 위해 여러 차례 수고를 아끼지 않으신 한광수 동기의 부인 모지선 화백께도 지극한 감사를 표합니다. 이 기록을 통하여 우리 모두 지나간 50년을 반추하며, 우리 동기들의 끈끈한 情과 유대를 더욱 돈독히 해준 「50주년 행사준비 위원회」의 위원장인 尹喬重 회장, 李興源 법대 총동창회 부회장 등 운영위원 여러분께 이 지면을 통하여 다시 한 번 감사의 마음을 전합니다.

이제 우리의 아들, 딸 그리고 손주들과 함께 이 이야기집을 돌려보며 지나간 우리들의 이야기를 할 수 있게 되어 너무나 행복합니다.

우리 모두 건강하게 조금씩 봉사하면서 살며 다음 50주년 행사에 모두 만나 회포를 풀도록 합시다.

감사합니다.

서울法大 23회 동기회 회장 鄭 在 龍

65동기회(제23회동기회)의 발자취

I. 연대별로 본 동기회의 연혁

1) 졸업 ~ 1979년

동기생들이 법대를 졸업한 후 각자 뜻한 바에 따라 고시(사법, 행정, 외무)에 정진하거나 기업에 입사하여 후일의 대성을 예비하는 기간이었고, 사법시험 33명, 행정고시 18명, 외무고시 3명, 법원사무관고시 1명의 합격자를 배출하였으며 한국은행에 12명이 입행하는 등 유수한 기업에 많은 동기생들이 대거 진입하였다.

2) 1980년 ~ 1989년

동기생들이 각자의 분야에서 크게 약진하여 중견의 자리를 점하고 국가발전에 밑거름의 역할을 하였던 시기이다. 1983년 이도조동기가 동기생들의 행방을 추적하여 동기수첩을 제작하는 수고를 감당한 것을 계기로 1984년 "서울법대65동기회"라는 명칭으로 동기회가 정식으로 발족하고 초대 동기회장을 김종국 동기가 맡았다. 특기할 것은 1980년대 "서울의 봄" 시대에 우리 동기생인 조영래 변호사가 인권운동에 큰 획을 긋는 활약을 하였으나 2010년 너무나 짧은 일생을 마감하여 친구들과 그를 흠모하던 선후배들의 안타까운 탄식을 금치 못하게 하였던 것이다. 또 1989년 10월 22일 "졸업 20주년기념 모교방문 행사(홈커밍)"는 많은 동기생과 가족이 참석하여 성황을 이루었고 (이원구 동기회장 주관) 모교에 법학발전기금 500만원을 전달하였다.

3) 1990년 ~ 1999년

우리 동기생들은 사회 각 분야에서 책임 있는 지위에 나아가 리더십을 발휘하며 명성을 쌓아 나가게 된다. 법조계에서는 법원장, 검사장, 유수한 로펌의 대표변호사로서 행정부에서는 차관, 대사로서 또 금융계와 기업계에서는 임원의 자리에서 각기 자기가 속한 조직을 책임지고 이끌어가는 존재가 되었으나 이연대의 말기에 닥친 외환위기(소위 IMF사태)로 인하여 시련을 겪게 된 친구들도 많이 생겼다. 1999년11월6일 "졸업 30주년 모교방문 행사"를 부부동반으로 개최하였고(김완섭 동기회장 주관) 모교발전기금 1,000만원을 모교에 전달하였다.

4) 2000년 ~ 2009년

이 시기는 국가적으로 시련을 당하고 이를 극복하기 위해 진력하던 때이며, 우리 동기들도 전반에는 외환위기(IMF사태)의 극복을 위하여 또 후반에는 세계를 휩쓴 금융위기의 현명한 대처를 위하여 앞장서서 전력투구하였으며 그 결과 큰 성과를 거두었다고 할 수 있지 않을까? IMF사태의 극복에는 금융감독원과 한국자산관리공사, 예금

보험공사 등에 근무한 동기들의 활약이 돋보이고 금융위기에 대한 대처에는 기획재정부장관을 맡았던 동기들의 역할이 지대하였다. 다른 동기생들도 사회각계의 Top management로서 각자의 분야에서 국가사회에 대한 봉사와 각자 인생목표달성을 위해 마지막 정열을 불태우던 시기이다. 특기할 일은 우리 동기생 중에서 대법관이 네 명이나 배출되는 자랑스러운 기록이 만들어졌다는 것. 2009년 2월 26일 "졸업 40주년 기념행사"(윤경희 동기회장 주관)에는 동기생 커플 100여명과 은사 세 분(김철수, 이시윤, 황적인 교수)이 참석하여 성대히 치루고 모교발전기금 1,000만원을 서울법대 김건식 학장에게 전달하였다.

5) 2010년 ~ 현재

변호사와 기업가 이외는 거의 은퇴하여 제2의 인생을 개척하고 있다. 동기들 간의 취미모임(등산, 바둑, 테니스 등)이 빈번해지고 강남모임, 광화문모임 같은 소규모 동기모임도 참여율이 높아지고 있다. 2014년 6월 우리65동기인 김동건 법무법인 '바른' 대표변호사가 서울법대동창회장에 피선되어 2년간 서울법대동창회를 이끌게 되었다. 또 동기생들의 연령이 점점 고령화되고 유명을 달리하는 친구들이 자꾸 늘어나면서 "입학 50주년기념 행사"를 하자는 여론이 높아져 이를 추진하기로 동기회운영위원회에서 결정하고 그 가장 주요한 사업으로 "우리들의 50년이야기집"을 발간하기로 하였다.(이야기집 편집위원장 백윤수, 간사 김영수, 편집위원 다수 선정) 그 외에도 50-50걷기, 기념국내여행 등 여러 가지 행사가 예정되어 있다.

II. 65동기 분야별 활동상황 (작고 동기 포함)

1) 관계

강만수 강희복 김녹규 김종상 김중양 남궁훈 박강훈 신중대
안성덕 오형환 윤증현 윤지준 이광철 이근식 이도조 이만호
이해관 정운철 정재룡 정철호 조창범 최경보

2) 관세사 · 법무사 · 평가사 · 세무사

문영극(관) 윤충근(관) 정철호(관) 문복주(법) 이광철(법)
안 평(평) 유근석(세)

3) 금융계

강기원 강종운 김상우 김영규 박동수 성낙천 유동수 윤기향
이상욱 홍순우 이명천 이창희 오규원 이인호 조병대 박옥만
장영효 백운철 민경상 장상원 서삼영 윤교중 윤경희 주준소
김인주 박동열 박종국 안길용 윤문섭 윤세문 이창완 황창연
김학수 하채수

4) 기업일반

강복수 김광로 김광준 김남국 김녹규 김능오 김대희 김배열
김백남 김영배 김영수 김주완 김철수 김태영 박승만 박옥만

박종규　박중삼　박현수　백승혁　성철호　송승환　윤만준　윤민규
윤석분　이용욱　이창박　이흥원　임길채　장기택　전인선　정운철
조병대　조용국　차동천　최창근　황찬홍

5) 법조계

강길봉　강완구　고현철　곽동효　김동건　김시승　김완섭　김윤호
김재진　명노승　박성민　박재윤　박태종　박현근　박휴상　서정석
손지열　신성철　안영도　오동섭　오종권　이원구　이종욱　이홍훈
임완규　정경용　정영일　정종우　정진규　조영래　조중한　한광수
황우여

6) 연구소 · 공공기관 · 공기업

김일천　김종구　김학년　오영진　이재수　임도빈

7) 학계 · 종교계

김문환　김영규　김 철　박강훈　박원택　배영길　백윤수　윤기향
이형호　강영훈　안성덕(목사)　오치용(목사)

III. 서울법대65동기회 역대회장 명단 (직위는 취임시)

제1대   김종국   진안통상(주) 대표이사
제2대   황찬홍   (주)진진 대표이사
제3대   조영래   변호사
제4대   백승혁   (주)하이리빙 대표이사
제5대   김인주   캐피탈라인(주) 대표이사
제6대   이원구   변호사(졸업 20주년기념 행사)
제7대   안길용   법무법인 서정 상임고문
제8대   박종규   (주)코리아세븐 대표이사
제9대   박현근   변호사
제10대   신성철   변호사
제11대   임완규   변호사
제12대   김완섭   변호사(졸업 30주년기념 행사)
제13대   김종상   세일세무회계법인 대표
제14대   백승혁   (주)하이리빙 대표이사
제15대   윤경희   맥쿼리증권(주) 회장(졸업 40주년기념 행사)
제16대   정진규   변호사
제17대   황찬홍   (주)진진 대표이사
제18대   정재룡   상명대 초빙교수(2014. 1~ 현재)

IV. 해외이주 65동기

김백남 김영익 김정욱 김철수 김호웅 박강훈 성철호 안성덕
이상철 이원재 이응섭 하채수 현영균(13명)

V. 작고 65동기

김시승 박상서 박현수 성낙천 윤민규 윤석천 윤충근 이명천
이상욱 이해관 임완규 전인선 조영래 최기호 최청식 (15명)

정리. 기술 이흥원(서울법대동창회 부회장)

졸업 20주년을 맞이하여 제작한 기념반

서울法大 23回 卒業20周年紀念 母校訪問 1989. 10. 22

근대법학백주년기념관 내 정의의 종

차 례

발간사 편집 위원장 백윤수 4
축 사 동기회장 정재룡 6

65동기회(제23회동기회)의 발자취 8

편집위원회에 온 편지, 위원회가 보낸 편지 26
강희복 윤기향 김 철 안성덕
박종국 문영극 이도조 배영길

제1부 우리들 이야기

김 철 - 1965, 1966년의 기억 44

배영길 - 1968 제1회 졸업기념 음악회 59

김영수 - 유럽지역 대사 동기 방문기 64

편집위원회 · Grace Eun Jung Oh - 난빛도시 방문기 74

김인주 · 이원구 - 녹우회 여담 85

소 그룹 활동 보고서

조용국 - 두일회 기록　　　　　　　　　92

김중양 - 기우회 연혁　　　　　　　　　97

김종상 - 65동기회 등산이야기　　　　　100

이제는 볼 수 없는 동기들을 추모함

김시승을 추모함　　　　　　　　　　　110

박현수와의 추억　　　　　　　　　　　117

솔직하고 거침없던 영원한 자유인 박상서 군을 추모함　　119

다정다감했던 이상욱 군을 추모함　　　121

영원한 이방인으로 산 윤석천을 추모함　123

이해관을 추모하며　　　　　　　　　　125

조영래를 추모하며　　　　　　　　　　136

친구, 조영래와의 추억　　　　　　　　138

최청식을 추모함　　　　　　　　　　　140

제2부 나의 이야기

김광준 - 65205의 비주류 인생148	148
김대희 - 법정관리인의 애환	156
김문환 - 이 가을 : 상적(傷跡)의 추억들	171
김인주 - 낭만에 대하여	178
김종상 - 나의 세짜 이야기	180
김중양 - 산행단상 / 삼천 배 고행	204
배영길 - 아침의 선물(?)	216
신중대 - 성지순례기	222
안성덕 - 마로니에의 추억	233
오종권 - 진리를 찾아서	248
오치용 - 꽃섬 이야기의 이야기	257
이재수 - 회상	271

제3부 선생님들과의 추억

손지열 – 세 분의 스승　　　　　　　　　　　　　292

배영길 – 황적인 교수님과의 추억　　　　　　　　305

김영수 – 전원배 교수님! 죄송합니다　　　　　　　316

제4부 우리들의 노래… 시 모음

김광로 – 인도의 추억　　　　　　　　　　　　　320

김영수 – 억새를 노래하다　　　　　　　　　　　325

김학수 – 손자를 위한 할아버지의 기도　　　　　329

오종권 – 꿈 같지 않게 꿈같은　　　　　　　　　331

신중대 – 세월호 사건을 생각하며　　　　　　　334

윤경희 – 어두움이 빛이 되어 (연작시)　　　　　335

조용국 – 분노의 계절　　　　　　　　　　　　　342

<특별기고> 모지선 화백(한광수 부인)의 시 – 시인의 등불　343

제5부 빛이 있어라, 삶과 문화 이야기

김영수 – 김광로 화백의 인도그림 전시회에 부침 346

김완섭 – 골프 속의 삶과 지혜 347

김종구 – 시장, 믿어도 되나요 356

김종상 – 한·미 양국 지폐의 얼굴과 그 역사 문화 … 360

김중양 – 바둑 예찬론 373

명로승 – 내곡동 농부 아저씨 377

박재윤 – 유실물 이야기 385

배영길 – '나이 듦'에 대하여 391

백윤수 – 그림을 읽는 즐거움 398

윤기향 – 변호사 수와 경제성장 407

이홍훈 – 우주 일화 412

정운철 – 신라 소고 420

정재룡 – 1998년 겨울, 서울 428

제6부 동기들의 출판 도서 이야기 422

강만수 강희복 김광로 김광준 김영수 김종구 김종상 김중양 김 철
박휴상 오종권 오치용 윤경희 윤기향 윤증현 정운철 정재룡 황우여

부록

지상갤러리	458
편집후기	464
발간일지	466

우리들의 50년 이야기는 입학한 후 반세기가 지나, 동기들이 자신의 다양하고 귀중한 인생경험을 각양각색의 문체로 쓴 이야기집이다. 이야기집을 보면서, 이처럼 다양한 내용과 형식을 서로 연결하고 통합해 주는 image가 있으면 좋겠다고 생각하였다.

나이테를 구성하는 50개의 줄은 입학한 후 경과한 50년을 상징한다. 크게 세 부분으로 구분된 나이테는 우주의 기본구성 요소인 天地人 삼재를 나타낸다. 50년 동안 국내는 물론 세계 각지를 누비며 활약한 동기들의 무대가 天地이고, 그 사이에서 뜻 깊은 역할을 담당한 우리들이 곧 人이다.

나이테의 굴곡과 음영은 각자의 분야에서 성공과 시련, 기쁨과 슬픔을 맛보며 나름대로 어렵게 그리고 열심히 자신의 길을 걸어온 우리들의 발자취를 보여준다. 각 chapter의 은은하면서 아름다운 색채를 통해 우리들의, 우리들 후손의, 우리 사회의 밝고 희망에 찬 미래를 나타내고자 하였다. 어려운 부탁에도 불구하고 흔쾌히 디자인을 해준 백수아 작가에게 감사드린다.

편집위원회에 온 편지,
위원회가 보낸 편지

강희복 윤기향 김 철 안성덕
박종국 문영곤 이도조 배영길

강희복의 편지

편집위원회에 보냅니다.

무지하게 반갑군요!
그런데 무슨 시골생활이 글로 적을 만큼 있나요?
괜히 건강하게 지내고 싶다는 욕심이 만든 헛발질이 아닐까요.
이미 우리 인생은 하느님의 뜻으로 정해져 있는데 욕심이 스스로를 들볶을 뿐이지요!
다행인 것은 바로 근처에 성당 공소가 있어서 이곳의 교우들과 가끔, 아주 가끔 친교활동을 하여 살아온 길이 다른 많은 사람과 삶을 섞는다는 것이지요!
그나마 서울 생활도 해야 돼서 자주도 못 가고 주말에나 겨우 가서 어른 두 사람이 누우면 될 밭자락에 그냥 기르기 쉬운 상추, 고추, 토마토, 오이, 호박, 고추를 두 세씩 심고 그들이 잘 자라기를 기다립니다.
그러면 신통하게도 자기 힘만으로 무럭무럭 자라서 조금은 무공해 채소를 신나게 나누어 먹지요!
간혹 손자 녀석들이 오면 조그마한 잔디밭이 갑자기 활발한 놀이터로 변하고요!
그러면 이들을 뒤쫓는 재미에 하루를 금방 보내고 엔돌핀이 솟습니다.

강희복의 전원생활

　남들이 그리는 그런 낭만적 시간은 없구요. 달을 본다든지 먼 산을 본다든지 하면서 괜히 기억을 떠올리고 인생을 되 집는 그런 낭만은 별로 기대하지 않아요!
　그런 것이 워낙 부족한 사람이니까요!
　빗소리, 바람소리, 새벽을 깨우는 경운기 소리는 그냥 흘려보냅니다.
　이런 재미라고는 없는 사람이 무슨 시골생활을 글로 나누겠어요!
　그리고 제가 딱히 주변에 시골로 가서 산다는 친구를 몰라서 도움이 안 되는군요!
　미안합니다.
　이만 줄이고…….

― 강희복

윤기향의 편지

편지 - 1

소식 듣게 되어 반갑습니다.

"50년 이야기집"과 관련해서 수고를 너무 많이 하는 것 같아 고개가 숙여집니다.

이런 일들을 종종 해봤기 때문에 큰 구상부터 소소한 일들에 대한 배려까지 신경써야할 일들이 많이 있는 것을 압니다.

그 동안 동기들에게 알리지 않았지만 두 권의 대학 교재를 한국에서 출간하였고 이번 연말까지 일반 독자들을 위한 경제학책 [가제: 『시가 있는 경제학(Economics Meets Poems)』]을 연말 출간을 목표로 준비 중에 있습니다. 이미 출간한 경제학 책들은 다음과 같습니다.

(1) 현대거시경제론(차동세 박사와 공저), 법문사, 1998
(2) 증권의 논리, 투자의 예술, 씨앗을 뿌리는 사람, 2000

무더운 여름 건승하시기를 빌면서…….

미국 플로리다에서.

-2014. 6. 25 윤기향 배

편지 - 2

그 동안 무더운 여름 건강하게 지내시리라 믿습니다.
지난여름의 더위에 비하면 금년 여름은 양반이라는 이야기를 들었는데…….
내가 지난여름 한국에 있었을 때에 더위에 헐떡거렸던 기억이 생생합니다.

지금 한국은 교황 방문으로 큰 은혜가 넘치는 것 같은데 아무튼 이번 축제로 그 동안 갈라졌던 사회가 아물었으면 합니다.

문집 발간은 순조롭게 잘 진행되고 있는지 궁금하오.
지난 번 내가 보낸 글을 다시 읽어보니 몇 군데에서 고쳤으면 하는 부분이 있는데 늦지 않았으면 여기 다시 보낸 것으로 대체했으면 합니다.

마지막 가는 여름 건승 하시기를 빌면서…….

— 윤기향 배

김철의 편지

대단히 수고 많으셨습니다.

(1) "특히 고인이 된 동기들의 추억담이 부족하오니,"에 관계해서. 고 김시승 군과 고 최청식(푸를 청 자임)군의 추억담을 쓸 사람이 없다면, 그리고 8월 중으로 써도 된다면 제가 간략하게나마 해보고, 가능하면 연락드리겠습니다.

(2) "또는 추가로 집필"이 "동기들의 도서출판"에도 해당 된다면, 7월15일에, 저의 최신 저작 『경제 위기와 치유의 법학 – 글로벌 경제 변화를 꿰뚫는 법학자의 시선』 총574쪽, [한국학술정보(주)]을 추가하고 싶은 데요. 이것은 기 출간된 『경제 위기 때의 법학-뉴딜 법학의 귀환 가능성』(2009), 『한국 법학의 반성- 사법 개혁 시대의 법학』(2009), 『법과 경제 질서- 21세기의 시대 정신』(2010)의 연속 3부작에 잇따른 것으로, 사실상 연속 4 부작으로 발전된 최근 모습이라고 그냥 알리고 싶은데요.
다시 한 번, 노고에 감사드리며……
  — 2014. 7. 28. 김 철

안성덕으로부터의 편지

고마운 친우 종국에게.

    너의 마음을 움직이신
    우리 하나님
    성경 전권을
    읽겠다는 결심이
    어찌 그리 쉬운 일이랴
    그것도
    영어로 도전하기는!

    허나
    온 일생을 그림자처럼
    너, 너의 가정, 자녀를
    함께하신 그 사랑 그 보살핌이

    마침내
    너로 하여금 그와 같은
    귀한 마음으로 꽃피게 하심 아닌가

    영수, 동수 형들께도

잘 연락되게 해주어서
아마도 주님의 귀하신
뜻이 뒤에 함께 하심 느끼며

주님 영광 들어내는
몇 글자라도
이번에
사랑하는
65 귀한 동기
벗들에 대한
애틋한 마음 실어
한 번 써보고자
기도하오니

기도해 주십사!

영길
큰 교회
큰 기둥 장로로
미국 생활을
주께 드린 귀한 벗에게
10월 5일
네가 가게 되었다니
내 마음도

그리로 달려가누나…
최근 손주도 보아

기쁨 넘칠 그 집안
종국 친우의
발걸음은

"오랜 친구
멀리서 반갑게 찾아오니
이 또한
기쁨이 아닌가!"

안부 전해주시게!

― 주안에서 덕

오늘 조금 전,
내가 매일
97 개국에 파송되어 있는
1700 여명 UBF 평신도 자비량
선교사
2세 자녀들에게 보내고 있는
QT 겸 소식을 한번 보내어 보았으니
참조하시라…

안성덕, 박종국, 김영수 간의 주고 받음

짙어 오는 Fairfax의 가을 향이 아름답습니다.

내일은 캐네디언 록키로 가을 단풍놀이 갈 예정/ 10. 5.(일)에는 권영길 집에서 저녁초대도 받았어요!

나도 Bible 한번 완독해 보겠노라 큰 계획을 세웠는데, 어떤 친구는 영문으로 try해 보라고 권하더군…….

UBF와 귀하. 주 여사? 생각이 떠올랐어.

서울의 50주년 기념문집은 김영수 동문이 간사로 일 하고 있는 중일세.(yuyu@yuyutour.com)

LG 근무 후 여행관련 많은 책을 저술했거든. 그래서 그가 적임자로 추대되었네.

촉박하고 바쁜 일정이겠지만, 가족사진 몇 컷과 함께 간략하게라도 참여해 주시길 65학번동기 모두가 바라고 있다네! 출국 전 윤증현 전 부총리와 점심식사 하면서 윤지준 대사가 전해준 귀하 얘기도 하고, 곽동효 얘기도 하고…….

내가 김영수 동기한테 이메일로 귀하께 연락 및 안내 부탁했었는데 이메일 받았어?

그 옛 시절 UBF 모임과 활동을 기억하는 우리 모두의 회고를 되살려 보고자, 부디 참여해 주시길 앙원!

— On Tue, Sep 23, 2014, 박종국 드림

제례!

법대 65학번들의 입학50주년 기념문집 발간 취지와 계획을 이곳 워싱턴에서 전했더니, 가능한 노력해 보겠노라고 해서…….

뒤늦게나마 관련 안내메일을 한 번 더 보내 주시도록 부탁합니다.
참조란의 안성덕 동기 이메일 주소로; joepaulahn@gmail.com
핸드폰 번호는 773-294-1139입니다.
UBF활동으로 정진 맹약중인 안 동기의 소식을 우리 모두가 그리워하면서…….
소생은 좀 더 있다가 10월 하순 귀국할까 합니다.
국향 드높은 중추가절 건승 기원드립니다.

2014. 9. 18. 워싱턴에서
– 박종국 드림.

박 회장께

이처럼 반가운 소식이 어디 따로 있겠습니까! 안 성덕 동기의 소식이야말로 모두에게 기쁨이 될 것입니다. 그리 하겠습니다.

건강하게 또 재미있게 지내시고 빨리 뵙게 되기를……. 영수.

수고가 많으십니다!

보다 많은 동기들이 참여함이 바람직하고 또 색다른 인생항로를 걸어오신 분들의 얘기는 더욱 궁금스럽고…….

소생도 제출치 못하여. 대단히 송구합니다.

한번쯤 시도는 해 봤는데, 신통치 않네요?

아무쪼록 안성덕 동기의 글은 많은 관심을 끌 것으로 사료됩니다.

수고! 알찬 결실 기원합니다……. 드높은 가을날, 빨리 갈게요.

— 박종국 드림

안성덕과 김영수 간의 주고받음

김영수 귀한 친우님께.

빛나는 꿈과 함께
마로니에 담장 있는
대학에 들어와
얼마 안 되는 파란 잔디 한쪽에 앉아
첫 번 무릎을 맞대었었던 때…
그때 지열, 경보, 우여, 영수, 최기호 님들과
물로 포도주를 만드시던
예수님 공부하던 게
어제 같건만

안성덕과 그 가족

어언 반세기라니!

어느 할리우드 배우보다
더 잘생기고
더 똑똑하여 인상 깊던
우리 영수님
아직도 여전하시겠지요?
자녀분들은
아마도 아빠 닮았을 터이고…

종국이로 부터
65동기 문집 만든다니
어디 어떻게 하나 알고 싶었지만
수줍음은 세월 지나도
여전하여서…
또 9월말까지 마감도 있고
하여 기대는 마시기 바라고
혹 하나님 힘주시면

'하늘나라 대사' 이와 비슷한 내용으로
한번 뭔가 써볼 수 있다면…….
기도해주오.
소식 감사하며.

문영극의 편지

메일 고맙네. 잘 지내고 있다네.
우리 견공들도 잘 있고. 하지만 글재주도 없고, 쓸 거도 별로 없네.
농촌 마을이라 대부분의 주민이 논과 밭에 나가고, 집들 대문은 열려 있는데 사람은 없어.
책 읽고, 개들과 산책 나가는 따분한 나날이어요.
건강하시길 빌면서.

— 문영극

문영극의 시골집

이도조의 편지

　동기 50년 이야기 집에 "특이한 직업군"으로 편집하려는 의도가 특이하군요.
　15만 명의 구성원을 지닌 언제나 어디서나 접할 수 있는 법 집행 기관의 표상인 경찰이란 직업을 특이하게 보는 입장이 꽤 흥미롭기도 하고요.
　인생의 황금기의 대부분을 경찰에서 봉직하다 퇴직하고 보니 허탈만 남는 직장, 그 직장에 대한 이야기가 없을 수는 없겠지만 글로 남기기에는 글재주도 없고 또 특이한 내용이 없어서 미안하군요.

　항상 열심히 집필하시고 동기회에 기여하시는 김영수 인형에게 경의와 찬사를 보냅니다.

− 이도조

배영길의 편지

김영수 간사님, 백윤수 위원장님

  친구들 얼굴이나 좀 익히려고 졸업앨범을 뒤지다가, 운 좋게 그 속에 꽂혀 있는 제1회 졸업기념 MUSIC FESTIVAL(1968. 10. 29) 프로그램을 발견하였습니다.
  대략 46년 전 그때의 기억을 떠 올리며, 생각나는 대로 몇 자 적어보았습니다. 혹시 '제1부 우리들 이야기' 속에 실을 수 있다면 고맙겠습니다. 가능한대로 10월 6일 편집위원회에는 한 번 참석할 예정이며, 프로그램은 그때 지참토록 하겠습니다.

- 배영길 드림.

제1부
우리들 이야기

1965, 1966년의 기억

김 철

이 글은, 『영원한 스승 유기천』(지학사, 2003.2)에 실린, "유기천 교수와 나의 친구들"의 일부를, 주로 클라스의 집단 경험 위주라는 것에 주목하여, 다시 살린 것이다. 관계자들의 이해를 바란다.

1965년과 1966년에, 나 자신이 속해 있던 클라스의 집단 경험을 되살려서 작은 역사를 복원하기로 한다. 내가 속해있던 클라스라는 것은 물론 같은 교실에서 공부한 친구들을 얘기하는 것이지만 이 글의 취지에서 본다면 약 49년 내지 48년 전의 집단의식의 범위는 실제로는 더 넓었다. 즉 우리들은 전공으로서 한 단과대학에 속해있었지만 언제나 인접하는 문리과대학(문과대학과 이과대학의 합친 형태)의 도서관과

뉴욕 김학수의 집에서

캠퍼스를 수시로 드나들었다. 교우관계 역시 중첩되었다. 당시의 상과대학은 멀리 떨어져 있었으나 어떤 학생들은 물론 서클에 의해서 또는 대학 본부가 동숭동에 있었기 때문에, 어쨌든 교우범위에 들었다. 따라서 법과대학에 '유기천 현상'이 일어났다면 그것은 전공을 넘어서서 동숭동의 캠퍼스와 다른 캠퍼스까지 화제의 대상이 되었다.

이미 이야기한 대로 제1차 경제개발5개년계획과 그를 위한 한일회담 조기타결이 당시의 한국사회를 들쑤셔놓을 즈음 우리들은 3월 5일 동숭동 대학본부에서 입학하였다. 아직도 본격적인 산업화 이전이었다. 지금 세대들은 한국 특히 서울의 어떤 부분의 산업화, 개발화, 시멘트화, 고가도로화 이전의 모습을 모른다. 동숭동의 대학가는 고즈넉했다. 창경원과 비원 사이의 돌담길은 산책길에 적합했고 지금처럼 소음이 없었다. 혜화동 로터리에서 성북동으로 넘어가는 길은 마음만 먹으면 얼마 뒤에 전원풍의 주택가로 곧 진입할 수가 있었다. 이화동에서 동성고등학교에 이르는 긴 사이드 워크는 포석으로 깔려지고 어느 정도 넓이의 하천을 끼게 되어 있었다.(냄새나지 않는 하천이었다.) 하천 건너 저쪽 위 즉 법과대학 담장, 중앙 공업연구소 담장, 문리과대학이자 대학 본부 담장을 죽 연하여, 아마도 당시 한국에서는 보기 드문 긴 행렬의 개나리꽃들이 봄이면 감당할 수 없을 정도로 지천으로 피었다. 공해가 없었고 소음도 별로 없었다.

물론 학생들은 가난했다. 맥주는 구경도 못했고 주전자에 든 막걸리를 반 되 또는 한 되 정도 김치 안주해서 마시고 점심은 (예나 이제나 정다운) 자장면이 최고급이었다. 물론 굶는 수가 많았다. 1965년 당시 국립대학의 총 입학금이 3만천 원이었는데 그 중 1만천 원이 기성회비였다. 교수들도 걸어 다니거나 전차를 타거나 관용차 이외의 승용차는(확정적으로 얘기할 수 있는데) 학내에서 구경할 수 없었다.

유기천 교수의 자택은 대학 본부나 법과대학에서 걸어서 5분 내지 10분의 동숭동 대학가 뒤쪽 골목에 있었는데 정확한 위치는 대학본부 뒤쪽 골목을, 하숙하는 학생들이 들어서면 바로 제법 큰 대문을 보게 되는데, 처음 보았을 때 저것이 공관인지 사저인지 구별하지 못했다. 나중 알기로는 사저였다. 지금 대학로 동숭동 크리스찬 아카데미 또는 대화 문화 네트워크의 아담한 건축물이 있는 자리이다.

대학 1학년 첫 학기에는 아는 바대로 전공과목이 없다. 따라서 우리들 새내기들은 유기천 교수의 전공과목을 직접 접할 수는 없었다. 교양과목은 고등학교 때와 다르지 않았고 경우에 따라서는(아마도 의식적으로 그렇게 했지만) 오히려 느슨한 편이었다. 교수님들은 우리들을 대우하는 듯했다. 왜냐하면 당시에 멋대로 고친 교가대로 "날고 뛰는 놈팽이들이 다 모여들어."의 상황인데 말할 필요도 없이 성가신 친구들이 많았다. 국어시간에 여자 교수님이었는데 몹시도 우리들이 정서적으로 메말라있는 것을 딱하게 생각하셨다. 어느 시간의 과업은 민족 서정시인으로 알려진 이상화의 「나의 침실로」의 감상이었는데, 교수님의 질문은 이 시에서의 주된 언어인 나의 침실이 무엇을 상징하거나 의미하느냐라는 것이었다. 어떤 키 큰 친구가 손을 번쩍 들고일어나서 조금도 회의하거나 머뭇거리지 않고 다음과 같이 말했다. "의심할 나위 없이 침실은 최신형 더블베드를 의미합니다."라고 했다. 대체로 그런 식으로 한 학기가 시작되었다.

전공과목은 2학년 1학기부터 시작되었는데 당시 새로 만든 계단식 강의실에서 월요일 9시부터 12시까지 유기천 교수의 형법이 연속 강의되었다. '유기천 현상'의 최초의 조짐은 그의 문투를 흉내 내는 것이었다. 즉, "이 학설은 주관적인 느낌을, 객관적인 사실에 투사한 주관적 망상입니다." 법학이론의 최초에 만나게 되는 가장 기본적인 철학적 기초는 주관과 객관의 구별이었다. 1학년 때 물론 우리는 철학개론 시간에 어느 정도의 철학을 연습할 기회를 가졌다. 그러나 고등학교 때부터의 개념적 연습 같은 것을 거치지 않은 터이어서, 주관과 객관의 구별이라든지 형식과 실질의 구별 같은 것은 거의 초면이나 마찬가지였다. 그것보다도 더 유행한 문투가 있었다. "자유 의지라는 것은 심층 심리학의 발견에 의하면 환상에 지나지 않을 수 있습니다." 이 부분은 좀 더 중요한데, 대학 초년병들은 20세기의 주된 특징 중 하나인 정신분석학의 영향에 처음으로 노출된 것이다. 아무도 제국대학의 조수를 지내고 아메리카에서 가장 아카데믹한 로스쿨에서 학자로서 인정받은 유 교수의 학문적 진취성과 진지성을 의심할 수 없었다.

심층심리학과 정신분석학은 법학과 갑자기 엄청나게 가까워졌다. 고시공부나 하는 수단 정도로 생각했던 법학이 갑자기 다른 광채를 띠고 법학도서관이 별안간 중앙도서관보다 초라해 보이는 착각을 가져왔다. 또 다른 충격은 유기천 교수의 결혼 부분이었다. 1965년 당시 전국에서 모여든 160명의 한국 청년들은 사회적으로 존경받는 지도층 인사가 서양 여인과 결혼한다는 것은 상상할 수가 없었다. 그의 생활은 우리들에게는 곧 경이의 대상이 되었다. 책머리에 "이 책을 나의 존경하고 사랑하는 반려, 헬렌 실빙 여사에게 바친다."라는 헌사뿐만 아니라, 당시 가장 최신형의 양장제본이었던 형법학 총론 책머리에 "이 기회에 내가 헬렌 실빙 박사를 만난 경위를 설명하고자 한다." 라는 구절이나, 그 중에서 가장 압권으로 여겨지고 틈나는 대로 봄가을 입에 줄줄이 붙은 구절은 "그리하여 양인은 스피리츄얼 유니언에서부터 출발하여 점차 모든 면에서의 유니언으로 점입가경하였던 것이다." 당시 클래스메이트는, 물론 쌩쌩한 경성 제일고의 현대판 뿐 아니라, 해방이후 신 명문이었던 공립고등학교 또한 서울의 구 명문이었던 사립출신들이 많았지만 어쩐지, "우리 아버지는 시골서 지금도 직접 김을 멥니다."라고 말하는 듯한 별로 멋스럽지 않은 시골티 나는 청년도 많았다. 어쩐 일인지 시골티 나는 청년들이 유교수님의 자택을 지날 때마다 선망과 경탄과 그리고 얼마만큼은 거리를 가지고 되뇌었던 구절이었다. "청년이여, 대망을 가져라."라고 일부러 말하는 사람은 없었다.

그러나 20대에 별을 다는 듯한 국가시험에 투신한 청년들이(기억하건데, 1965년 혹은 1966년 양 연간 어느 사법시험의 최종 합격자가 다섯명이었다.) 유 교수에게 자극 받지 않았다고 주장할 수는 없다. 2학년 1학기에 이미 전투태세에 들어간 유수한 고등학교 출신들이 있었다. 그 중 하나가 2학년 초 무슨 책이었던가, 다른 분야의 현학적인 책을 끼고 있는 나를 보고 놀라면서 물었다. "아직도 너는 다른 책을 읽을 여유가 있니?" 법학 도서관의 고정석은 늘 부족했고, 1960년대 후반의 너무나 진취적인 수세식 화장실은 물에 녹는 화장지가 부족해서 신문지를 썼고 따라서 잘 막히고 늦은 봄부터 기막히는 냄새를 풍겼다. 다소 다른 풍의 학생들이 있었다. 법학도서관에 고정 석을 만들지 않은 학생들로, 보다 고풍의 본부 도서관을 좋아했고. 친구도 너무나 국가시험에 열중하는 사람보다 사회과학이나 인문과학 쪽의(아뿔사! 경제학을 잊지 말자.) 친구를 사귀고 있었다. 이런 쪽의 학생들에게도 유기천 교수는 충분히 우상이 될 수 있었다.

왜냐하면 그의 형법 강의가 곧 골치가 아파지는 점이 있으나 그의 풍부한 법학의 환경, 그의 당시로서는 드문 여러 외국어의 능숙함(그리고 정말 당시로서는 파격적으로 그는 방학 때마다 외국대학에 가 있었다.) 같은 것들은, 세상에서의 출세와는 다른 고급문화의 동경 같은 것을 일깨워주고 있었다. 이것이 이미 얘기했듯이 저항 문화에 속했던 학생들조차 유기천 교수를 존중할 수밖에 없었던 이유였다.

그러나 저러나 진지한 사회과학도는 당시의 사회적 환경을 회피하지 않았다. 한국은 개발도상이었다. 경제개발은 당시 정치 주도세력이 그들의 운명을 걸고 추진하고 있었다. 그 방식, 그 방향 그리고 이미 나타나고 있었던 그림자가, 젊은 사회과학도로 하여금 보다 실천적인 이론, 보다 공동체를 위한 자기 헌신 같은 것을 촉구하고 있었다. "쟤들은 잘못된 문학을 하고 있다." 당시도 글재주 있는 고등학생들이 문과로 가지 않고 국가고사를 목표로 법학전공으로 오고 있었다. 서정적인 분위기의 법과문학회가 시화전을 열기도 했고, 대학신문에는 글재주 있는 법과 학생의 주로 로맨틱한 데이트 이야기가 끊이지 않았다. "쟤들은 잘못된 문학을 하고 있다." 보다 심각한 어떤 학회의 리더가 그들의 서정성을 비판하였다. "시대는 학도에게 행동을, 운동을 요구한다." 수많은 학생 주도의 세미나가 열렸는데 그 주제의 심각성과 그 영역의 광범위함에 비하면 자발적인 학생 필자나 논자는 항상 다소 논리 비약을 하고 있었고, 그들의 동기의 진지성이나 열렬함은 전례 없는 것이었다.

점차로 밝혀진 것은 1960년대 후반의 법과대학 정규교과목의 내용은 막상 당사자인 학생들의 열렬한 관심의 직접적인 대상과는 너무나 거리가 멀었다. 이미 일찍부터 아무 회의 없이 정규 교과목과 그리고 그 연장선상에서의 국가고사를 위한 대장정에 나선 용사들은 차라리 다행이었다. 그 내부에 일종의 불을 가지고 있었던 사람들, 표현하지 않았으나, 일찍 입신양명에 뜻을 두기보다 조숙하게도 냉소주의를 익힌 사람들, 주지주의(主知主義)적 경향이 있는 사람들이 안착하기에는, 정규 교과목은 법형식주의(法形式主義)의 특성상 협소했고, 그들의 지적인 욕구는 뜨거웠고 그들의 실천이성은 무엇인가 행동을 요구했다.(정규 교과목에 대해서 얘기한다면 약 30년 이후나 약 49년 이후, 한국의 법학전공의 커리큘럼과 비교한다면, 놀랍게도 오히려 1960년대 후반의 커리큘럼이, 그 시대 상황에 비해서는 협소하지 않았다는 종합적 판단이 따른다. 이것은 한국의 오만하고 완고한 법학교육가들이나 혹은 내용을 잘 모르는 상식인들이, 흔히 한국이 약 3,40년 동안 백화점의 물건 수준이 당시의 대표적인 미도파백화점의 시대 셔츠에서, 최근의 롯데 백화점이나 현대 백화점의 외국산 셔츠로 바뀐 것처럼, 정규 교과목의 내용도 그 정도로 바뀌었을 것이라는 상상과는 아득한 것이다.)

이와 같은 상황에서 이른바 법과대학의 정규 커리큘럼 안에서 움직이는 내촌동(內村洞) 사람과 정규 커리큘럼 밖에서 움직이는 외촌동 사람이 생겨났다. 외촌동(外村洞) 사람 중의 두드러진 작은 히어로우는 담배는 피우나 술은 하지 않고, 손수건을 가지고 다니지 않으며(그러면 콧물은 어떻게 처리하나? 내가 관찰한 바로는 대학노트를 쭉 찢어서 코를 풀었다.) 머리를 잘 빗지 않으며(외양에 신경 쓰는 남자는 소인배라고 우리는 줄곧 배웠다.) 개인적으로 극히 친절한 조영래였다. 그는 신제 경성제일고보 재학 중 이미, 동료 고등학생들을 끌어내 당시 서슬이 푸르던 군사정권의 철권에 반대하는 시위를 주동했던 경력이 있었다. 요새 민중주의자들이 부르는 대로의, 지배계급의 아들이 아니었다.

어쨌든 그 어려웠던 입학본고사 덕분에(기억 컨데, 당시 국립대학의 본고사 중, 예를 들어서 수학문제는 어떤 과외에서도 취급하지 못할 기막힌 문제가 나왔다. 기계적으로 공부시킨다 해서 마냥 성적이 올라가는 그런 시험이 아니었다. 말하자면 당시의 수학교육계의 현저한 사람들이 오로지 자신의 양심과 기준에 따라서 심혈을 기울여 출제한 문제라고 생각된다.) 그는 전공 영역뿐 아니라, 약 5천명의 같은 해의 입학생 중 총 수석으로 입학하였다. 그는 즉시로 친구들을 사귀기 시작했는데, 출신을 가리지 않았다. 그에게는 어떤 개인주의적인 냄새보다는, 어디가나 공동체를 만드는 독특한 방식이 있었다. 지방학생들도 상당히 끌었는데, 아니 그의 출신고교를 생각한다면, 전형적인 모범생들보다는 다소 다른 냄새를 풍기는 친구들을 끌었다. 전공별로도 법과대학에 그치지 않고 옆으로 뻗어나갔다. 별로 표현은 하지 않았으나, 당시 입학생들 중에서 진행되고 있는, 산업화와 경제화 그리고 정치사회의 현황에 대해서 체질적으로 회의를 갖고 있는 학생들이 그의 옆에 있었다. 그는 학회로는 형사법학회, 민사법학회 같은 엘리트학회를 외면하고 당시 대학행정가들이 가장 골치 아프게 생각한 사회 및 노동법학회에 가입했다.(기억 컨데, 5.16에 의해서 헌정질서가 중단되고, 약속된 군정의 완전 철폐는 사실상 군복 벗은 대통령의 출현으로 입헌주의가 아득한 시절이어서, 대학생 수준에서의 헌법학회나 공법학회는 아예 없었다. 대신 정치행정학회가 있었고 국제법학회가 있었다.) 사회 및 노동법학회는 그 주조가 당시 어디에서나 압도적이던 경성제일고보(물론 신제) 출신들이 아니었고, 지방출신과 서울의 소수 고등학교가 주조였다.

　학회 분위기는 다음의 노래가 잘 불리었다. 즉 "어둡고 괴로우나 먼동이 튼다. 삼천리 이 강산에 먼동이 튼다." 일종의 비장감이 그들의 낭만이었다. 한 친구가 좌석 끝에 다음과 같이 일갈했다. "자본가가 먹을 만큼 먹는다면, 그가 극도로 먹을 때까지 내버려두자. 왜냐하면 먹다먹다 지치면 그만 먹을 테니까." 거기에 대해서 이런 비판이 나왔다. "과히 지성적인 태도는 아니다." 조영래는 대단한 독서가여서, 독학으로 당시에 유행했던 개발경제학이나 또는 정치학적 저서를 읽었다. 개발 독재 초기에 경제학자들이 많이 활약했고, 자연히 사회적인 문제에 대해서도 경제학자들을 인용하고 있었다. 클래스메이트들은 모두 그를 존중했다. 그렇다고 얘기하는 것은 대의원선거였던가 어떤 자리에서 그가 단호히 출신 학교 별 패권주의를 비난했기 때문이다. 그는 초등학교 5학년까지 당시 휴전 직후의 피난민이 득실득실한 대구에서 지냈는데, 그래서 그의 억양에는 그런 흔적이 있었다. 그러다가 서울 친구들과는 또한 능숙한 서울말을 썼다. "요새는 뭘 생각하니?"라고 누가 물었다. "무엇인가 초조하다. 잘못 시간을 보내고 있는 것 같다." 그가 그렇게 대답했다. 그리고 입학 후 한 달이 지났다.

- 10일 오전 10시 서울대학교 법대생 약 300명이 "사수하자 평화선, 왜하나 매국 외교" 등 플래카드를 앞세우고 교문을 나와, 종로5가에서 4가를 거쳐 파고다 공원 앞까지 40분 동안 데모를 했으나 경찰에서 데모학생 1백 70명을 연행하여 데모는 중도에서 좌절되었다. 기동경찰대는 학생들을 포위, 파고다 담 쪽으로 밀어붙인 후, 10시 40분까지 버티던 167명 등 전원을 연행, 3대의 경찰버스로 중부, 동대문, 종로서 분산 수용했다. -(동아일보, 1965년 4월 10일 석간 사회면 보도) 클래스메이트 160명 중 거의 대부분이 참가했다는 것은, 나중 얘기에 의하면, 분산되어 수용된 3개 경찰서 유치장에서, 흡사 학생총회의 제2라운드가 계속된 듯한 분위기가 기억되고 있기 때문이다.

5월 10일, 공식적인 전 학년의 미팅이 처음 있었다. 그러니까 축제행사 중 하나로 쌍쌍파티가, 축제 마지막 날 저녁에 열렸던 것인데, 파트너를 구하지 못한 지방학생이 대부분이었고, 여유 없는 학생은, 그날도 중3짜리, 고3짜리 영어 수학문제 풀어주기에 정신없었다. 5월이 지나고

6월이 되면서, 지금까지 끊이지 않고 간헐적으로 지속되었던 대학가의 움직임이, 다시 전면적으로 드러나기 시작하였다. 항의 데모는 여러 대학으로 퍼져갔고, 마침내 신문 사회면의 주된 면적을 차지하게 되었다.

지난 세월의 신문을 다시 보면서 새삼 놀라는 것은, 1965년의 한국의 주된 언론은 대학사회의 움직임을 한국사회의 가장 중요한 사항으로 취급하고 있었다는 것이다. 6월 어느 날의 동아일보 사회면의 대부분의 기사는 4개 대학의 학생들이 동시 다발적으로 시위한 기사이고, 기획기사 역시 과잉저지 비난에 관한 것이었다. 다시 말하자면, 당시 정부가 총력을 다하여 밀어붙인 외교정책에 대해서, 지속적인 반응을 보인 것은 대학가뿐이었다. "얘, 학생들이 설치면, 반드시 좌익분자들이 끼인단다. 조심해라."라고, 어느 먼 친척아주머니가 충고했다. 좌익분자가 아니라 나는 이미 옛 친구로부터, "다음은 어느 날, 몇 시, 대략 어디에서, 다시 시작한다."라는 조용한 전갈을 받고 있었다. "학생운동은 대학생활에 좀 더 익숙해지면 관심을 가지도록 해라."라고 내가 가르치던 학생의 보호자가 일부러 얘기했다. 그 사람은 동향 출신의 법조인으로써, 매너가 훌륭했으나, 키가 몹시 작았다.

나는 매일 피로했다. 버스를 몇 번씩 갈아타고 가는 먼 상학길 뒤의 오전시간은, 약 10분 후부터 졸기 시작했다. 전날 저녁 10시경에 생업을 마치고 돌아오는데, 12시전에 취침할 가능성이 적었다. 게다가 하숙친구 중 누구 하나만 한 잔 걸쳤다 하면, 취침 시간은 1시나 2시까지 늦어진다. 늘 피로하면서도 "언젠가 좋은 생활을 할 수 있겠지."라고 막연하게 생각했다. 많은 신입생들이 느끼는 점일 것이다.

6월이 되자, 도서관 앞에 사람들이 모이는 곳에 자주 앉게 되었다.

어느 날, 어느 맹렬한 복학생 선배가 몇 사람 안 되는 청중을 상대로 연설을 하던 중, 예의 우리의 존경하던 유기천 교수가 도서관 안으로부터 나타났다. 그는 똑 바로 목 뒤쪽이 검붉게 탄 남도 출신의 복학생에게 진격해가서, 그가 쥐고 있었던 수제품의 조악한 플래카드를 양손으로 빼앗았다. 완력으로 빼앗는 듯한 외양이었으나, 그 제대군인 학생이 놓아버린 것이었다. "아이고, 선생님!"했으나 아무 저항을 하지 않았다. 너무 순식간에 일어난 일이어서 주위 학생들도 멍한 상태였고, 유 교수는 다시 도서관으로 사라졌다. 아무도 아무런 말을 하지 않았다. '그럼, 학생은 미래의 주인공일 뿐……' 어쩌고 하는 말도 하지 않았다.

다음의 기억은 적어도 6월 23일 이전으로 생각된다. 1965년 6월 23일 동아일보 사회면이, 전년도부터 치열한 반대를 불러일으켰던 한일협정은, 대학생들의 단식투쟁의 와중에서 조인되었다고 보도했다. – 6월 22일 학생들은 조인식의 경위를 확인하고, 200시간에 이르는 단식농성을 해제하였다.– 새내기들이 끼어있었는데, 지방학생 몇 명이 애초부터 자리를 뜨지 않았다. 단식 100시간 째 새벽에 자고 있을 때 누군가들이 들것에 담아서 보건진료소로 들고 갔다. 거꾸로 얘기하게 되는데, 농성 약 사흘째 되는 날에 유기천 학장께서 나타나셨다. 어렴풋한 기억은, 무엇인가 쟁점이 있었다. 농성장소는 이화동 쪽 작은 길에 면하고 있는 2층의 대형 강의실이었는데, 계단식은 아니었고, 구식의 널판자가 깔린, 창문이 여러 개 달린 벽돌 식 건물의 한 방이었다. 농성 초기에 누군가가 밖을 향하여 확성기를 달고, 농성장소의 토론, 연설과 결의문을 중계하였다. 아마도 처음의 쟁점은 학내의 다른 "조용한 학생들"을 고려해야 되지 않겠느냐는 진지

한 것이었을 같다. 놀랍게도 그 격렬함 속에서도, "그래, 좋다. 우리가 자진 확성기를 철거하겠다."고 약속하고, 약속은 그대로 지켜졌다. 상급생이 신사도를 지키는 동안, 다른 우려가 계속 일어났다. 아무래도 밤사이에 경찰이 학내로 진입 할 것 같은데, 어떻게 불상사를 주위에 알리겠냐? "약속은 지켜져야 한다. 불리하게 돼도 하는 수 없다." 대학 2학년짜리의 신사도였다. 성숙은 노회함과 다르다는 것을 처음 알게 되었다. 어쨌든 1965년 6월 한일 협정 조인을 계기로, 우리의 한일협정 반대운동은 실패하였다. 헛된 시간, 헛된 안간힘, 1965년 10월에 이르기까지 1학기 중간시험을 치르지 못했다. 아마도 유기천 교수의 강경한 대처가 옳았을지 모른다고 생각이 들만 큼, 우리들은 실망하였다.

그러자, 1965년의 법과대학 학생의 한일회담반대운동의 비용계산서가 대학 본부를 통해서 알려졌다. 1964년의 6.3사태는 같은 맥락으로 문리과대학이 중심이었고, 사태가 진정된 후의, 비용계산서가 당시 권좌로부터 발표되고 이른바 "민족주의 비교연구회 사건"으로 불리는 옥사가 일어났다. 비용계산서의 중요부분은 물론 형벌로 채워지나, 관심을 끄는 부분은, "누군가 희생양이 있어야 되었다." 학생들과 비교적 '가까웠던' 한 사회학 교수가 투옥·축출되었다. 1965년의 법과 대학의 일련의 정부시책 반대운동도, 그 희생양을 학내에서 구해야 되었다. 정부는 대학 본부에 대해서 아마도 여러 사람의 희생양을 바치기를 요구하였을 것이다. 대학의 관리 책임자는 그 할당량을 줄이기 위해 백방 뛰었을 것이다. 아마도 사직원을 써가지고, 매일같이 기도했을 지도 모른다. 그리고 아마도 다른 더 큰 일을 하기 위해서, 눈물을 머금고, 동료 교수의 명단을 받았던지, 주었던지 했을 것이다. 우리는 우리의 애국적인~애국적이지 않은가? 36년이 지난, 2001년 이 글을 처음 쓴 당시나, 다시 고쳐 쓰는 2014년 현재나, 아직도 해결 안 된, 작게는 '교과서 문제' 같은 것의 씨앗이 그 때 뿌려지고 있었는데, 어째서 청년 학도의 애국적인 동기가 없었겠는가? – 동기와 운동이 결국은 법과 대학의 "인망이 있었던" 세 사람의 교수의 축출로 결과한 것을 알게 되었다.

1966년은 여러모로 유기천 총장께서 불쾌한 해였다. 분명한 이유 없이 오해될 에피소드가 당시 '지사 풍'의 언론에서부터 새어나왔다.
"어느 신문이 심했다. 어느 신문을 규탄하자."
어느 클래스메이트가 제의했다. 평소는 조용한 친구였다. 과묵했던 몇 친구도 가세하려는 듯했다. 더 많은 친구들은 듣고 있었다. 어느 기독교인으로 알려졌던 교수도 듣고 있었다.
"유기천 교수는 자기 할일을 했을 뿐이다. 그가 적극적으로 잘 못한 일은 없다."
몹시 소심해보였던 시골 친구가 얘기했다.
어느 키 큰 친구가 큰 눈을 굴리면서 낮게 응수했다.
"그는 현재 총장이며, 우리는 세 사람의 교수를 영영 잃었다."
모두들 말이 없어졌다. 그와 대치했던 학생들조차 그의 신화를 찾아주고 싶어 했다. 입학 이후 그렇게도 간직해왔던 – 우리 속의 우상이 소리 없이 무너져 내리는 소리를 듣고 있었다. 그리고 그 교수가 즐겨 쓰던 법언을 그에게 돌려야할 때가 온 것을 알고 있었다. 법을 안다는 것은 천기를 안다는 것과 같을 수 있다는 것을 알기 시작하고 있었다.

"하늘이 무너져도 정의를 세워라."

우리는 석양 무렵에 헤어졌다. 허탈하였고, 배가 고파졌다.

이미 훨씬 앞부분에서 얘기한 바 있지만, 유 교수의 진면목이 나타난 것은 70년대에 들어서서, 정국이 더욱 힘들어졌을 때였다. 다음의 에피소드는 글 쓰는 이가 직접 경험한 것이 아니고 당시 법과대학 조교실에서 귓속말로 전해들은 얘기이다.

- 결강 없이 강의를 진행하던 유 교수는, 그 특징으로 강의시간 중 강의와 관계없는 얘기는 거의 하지 않았다. 너무나 얘기될 게 차고 넘쳐서 도무지 다른 얘기할 틈이 없었다. 그러나 어느 날 그는 우선 학생들을 확인한 후(학생 아닌 사람은 나가달라고 했다) 창문을 모두 닫도록 했다. 그리고나서 그는 당시 야세에 놀라고 정국의 주도권에 대한 우려에서, 박 대통령과 그의 측근들이 새로운 형태의 정부 즉 타이완식 총통제를 구상하고 있고, 이를 믿을 만한 소스에서 확인했다고 했다. -

뒤에 확인된 바로는, 그는 법과대학 교수회의에서 똑같은 요지의 발언을 했고, 이 두 가지 발언이 그 이후에 이어진 그의 갑작스런 출국과 망명으로 연결되었다. 그의 발언은, 1972년 10월의 갑작스런 정치 형태의 개변- 즉 유신사태 및 유신헌법의 선포로 확인되어졌다. 즉 한국은 이후 1979년 가을, 1961년 이후의 한국의 모든 정치적 사태의 주인공이었던 박정희 대통령이 시해될 때까지 양심·종교·표현(언론, 출판, 집회, 결사, 학문, 예술)의 자유가 전면적으로 유보된 상태에서 지내게 되었다. 유 교수의 강의실과 교수 회의실에서의 마지막 표현의 자유는 그의 양심과 종교에서 비롯된 것으로, 학문의 자유는 이로써 표현의 자유와 어떤 관계가 있는가를 극적으로 보여준

예라 할 수 있다. 그래서 그는 우리들에게 그가 가장 좋아하던 법언을 다시ㅎ 돌려준 것이다.

"하늘이 무너져도 정의를 세워라."

종신에 새겨져 있는 문구

FIAT JUSTITIA RUAT CAELUM

"하늘이 무너져도 정의는 지켜져야 한다"

1968년 제1회 졸업기념 음악회

배 영 길

1968년 10월 28일 오후 4시, 개교 이래 처음으로, 법대 모의법정에서는 **제1회 졸업기념 음악축제**(Music Festival)가 개최되었다.

1968년 제1회 졸업기념 음악회

제 1 회
졸업기념 MUSIC FESTIVAL

TUE. OCT. 29
P.M. 4.00
MOOT COURT

서울대학교 법과대학 4학년

PROGRAM

1. Vocal Quartet
 이도조 김영규 최경보 최정식
2. Bariton Solo
 그네
 산들바람   윤문섭
 별은 빛나건만
    (Tosca 中)   김정욱
3. Violin Solo
 금혼식 (La Cinquantaine)
 Träumerei (슈만)   박재훈
4. Tenor Solo
 Core 'ngrato
 O Sole mio   김영규
5. Guitar Solo
 銀波
 Romance D'Amour   金녹주
6. Tenor Solo
 기묘한 調和 (Tosca)
 Musica profeta (가스팔돈曲)
                            최정식
7. Tenor Solo
 Tu canun chiagne
 (너는 왜 울지않고)
 "불켜진 窓"
 (Antica-Canzone
   Napoletand)   裵英吉
8. Tenor Solo
 수선화   윤세훈

인사의 말

金重養

그냥 떠나 가기에는 무언가 아쉬움이 있고 또 한편으로는 法大에 어떤 하나의 傳統을 남길 수 있지 않을까 하여 졸업기념 Music Festival 을 가지게 되었읍니다.

情緖的인 面에서 感情이 枯渴되어 있다고 할수 있는 우리 法大生에 있어서는 이러한 機會를 만들어 우리의 젊음과 낭만의 꿈을 펼쳐 보는 것이 必要하며 意義있는 일이라 아니할 수 없읍니다.

不足한 듯이 많을 줄 생각하나 아무쪼록 많이 參席하셔서 같이 즐기시고 그 未熟한 듯에 對하여는 격려와 성원의 박수로 對해주기를 부탁하며 아울러 이것이 契機가 되어 해마다 이러한 音樂會가 열리길 빕니다.

끝으로 말씀드릴 것은 主催는 代議員이라 하나 實質的으로 힘쓴 이들은 金光魯·朴賢宇·金在昔·李榮孝·裵英吉·朴在允 諸學友였음을 밝히며 이 벗들에게 고마움을 表하며 또한 후원해주신 學校 當局에 감사드립니다.

1968. 10. 28.

祝辭

學長 李漢基

금년 卒業班 學生들이 平素에 연마한 實力을 모아 조그만 音樂의 잔치를 베푼다고 한다
一般的으로 法科大學은 딱딱하고 고지식한 學生들이 살벌하고도 情緖에 메마른 學窓生活을 營爲하는 곳으로 認識되고 있는것 같다

서리찬 가을밤에 기러기 소리를 듣고 生態學的 考察을 하거나 또는 물들리는 은행잎을 보고 生物學的 分析을 加하기에 앞서 깊은 內心의 情의 움직임을 感知하는 것이 人間이 아닌가 생각 한다 바쁜 學問의 연마 中에서도 人生을 論하고 예술을 이야기할 수 있는 生活의 餘裕— 이를 通해 우리의 삶은 더욱 豊盛해지며 潤澤해지지 않을까?

날이 갈수록 情緖分野에 대한 法大生의 關心의 度가 增加하고 있는 것을 생각할 때 마음 뿌듯함을 느끼지 않을 수 없다

이런 意味에서 이번 第1回 卒業記念 Concert 는 理知的 學問과 感情的 敎養의 調和를 爲한 法大風土 쇄신의 epoch 가 되길 바라마지 않는다

"서리 찬 가을밤에 기러기 소리를 듣고 생태학적 고찰을 하거나, 바람에 흩날리는 은행잎을 보고 생물학적 분석을 가하기에 앞서, 깊은 내심의 정의 움직임을 감지하는 것이 인간이 아닌가 생각한다."

고 이한기 학장님의 인사말 중 한 부분이다. 사실 이 인사말은 바쁜 일정을 꾸리시던 학장님이 직접 쓰신 것이 아니라, 동기생 고 박현수 군(?)이 대신 쓴 것이다.

"그냥 떠나가기에는 무언가 아쉬움이 있고 또 한편으로는 법대에 어떤 하나의 전통을 남길 수 있지 않을까 하여 졸업기념 음악회를 가지게 되었습니다."

법학과 대의원을 맡아 음악회 개최의 중책을 맡았던 김중양 · 이도조 군의 인사말 중 한 부분이다. 과대표답게 인사말의 끝 부분에서는 다음과 같은 감사의 표시도 빠뜨리지 않았다.

"끝으로 말씀드릴 것은 주최는 대의원이라 하나 실질적으로 힘쓴 이들은 김광로, 박현수, 김재진, 장영효, 배영길, 박재윤 제학우였음을 밝히며, 이 벗들에게 고마움을 표하며 또한 후원해주신 학교당국에 감사드립니다."

프로그램을 한 번 들여다보자.

1. 이도조, 김영규, 최경보, 최청식 군의 보칼 4중창, 곡목은 나와 있지 아니하다.
2. 윤문섭 군의 그네, 산들바람에 이어, 김정욱 군의 "별은 빛나건만"(토스카 중)

3. 박재윤 군의 바이얼린 솔로, 금혼식과 트로이메라이(슈만)
4. 김영규 군의 테너 솔로, "무정한 마음"과 "오 솔레미오"
5. 김녹규 군의 기타 솔로, 은파(silver wave) 와 로망스 (베토벤)
6. 고 최청식 군의 기묘한 조화(토스카 중), 금지된 노래(가스탈톤 곡)
7. 배영길 군의 테너 솔로, 넌 왜 울지 않고(Tu canun chiagne)에 이은 "불 꺼진 창"(Antica -Canzone Napoletana)
8. 윤세문 군의 테너 솔로 "수선화"

음악회 레퍼토리만을 봐서는 전문 음악회로서 별 손색이 없어 보인다. 성악과 기악이 적절히 섞여 있고 선곡의 폭도 매우 다양하다. 그러나 연출자도 지휘자도 없었다. 사전에 준비된 어떤 음악적 소양이나 최소한의 지원도 부재한 상황에서, 그들 스스로 그저 한 번 '해 보자'는 客氣로 시작되어 같은 맥락으로 끝까지 가 버린, 한 낱 장난(?)같은 해프닝이었다.

그 사건성은 여러 정황에서 잘 나타나고 있다.

사회자의 개회 선언에 이어 보컬 4중창을 첫 곡으로 이 음악회는 시작되었다.

당시 과대표로서, 평소 "슈베르트의 세레나데"나, "뜨거운 안녕"(쟈니 리) 등 노래를 즐겨 부르던 이도조 군이 4중창의 리더 보컬을 맡아, 음악회의 무난한(?) 출발을 알렸다.

연이어, 윤문섭 군의 가곡 두 편과 김정욱 군의 아리아 "별이 빛나건만"도 별 탈 없이 청중의 박수를 받을 수 있었다.

박재윤 군의 바이얼린 독주곡, "금혼식"과 "트로이메라이"도 특별한 기교는 없었으나, 그런대로 들을만한 수준이었던 것으로 기억된다. 졸업 전, 이미 사법시험에 합격했던 박재윤 군은, 당시 이화동 하숙방에서 바이올린 연주를 막 시작한 단계였었다.

그러나 김녹규 군의 기타 솔로 연주는 그야말로 압권이었다. "은파"와 "로망스" 두 곡이 연주될 동안 청중은 아예 기타 소리 자체를 듣지 못하였고, 연주가 시작되어 끝날 때까지, 의자에 앉은 녹규 군의 모습만 열심히 지켜보았던 기억이 지금도 생생하다.

이 성격 좋은(?) 친구는, 음악회 개최 일정이 잡히자 말자, 한 일주일 정도를 남기고 난생 처음 기타를 들었다. 그 아름다운(?) 무모함은 역시 젊은 혈기와 법대생 특유의 자신감이 있었기에 가능한 것이 아니었을까. 그가 지금 어디서 뭘 하고 지내는지 몹시 궁금하다.

고 최청식 군의 "기묘한 조화"와 "금지된 노래"는 당시, 그 노래 제목이나 선곡 자체만으로도 탄성이 나올만한 것이었으나, 청중의 표정과 반응은 처음부터 끝까지 '기묘한 조화'를 이루었던 것으로 기억된다.

또, 김영규 군은 우선 시각적으로 큰 제스처만큼이나 음악적 성량이 미치진 못했으나 음악회의 분위기를 살리기에는 충분했다.

거의 끝날 무렵, 음악회의 프로그램을 맡아 지나치게 긴장했던 나는, 애써 극적 효과를 높이려고 평소에 쓰지 않던 검은 뿔테 안경을 쓰고 나왔으나, 노래의 시작 전, 청중의 웃음보가 터지는 바람에, 두 곡을 어떻게 불렀는지 지금까지도 아무런 생각이 없다.

그나마, 늦게 합류했던 윤세문 군이 맨 마지막에 나와서, 가곡 "수선화"를 불렀고 최소한 음악회의 체면을 살렸다.

유럽지역 대사 동기 방문기

김 영 수

1. 체코 조창범 대사 방문기

몰다우 강에는 추석 달빛이 비추이고

조창범 체코 대사를 방문하기 위해 프라하에 도착한 날은 2002년 추석 보름달이 둥글게 뜬 한밤중이었다. 김완섭, 김종상, 박동수, 서정석 그리고 김영수 이렇게 다섯 동기가 부부 동반하여 유럽에 대사로 있는 동기들을 찾아 유럽여행에 나선 일정의 첫날이었다.

짐 일부가 항공기와 같이 도착되지 않은 까닭에 이 일을 처리하느라 예정보다 한참 늦게 공항 로비로 나오니 오랫동안 초조히 기다렸을 터인데도 조 대사 부부가 환하게 웃으며 환영한다. 공항을 나와 Vltava 강을 건너는데 조 대사가 공해로 찌든 강물 걱정을 한다. 꿈속에서도 그리던 그 아름다웠을 스메타나의 강이 지금은 공해의 강이 되어 기피의 대상이 되었다는 것이 너무나 안타깝다. 그래도 달빛이 쏟아지는 강물은 찬란하기만 하였고 나의 낭만 속 강물은 힘차게 나의 조국을 노래하고 있었다.

체코의 전화요금 체계를 바꾼 조창범 대사

다음날 저녁이었다. 조 대사의 만찬 초대로 대사관저를 방문하였다.

체코 민주화의 상징이었던 "드브체크" 수상의 거소였다는 우리 대사관저는 정취 있는 고풍스러운 건물이었다. 두브체크의 집이 우리 대사관저가 되다니! 참으로 믿어지지 않는 일이 현실이 되어 내 눈앞에 있었다. 우리의 국력이 이 유서 깊은 집을 대사관저로 하게 한 것이리라.

우리들은 가지고 간 꽃다발을 안주인께 드렸는데 꽃은 아름다웠으나 도무지 포장지가 마음에 들지 않아 몇 번이나 망설였다는 이야기를 하니 조 대사가 진지하게 답한다. 소비에트연방 시절 소련이 자기들의 필요에 의해 체코에 배정, 육성한 산업은 기계공업이었는데 그 기계공업도 군수공업이 많고 여기에 경직된 관 위주인 사회주의가 더해져서 소비재가 발달하지 않았다는 것이다. 곳곳에 오랜 역사가 찬연이 빛나고 있는 프라하의 시내에 공산주의의 어두움이 드려져 있어 자유세계가 된 현재에도 그 흔적이 남아 있는 것이었다.

조 대사는 이어서 이야기한다. 자기가 처음 부임하여 보니 국제 통화료가 많이 나오더라는 것이다. 그 이유는 통신료 시스템이 차등제로 되어 있었기 때문인데 국제 거래가 많은 나라(주로 선진국)와 간에는 저렴한 요금을 적용하고 거래가 적은 나라와는 비싼 요금을 적용하고 있었고 우리도 고율이 적용되는 나라 군에 속해 있었다는 것이다. 그래서 세계 10대 무역국인 대한민국의 실상을 당국에 납득시켜 우리도 저율의 요금체계를 적용 받게 되었다는 것이다. 주재하고 있는 한국계 회사들이 대환영하였음은 불문가지다. 대사관이 하는 일이 이처럼 일상적인 민간 상거래를 위해서도 중요한 일을 하고 있다는 것을 알게 된 뿌듯한 순간이었다. 더구나 동구권과의 외교관계 수립을 위한 비밀 회담에 조 대사가 실무자로 참여하여 헝가리를 필두로 동구권과의 관계가 정상화되었다는 얘기를 들은 것은 또 다른 기

유럽지구 대사 방문단, 프라하 국립박물관 앞에서.

뿜이었다. 우리의 동기가 새로운 역사의 장을 외교면에서 연 것이었으니 얼마나 자랑스러운가?

세상에서 제일 맛이 있는 술, 가장 우아한 건배사

체코에서의 만남을 자축하는 축배 순서가 되었다. Becherovka라는 체코 산 약술이 축배용으로 나왔는데 건배용 작은 잔에 따르니 갈색 액체가 크리스털 잔에 반사되어 마치 보석같이 빛난다. 돌아가며 건배사들을 하며 축배를 들었다. 나는 그 맛을 지금도 잊을 수 없다. 내가 마셔 본 어떤 술보다 맛이 있었다. 전체적으로는 우리의 백세주를 닮은 술인데 훨씬 여러 맛이 나면서도 맛이 깊고 부드러웠다. 나중에 내가 그 이야기를 같이 간 동기들에게 하니 박동수가 "네가 술 맛을 알면 얼마나 아냐?"고 하여 술 맛을 모르는 나의 평가는 부인되고 그 대신 박동수가 영국에서 주재할 때 스코틀랜드를 여행하며 위스키를 마시던 경험담이 권위를 갖고 좌중을 지배했었다. 비록 깊이 있게 술 세계를 알지는 못하였지만 수많은 나라를 가보고 다양한 술을(비싼 술은 제외) 조금씩이나마 경험해본 나에게 있어 그날의 Becherovka는 내가 항상 못 잊어하며 세계 제일이라고 생각하고 있던 독일의 소주라고 할 수 있는 힘멜 가이스트(Himmel Geist)보다 더 맛있는 술이라고 지금도 생각하고 있다.

내가 건배사를 할 차례가 되어 나도 한 마디 하였더니 김종상이 "우아한 건배사"라며 치켜세운다. 그런데 알고 보니 '우아'하다는 단어는 "우라지게 아첨하는"의 준말이었다. 그 우아했던 건배사의 내용은 통신요금 관련해서 조 대사가 취한 역할을 칭송하는 것이었는데 무역 업계에 몸담았던 나의 경험이 통신요금 이야기에 지나치게 반응을 했던 모양이었다. 하여튼 그 우아한 건배사 때문에 그날 많이 웃었다.

오페라 '돈 죠반니'를 보다

다음날 하루 종일 프라하 시내 관광을 한 우리는 늦은 저녁에 오페라 '돈 죠반니' 공연을 보러 갔다. 먼 길 여행에 피곤했던지 시차 때문이었는지 아니면 대사가 독일어여서 그랬는지 대부분 꾸벅꾸벅 졸기도 하였는데 그 극장은 모차르트의 '돈 죠반니'가 세계 최초로 초연 된 유서 깊은 극장이었다. 그래서 일 년 열두 달 '돈 죠반니'만 공연한다고 했다. 일 년 12달 손님이 끊어지지 않는다는 이야기이니 참으로 놀라운 일이다. 중간 쉬는 시간에 체코 맥주를 마시던 즐거움이 오페라보다 더 하기는 하였지만 그래도 그날 그 공연에 참여 하였다는 사실이

유럽지구 대사 방문단, 프라하 역 앞에서.

10년도 더 지난 지금 동기 '50년 이야기 집'에 기록될 수 있으니 문화여행을 해보려했던 우리의 시도는 분명 역사적인 것이었다.

고성을 보며 골프를 치다

주말이었다. 여행기간 중 골프를 한 번 했으면 좋겠다고 했더니 조 대사 부부가 관광을 겸하자며 중세의 왕이 피난처로 썼다는 고성에 가까운 시골 골프장으로 우리를 안내한다. 골프를 치며 처음 알았다. 눈이 나쁜 김완섭은 그린 위의 깃발이 잘 보이지 않아 짐작만으로 방향을 잡고 치는데도 항상 온 그린이 된다는 사실을. 안 보이는 것이 더 도움이 된 것이니 안개 속에서 치는 샷이 더 정확하다는 설이 사실로 입증 된 것이다. 귀국하고 얼마 안 있어 김완섭은 각막 수술을 하여 레이저로 각막을 벗겨 내어 눈이 밝아 졌다. 그래서 물었다. 골프 샷이 잘되는지? 결과는 독자 여러분의 판단에 맡긴다.

2. 포르투갈의 최경보 대사 방문기

대서양에서 잡힌 바다가재를 먹다

프라하에서 조 대사의 전송을 받으며 떠난 우리 일행은 몇 시간 지나지 않아 최경보 대사가 주재하고 있는 리스본에 도착 했다. 공항은 프라하처럼 붐볐으나 다행히 모든 짐이 잘 도착했다. 프라하의 경우는 우리가 쥬리히에서 환승을 할 때 짐이 제대로 환적되지 않은 탓이었나 보다. 뒤에 안 일이지만 유럽에서는 환승할 경우 이처럼 짐이 늦게 오는 경우는 흔하였다. 나는 그 뒤로도 여러 번 같은 경험을 하였다. 한 번은 여행 일정이 다 끝나 내가 집에 돌아온 후 사라졌던 가방이 집으로 배달된 적이 있었는데 가방 속에 있던 라면은 다 사라지고 없었다.

도착하던 당일 저녁 우리는 최 대사 부부의 안내로 바닷가의 한 해산물 요리점으로 갔다. 내륙여행을 하고 왔으니 해산물을 먹는 것이 좋겠다고 하여 찾아간 식당에는 바다가재며 조개류 등 온갖 신선한 해산물이 가득하여 리스본이 해양개척시대의 전진기지가 된 바닷가 도시였음을 실감하였는데 대서양을 내려다보며 먹는 해산물의 맛 그리고 그 자유로운 분위기는 또 다른 유럽의 맛이었다.

대사관저의 노래방에서 노래를 부르다

저녁 식사를 마친 우리들은 2차를 하기 위해 대사관저의 노래방으로 안내되었다. 서울에서 오는 손님들을 위해 관저 내에 노래방 기계를 설치해 놓은 최경보 대사의 검소하고도 자상한 배려 덕분에 우리들은 마음껏 노래하고 웃고 떠들었다. 동기들 중에 우리 말고 리스본에서 그것도 대사관저에서 노래를 한 동기들이 있는가 묻고 싶다. 우리는 그렇게 회포를 풀었다.

독실한 기독교인 대사 덕분에 성지 Fatima를 참례하다.

독실한 기독교인인 최대사가 우리에게 천주교 성지 Fatima를 가 볼 것을 권했기에 다음날 우리 일행은 성지순례 길에 올랐다.

백주 대낮에 성모 마리아가 현신 – 그것도 여러 차례 – 했다는 세계적 성지, Fatima를 가는 길은 잘 닦인 고속도로였다. 포르투갈의 좌파 정부가 물러가고 유로존에 가입한 후 외자를 들여와 건설한 도로다. 포르투갈 혁명 직후 좌파 정부시절 리스본을 방문했던 나의 기억에 남아있던 고속도로는 수없이 패이고 요철이 심한 도로였는데 그 도로가 이처럼 잘 포장되다니 격세지감이 든다. 당시 현지인들은 그 고속도로를 죽음의 도로라 불렀었다. 지금은 성지 가는 즐거운 길이라 불러야 할 듯하다.

Fatima에 가까이 오니 풍경이 달라진다. 길에 무릎걸음으로 순례를 시작한 이들이 보이기 시작했다. 성지까지는 아직 한 참을 더 가야 하는데 이들은 자기 자신을 한 없이 낮추며 성지에 가까이 가고 있는 것이다. 부처 앞에서의 3,000배하는 것이나 오체투지를 하는

유럽지구 대사 방문단, Fatima성지에서,

티베트의 성지순례객들처럼 이들은 지금 모든 것을 다 비우며 겸허한 자세로 오직 간절한 소망 하나를 빌고 있는 것이었다. 성모 마리아 상 앞에는 수 없이 많은 촛불들이 켜있고 기도하는 사람들이 구름처럼 몰려 있다. 신 앞에 한 없이 작아지는 사람들의 모습에서 나를 돌아보며 우리는 겸허한 자세로 기념사진을 찍었다.

아랍이 지배하던 시절 왕궁을 보며 그 우아함에 놀라다

Fatima에서 돌아오는 길에 우리는 아랍 세력이 포르투갈을 지배하던 시절 통치자 쉐리프의 궁전이던 곳에 들렀다. 너무나 꿈같이 아기자기하여 한 손에 칼 들고 다른 손에 코란 들고 개종을 강제하던 침략자의 모습은 어디에도 없었다. 그곳에는 예술이 있었고 무궁한 이야기의 샘이 있었고 평화가 있었다. 그들은 지금 어디로 갔나? 한 때 프랑스 지역까지 올라가 승승장구하던 아랍 세력은 뚜르 평원에서의 일전에 패해 포르투갈과 스페인 지역에 머물렀는데 이들마저도 기독교도 세력에 의해 모로코 등으로 쫓겨나 그 후 다시는 유럽에 상륙하지 못했다. 그들의 문화는 그러나 지금도 포르투갈이나 스페인 인들의 음식에, 음악과 춤에 그리고 건축에 남아있다.

대서양을 내려다보며 소나무 숲에서 골프를 치다

다음날 우리들은 대서양의 흰 파도가 너울거리는 절벽 위 골프장에서 골프를 즐겼다. 고성을 바라보며 치던 체코에서의 골프와는 또 다른 해방감을 느끼며 우리는 마음껏 OB도 내고 헤저드에도 들어가며 솔잎 향이 바다내음과 섞여 심령을 가라앉혀주던 송림 골프장에서 마치 기도하듯 하루를 보냈다.

제로니모 성당에서 해양 개척 시대의 영혼과 사회주의의 허상을 보다

대서양으로 연결되는 리스본의 강, Rio Tejo에는 두 곳의 중요한 상징물이 있다. 하나는 제로니모 성당으로 바스코 다가마의 유해가 안치 되어 있는 곳이며 또 다른 하나는 베렘(Belem)에 있는 해양 개척시대를 상징하는 석상이다. 포르투갈이 해외로 뻗으며 벌어들인 부를 아낌없이 투자하여 거대한 성당을 이 곳 해양 개척의 출발지 항구에 짓는다. 그 성당이 바로 제로니모 성당이다. 장엄함과 경건함이 가득하다. 이 성당 앞, 바다로 이어지는 강변 항구의 최전면에 커다란 배 모양의 석조기념물이 서있다. 해양개척의 선구자 헨리 왕자가 뱃머리에 서서 "바다로 바다로"를 부르짖고 있는 해양개척의 기념물인 것이다. 이 둘은 모두 포르투갈의 한 시대를 상징한다. 나라가 부강 해지려면 바다로 나아가야 했던 시절, 해외 식민지를 획득하고 산업을 일으키고 무역을 통해 부를 축적하던 시절은 언제였던가? 포르투갈은 사회주의 정권을 거치며 서구유럽 최빈국으로 전락한다. 잘못된 이념 하에서는 모두가 게을러지고 자포자기가 되며 모든 것은 남의 탓이 되어 나라가 급전직하로 해체된다. 우리는 포르투갈의 역사에서 사회주의의 폐해를 실감했다.

해단식을 하다

여행에서 돌아온 후 우리는 그해 늦은 가을 다시 서울에서 모였다. 해단 만찬을 갖고 공식적으로 여행종료를 선언했다. 해외에 주재하는 친구 덕분에 지방에 있는 동기와 같이 여행하게 되었으니 여러 곳에 동기들이 흩어져 있는 것도 좋은 일이다. 지방의 동기도 해외의 동기도 다 만날 수 있었으니 말이다.

2002. 10

난빛도시 방문기

1. 편집위원회

오치용 목사의 난빛도시 프로젝트를 지원하기 위해 동기들이 모였다. 쓰레기장이었던 난지도를 오늘날의 미디어 시티와 푸른 공원으로 만들어놓은 그간의 스토리를 UNESCO에 인류문화유산으로 등재하려는 그의 프로젝트를 듣고 마음이 동한 것이다. 50년 만에 처음으로 동기들이 뜻을 같이한 야외문화모임이었다. 공항철도 미디어시티 역 2번 출구에서 만난 동기들은 모두 맑은 얼굴이었다. 백윤수가 먼저 출구에서 나온다. 동기 문집편집위원장이어서 책임감을 느낀 듯하다. 반갑게 손을 내밀어 악수를 청한다. 곧 이어 민경상이 나타나고 정재룡 동기회장이 가방을 들고 등장한다.

 대학에 강의가 있어 가방을 들고 왔단다. 책임감은 무섭다. 강의 나가야 하지만 동기회 모임에 얼굴을 내밀려 여러 시간 전철을 타고 왔다 다시 되돌아가야하는 이의 얼굴에는 그래도 밝음이 가득하다. 김학수가 안개 속에서 돌연히 나타난 거함의 모습으로 등장했다. 윤석분이 뒤를 이어 천천히 나타난다. 바로 며칠 전 세상 떠난 동기들

2014. 5. 21. 난빛도시를 방문한 동기들

명단에 실수로 들어가버렸던 석분은 오히려 "덕분에 오래 살게 되었다"고 의연히 웃었었다. 그가 지금 다시 태연한 태도로 걸어오고 있는 것이다. "어이! 석분 미안해!"하였더니 다시 웃는다. 같이 있던 동기들이 다 따라 웃는다. 살아있는 사람을 사자의 명단에 올린 그 치명적 실수가 웃음으로 변해 모두를 웃게 하는 현장, 그 것은 용서와 화합이 만들어 내는 합창의 현장이었다. 박종국이 커다란 몸집을 들어내고 장기택이 만면에 미소를 머금고 등장하자 또 다시 환영의 말들이 오고 가고 정운철과 정철호 두 정씨가 나타나자 갑자기 웃음소리가 커졌다. 정운철의 뼈있는 말들이 모두를 즐겁게 한 까닭이다. 김광준에 이어 끝으로 이홍원이 나타나 늦었지만 지금 오고 있는 윤문섭까지 기다리자 하였으나 연결 편 버스시간 때문에 우리는 모두 오 목사가 기다리는 스탠포드호텔로 이동하였다.

서울 시민의 온갖 쓰레기가 버려져 1억 톤에 이르고 그로 인한 악취와 파리, 그리고 먼지 속에서 재활용 물품을 찾아 팔며 생활하던 빈민들의 생활터전이었던 난지도 쓰레기장이 정선의 그림에 나오는 꽃 향과 풀내음이 가득했던 지란지실(芝蘭之室)의 현장이었다니 놀라울 뿐이다. 그 섬이 쓰레기의 산이 되고 다시 월드컵경기장과 노을공원, 하늘공원 등 여러 개의 공원들 그리고 미디어시티라는 현대적인 예술도시가 되기까지의 변화되는 모습을 브리핑받으며 동기들은 모두 이 놀라운 역사가 인류문화유산임에 깊이 공감하였고 그 속에 지구를 살리는 요체가 들어있음을 인식하고 있었다. 식사 후에 미디어 시티 홍보관을 거쳐 난지도이야기전시관 그리고 지열 및 태양열 등 자연 에너지를 전기로 만들어 일대에 공급하는 에너지드림센터에

2014. 10. 17. 난빛축제에 참가한 동기들

갔을 때 우리의 놀라움은 더 컸다. 그 센터는 아름다운 호수가 있는 공원 안에 있었다. 지금은 푸른 억새풀 산이 된 하늘공원, 그러나 분명 쓰레기 더미인 산기슭에 맑은 물이 흐르고 난초가 만발한 곳, 사라진 난지도가 다시 살아 지란지교(芝蘭之交)의 현장이 되어 있는 곳을 보게 된 것이다. 아기 엄마들이 베이비 카트를 끌고 물가를 산책하고 있었고 갈대 우거진 푸른 물속에는 커다란 물고기들이 줄지어 헤엄치고 물새들이 파드닥거리며 오르내리는 공원은 바로 갈등 끝에 찾아온 안식의 현장이었다. 저곳에 노니는 아기 엄마들은 이 놀라운 역사를 인식하고 있을까? 그 역사를 문화유산으로 유엔에 등재하려고 노력하는 오치용 목사가 있음을 알고 있을까? 그의 뜻에 동감하고 그를 응원하러온 우리 동기들이 역사의 한 장을 시작하며 또 다른 향기를 만들고 있는 현장에는 조용하지만 힘찬 회오리가 일고 있었다.

  드림센터는 자연 에너지로만 운영되는 2층 건물이었다. 전시관 내에는 에너지가 생산되는 과정과 그 이용 현황에 대한 설명이 사실감 있게 전시되어 있었는데 태양에너지로만 이 큰 건물이 사철 운영된다는 것은 놀랍고 새로운 경험이었다. 이제 작은 첫 걸음을 시작한 오 목사의 염원이 이루어지기를 우리는 하늘공원에 올라 다 같이 빌며 여러 풀꽃향이 섞일 때 만들어내는 무어라 표현할 수 없는 그윽한 생명의 향, 마치 창조의 비밀을 간직한 듯한, 그 섞여야만 나는 그 향기가 바로 여러 사람이 함께 하여야만 내는 향기임을 깨닫는다.

  2014년 10월 17일 "난빛축제"가 열리던 날, 우리들은 다시 디지털시티를 방문하게 되었다. 오치용 목사가 축제준비위원장이 되어 그 일대에서 여러 갈래로 나뉘어 각기 진행되던 여러 축제를 연합하여 하나의 마을축제로 만든 "난빛축제"가 열리는 날이었다. 이 축제는 난지도의 역사문화를 유네스코에 등재하려는 문화운동의 시발점이 되는 축제였으며 세계적 축제로 발전될 역사의 시작이었다. 이날 모인 동기들은 백윤수 '50년 이야기집' 편집위원장과 김영수, 김종구, 김종상, 정운철, 윤문섭, 그리고 이흥원 등이 참여하였고 동기들의 저작물들 중 일부를 출연하여 누리꿈광장에서 판매하였다. 특히 오 목사가 난지도와 그의 인연을 그린 『꽃섬이야기』 책을 출판하여 그 날 선보였다. 축제에 참여한 동기들 중 그 책을 교정단계에서 미리 본 이들이 그 당시 느꼈던 진한 감동을 동기들에게 낱낱이 전하였고 이를 들은 동기들이 모두 한 권씩 사서 그 출간과 유네스코 등재라는 먼 길의 시작을 축복하였다.

　서울시장 등이 참석한 공식행사에 초대되어 점심을 같이 한 동기들은 행사 종료 후 다 같이 억새꽃이 만개한 하늘공원으로 이동하였다. 푸른 하늘을 배경으로 하얗게 하늘거리는 억새바다 속을 유영하며 50년이라는 세월의 흐름이 머리에 하얗게 앉은 친구들을 서로 쳐다보았다. 친구들의 하얀 머리칼은 억새꽃처럼 빛나고 있었다. "세월이 쌓인다는 것, 늙는다는 것 그것은 바로 빛이로구나!" 우리는 그 빛을 자축할 필요를 느꼈다. 막걸리를 찾았으나 공원 내에서는 찾을 수 없어 공원을 떠나 바로 밑에 있는 수산시장을 찾아 가 축배를 들며 또 다른 20년, 30년을 어떻게 기념 할 것인가를 이야기 하였다.

2. 오치용의 딸이 본 동기들의 난빛도시 방문기

A tribute for the Great

Grace Eun Jung Oh, Practice Area Driver Communications, Tetra Pak
Daughter of Oh Chi Yong, Class of 65

"Old soldiers never die, they just fade away."

I heard this line for the first time a few years back when my father spoke of it during his sermon in the context of General McArthur's famous retirement speech.

And I disliked it immediately, even to this day.

I dislike it for the sadness embedded within. I dislike it for its truth. I dislike it for its beautiful wording. To hear one's father speak of old soldiers fade away brings into life the reality ahead; that he, too, will have to grow old and fade away.

Recently— whilst on a rollercoaster journey of change— this sentence came back to me. And I started to reflect on this phrase to identify the reason why it saddens me with such gravity. Is it merely a childish reaction to cling onto one's parent? Is it because it distinguishes between generations? Is it because of the ambiguity?

Then, two memorable encounters provided the answer.

Living with my father, life is always filled with challenges and surprises. He always chooses the path not taken. Among a few milestones was my father's decision to leave the traditional path after graduation to become a pastor, leaving a promising life in a church in Gangnam to go to Hong Kong as a missionary. His life was always a life of 'Exodus' and our family— his people— always followed. And recently we left everything behind and followed him to Sangam-dong to fulfill a vision that he has had since 1969.

One day, during the service in our small church a humble looking man appeared. He sat quietly almost without expression. I thought he was a passerby from the neighbourhood. After service, my father greeted him with excitement. He was a Class of 65 alumni, one of the "5 villains" (in my eyes they were anything but!) and he came to quietly give strength to my father during such a delicate phase. Every week for quite some time he would come and amaze us with his brilliant words and funny stories of their university years, until we gained our strength. I will never forget his kindness. And then during the inauguration service other members of the alumni came in mass numbers to give moral support, filling the small church. This was out of pure friendship as there were members with varying religious beliefs. This was the first encounter.

The second encounter came in May of 2014 when we organised a meeting entitled 'Nanbit conference' inviting members of the government, key opinion leaders, and organisations to investigate how to transfer the story of devastation, environmental restoration of the old Nanjido to bring hope to the wider community. Among the guests was the Seoul National University Law College Class of 65 alumni and I was honoured to see so many of the alumni attend our function. I always had a profound respect for the graduates of SNU Law College as all alumni I personally met throughout my life have had three things in common— a never-ceasing passion for knowledge, an interesting sense of humour, and the fact that they do not try too hard to appear smart but instead just naturally exude intelligence. And it is for these reasons— among many others— I adore my father, his friends and my husband.

On this day the Class of 65 left a strong impression when they appeared in casual attire, and proceeded to spend the whole day visiting the Digital Media City, energy resource recovery center, and the World Cup Parks.

This encounter deeply impressed me. This group of key opinion leaders, representing the elite of the elites, who spent most of their lives revered upon in society yet so humble, so studious and eager to learn! It was a hot Spring's day, and to watch them participate in the jammed pack schedule that was physically challenging my heart went out to them immensely.

During the luncheon, I deliberately took my plate and sat at their table because I wanted to be in the presence of great minds. To be a graduate of Seoul National University College of Law is an incredible feat. But so often, especially nowadays, it almost seems to be a taboo to outwardly celebrate such amazing academic achievements.

Why? As we strive for equality and justice— or under the guise of it— we have ceased openly applauding and encouraging academically bright people in our society. It's almost as if we wait for the number one to slip up or fail. People make demands that we should give same equality to everyone, regardless of intellect, and accumulated effort. But what is equality? For me, justice is more about fairness rather than equality. This is why we, as children, can and should outwardly celebrate our parents who are worthy of respect and praise.

After the visit to the 'Nanbit City' (literally translated Light of Nanjido) in May, members of the Class of 65 continue to show interest to learn more about the activities and making immense amount of efforts to provide ideas to fortify our common goals towards the future of our nation and beyond.

These two encounters provided the answer to why I dislike the phrase 'Old soldiers never die, they just fade away.'

It's not the word 'old' that saddens me; it is the word 'fade' that I dislike. The song of the barracks sings of how the world will never forget the old soldiers as they fade away into history.

Old soldiers never die, they just fade away

Our just cause never ceased
Until one day, he did return
And once more, there was peace
Now somewhere, there stands the man

His duty o'er and won
The world will never forget him
To him we say, "well done."

Old soldiers never die
Never die, never die
Old soldiers never die
They just fade away.

No.

I am proud to be among the children of Class of 65, to share in the common pride that our brilliant parents built our country to its current splendour.

No, I say to you, Class of 65, the bright sparks in your eyes are not ones that can fade.

The brilliance I witnessed is one that will continue to shine with great power and intensity for a hundred years and more.

No, I proclaim the Class of 65 will not fade away.

* 이 글은 난빛도시를 찾은 동기들의 일거수일투족을 보며 느낀 점을 당시 난빛축제 등을 주도하였던 오치용 목사의 딸, 오은정이 기록한 글이다.

녹우회〈綠友會〉여담

김인주 · 이원구

태동

1965년 봄에 입학하여 65년 말에서 66년 상반기에 군(육군)에 입대한 동기생이 7명이나 된다.

그 시절 군복무기간은 통상 28개월이었는데, 68년 북한 김신조 남파공작조의 서울침투사건으로 군복무기간이 점차 연장되어 회원 중에는 35개월 10일을 복무하고 제대한 친구도 있다.

63학번 3명, 64학번 5명 등 68~69년에 제대하여 3년여의 군복무 공백기간을 메우고 향학열에 불타던 노구들이 3년 후배들과의 학창생활에서 오는 소외감(?)을 해소하고 푸른 제복의 동질감에서 오는 친목도모를 위해서 이원구 동문의 발의로 김인주, 신중대, 안길룡, 윤교중, 이창희, 장상원이 모여서 녹우회를 결성하였다. 문리대에서 편입한 이태무(한국유통 회장)군과, 63학번의 장명봉(국민대 교수), 정학철(동아일보 기자), 이협(국회의원), 64학번의 이수영(교통개발연구원장), 강상철(금융인), 이동진(진도군수), 김광수(사업), 김광정(변호사), 그리고 장기표(정치인), 박용일(변호사) 등이 함께 했다.

회원 다수는 법대도서관에 사리를 잡고, 이화다방, 이화당구장, 중국집 진아춘, 강원집 등 주점을 놀이터로 삼아 시국토론과 노변정담을 나누곤 했다. 연인원 30여명이 같이한 고란초에서의 3박4일간

"이노꼬리(居殘)" 소연은 녹우회원에게 짙은 추억으로 남아있다.

사법, 행정시험 준비를 위한 산사와 고시촌의 생활은 녹우회원에게는 더욱 어려움의 역정으로 추억되고 있다. 안양사에서 강도를 맞은 일, 산곡 고시촌에서의 심각한 저체온증을 경험하는 등 많은 애깃거리가 있지만 고시생의 어려움이 녹우회원에게만 국한된 것은 아니리라.

또한 69년 낙산제에서 녹우회 주간으로 평화통일세미나를 개최하여 군대에서 다져진 애국심을 학생활동에 접목하기도 했다.

평화통일세미나

매년 개교기념일을 전후하여 학생회가 주간하는 낙산제가 열린다. 녹우회는 1969. 10. 낙산제 때 '평화통일'을 주제로 한 학술세미나를 열었다. 군복무를 마치고 복학한 녹우회원들은 재학생들에 비해 민족과 조국의 통일에 대해 좀 더 관심이 높았다.

그러나 당시 정세로는 '평화통일'이란 말을 사용하면 요즘 말로 종북주의자로 몰릴 수도 있어서 조심스러웠다. 꾀를 냈다. 주제발표자로 미국에서 유학을 마치고 막 귀국한 젊은 학자 이홍구 교수, 김경원 교수 외에 국가안전기획부 강 모 국장을 초청하였다. 뒤탈이 없도록 배려한 것이다.

세미나 개최소식을 들은 저명한 여야 정치인들이 참석을 희망했으나 우리는 정치적 오염을 우려하여 그들의 참석을 불허하고 순수한 학생활동으로 진행했다. 특히 야당 국회의원 여러 명이 학교 정문 밖에서 서성이며 들어오고 싶어했지만 우리는 끝내 이를 허용하지 않았다. 세미나는 성공적으로 끝났고, 역시 서울법대생다운 탁월한 시각으로 민족과 조국의 미래를 조명했다는 교내외의 평가에 녹우회원들은 보람을 느끼며 막걸리를 마셨다.

총녹우회

재학 중에 시험에 합격한 친구, 여전히 고시공부에 머리를 싸매고 있는 친구, 일찌감치 다른 분야에 취직한 친구들, 모두 졸업으로 각자 치열한 사회생활로 전환되었다. 그래도 재학 중 만큼은 자주 어울리지 못했지만 시험합격, 취직, 결혼, 자녀출생, 집 이사, 승진 등 건수만 생기면, 아니 건수를 만들어서 꽤나 어울려 다녔다.

20여년의 세월이 지난 후 84학번을 중심으로 총녹우회가 재결성되었고, 우리 친구들은 소위 원조 녹우회원으로서 형님 행세를 하는 위치가 되어, 줄줄이 회장을 역임하고 계절마다 친목모임, 산행, 신년회, 송년회 등 총 300여명의 회원 중 30~40명의 적극적인 참여로 오늘에 이르고 있다.

회갑여행

여행을 좋아하는 안길룡 군이 일본의 조그마한 시골 히도요시(人吉)에 온천 겸 골프여행을 가잔다. 2003년 2월 이원구의 회갑축하여행은 이렇게 시작되어 4명의 부부가 동참하였다.

일본 100대 온천여관에 자리매김하는 조용한 시골 온천 개천가의 빨간 매화는 회갑여행 15년의 상징이 되었다.

아오모리 국립공원에 마련된 관광객을 위한 일본 차 게시판에 "한 잔을 마시면 3년을 더 살고, 두 잔을 마시면 6년을 더 살고, 석 잔을 마시면?…… 석 잔을 마시면 죽을 때 까지 산다."는 유머스런 명귀.

아오모리의 태고의 신비를 느낄 수 있는 오이라세 계곡은 사시사철 사진작가의 성지로 유명하다.

나가사끼 긴까이 골프장 불란서식당의 와규스테이크는 와인 맛을 더욱 와인스럽게 한다. 이제는 갈 수 없는 후꾸시마의 캐슬골프장!

다까마쓰의 그림 같은 정통 일본식 정원, 세또대교 옆의 사누끼우동 맛 등이 여행의 즐거움을 더한다.

그리스 산토리니, 남태평양 피지와 더불어 세계 3대 환상적인 석양으로 유명한 코타키나바루에서는 회갑케이크를 차로 두 시간 거리에서 특별 주문했다.

홍콩여행은 누구 회갑여행이었더라?

Four Seasons호텔, 전세 낸 요트에서의 맥주 맛, 라마섬에서의 해산물 요리 만찬.

홍콩섬 일주 크루즈.

쌍트페테스부르그 여름궁전, 에르미타쥬 미술관에서 오토바이 해프닝.

쌍트페테스부르그에서 프라하까지 노란 유채꽃의 바다를 버스로 4시간 달리다.

프라하 성 야경이 기막힌 Dance빌딩 Sky Lounge에서의 필젠 맥주 맛.

보헤미안 크리스탈로 조각한 샹데리아, 다양한 칼라 디자인의 볼과 컵.

프라하 성 비트성당의 하루 입장료 수입이 5,000만원.

까를 4세와 얀신부 이야기. 까를다리 조각상들의 사연.

비엔나의 명동거리에 자리한 웅장한 성슈테판성당(1160년 건축), 쉔브룬 궁전의 정원,

국립 오페라 극장 슈타트오퍼에서 오페라 "집시남작"을 보지 못한 것이 아쉬움으로 남는다.

찰스부르그 교외의 200여 미터의 지하약수 시음거리.

그리고 남녀혼용 사우나 경험.

보라카이의 백색모래해변(White Beach), 석양의 삼각 돛단배로 Sun Set Sailing.

그리고 Big Island, Bandung, 호주여행.

어느덧 세월의 흐름과 함께 회갑여행은 끝이 나고, 작년에 시작된 동해안에서의 칠순여행.

모두들 회갑여행 때와 같이 Happy Birthday 고깔모자를 썼다.

제주 우도 피크닉, 옹포의 심해어종인 북바리회, 이호해수욕장 한여름 밤의 추억, 자리돔 물회 맛 등, 지난 20년간의 제주여행을 뒷바라지 해준 장춘식당의 김이순 엄마에게 감사 또 감사.

요번 주말에는 박회장, 이청장과 함께 신사동 "장춘"에서 고스톱을 치자.

이 풍진 세상을 만났으니 너의 희망이 무엇이냐
부귀와 영화를 누렸으니 희망이 족할까
푸른 하늘 밝은 달 아래 곰곰이 생각하니
세상 만사가 춘몽 중에 또 다시 꿈 같구나
— 「희망가」

부귀와 영화를 누렸을지라도 봄 동산 위에 그림 같고
백 년 장수를 할지라도 아침의 안개로다.
담소화락에 엄벙덤벙 주색잡기에 침몰하랴
세상만사를 잃었으면 희망이 족할까?

그래도 그래서 희망을 갖자.
벚꽃 흐드러진 봄날, 한 여름장마 우중이면 어떠랴.
국화꽃 향, 낙엽들의 속삭임으로 가득한 만추의 늦은 저녁 첫사랑이 생각나는 눈 내리는 겨울 밤.
양재동 라이브 카페 7080에서
이원구는 대관이의 "큰 소리 뻥뻥", 신중대는 사연이의 "만남"
윤교중은 이선희의 "J에게", 김인주는 배호의 "비내리는 명동거리"
이태무는 "황금박쥐", 안길룡은 훈아의 "고장난 벽시계"를 부르자.
고장난 벽시계는 멈추었는데 저 세월은 고장도 없네. 라고.

— 2014. 9.

소그룹 활동보고서

두일회(65 동기 골프 모임)를 추억하며
65 기우회 연혁
65 동기회 등산이야기

두일회(65 동기 골프모임)를 추억하며

조 용 국

    1999. 3. 20.(토) Lakeside CC에서 골프를 통하여 건강을 증진하고 동문간의 친목을 더욱 돈독히 하자는 데에 뜻을 모아 김영수, 김완섭, 윤경희, 윤증현, 이원구, 정영일, 조용국, 등 초노의 7인 동문이 모여 함께 서울법대 65 골프모임을 발기하였습니다.

    부킹을 감안하여 3팀 이상 편성을 원칙으로 하며 99년 4월부터 월 1회 또는 격월로 골프 모임을 갖도록 하자고 하였습니다.

    모임의 이름은 김종상 동문이 제안한 "아름다운 사람들이 편하게 만나는 두 번째 일요일"을 뜻하는 두일회로 결정하였고 그 의미에 뜻을 더하여 한자로는 斗逸會로 표기하기로 하였습니다.

    회장은 발기인 중에서 조용국 동문이 맡게 되었고 그 동안 회장직 찬탈의 음모를 획책한 동문이 없어 모임이 해산될 때까지 9년간 장기 집권 하게 되었습니다.

    제1회 두일회 골프 모임을 99. 4. 11. 천안 상록CC에서 갖고 그 이후 제 71회 모임(2008. 7. 16)을 마지막으로 종료, 해산하게 되었습니다. 그 상세 활동내역은 다음과 같습니다.

1. 2007. 10.17 제 67회까지의 타수 상위자 10명 명단

김완섭	총14회 참석	평균 타수 82타
조용국	총64회 참석	평균 타수 83타
김윤호	45회	84타
백승혁	30회	85타
차동천	11회	85타
장기택	32회	86타
서삼영	11회	86타
이원구	23회	87타
이상욱	13회	87타
홍순우	10회	87타

2. 하늘이 돕다

인품이 훌륭하고 덕이 많으신 동문들 덕분에 9년 동안 단 한번(제 673회 2007. 5. 16 신원CC)을 제외하고 항상 맑고 아름다운 하늘 아래 프레이를 하였으니 하늘도 도우심이었습니다.

3. 시상 등

제1회부터 제71회까지 매회 참석자의 타수 및 기타 기록을 보존하여 왔으며 매회 우승자, 메달리스트, 니어리스트, 롱기스트 등을 시상하였고 시상자 이외는 집에서의 체면 유지를 위해 준우승 표지가 부착된 상품을 갖고 귀가하도록 하였습니다.

두일회 회원들, 장기택 제공

4. 동문들의 후원

천안 상록CC에서 개최된 제1회부터 21회까지는 이근식 동문의 적극 후원이 있었고 그 중 제10회는 크럽 700에서, 제12회는 다이너스티에서, 제15회는 선힐에서 그리고 제16회는 오크밸리에서, 제17회는 나산 CC에서 각 1회 개최하였고 각기 관련 동문들의 후원이 있었습니다. 파인 Creek CC에서 개최된 제27회에서 제33회 모임은 홍순우 동문의 후원이 있었고 신원CC에서 제35회부터 71회까지 중에 34번이 개최되었는데 이원구, 윤경희 동문의 각별한 협조가 있었습니다.

제68회는 지방의 동기들이 참여 할 수 있도록 부산 통도CC에서 2004. 12. 19에 개최되었는데 김재진, 배영길 동문이 주선하였고 라운딩 후 오랜만에 허리띠를 풀고 거나하게 취하여 회포를 풀며 어린 악동으로 돌아가 즐거운 시간을 가졌습니다.

5. 참석 동문 현황

9년 동안 한 번이라고 참석한 연인원은 51명입니다. 윤증현 동문은 발기만하고 공직을 맡아 모임에는 제1회부터 줄곧 참석하지 못했습니다.

6. 경비의 운영

모임의 빈약한 재정에 충당하기 위하여 매회 참석자 중 독지가를 지명하여 30만원 상당의 상품 지원을 받았고 우승자는 평소 핸디캡을 속인 혐의를 씌워 페널티로 15만원 씩 갹출받았습니다.

7. 버스를 타고 쾌감을 느끼며

천안 상록CC로 갈 경우에는 대절 버스를 이용하였으며 덕분에 음주운전 걱정 없이 소주 한 잔하고 졸면서 정체되어 거북이처럼 가고 있는 다른 차량들을 보며 야릇한 쾌감도 느끼고는 하였습니다.

8. 사모님들의 합류

60회부터는 참가 동문들의 인원이 적어짐에 따라 동문 사모님들을 적극 모시게 되어 화기애애한 분위기 속에서 모임을 갖고는 하였습니다.

9. 청산

해산하게 되었을 때 남아있던 잔존 회비 220만원은 해단기념 골프 모임에서 전액 사용하여 청산을 완료하였습니다.

> 동기들의 골프 모임은 박현근이 동기 회장이던 시절 제주도 골프여행을 두 차례 실시하였던 것이 효시가 아니었나 생각된다. 당시 아마도 1993년도-4년도에 걸쳐 2회에 실시된 제주 골프여행에 김영수, 박현근, 신성철, 이원구 등이 부부단위로 참가했던 것으로 기억된다.   - 편집자

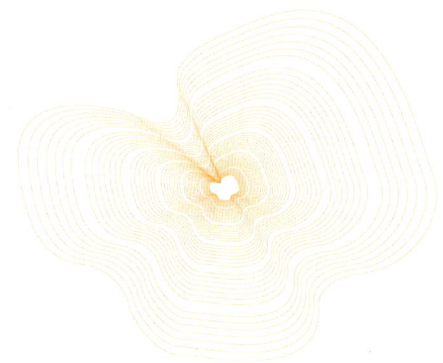

65 기우회 연혁

김 중 양

- 바둑모임이 처음 결성된 것은 1996년 3월이었다.
  (회장: 김중양, 총무: 황창연)
  그 후 매월 토요일 오후 2시에 바둑모임을 개최해왔었다.

- '90년대만 하더라도 동기생들이 모두 현직에 있었기 때문에 다소 여유가 있어서 교대역 부근 한정식집(주로 '민속관')을 예약하여, 식사를 곁들인 바둑모임을 가졌었다.

- 1999. 12. 5에는 바둑대회를 개최하여 바둑모임의 활성화를 촉진하기도 했다. 동기회 협찬(20만원), 회장협찬(10만원), 백승혁 동문의 협찬(화장품 20세트),그리고 참가비 등으로 20명에 가까운 동기들이 참가하여 서로의 기량을 겨루었다. 기우회가 정착됨에 따라 황창연 기우회총무가 동기회로 부터 감사패를 수여받기도 했다.

- '65기우회는 그간 법대바둑대회에 출전하여 (권태욱,김배열, 박승만, 유동수 동문 등) 단체전 준우승을 차지한 바도 있다. 2010년부터는 유동수 동문이 기우회를 주관해왔다.

- 2014년 7월 8일. '65동기회장과 총무 참석 하에 기우회 활성모임을 개최했다. 기우회를 김중양 회장과 황창연 총무 체제로 재구성하고, 법대입학 50주년에 대비하여 바둑모임의 저변 확대를 추진키로 했다.

- 이후 2014. 8. 12(화), 9. 16(화) 등 매월 둘째 화요일 오후2시에 교대역근처의 기원(금연기원)에서 정기적인 바둑모임을 개최하고 있다. 매번 10여명 이상이 참석하여 수담을 즐기고 있다.

기우회 모임

- 2014년 현재 기우회 회원 명단.

강기원 · 강길봉 · 강복수 · 권태욱 · 김광준 · 김배열 · 김인주
김종국 · 김종상 · 김주완 · 김중양 · 김학수 · 명노승 · 박성민
박종규 · 박중삼 · 박현근 · 배영길 · 백승혁 · 안영도 · 오종권
오형환 · 유동수 · 윤문섭 · 이도조 · 이만호 · 이종욱 · 이창박
이흥원 · 장기택 · 정영일 · 조병대 · 조창범 · 정진규 · 최경보
황창연   (이상 36명)

65동기회 등산이야기

김 종 상

졸업 후 30년 이후에 등산 등 동호인 모임 활성화

어느 모임이나 등산모임(회)은 있다지만 우리 법대 65동기들의 본격적인 등산모임은 우리가 졸업 30주년(1999년)을 지내고 이제 바야흐로 새천년 2000년대가 시작되던 시기였다.

우리 동문들 연령이 평균 55세 쯤, 그러니까 50대 중반이 이르기까지 각 분야에서 30년을 정신없이 뛰어와서 이제 대체로 마무리 하는 시기가 도래하였다.

꿈 많은 청춘을 시절을 바친 자신의 분야에서 결실을 거두어 한창 어른이 되어있든지 이젠 뛰쳐나와 자유업(변호사 등) 또는 제2의 직업 등으로 변신하는 시기이기도 했다.

법조계로 간 동문들은 대법관이 될 제목들이 법원장 등을 지내고 있었고 검찰청 동문들은 이제 검사장이 되어있거나 예편하여 변호사 개업을 하고 있었다.

행정부 공무원들도 기획원 재정경제부 쪽에 몇몇이 남아서 차후에 장관을 하였고 그 외에 새로운 변화들을 맞이하고 있었다.

금융, 기업 분야들에서도 사정은 비슷해서 아주 어른이 되었거나 나름대로 활동하는 동문, 이제 자유를 즐기는 동문들도 있었다.

바로 이렇게 어느 정도 여유가 생기고 있을 때, 우리 등산모임 등이 활성화되기 시작했다.

65동기회 모임들

본인도 1998년 24년의 국세청 근무를 마무리, 소위 명예퇴임을 하고 서초동에서 세일회계법인을 개업하여 한참 뛰고 있는 시기였다. 당시 우리 동기회에서는 본인을 동기회 회장으로 선임하여 나름대로 열심히 그 임무를 수행 중이었다.

당시 동기회는 연간 1회 연말 또는 연초에 한번 정기총회를 개최하고 연중에는 몇 가지 모임들을 하고 있었다.

그 대표적으로는 월 1회 강남모임으로 세 번째 금요일에 점심을 하고 있었는데 매번 20명 내외의 동문들이 모였다.

이 점심모임은 우리의 영원한 총무이신 이흥원 동문이 모든 연락과 진행을 담당하여 추진하였다. 그 후 광화문 점심모임이 생겼고 차동천 동문이 주관하는 반포 놀부집 저녁모임이 있었다. 이 시기를 전후하여 우리 동기회의 골프와 등산모임이 시작되었다.

등산모임과 두일회의 출범

등산모임은 본인이 워낙 등산을 좋아하여 자진해서 등산회를 맡아서 활성화하기로 하였다.

거의 동시에 시작된 골프회는 조용국 동문이 회장이 되어 1999년 3월 첫 번째 시합을 가진 이래로 매월 1회 열성적으로 모임을 추진하였다.

등산회는 별도의 명칭 이름이 없이 그냥 '65동기 등산회'하면 됐지만 골프모임은 부킹 등으로 별도의 회의 명칭이 필요하다고 하여 우리는 머리를 짜내어 작명하였다. 당시 매월 두 번째 일요일에 한다고 해서 두 번째 일요일이 연상되는 '두일회'라고 정하였다. 그러나 그렇게 단순하기만 해서는 안 되는 법, 한자로는 '頭逸會1)'라고 풀이했는데 머리가 좋은 인물들이라는 자못 자화자찬의 의미가 있는 반면에 아름다운 친구들이 모여서 골프를 통하여 머리를 식힌다, 리렉스한다는 뜻이 포함된다고 해서 만장일치로 정해졌다.

우리 등산모임의 첫 번째 산행으로 청계산 옛골 종점에서 모였던 날, 본인은 회장으로서 등산의 본격적인 시작을 기념하는 배낭(사진 참조)을 준비하여 동문들에게 나누었는데, 이 배낭이 우리 등산회의 역사와 전통을 보여주고 있다.

중간 사이즈 정도의 크기로 아담하였는데 65동기회와 두일회가 함께 사용하도록 50여개를 제작했는데, 편리해서 10여년이 지난 지금까지도 김영수 동문, 이흥원 동문 등이 평시에도 사용하는 것을 보면서 고맙고 보람을 느낀다.

두일회는 부킹 및 스코어 관리 등을 위해서 구체적인 기록이 남아 있으나 등산모임은 자세한 일지를 기록하지는 않았다.

다만 봄 가을 중심으로 두세 달 만에 한번 정도로 날짜를 정하여 시행하였으니 최소한 연간 3회 이상으로 치면 지금까지 아마 50회 내외의 등산을 했다고 예상할 수 있다.

그중에도 특기할 만하고 기억에 남는 등산의 뒷이야기들을 소개하고자 한다.

---

1) 頭逸會는 추후 斗逸會로 명칭이 변경됨.

사모님들도 참가하여 가장 많은 인원이 함께 한 등산

우리 등산모임을 시작하고 얼마 안 된 2000년 봄 등산이었다고 기억된다. 그때는 등산모임의 활성화를 위하여 사모님들도 참가하기를 적극적으로 권장하여 우리 등산 역사상 가장 많은 40명 여명의 인원이 함께 등산을 하였다.

그날은 청계산 이수봉 코스였는데 정말 화기애애한 분위기에서 가장 재미있었던 등산으로 기억된다.

이홍원 총무님이 당시 한창 젊은 일본인 사모님을 모시고 와서 단연 환영을 받았는데 그 이듬해에는 다시 일본으로 돌아갔다고 하니 사람의 인연이란 쉽지 않은 모양이다. 젊어 보이기로는 그날 참가하신 김능오 동문의 사모님도 아주 활발하게 등산도 잘해서 그 후 등산 때 '젊은 사모님'하고 안부를 물으면 '젊기는? 지금 한창 늙어간다'로 답변하곤 했다.

그날 특이하고 화제가 되었던 참가자는 평시 범생(範生)으로 꼽히는 동문과 함께 참가한 중년 여성이었는데, 그 동문은 그녀가 초등학교 여자 동창이라고 소개했다. 우리는 그런대로 반신반의했지만 한창 보수적인 사모님들은 자못 수상하게 여기는 눈치였고 이 사실은 그날 등산에 참여 하지 않은 동문들 사이에도 화제가 되었다. 나중에 그 동문을 추궁하고 확인한 바로는 정말 허물없는 초등학교 동기였지만, 그래도 그런 자리에 동반한 사실은 생각보다 용기 있는 일이었다.

안양시장이 초대한 수리산 등산

당시 내무부에서 근무하던 신중대 동문이 지방선거가 전면적으로 실시되면서 고향인 안양시장에 재선되어 민선시장의 롤 모델이 되는, 명시장(名市長)으로 활약(1998-2006년)할 때였다. 그 당시 동문들을 초대하여 20여명이 2001년 5월 등산을 겸하여 안양시청을 방문했는데, 이날은 평소에 등산모임에 안 나오던 이원구 동문 등도 참가하여 반가웠다.

신축한 안양시청의 널찍한 회의실에서 시현황을 소개받고 신 시장이 역점적으로 추진해왔다는 청결한 안양도심을 지나서 수리산으로 연결된 '병목안 산림욕장을 걸었다. 그 산책코스가 너무도 상쾌하고

경치가 좋아서 이곳도 모두 우리 친구 신시장의 치적이구나 싶었다. 수리사에 당도하여 시원한 약수에 땀을 들이며 기념사진을 찍은 귀중한 사진(첨부)이다.

산보와 등산을 끝마치고 우리는 신시장의 준비로 수리산터널 근처의 유명한 오리고깃집에서 시원한 맥주 소주와 함께 점심을 즐겼으니 이래저래 훌륭한 친구를 둔 덕분에 여러 가지로 기분 좋은 하루였다.

동기회장들이 등산모임을 물심양면으로 지원

65동기회 등산모임은 동기회 회장들이 적극 관심을 가지고 후원하여 더욱 활성화되었다. 특히 골프모임이 2008년 71회의 모임을 끝으로 잠정 중단된 이후 동문들이 야외에서 만나서 스킨십을 도모하기에는 등산이 유일한 기회였다.

2009년 졸업 40주년을 전후하여 동기회 회장을 맡아서 물심양면으로 크게 기여한 윤경희, 황창홍 회장 등은 등산에 참가하지 못하더라도 하산 후의 즐거운 자리에는 꼭 나와서 회원들과 함께 하고 점심을 스폰서하였다.

특히 등산을 즐기던 정진규회장도 적극적으로 함께 하며 점심 호스트를 자원하였다. 어느 날 대모산 등산을 마치고 그 근처 고깃집에서 점심을 하고 있을 때 국회에서 4선 중진의원으로 활약하면서 등산모임 등에 참가하지 못했던 황우여 동문이 마침 새누리당의 원내대표가 됐다는 소식을 듣고 정 회장, 필자 등 등산회원들이 전화 통화로 축하해주었던 기억이 새롭다.

현재 동문회 회장을 맡고 있는 정재룡 회장은 남한산성 등산에 큰 관심을 가지고 있어서 회장을 맡기 전부터 등산모임을 남한산성으로 초대하였는데 코스 안내인까지 배치하는 등 준비를 많이 하였고 산 아래 멋있는 식당에서 근사한 점심식사를 주최하여 많은 회원들의 유쾌한 기억으로 남아 있을 것이다

등산모임에 참가하였던 회원들

두일회 골프 모임에 대해서는 조용국 회장이 꼼꼼히 기록 관리하여 참가 연인원(한번이라도 참가한 사람)이 50명이 넘는다고 하고 누가 몇 번을 참석했는가가 소상이 파악되고 있다. 이에 비해 낭만적인 분위기에서 모이던 등산회는 출석을 부르지 않아서 구체적 통계는 알 수 없고 다만 느낌으로, 추억으로 기억하고 있는 정도이다.

연인원으로 따진다면 15년 정도의 세월이 흘렀으니 역시 5-60명의 동문들이 한번쯤은 등산모임에 참가했으리라 추측된다.

등산모임의 단골손님이라 할 수 있는 동문들은 박동수, 김학수, 황창연, 김능오, 김종구, 홍순우, 김태영, 민경상, 윤문섭, 강종운, 이흥원(총무) 등이고 분당 등 멀리 사는 백운철, 장기택, 이창완, 김영수 그리고 박씨들(박종규, 박종국, 박동열, 박중삼) 동문들도 자주 참가하였다. 김재진, 조창범, 최경보, 장상준, 김주완, 조병대, 장영효, 윤석분, 신중대 동문들도 가끔씩은 참가했던 동문들이다. 원래 등산 마니아들인 명노승, 임도빈, 안길용, 김윤오 동문 등은 산행의 수준 등을 감안하여 자주 참석하지 못했다.

특이한 애주가인 안평, 유동수 등 동문들도 점심자리에 참가하여 분위기를 맞추었으며, 골프 애호가들인 조용국, 이원구, 백승혁, 차동

천, 김완섭, 이상욱(작고) 등 두일회의 단골 회원들이 등산모임에 거의 나오지 못한 것은 두루 이해된다.

등산 중심인가 친목 중심인가?

2014년 연초 신년총회에서 드디어 새로운 등산회장이 선임되었다.
본인이 15년을 회장으로 장기집권(?)해 오는데 이의가 제기되지 않아서 금년에도 그냥 하는 것으로 예상했는데 총회의 자유토론 중에 마침 김윤호 동문이 우리 등산을 월별로 제대로 해보자는 제의와 함께 등산회장을 담당할 의욕을 보이는 듯하여 본인은 잘 됐다 싶어 김윤호 동문을 회장으로 추천, 선임되었다.

제1회 등산반 모임에서 지급된 백팩

지금까지 수시로 날짜를 정하여 등산해오던 것을 이제는 매월 한번 씩 정기적으로 등산모임을 가지게 되었다. 너무 자주 모이는 듯하고 익숙지 않아서 아직 많은 인원이 참가하지 않고 있으나 앞으로 활성화가 기대된다.

다만 지금까지 우리 등산의 스타일이 등산 그 자체 운동만을 위해서보다는 모처럼 야외에서 만나는 동문들의 친목과 스킨십을 위하여 청계산 대모산등 비교적 쉬운 코스에서 2-3시간의 걷기와 중간에 막걸리 등 음료와 먹을거리 나누기를 기본으로 하고 있었다.

새로운 회장은 산행을 더 충실히 하기 위해, 되도록 중간에 먹고 마시는 것을 지양하고 하산한 이후에 하는 것을 희망하고 있다.

작년 대모산 산행에서는 본인이 준비한 포도주에다 치즈 안주까지 겸하여 산상 카페 같은 분위기를 함께 했던 단골 회원들은 '내려와서 마시자'는 주문에 다소 아쉬움을 느낀다.

새로운 회장이 좀 더 알찬 등산을 하자는데 근본적으로 반대가 없으나 즐겁고 재미있는 분위기의 등산모임이 이뤄지기를 희망한다.

우리 65동기회 친구들이 앞으로도 더 많이 모여서 등산을 즐길 것이다.

이제는 볼 수 없는 동기들을 추모함

< 평화공원 호수> 김영수 제공

먼저 세상을 하직하여 이제는 볼 수 없는 동기들이 그립습니다. '50년 이야기'를 하려 하니 더욱 그러합니다. 이곳에 모아진 추모의 글들은 각기 집필진이 있습니다. 그러나 추모의 정은 우리 모두의 정이 분명하겠기에 집필자 이름을 기재하지 않기로 하였습니다. 모두 편집위원들이 합심하여 쓴 추모담으로 읽어주시기 바랍니다.

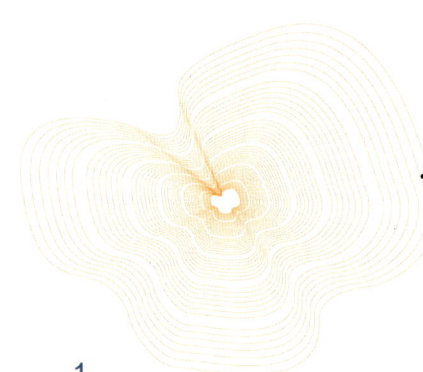

김시승 군과의 추억

1.

2013년 9월1 3일에 김시승 군의 부음을 접하고 충격에 싸였다.

수년 전 김동건 군의 결혼식에 갔다가 오랜만에 부산서 올라온 김시승 군과 식사 담소하고, 반가운 김에 부산 내려가는 공항까지 배웅한 적이 있었다. 그때 식사는 곽동효 군도 같이, 혼주 측이 따로 마련한 별실에서 잘 하고나서였다. 부산서 오랫동안 활약했고, 부산 지법원장을 지낸 터라서, 서울을 떠나지 않는 나와는 만날 틈이 없었다. 공항까지 가면서, 그간 지낸 얘기를 들었다. 부산서의 판사 생활, 법원장 생활, 변호사 생활은 평탄하면서도 여유 있게 들렸다. 워낙 성실 단정하고 면밀한 성격을 잘 아는 지라 어떤 경우에도 무리가 없으리라 짐작되었다. 제주도 한라산 등산을 즐기게 되면서, 다른 운동보다 등산을 우위에 두었다.

가까운 일본도 더러 갔다. 아마 그런 얘기였다. 여가생활은 참으로 더 여한이 없이 즐겼다. 그러면서 마지막 헤어질 무렵 "당뇨치료를 하고 있는데, 참 안 떨어지더라."고 했다.

대단찮게 들린 것은 그의 태도나 신체, 어조 모두가 학생시절에 알았던, 이목구비가 청수한 김시승 그대로여서 대단찮게 들렸다.

2.

2011년 10월 14일. 필자는 정년기념 논문 봉정식과 저서 출판 기념회를 서울서 소속학회 주최로 가졌는데, 그때 김시승 군은 아마 재판 때문에 올라오질 못했다. 대신 얼마간의 책값을 송금했는데, 그때 필자의 생각은 곧 필자의 최신 저서 3부작을 우편으로 부칠 생각이었다. 그러나 8월 말 정년으로 연구실이 없어지고, 여럿이 쓰는 강사 휴게실을 시간제 사무실로 썼기에 책을 쌓아둘 수가 없었다, 논문 쓰기와 오랫동안 연기했던, 현대의 고전 『법과 혁명- 서양 법 전통의 형성』의 옮김과 주석달기를 계속해서 2013년 2월 28일, 원저자와 약속한지 무려 18년 만에 우선 첫 권을 내었다. 주된 작업 장소는 대학원 강의실과 강사 휴게실이었는데, 2012년 여름방학 동안 거의 하루도 빠짐없이 학교에 나가서 작업을 계속했다. 그 여름이 지나고 앞이빨 두 개가 손상된 것을 알았고, 기왕에 흔들리던 앞이빨 한 대와 함께 세 대를 뽑고 다시 넣어야 했다. 유난히 더운 여름 이었는데 과로가 원인이었지 싶다. 왜 이런 얘기를 하느냐? 저 세상에 가 있는 김시승 군에게 *(책을 못 부쳐서)* 미안하다고 실토정하고 있는 것이다. 그때 김시승 군이 보낸 봉투는 아직 간직하고 있다.

3.

2008년 2월에 김시승 군이 오랜만에 '공식적'으로 상경했는데, '공식적'이라는 말은, 몇몇 옛 친구들에게 알리고 동기 중 하나의 주선으로 만찬을 같이 한 것이다.

그때 아마 김시승 군은 새로운 입법으로 시작된 동아대학교 법학전문대학원의 교수로 영입되었던가 했었다. 필자는 판사의 전형적인 생활은 잘 모른다. 더욱이 법원장급의 고위법관의 일상적인 생활은 더욱 가까이 접한 바 없다. 그러나 법학전문대학원의 교수라면, 법학교육계의 일원이 된 것이 아닌가? 그의 차분하고 명료한 언어, 그리고 치밀하고도 무리하지 않는 성격을 미루어서 나는 옛 친구가 새로운 옷을 입고 나타난 듯한 반가움을 느꼈다.

4.

2009년 1월-2월에, 필자는 한창 『경제 위기 때의 법학-뉴딜 법학의 귀환 가능성』의 출간에 마지막 박차를 가하고 있었다. 그 기간 중에 필자는 어떤 현실적인 법 문제를 문의해야 될 필요가 있었다. 서울의 몇 친구들에게도(미안하지만 집필 중이었기 때문에) 건성, 전화로 물어보는 김에 부산의 김시승에게도 좀처럼 안 하는 전화를 했다.

"월요일에 재판이 없다. 한 번 내려오면, 맛있는 것 사줄게."라고 했는데, 그 '맛있는'이라는 형용사의 발음이 정답게 매력적으로 들렸다. 김시승은 경상도 출신치고는 그 발음이 대단히 명확하고 듣기 좋다. 그의 10대 때 발음을 기억하고 있는데, 시옷 발음이 유난히 명료하고 듣기 좋았던 기억이 있다. 술 담배를 별로 즐기지 않았던 학생 시절, 그는 화사한 얼굴과 함께 어떤 때는 청아한 소리를 내는 소년합창단의 울림이 있는 목청을 가지고 있었다. 낄낄 웃는 것과는 정반대의 역시 맑은 미소 같은 것, 또는 강신재의 연애소설에 나오는

"산뜻한 비누 냄새 풍기는, 매너 좋은 청년"과 같은 면이 있었다. 못 내려갔다. 2009년 3월에 이어서, 2009년 9월에 『한국 법학의 반성-사법 개혁 시대의 법학을 위하여』를 내고, 관계 된 논문들을 발표하면서, 2010년 말에는 『법과 경제 질서-21세기의 시대정신』을 출간해서 3부작으로 일단 매듭을 지었기 때문이다.

5.

사실, 김 군의 길었던 판사시절에 대해서는 잘 모른다. 법조계 친구들이 더 잘 알 것이다. 그러나 10대와 20대, 그것도 19세 20세에 주로 입력된 그의 인상은 나에게는 일생 계속되는 고정관념으로 작용했다. 조용함, 맑음, 함부로 끼어들지 않고 자신의 일을 추구함, 명료함. 자신에게 주어지는 일을 정성껏 해내는 사람의 자신감과 평화가 그에게는 느껴졌다.

10대의 어느 날, 당시 선생님들은, 아마도 몹시 바쁠 때, 제일 신뢰하는 학생들로 하여금 시험지 채점의 결과를 기입하는 일을 시키고는 했다. 아니, 더 나아가서 선생님의 조수로 모범답안을 준 뒤에, 채점을 시키는 수도 있었다. 주로 담임선생님께서 그랬는데, 아닌 경우도 있었다. 어느 때, 나중에 서울대학교 독문과 교수가 된, 당시 젊은 독일어 선생님께서 교무실로 필자를 불렀다. "전교에서 독일어 만점은 너와 김시승 군 둘이다."

6.

대학 들어간 이후, 동숭동 하숙가에서 아침에 학교 가다가 골목에서 그와 만나는 수가 있었다.

"어제 무슨 법서를 읽었는데, 문장을 거듭해서 음미해도 명료하지 않은 수가 있다."

토씨 하나라도 더 달아주었으면, 단어 하나라도 더 달았으면, 나아질 것 아닌가? 불평조는 김시승 군하고는 거리가 멀다. 그는 대학입학 이후, 모두가 도깨비 같은 초년과 2학년 시절에 벌써 극히 당연하다는 듯이, 성직자가 성경을, 스님이 불경 읽듯이, 법서를 탐독하고 있었다.

"토씨 하나라도, 단어 하나라도, 문장 한 개라도, 덧붙여 주었으면 이해가 빠를 것 아닌가?"

20대 초에 들은 이 말은, 이후 약 30년 이상 필자가 학부 학생이든 대학원 학생이든, 법학강의를 할 때 수시로, 때때로, 귀에 쟁쟁, 눈에 삼삼한 슬로건이 되었다.

당시 우리가 읽은 법서는 일본 책을 그대로 번안 한 것이거나, 그렇지 않은 경우에도 제국대학이나 일본에서 공부 한 분들의 일본식 문체여서 해방 이후 세대로 초등부터 한글로 시작한 세대에게는 특히, 토씨, 접속사, 문장 구성에서 차이가 있다는 것을 그분들은 몰랐다. 또한 언어 경제를 위해서 한국어 일상 언어보다, 한자로 축약된 유사 개념을 잘 쓰는데, 일본 문화에서는 뜻도 통하고 일상적이나 '한글세대에서는 그렇지 않다'라는 것도 알 리가 없었을 것이다.

7.

절제된 언어, 절제된 정서, 간명한 표현. 젊은 시절의 김시승의 면모였다.

그의 언어 중 내가 오늘까지 기억하는 언어는 그가 동기 중에도 상당히 일찍 사법시험에 합격했을 때이다. 역시 우연히 대학가 골목에서 만났다.

당시 나는 과외선생으로 생활인이 되고 있을 때였다. "철아, 네가 하면 더 잘 했을 텐데, 미안하다." 상피증에 걸렸던 나는 무감동하게 그를 스쳐 지나갔다.

8.

2014년에 필자는 『법과 혁명-프로테스탄트 개혁이 법 제도에 미친 영향』을 읽다가 서양세계의 종교개혁 이후의 신학과 법학의 특징에 주목하게 되었다. 그리고 동아시아법학 내지는 한국법학이 서양법을 계수한 이후 빠뜨린 것이 있다는 것을 강조하게 되었다. Equity는 형평 또는 형평법으로 번역되지만 형평이라 한들, 형평법이라 한들, 그 콘텐츠가 되는 내용을 지시하지는 못한다. 왜냐하면 Equity는 서양에서는 종교문화의 요소로 발달되고 인지되어 와서 거의 '양심'과 같은 뜻이기 때문이다. 이런 점은, 어떤 한국의 고위 법관인들, 어떤 판덱텐에 의한 주석가인들, 한국 문화 자체로서는 그 뉘앙스를 살리기 힘들게 되어 있다.

9.

고위법관 출신 인사들에 대한 전례 없는 국민적 주시가 행해지고 있는 2014년의 한국에서 필자의 김시승 군에 대한 추억은 다른 세대, 다른 문화의 어느 변호사의 한 마디로 마감된다. "김시승 원장, 참 좋습니다." 아마도 동아대학교수로 잘 갔다는 의미이겠다. 그는 Equity를 실천하려했을 지도 모르겠다. 옛 친구, 김시승 군의 명복을 빈다.

2014. 9. 30.

따스함이 함께했던 친구 박현수

내가 박현수를 처음 만난 것은 1학년 때 법대 태권도장에서였다. 당시 고단자였던 학생주임 선생 덕분에 강의실 옆동에 도장이 있었던 터라 나는 가끔 그 곳에 가서 단련하고는 하였다. 당시 이곳을 출입하던 동기들은 조창범, 정기반, 박성민 그리고 박현수 등이었는데 고단자인 조창범과는 어울리기가 어려웠고 그저 초년 연습생들인 박성민, 박현수와 내가 주로 어울렸던 것 같다. 그러다가 박성민이 휴학을 하고 떠나버려 결국 박현수와 나만이 가끔 도장에서 보고는 하였다. 거기에다가 기독학생회를 같이 하였기에 자연히 자주 만나게 되었다. 학생시절의 현수는 참으로 부드러웠다. 항상 웃고 따스하게 얘기하던 친구였다.

내가 결혼하게 되었을 때 함잡이 중 한 명으로 내 결혼을 축하해 주었다. 그리고 나서는 각자의 길로 가 상호 연락이 없다가 다시 보게 된 것은 IMF때 그가 대우전자에 감사로 근무하고 있다는 것을 안 후였다. 대우그룹이 피 말리는 해체상황을 맞고 있던 때라 그는 피곤에 지쳐있었다. 나 역시 몹시 어려웠던 때이고 김남국이가 거리로 나앉는 직장인들을 주제로 소설을 썼던 때이기도 하였다. 그때 현수는 말이 거의 없었다. 고통을 겪고 있는 사람의 전형같이 보였다. 하도 피곤해보여 내가 걱정하니 "괜찮아."하며 웃는데 그 웃는 모습에 그림자가 져있었다. 그 뒤로 강남 모임에서 드물게 보았는데 하루는 보니 어디가 아픈 사람이다. 그래 내가 "어디 아파?"하니 그저 웃으며 "아니."라고 한다. 그리고 나서 얼마 후 그가 세상을 떠났다는 통보를 받게 된다. 아픈 친구를 앞에 대하며 아무것도 할 수 없었던 내가 원망스럽기도 하고 착하고 따스했던 친구를 앗아간 병마가 야속하기도 하였다. 장례식장이었던 분당의 천주교회에 가서 부인과 아들을 만났을 때 나는 다시 한 번 현수의 따스함을 느낀다. 부인과 아들의 모습에는 현수의 깊은 맛이 있던 따스함이 배어나고 있었다. 부인이 얘기한다. 현수가 내 책 이야기를 자주하며 나를 자랑스러워했다고……. 그 이야기에 나는 그만 눈물을 흘렸다. 그 뒤로 현수의 묘소에 가보고 싶었으나 아직 실행하지 못하였다. 입학 50년 기념으로 고인들의 묘소를 찾아보면 어떨까?

솔직하고 거침없던 영원한 자유인 박상서 군을 추모함

　같은 시골 촌놈으로 가깝게 지내던 박상서 군은 어떤 틀에 있기를 거부한 자유인이었다. 어머니와 같이 살던 문리대 뒤편 집을 방문했던 기억이 있다.

　본인 이야기 중에 행상도 해 봤다는 이야기를 듣고 500년 전 방랑시인(조선의 천재시인 김시습이 생각난다. 승려의 행색으로 거리를 전국을 방랑하면서 시대를 조롱했던 절의와 광기의 시인) 김시습은 현대 지성인이 가장 사랑하는 사람 중에 하나라고 한다.

　나도 열심히 그의 한시를 읽고 서투른 붓글씨로 그의 사상을 영혼의 목소리를 듣고 있다.

　박상서 군은 정말 호남의 영재로서 시대를 비판하면서도 인간에 긍정적인 따뜻한 가슴의 진보로서 늘 우리에게 좋은 이야기를 많이 해준 귀한 친구였다.

　명분과 예법에 구애 받지 않았던 거침없는 김시습과 같이 우리의 박상서 군은 고독한 방랑자로서 인생과 자연을 깊게 관조했던 훌륭한 친구로 기억한다.

　다음 100주년 기념문집에서는 우리 모두 같이 머리를 맞대고 그리고 낙산과 이화동을 누벼 보고 또 좋은 글을 쓸 수 있기를 간절히 소망합니다.

김시습의 시 한 수를 바치고 추모를 끝내고자 합니다.

이 솔 바람소리를 들어 보구려
세속의 귀를 깨우칠 수 있다오

달 밝고 하늘에 서리 가득하니
새벽 종소리 정녕 기쁨이로구나

– 김시습의 시

다정다감했던 이상욱 군을 추모함

총각시절 하룻밤을 낙산 위에 있던 윤문섭 누님 집에서 몇 명이 자고 아침에 간이 세수하고 양치질을 하는데 상욱 군이 서슴없이 내 칫솔을 달라고 해서 물에 헹구어 사용하는 것을 보고 상욱 군의 새로운 다정한 면을 보았다.

여성적이고 섬세한 것 같으면서 소탈하고 항상 잔잔한 미소를 그리고 수수했던 상욱 군은 내가 좋아하는 세계적인 러시아의 단편소설작가 안톤 체홉프 같다고 생각한다.

야한 이야기를 아주 담담하게 고상하게 재미있게 평범한 이웃의 이야기로 쓰는 안톤 체호프의 구수한 줄거리는 전혀 흥분시키지 않으면서 은은하게 우리 가슴을 울리는 최고의 작가라고 생각한다.

우리 이상욱 군은 정말 안톤 체홉프 같이 낮은 목소리로 구수하게 수수한 이야기를 재미있게 이야기했던 귀한 친구였다.

절대 흥분하지 않고 속으로 많은 것을 삼키고 우리 곁에 같이 있던 다정다감한 이상욱 군은 이제 소설 속의 주인공으로 돌아갔다.

죽음은 새로운 시작이라고 생각한다.

새로운 소설이요, 연극의 새로운 막이 시작되는 것이다.

안톤 체홉프가 44세로 별세한 것에 비하면 많은 작품을 남겼는데, 이상욱 군은 저 세상에서 새로운 이야기를 소설로 시로 그리고 연극으로 많이 남기기를 기도하면서 우리가 서로 다시 저 세상에서 재회할 때 귀하의 소설을 안톤 체홉프처럼 멋있는 내용을 같이 읽고 같이 연극도 하고 그리고 귀하의 칫솔을 헹구어 내가 사용하기를 원합니다.

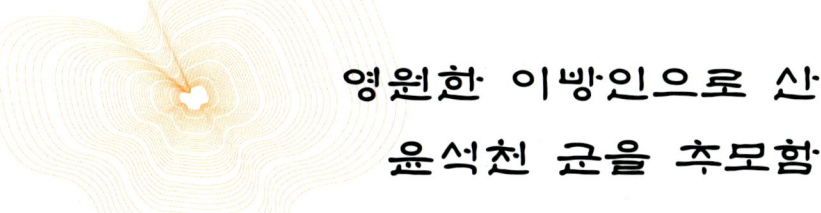

영원한 이방인으로 산
윤석천 군을 추모함

석천 군은 고등학교 같은 반도 했고, 순하고 사색적이라 친한 친구였다.

대학시절 명륜동 누나 집에서 살던 석천 군을 생일 축하하러 모였던 기억이 있고 대학 졸업 후 고시 공부할 때 갈현동에 석천 군이 독립해서 방 얻어 살 때 찾아가 같이 이야기 많이 했던 기억이 있다.

그러다가 내가 해외에 살고 있던 때 별세했다는 소식을 들었다.

참으로 아까운 귀한 친구를 일찍 보냈다고 생각한다.

돌이켜 생각해 보면 나보다 10여 년 더 성숙했던 것 같다.

우리는 그냥 눈앞의 고민, 고시공부에 몰두하는데 윤 군은 인생의 깊은 고민을 항상 생각하는 것 같았다. 카뮈가 이방인을 쓴 것이 27세 때라고 하니 윤군은 이런 카뮈와 정신연령이 비슷하지 않았나 생각이 든다.

항상 방황하고 끝없는 이방인으로 산 카뮈를 생각할 때 윤군을 이해할 것 같다.

카뮈가 자동차 사고로 47세 요절한 것 같이 우리의 귀한 친구, 윤석천 군도 젊은 나이에 저 세상으로 갔다. 확실히 천재는 신이 사랑해서 일찍 데려 간다는 말이 실감이 난다.

대학 졸업 후 2년 고시 공부하는 동안 내가 고민이 있을 때마다 찾아가면 언제든 웃으면서 친절하게 위로해주고 경청해주던 윤 군은 큰 형님 같았다.

　남의 고민을 들어준다는 것이 얼마나 어려운 일인지 나는 나중에 알게 되었고, 윤군의 너그러운 마음씨를 정말 고맙게 생각하며 일찍 보낸 것을 아쉽게 생각한다.

　지금도 그 따뜻하게 웃는 얼굴이 눈에 선하다.

　우리 다시 만날 날이 얼마 남지 않은 것 같다.

　귀한 만남을 추억하며 몇 자 적어 보았다.

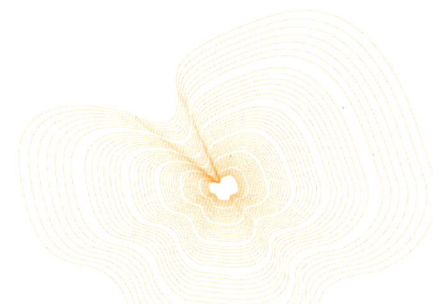

이해관을 추억하며

어이! 이해관, 이 몹쓸 친구야!
귀하, 지금 어디 있나? 무엇 하고 계신가?

65동기회의 무슨 편집위원회라면서, 나를 오라하여 갔더니, 점심 한 끼니 먹이고는, 65동기 50주년을 기념하여, 동기들 글 모음 문집을 만드는데, 귀하 애기를 나보고 쓰라고 해서, 지금 나는 서투른 Key Board 두드리기를 하고 있네.

Ghost는 진짜 귀신이라, 옆에 있다가도 없어지고, 하늘에서 땅 위에 기어가는 벌레도 다 본다 하니, 귀하 글 쓰는 이 쪼다를, 하늘에서 지금 귀하는 내려다보고 계신가?

무엇이 급해 귀하는 그리 일찍 가셨나?

그게 언제인가? 내 기억에 95년쯤인 것 같으니, 20년은 족히 된 듯하이.

맨 처음 귀하를 만난 때부터 거슬러 가보세.

가슴마다 엉큼스런 흑심을 품고, 날고 기는 놈팽이들이 다 모여 들었다고 기고만장할 때, 그때 입학하고 한두 달, 기껏 석 달도 안 돼, 아직 기가 죽지 않았을 때였는가 보네.

나와 같은 고등학교에 상대 들어간 친구 하나가 어느 날 동숭동에 왔지.

그리고는 귀하를 우리에게 소개했지.

같은 고향 친구인데, 법대 65동기 중, 귀하는 고교동창이 없어 외톨이니, 같이 섞여 지내면 좋겠다고. 그래서 자네와 같이 어울리기 시작한 것 같네.

임도빈, 이원재 선수가 자네와 출신학교로 엮어질 수 있는데, 중학은 같아도 고등은 다르고, 또 OB라 약간 사이가 있는 듯 했네.

항상 넥타이, 가다마에 쫙 빼 입고 말쑥하게 다니는 친구는 동기 중 성낙천과 자네 둘이었네. 그래 좀 촌스럽기는 하구나 하였는데, 무슨 미팅 같은 것도 어지간히 시들해지고, 5가 술집에서 선배, 후배 하면서, 막걸리, 소주에 젓가락장단 맞추기 할 때쯤, 자네와도 이미 어울린 적이 많이 있었겠지만, 특히 이것이 생각나서,

나야 워낙 서울 토박이에 세련된 사람이어서, 청바지 하나로 사시사철 견디고, 노래도 국산 말고 Pop으로만 뽑았는데, 그때 동기 중에 Pop을 제대로 하는 친구는 없었지.

아, 그런데, 자네 차례가 돼서 한 곡조 뽑으라고 했더니, 별로 기안 죽고 일어나서 뽑는데, 그게 '도리스 데이'인지, '코니 후란시스인지, 지금 기억이 가물가물하지만, 하여튼 이 중에 하나를 뽑더라고.

나는 귀하를 다시 쳐다봤지.

게다가 이 노래는 가사가 쉽지 않아,

나 정도 English Hearing으로도 정확하게 할 수 없었는데, 귀하는 이걸 다 알아 듣고, 전부를 뭉기지 않고 제대로 넘어 가더라고.

Everybody loves their lover, 어쩌고 시작하는 노랜데, 중간에

Who has the most popular personality?

I can't but help thinking it's just no one else but me……, 라는 데가 특히 알아듣기 어렵게 빨리 지나가서, 나는 적당히 어물거리는 곳인데, 귀하는 이걸 제대로 하더라고.

그래서 그때부터 '야, 이 친구 촌스런 친구가 아니구나.' 인정하였지.

내가 인정하고 말고 자네야 상관없겠지만, 그래도 이때부터 나는 귀하를 admire하였네.

내가 귀하를 admire한 것은 진짜네.

도서관다방 생각나나? 가운데 있던 아줌마다방 말고,

이 도서관다방에 처음부터 있던 여자 그만두고, 다음에 온 여자애 자매가 괜찮았지.

가방은 자리 맡느라고 자리에 던져두고, 공부하고 있는 귀하를 나는 항상 꼬셔서, 이 다방에 끌고 갔지. Coffee값 대부분을 귀하가 냈으니까.

김능오도 이때 거의 함께 한 것 같은데, 귀하에게 이제라도 고백할 게 하나 있네.

어느 날, 이 여자애 중 언니가, 나하고는 나이도 비슷해서 야자트고 말놓고 지냈는데, 애가 나한테 맥주 산다고 같이 가자는 거야. 얼씨구나이지.

그때 우리가 맨날 가야 5가, 아니면 청진동 막걸리 집이고, 맥주는 가물에 콩나듯 어쩌다인데, 두말할 필요 없잖아. 그래 나랑 개랑 둘만 4가 맥주 집에 가서 먹었지. 이런 얘기하면, 다들 썸씽은 어찌 됐냐고 묻지만, 그런 거는 절대 없었네.

썸씽 때문에 이야기 하는 게 아니라, 귀하는 빼고 갔다는 죄책감을 고백하는 것이네. 애네들 집이 효창공원 뒤였는데, 졸업할 때쯤, 김능오하고 둘이 애네들 집에도 간 적이 있네. 미안하네, 자네는 빼고 갔으니.

그래 맨날 이 다방에서 구라만 풀면서 세월을 보냈는데, 언젠가 겨울, 그때도 내가 귀하를 꼬셨지.

공부 꼭 자리에 앉아서 해야 되냐구, 시험만 잘 봐서 붙으면 되는 거 아니냐구.

그래 Doctor Zivago를 대한 극장에서 앵콜 로드쇼로 하는데 이거나 보러 가자구.

앵콜 로드쇼라 본래 값의 반인데, 여기다 또 조조할인이라, 반에 반값이니 내가 내겠다구. 그래서 10시 전에 대한극장 갔지. 귀하도 별로 싫어하지는 않더라구.

워낙 영화가 길어서 끝난 게 2-3시쯤이었나?

그래 도서관에 돌아가서 공부하자니 그렇고, 이왕 버린 거 그대로 눌러 앉아 또 보자구, 그래서 다시 한 번 보았지. 반에 반값에 두 번 봤으니, 영화 값은 뽑고도 남았지.

끝나고 나오니까 깜깜하더라고. 도서관에 가서 가방 가지고 집에 갔는지, 그냥 갔는지는 기억이 나지 않는데, 하여튼 같은 영화 또 한 번 계속 보니까, 두 번째는 영어 대사가 훨씬 잘 들리더라구.

Zivago가 적군 빨치산에게 끌려갔다, 유리아틴 라라의 집으로 돌아와서, 벽돌 밑에 라라가 놓아둔 열쇠를 꺼낼 때, 라라가 지바고 보

라고 넣어둔 편지에 씌여 있기를,

I am mad with joy, …… 어쩌구.

이거 알아 들었냐구, 나는 귀하에게 자랑했지.

또 하나 잊을 수 없는 Episode 하나,

법대 앞 미대에는 여자애들이 있으니까, 여자 없는 법대 사내놈들이야. 이거 좀 어찌 해 보려고, 자기가 이리저리 했다고 구라푸는 자가 많았지만, 그게 구라인줄 뻔히 알면서도

박수쳐주는 것은 예의라고 치고,

이 미대 여자애들이 저희들이 운영하는 구내 다방을 차렸으니, 여기를 지나치는 것은 참새가 방앗간 지나치는 것이므로, 이때도 내가 귀하를 꼬셨지.

야, 우리 건너가서 Coffee 하자, 고.

그래 책가방은 도서관 자리에 놔두고, 여기 가서 미대 여자애들 궁덩이 쳐다봤지.

이런다고 무슨 썸씽이 생기면, 여자애 꼬시지 못할 자가 어디 있겠나? 이게 끝이지.

그런데 이 미대 다방에 붙어 있는 수많은 여자애들 낙서 중 하나,

애, 앞집 애들 자꾸 오는데 어떻게 할까?

아유, 게네들 아주 구질구질하고, 정말 밥맛이야, 출입금지 써 붙여.

귀하가 털어 논, 음대 Violin하는 여자애 이름이 무엇이었던가, 생각도 나지 않지만,

진짜 있기는 있었는지, 구라였는지 나도 확인은 못했지.

이렇게 나 땜에 공부도 못하고 어영부영하는 사이, 4학년 2학기가 다가 왔지.

졸업 후 헤어지는 게 어쩐지 그래서, 내가 귀하 고향 집에 같이 한 번 가자고 했지.

그래서 간 도고 귀하 집에, 부친께서 장남 친구가 왔다고, 그때 쌩쌩 얼어붙는 겨울은 아니고, 늦가을 이었네, 아침에 참새 잡아 구어 주셨지.

어머니는 어떠셨는지 잘 생각이 나지 않네.

너무 황송하였고, 부친께서 귀하를 어찌 아끼셨는지, 나름대로 짐작만 했네.

아무리 낯짝이 두꺼워도, 나는 내가 사시 볼 형편이 안 되는 것은 알았네.

귀하는 내가 보기에 사시 보려는 눈치였네. 그래 내가 또 꼬셨지. 사시 봐서 붙는 건 내년 이야기고, 지금은 우선 변변한 은행 시험 봐서 자리를 확보해야 한다고.

그래서 많은 동기들이 한은 지원하는데, 한은 보다는 외환은행이 나으니 외환은 시험 같이 보자고 꼬셨지. 이때 외환은 기 졸업생도 받아 주니까, 졸업 예정자는 양보하고, 다른 데 지원해야 추천서 써 준다고, 학생과에서 추천서 거절하는 것을, 쌈쌈해서 추천서 받아 원서 냈지. 그런데 발표 보니 귀하는 합격, 이 몸은 낙방이었네.

귀하가 한 말씀하셨지. 야, 이 쪼다야, 이걸 어떻게 떨어지냐?

내가 꼬셔서 같이 어울릴 때는 그랬다 해도, 다른 시간이면, 귀하는 착실히 공부한 것이 드러났네.

야! 쪼다야, 그게 헌법에 나오는 말이지, 어떻게 민사소송법에 나오는 말이냐?

　한심하다 해도 너는 너무 한심하다.

　귀하가 지적해 주어서 내가 엉뚱한 답을 쓴 줄 알았지.

　학교가 좋은 건지, 교수가 훌륭한 건지, 아니면 학생이 뛰어난 건지.

　여하튼 나 같은 놈도 졸업을 하기는 했으니, 정말 좋은 학교임에는 틀림없네.

　어찌됐든, 외환은 같이 다니면서 술값 또 귀하 주머니로 해결하려던 나의 계획은 물거품이 되었지. 그래도 월급 탔다고 어찌 귀하 혼자만 먹을 수 있나?

　명동 카이자호프에서 많이도 얻어먹었지. 그것도 아주 당당하게.

　백수건달 친구 술값 내 주는 거야, 당연한 것 아닌가?

　이렇게 귀하 술 얻어먹으며 지내다, 70년 가을 내가 전주에 내려가면서, 자주 만나는 일이 뜸해지게 되었지. 일 년에 한 두 번 보았을까?

　그게 71년이었나? 아니면 72년이었던 것 같은데.

　어느 날 전북도청 내 자리에 귀하가 떡 나타났지. 깜짝 놀란 나에게 귀하가 그랬지.

　야, 이 쪼다야, 여기 앉아 뭐하냐?

　그 사이, 귀하가 행시 붙어 문공부에 나간다는 것은 알고 있었지만.

전북도청에 귀하가 나타나는 것은 생각 밖이었지.

문공부 주관 무슨 향토문화제 땜에 왔다고 했던가?

변변히 술자리도 못하고 헤어진 것 같네, 그때.

여기서 쪼다짓 그만하고 빨리 운동해서 서울 와라, 한 말씀하셨지.

그리고 73년 내가 서울 간 다음부터, 귀하와 기타 등등의 만남이 계속됐지.

그러다 74년 가을 내가 방위 갈 때.

귀하가, 그래도 군대 가는데, 술 한 잔은 같이 해야 되지 않느냐고, 미아리에서 술 먹은 게 생각나네. 그때, 귀하가 방위는 내가 선배라며 돈 쥐어준 게 얼마나 고마웠는지. 그까짓 3주 있다 나오는데 무슨 돈이 필요하냐구, 없어도 괜찮다고 하는 나에게, 그래도 가져가라고 귀하가 주었는데, 이거 없었으면, 정말 큰 일 날 뻔했네.

배가 그렇게 고픈데도, 나는 3주 동안 그 놈의 짬밥을 넘길 수 없어, 귀하가 준 돈으로 주보에서, 우유 하나, 빵 하나를 맨날 사 먹는 것으로 겨우 지탱했네.

3주 후 나와서 다시 계속 만났을 텐데, 이 무렵 기억은 뒤죽박죽 Film이 엉켰네.

귀하가 처음 불란서 출장 가서 당했던 기막힌 사연이 이때이었나?

보르도 지방인가 어디 시골에 가서 여관에 들게 되었는데, 아무리 방을 찾아보아도, 큰 일 보는 통이 없어서, 일이 급해졌는데, 가만히 보니 통처럼 생긴 것이 있긴 있어서, 이게 긴가 보다 일을 보고 물을 내렸더니, 당최 일 본 게 빠지지 않는지라,

'아하, 이게 여자 거시기구나.' 알았다고.
그래 이거 퍼서 공동화장실에 갖다버리느라고 시껍했다고.
이런 얘기하면서 각자 길을 갔지.
그리고 파리 주재 한국 문화원 공보관 지내고 들어 온 후인가, 아니면 전인가.
아무튼 귀하가 서울 있을 때, 75년 가을에, 귀하가 나의 함을 지고 색시 집에 갔지.
함 값 받아서 함 잡이 한 다른 친구와 같이 쓰지 않고, 귀하가 몽땅 갖고 튀었다나, 아니면 다른 친구가 튀었다나, 나중에 이야기도 많이 하였지.
그리고 얼마 있다 귀하는 파리 주재 공보관으로 확실히 갔네.
그때 받은 불란서 그림엽서가 지금도 있기 때문이네.

그리고 2-3년, 아니면 3-4년 있다 돌아 왔나? 79년 아니면 80년인 것 같은데,
이번에는 내가 귀하 함 지고 색시 집에 갔지.
장가들어 살림 차린 집, 미아리 어디인 것 같은데, 거기도 간 것 같네.
장가가면 친구 불러 집들이 하고, 발바닥 때리면서 Kiss하라고 하는 게 의례였지.
그리고는 서울에서 쭉 산 것 같은데, 아니면 마누라랑 나가서 해외 근무 또 했었나?
생각나는 것은, 어느 날 입원했다는 거야.

그래 병원에 가서 보았지. 이게 언제 어디였는지는 가물하네.

별로 심해 보이지는 않았고, 금방 나올 거 같았네.

그리고 진짜 나와서 원위치 했던 것도 같은데, 이것 역시 가물하네.

그리고는 확실히 기억하는 마지막이 되었네.

92, 93, 94, 95, 95년쯤인 것 같네.

그 때 귀하는 새로 생긴 목동 아파트에서 살았네.

병원에 있다고 해서, 그 아파트에서 가까이 있는 병원에 내가 갔지.

그때 나는 Fashion 장사로 그 동네도 매장이 있어서 기억하네.

많이 빠졌더군.

그래도 나는 다시 나와서 원대복귀 할 줄 알았지.

그게 끝나는 병인 줄은 몰랐네.

한두 달 정도 같은데, 내가 시간되는 대로 들여다 본 게.

그래도 내가 가면, 그때까지는 귀하가 말했지, 웃으면서. 걱정하지 말라고.

나는 워낙 순진해서 그 말을 믿었네.

이렇게 서 너 달 지났나?

그 날도 사무실 일로 토요일 오후까지 있다가, 귀하를 본 지가 2-3주 된 거 같아,

목동 병원으로 갔네. 자네가 보이지 않았네.

간호사한테 물었지. 어디 갔냐구. 퇴원했다는 거야.

아주 기쁜 마음으로 귀하 아파트에 갔지. 아! 인제 됐구나, 인제 다시 만나게 됐구나.

속으로는 귀하 욕도 했네. 그랬으면 이렇게 됐다, 전화라도 하지

아파트에 갔더니, 집에 없다는 거야. 어씨 부인도 안 보이고,
그리고 누군가 하는 말이 서울대 병원에 갔다는 거야.
역시 바보 같은 나는, 아, 큰 병원으로 갔으니, 더 안심이구나, 라고 생각했네.
그래 서울대 병원에 갔지.

그리고 거기 응급실에 사람이 많아 바깥에, 침대 자리도 아닌 자리에 자네가 있었네. 자네 부인도 같이 있었네.
자네는 나를 보아도 알아보지 못했네. 말도 하지 못했고, 아이마냥 쪼끄매졌네.
피부색도 까만 것 같았네. 그게 자네를 본 마지막이었네.
보기만 했을 뿐, 아무 말도, 느낌도 나누지 못했네.
어씨 부인한테 무슨 말을 하겠나?
아무 말도 하지 못하고, 만약 일 생기면 나한테 연락은 해 달라고 했네.
그래도 연락이 그렇게 빨리 올 줄은 몰랐네.
다음 날, 일요일 아침에 전화 받았네.
여보게, 이해관. 나를 용서해주시게.
장사 치르고 나서, 어씨 부인에게 나는 한 번도 연락하지 않았네.
지금도 자네 부인과 아이가 어찌 되었는지 모르면서 이 글을 쓰고 있네.
이런 나를 용서하지 마시게.
이해관, 몹쓸 친구야! 조금만 기다리게. 나도 좀 있다가 그리 가겠네.

조영래를 추모하며

1주기 추모사

이 추모사는 박성민이 조영래 1주기를 맞아
2011년 12월 11일. 한겨레신문에 기고한 글이다.

조영래 변호사! 당신이 우리들 곁을 떠난 지 벌써 1년이 되었구려. 믿어지지 않습니다.

가슴을 가르는 슬픔을 안고서 영결식장을 가득 메운 추모인파들, 눈물의 잉크로 범벅이 되어버린 추도사들, 한 송이 한 송이 당신의 영전에 쌓이는 하얀 국화꽃 무덤, 터져 나오는 오열들이 방금의 일인 양 너무나도 눈에 선합니다. 돌이켜 보면 당신은 참으로 빛나는 삶을 살다 갔습니다. 결코 길다 할 수 없는 7년의 변호사 생활 속에서 당신이 이루어 낸 업적들을 일일이 열거할 필요는 없겠지요. 가난하고 억압받는 사람들의 문제라면 어디든 달려들어 생각하고 계획하고 실행하였습니다. 시대의 획을 긋는 사건들에 임하여서는 마치 신들인 사람이라도 된 듯 기어이 뿌리를 뽑고야 말았습니다. 당신의 법정 변론들은 징그러울 정도로 철저 했습니다.

격렬한 민주주의 투쟁 끝에 6월 항쟁이 시작되었습니다. 이윽고 6.29 선언이 있은 뒤 이한열 군을 추도하는 1백만 인파의 시위는 참으로 눈부신 장관이었습니다. 당신은 신촌에서부터 장례행렬을 따라 시청 앞까지 걸었다지요. 그러나 당신은 알고 있었지요. 저들이 결코 쉽게 무너지지 않는다는 것을. 그래서 당신은 감연히 붓을 들어 경고했지요. 국민들이 이루어 놓은 것이니 함부로 군침을 흘리지 말라, 양 김도 그 누구도.

진정 국민들이 원하지 않은 꼴로 대선이 치러지고 말았습니다. 개표 상황이 나오기 직전 당신은 완전히 풀이 죽어있었습니다. 당신은 이처럼 체념으로 6공화국을 맞이하였습니다. 참으로 오랜 세월 끝에 선거로 뽑힌 새로운 대통령이 새로운 스타일로 가방을 들고 나와 집무를 하는 것을 보고 당신은 어느 날 체념의 붓을 들었습니다. 그것이 빈 가방에 불과함을 당신은 이미 간파해버렸던 것이지요.

과연 민주화를 이룩한 대통령을 자임하는 노태우 정권이지만, 억압의 통치가 비록 겉으로는 부드러워졌으되 오히려 과거보다 더 집요해지고 말았습니다. 북방정책을 추진하면서도 보안법을 버리지 못하고 있습니다. 전혀 폭력을 사용하지 아니한 정치범들이 끝없이 양산되었으니 어떻게 건전한 정치 경제 사회체제를 만들어갈 수 있겠습니까?

이런 암울한 현실을 보며 당신은 침울하고 불행해졌지요. 어느 날 아픈 몸을 이끌고선 공부나 해야겠다며 미국에 나가 밤이면 쏟아지는 기침 속에서 공부를 했다지요.

당신의 마지막 몇 달 투병생활은 참으로 의연했습니다. 고통을 묻는 의사에게 당신은 그저 가슴을 가리키며 답답하다는 시늉만 했다고 들었습니다. 그리고선 하나하나 뒷정리를 해나갔습니다.

언젠가 당신이 치악산 골짜기에서 물처럼 흐르리라고 말하던 것이 생각납니다. 구원도 해탈도 우리 모두 결국은 흙이 되고 대지의 살이 되고 만다는 것을 받아들일 때에 비로소 이루어지더이까? 남겨놓으신 짐 우리 나누어지려 하오니 편히 쉬소서.

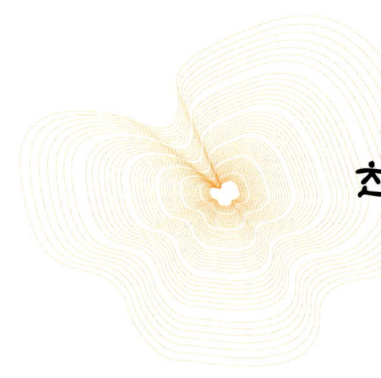

친구, 조영래와의 추억

- 편집위원의 추억

내가 '조영래'라고 하는 존재를 처음으로 느낀 것은 그가 일본어로 된 정치서적을 보고 있는 것을 알았을 때이다. 대학 1학년생이 일본어로 된 정치서적을 본다는 사실에 놀라 나도 일본어로 된 법 철학사를 읽으려 노력하던 기억이 난다. 덕분에 고생고생하며 고대법에 관한 논문 한 편을 완성하기도 하였으니 그가 나에게 준 충격은 당시에는 생산적으로 작동했던 모양이다. 그 다음으로 놀란 것은 도서관을 점령하고 단식투쟁을 할 때의 그의 결연했던 모습이다. 많은 세월이 지난 후 그가 익명으로 출판하였다는 『전태일 전기』를 대하였을 때 나는 그때의 결연했던 모습을 떠올렸었다.

그가 변호사가 된 후 어느 날 내가 박성민 변호사의 사무실을 찾았을 때이다. 그는 박 변호사와 둘이서 바둑을 두고 있었다. 무슨 생각을 했는지 나를 '조용한 반항자'라고 부르며 반겼다. 나는 그 순간 내가 통째로 발가벗겨진 듯한 충격을 받았다. 나도 모르는 내 의식 속의 면면한 흐름을 그가 간취했다는 사실에 마치 내밀한 속사정을 들킨 것 같은 기분이었다. 나는 정말 반항자였나?

그 뒤 세상을 살아가며 나는 자주 그가 나를 평한 말이 생각나고는 하였다. 결코 세태와 동화되지 못하는 나의 모습 속에서 조용한 반항자의 모습을 발견하고는 하였기 때문이다. 때때로 나는 이 조용한 반항자의 모습으로부터 탈피하고 싶었다. 그래서 택한 것이 모든 것을 버리는 것이었다. 모든 것을 버리고 나니 비로소 '반항자'의 모습에서 벗어난 나를 본다. 그러면서 깨달았다. 고인이 된 조영래가 나의 정신세계 속에 자리 잡아 왔던 것을. 그것을 벗어나려고 애써온 것이 조영래 이후의 나라는 것을.

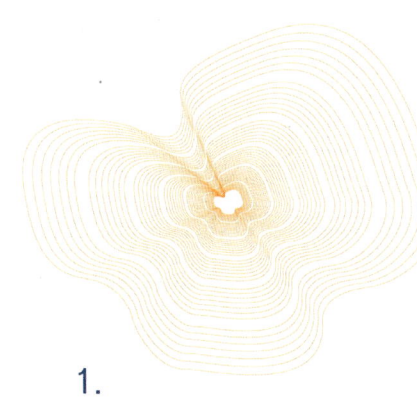

최청식 군과의 추억

1.

고 최청식 군을 기억하는 옛 학우들은 많지 않을 것이다. 입학 동기 160명 중에 때때로라도 그의 학창시절의 흔히 있음직한 에피소드라도, 잠깐 입 밖에 내는 경우도 있음직하지 않다. 단정적으로 얘기하는 까닭은 한국 사회의 특징상 우선 유명해지지 않은 사람은 한국 대중 사회에서는 존재하지 않는 것으로 치는 오랜 관행 때문이다.

"무슨 소리냐? 그는 33세라는 이른 시간에 타계 하지 않았느냐? 단명했기 때문에 기억하지 못하는 것이 아니냐?"라고 즉시 반문이 나올 것이다. 과연 그렇다. 그러나 나의 반론은, 그의 이른 타계 이외에, 그의 학창 시절이라도 기억 못하는 더 큰 이유는 그의 성격 상 특징이다.

즉 그는 성장기와 대학, 대학원 그리고 유학생활 전부를 통하여 "조용한 한국인"(the quiet Korean)이었다. 최청식 군을 기준으로, 그의 시대의 한국인들을 본다면, "시끄러운 한국인(the noisy Korean)"과 "공격적인 한국인(aggressive Korean)"도 있었을 것이다.

2.

어떤 나라의 아이 양육의 기본이 "남에게 피해를 주는 사람이 되지 말라 "라는 것을 들은 적이 있다. 이에 비교해서 "나가서 싸우거든, 지지 말고 이기고 집으로 돌아오라"라는 식도 있다고 들었다. 나라 사랑의 화랑정신(임전무퇴) 얘기가 아니다. 옛 시절의 동네 꼬마 싸움에 대한, 옛 시절의 어떤 어른들의 전송가(battle hymn)얘기이다.

고 최청식 군은 아마 "남에게 조금의 폐도 끼치지 않는 생활태도"로 양육되었을 것 같다. 그렇게 얘기하는 이유는 대학생활 때뿐 아니고, 초중고의 연속 12년 동안 나는 그와 같은 공립학교를 나왔기 때문이다. 대학 이후의 우정을 기리는 이 지면에서 약간의 용서를 빈다면. 그와 나는 1953년 휴전 협정의 해에 6.25사변 중 정부기능이 거의 낙동강 이남으로 옮겨지고 난 이후에, 아직도 피난민 학동들이 따로 한 반을 구성 할 만큼 전국 적으로 뒤섞이고 환도 하지 않은 이북 사람들이 새로운 시장을 형성할 만한 그런 시대에 무상 교육의 대명사였던 총 학생 수 5,000명 이상의 대표적인 공립초등학교에 동시에 입학하였다. 한 클래스의 숫자는 정원 60명이었으나 보통 70명 이상을 초과하고 있었다.

올 보이 클래스였으니 대략 몇 학년 진급하면 학기 초에 반 편성이 끝나는 즉시 "강호 무림의 패자"를 결하는 한판 승부가 짧게 담임선생과 교무 주임 선생의 눈을 피해서 결행되었다. 그래서 얼마 동안의 "싸움은 누가 일등, 공부는 누가 일등"이라는 문관 무관의 리스트가 시작되는 것이다. 고 최 군은 물론 문관 체질이었고, 또한 아마도 빼어난 성적으로 담임선생의 인정을 받아서 휴식시간에 있을 수 있는 무반들의 도전을 피할 수 있었을 것이다.

3.

　6.25사변은 문화적인 뒤섞임을 가져왔다. 인구 수 십만의 교육 도시였던, 경상감영의 유적과 향교의 영향이 짙었던 그 도시에, 피난민이 된 서울의 예술가, 학자들이 정처 없이 나타나서 수복 이후 환도하기도 했으나 상당한 기간 머물러 관망하였다. 시인, 소설가, 아동문학가들이 그 도시의 다방에 진을 치고, 갈 곳 없는 피난 온 학자들은 야간대학이라도 강좌를 얻는 것이 천행이었다. 전시 연합 대학이란 게 있었으나 불안정했을 것이다. 해방 직후 이 작은 도시에도 자발적인 민립 대학 설립 움직임이 있었고, 그 중심이 고 최청식 군의 백부님인 고 최해청 선생과 고 최청식 군의 부친이었던 고 최해태 선생이었다고 한다. 피난민 학자들이 초창기에 야간강좌 중심이었던 이 '의기충천'의 대학에서 강좌를 맡게 되어서, 이후 한국사에서 보기 드문, 경향의 교수와 학생이 뒤섞여, 공부하는 근세 르네상스시대의 다문화초기 대학과 같은 분위기를 지니게 되었다고 한다.
　고 최 군의 부친께서는 1935년 경성제국대학 법문학부에서 법학을 전공하셨는데, 1948, 1949, 1950년의 청구대학 설립 이전의 약 13년 이상의 기간을 어떻게 보내셨는지 들은 바 없다. 고등문관 시험도 아니고, 그러니까 관직 아닌 것은 확실하다. 그렇다고 당시 제국대학 출신자들처럼 유력한 공기업에 진출하지도 않은 듯하다. 해방 이후, 대한민국의 관계와 교육계는 경성제국대학 출신자들이 등뼈 역할을 했다고 알려졌는데, 최 군의 부친 최해태 선생이 해방 이후 정계, 관계, 중앙 교육계에 발 디뎌놓은 것 같지 않다. 해방 공간에서의 경성제국대학 법문학부 법학전공자들의 여러 역할은 여러 해석이 가능하겠으나 그 새로운 기회에 고 최 군의 부친께서는 '조용한 한국인(the quiet Korean)'으로 향리에서 교육 사업을 기대하면서 지낸 것 같다. 이상은 내가 읽은 자료에서 나온 것이고, 내 자신이나 나의 가족이, 최 군 선대와 특별한 교분이 있었다는 것은 아니다.

4.

최 군은 아는 바대로 1965년 모교인 법학과에 위에서 몇 번째 성적으로 입학하였다.

필자가 1966년 동숭동 한 하숙집에 기거하기 시작했을 때 그는 역시 같은 집에 그러나 나와는 다른 조건으로, 즉 당시 지방학생으로서는 드문 독방 하숙을 하고 있었다. 라이프스타일은 기본적으로 달랐다. 그는 대학 2학년 때 새벽 4시까지 공부하는 스타일이었고, 나는 저녁 식사 후 다시 걷고 타고 해서, 경기고등학교 학생의 영어 과외를 봐주러갔다가 다시 돌아오면 거의 통금시간이 임박했다. 같이 놀 시간은 별로 없었다.

그러나 같은 생활 범위에 드는 다른 지방 학생들에 비해서, 나와는 애기 하는 기회가 꽤 생겼는데, 그 이유는 최 군의 그 라이프스타일에 있었다. 즉 그는 대학 생들의 놀자 판에 잘 끼어들지 않았다. 몹시도 공격적이고, '영웅적으로' 예의가 없었던(그가 그렇게 느꼈을 것 같기에 솔직하게 표현하는 것이다.) 당시의 서울대생들, 특히 지방출신들과는 취향과 달랐다. 따라서 얼마간 '혼자, 떨어져서' 있었으며 외로움을 느꼈을 것이다.

나는 최군의 다소 귀족풍의, 다소 학자풍의, 그리고 무엇보다 전혀 과시적이거나 공격적이지 않은 흰 얼굴과 동심이 드러나는 천진한 웃음을 좋아했다. 그러나 무엇보다도 내가 그에게 끌린 것은 그가 당시나 50년 뒤인 지금이나, 법학 전공의 학생에게는, 희귀한 일종의 지적인 탐구(intellectual pursuit)를 하고 있었기 때문이다. 당시 누구나가 그랬던 것처럼, 법조인이 되는 관문에 대해서는, 끊임없는 심리적 압박과 도전을 느끼면서도, 그래서 전공 학과목 공부에 소홀하지 않으면서도, 놀랍게도, 그의 독방 하숙집의 서가는 전형적인 법학도의 것과는 큰 차이가 있었다. 대학 2학년 법학도 서가가 거의 두툼한 영어원서나 독일어 원서로 채워져 있었다. 그 중 훨씬 나중에 내가 빌린 책으로는, Western Intellectual History가 있었다. 역사학자인 Oswald Spengler의 원서도 있었던 것 같다.

그의 서가를, 그의 원서들을, 그의 여유를 나는 부러워했다. 그러나 다른 학생들이 그를 고답적이라거나, 현실을 모른다거나, 친구와 술을 마시지 않는다든가, '남자답게' 구라 팡팡 치지 않는다든가, '싸나이답게' '여자 경험을 과시하지 않는다'는데 대해서는, 최 군을 옹호하고 싶었다. 나는 최 군에게 그가 이해 받지 못하고 있다는 점에서 흡사 10대 때 학급 반장이(실지로 나는 10대 때 거의 언제나 학급 반장이었다.) 타 지방에서 새로 전학 온 얌전한 모범생(실지로는 최군은 전학 한 적이 없다)의 고립감과 얼떨떨함에 동정심을 느끼는 것과 같은 의협심을 느끼고 있었다. 그러나 나 스스로도, 격심한 Identity-Crisis를 느끼고 있었다. 생활의 힘든 점은 이미 이골이 났으나, 더욱 더 힘 든 것은 당시 대학의 어떤 학과목과 그 콘텐츠, 그리고 어떤 교수님들의 언어를 이해 할 수 없었다. 아니 그것보다 대학생 생활 전체를 감싸고 있는 어떤 사회적 대기……, 공격성, 세속성, 어떤 급속한 성과를 노리는 사냥꾼의 눈빛과 같은 태도에 질리고 있었다. 아마 최 군도 같았을 것이다.

5.

최청식 군이 즐겨 읽던 책들은 법서는 아니었다. 그러나 그는 성공적인 법학도 이상으로 법학을 존중하고 독파했다. 그러나 그는 사법시험을 칠 만큼의 권력 의지는 없었다라고 하면 '그럼 나는 권력의지 때문에 했단 말이냐'라고 누군가 반문할 것 같아서 멈칫해진다. 나는 그저 동기들조차 잘 기억 못하는, 어떤 순수했던 사람을 얘기하고 있는 것이다. 그는 본격적인 인문학적 교양(역사와 사상) 위에서 법학을 학문으로서 영위하려 했던, 보기 드문 예가 될 것이다. 아마 그는 학문 이외의 것들을 그의 생활에서 제외하기를 원했는지도 모른다.

6.

필자가 약 30년 이상 대학에 머물면서 때로는 최청식 군을 다시 떠 올리는 것은, 학자는 학자여야 하고 학자 이상도 학자 이하도 아니어야 한다는 자각 때문이다.

최청식 군은 순수하게 학자의 길을 가다가, 일찍 명을 다 하게 되었다. 좀 유들유들 해보지도 않고! 좀 뻔뻔해보지도 않고! 온갖 유형의 생존방식이 다 자기 주장을 해대는데, 그는 손톱만치도 자기의 것 이외는 넘보지 않고, 천진하게 살다 갔다. 옛 친구 최청식 군의 명복을 빈다.

2014년 9월 30일

성락천, 윤충근, 이명천, 임완규, 최기호 동기에 대하여는 이곳에 추모담을 담지 못하였기에 양해를 구합니다.
　추모담의 집필진; 김광로, 김철, 김영수, 박성민, 배영길, 정운철

- 편집자

제2부
나의 이야기

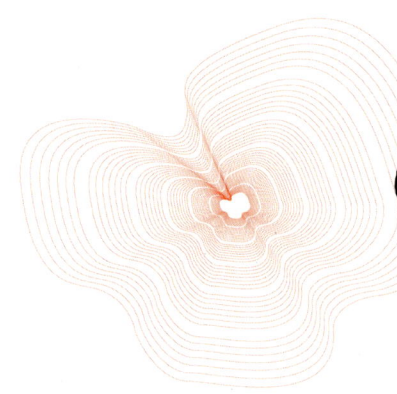

65205의 비주류 인생

김 광 준

만나면 헤어지고, 피었다가 시들고, 오르면 내려가는 세상사 법칙에 어디 예외가 있던가?

우리 65동기도 사회의 여러 부문에서 세상의 중심으로 살다가 이제는 대부분 거의 2선으로 물러나 있다. 아직 마음 한구석에 일말의 여한과 아쉬움은 있겠지만, 차츰 시간적 여유로움에 감사하며, 비주류로서의 생활에 적응해가고 있으리라 본다.

법대입학 50년을 정리하는 문집 발간을 계기로, 지나온 여정을 돌아보며 생각해보니, 나는 법대동기들과는 달리 이미 훨씬 오래 전부터 현재의 처지처럼 언제나 비주류 인생을 살아왔다는 생각이 든다.

법대생활은 물론 군복무, 대기업의 회사생활 그리고 창업하여 자기사업에 이르기까지 모든 여정에서 모두 주류에 속하지 못하고 비주류로 살아온 것 같다.

법대입학을 생각하면 떠오르는 이미지가 있다. 1964년 어느 늦은 가을날의 오후, 담임선생님과 마주앉아 대학원서를 작성하던 날이 마치 어제같이 선명하다. 중요한 결정을 할 때 우유부단함과 멍함이 젊은 시절 가끔 나타나곤 했는데, 그때도 그런 상태여서 아무리 내 마음을 들여다보아도 선택하고 싶은 전공이 무엇인지 가고 싶은 학과가 어딘지를 도통 알 수가 없는 멍한 상태이었고, 따라서 학교의 진학지도에 순응하여 법대를 선택할 수밖에 없었다.

나는 당시 부산지방법원과 검찰이 지척에 있는 부산의 부민동에 살았는데, 어떻게 해서 그렇게 되었는지는 분명치 않으나, 이상하게도 법조계를, 판사와 검사를 평생직업으로 하고 싶지 않았다. 그래서 담임선생님의 법대 결정에 따르면서도 학과선택은 법학이 아닌 즉 행정학과로 해달라고 한 것이 미약하나마 유일한 나의 의사표시였다.

직업으로서의 법조인이 싫었으니 법학과 고시공부에 흥미를 느끼지 못했고, 낙산문학회와 心友會 같은 대학 동아리 활동이나 하면서 대학시절을 보냈다. 고시공부 하는 대부분의 65동기들과는 멀리 떨어진 비주류의 위치에서, 재학 중 고시공부는 물론 고시 한번 보지 않았고 심지어 소위 학생운동 즉 데모를 하는 데도 전혀 참가하지 않는 비주류였다. 당시는 한일회담반대가 데모이슈였는데 전혀 공감되는 부분이 없었기에 참가하지 않았다. 왜냐하면 정부의 한일회담 추진 명분도 옳다고 생각되었기 때문이었다. 그래서 한일회담반대 데모를 하는 사람들에게 왜 데모를 해야 하느냐고 물어보았다. 혹시나 내가 접하지 못한 중요한 판단자료나 이유가 있나 해서였다. 그러나 그들도 내가 가진 정보나 관점과 다른 새로운 것은 아무 것도 없었기에 나는 데모에 전혀 관심도 참여도 하지 않았다. 그런데 그런 데모를 하던 사람들이 또 하나 다른 이슈를 주장하기 시작했었는데, 그건 당시 서울대총장이면서 우리들의 형법교수였던 유기천 박사를 물러나라고 하는 것이었다. 한일회담반대에 대해선 전혀 판단이 되지 않아서 행동을 할 수 없었지만, 이 일만은 있을 수 없는 일이라는 판단이 명확하게 섰다. 그간의 형법강의를 통해서 우리들 누구나가 그 인격과 성품을 잘 아는, 존경스러운 세계적 형법학자인 스승을 폄하하며, 더구나 제자가 스승을 물러나라고 하는 일은 절대 있을 수 없는 일이라는 생각했다. 그런데 다들 공부에 바빠서 퇴진 운동에 대해서 말리거나 반대의사를 표시하는 사람은 전혀 없었다. 나는 이래선 안 된다고 생각했고 분명한 의견표시를 해야 한다고 생각했다. 그래서 가장 사람들이 많이 모이는 시간 중 하나인, 곽윤직 교수님의 물권법 강의가 합동강의실에서 끝나자마자 강단으로 올라갔다. 나는 비주류이니까 오직 혼자서 그것도 전혀 웅변도 달변도 아닌, 뜨덤뜨덤 두서 없는 촌티 나는 문장구조로, 아무런 원고나 사전 연습도 없이, 존경을 받아 마땅한 스승을 학생이 물러가라는 얘기를 해서는 안 되니, 우리 모두 잘못된 행동에 참여해서는 안 된다는 의견을, 짧고 강하게 얘기하고 내려왔다. 당시의 학내의 주류의견과는 전혀 다른 엉뚱한 얘기였기에, 세찬 비난과 야유를 당연히 각오했었다. 그런데 놀랍게도, 야유는커녕 정반대로, 예상치 못했던, 뜨거운 호응과 격려가 터져 나왔다. 합동강의실의 거의 대다수 학생들이 박수를 치며 내 의견에 동조를 하는 것이었다. 그간 보아온 한일회담데모 때의 반응과는 완전히 차원이 다른 것이었다. 다들 주류의 움직임에 거슬리기 싫어서 적극적으로 표현을 못했지만 내심으로는 모두 나와 같은 생각을 가졌던 것이다. 이렇게 아주 예외적으로, 비주류였던 내가, 아주 극히 짧은 순간에 주류의 지지를 받고, 잠시나마 주류에 속하는, 영광스런 순간도 있었지만, 그 순간을 제외하면 나의 대학생활은 철저한 비주류로 마감하게 되었다.

    남자로서 학창시절이 끝난 후 누구나 겪게 되는 군복무도, 또한, 주류인 육군이 아닌 비주류인 공군으로 가게 되었다. 당시는 군부정권이어서 국가의 요직은 모두 육군 출신이었고, 저 유명한 12.12사태에 대해서도, 힘 있는 주류인 육군만이 벌릴 수 있는 일이었기에,

공군출신으로서 가지는 소외감은 물론 묘한 열등감도 느끼곤 했다.

나의 비주류 인생이 여기까지만이었으면 얼마나 좋았을까?

유감스럽게도 대기업 회사생활에서도 나의 비주류 인생은 계속되었다.

당시의 기업은 회계 출신이 기업의 주류 세력이었다. 지금 감각으로 말하자면, 기업의 CFO인 회계부서가 CIO기능까지 갖추고 있는 셈이었다. ERP가 도입 안 되었던 당시로서는, 기업 내의 모든 수입과 지출행위 하나하나가 모두 회계부서에서 분개되고 전표화되는 과정을 통하여, 기업 내의 모든 정보가 회계부서에 자연히 모이게 되었고, 또한 당시는 외부에서 기업에게 손을 벌리는 일이 비일비재하였고, 정치자금 등 비자금 관리가 기업의 명운을 좌우하던 시기였기에, 비자금을 관리하던 회계부서는 더더욱 힘을 가지고 있었다. 그런데 이런 기업내부 사정을 전혀 몰랐던 나는 –당시의 회계부서에는 주산이 필수였는데– 주산을 놓는 게 싫다는 이유 하나만으로 회계부서를 기피하였고, 대신에 못사는 우리나라보다 잘 사는 외국에 자주 갈 수 있는 해외마케팅 업무가 좋아서 선택하게 되었고, 그리하여 내 인생 여러 여정 중 가장 길었던, 대기업에서의 회사생활도 비주류 인생으로 보내버리게 되고 말았다.

그러던 중 기회가 되어서 회사생활을 그만두고 창업을 하게 되었는데, 이제는 틀림없이 주류인생이 되는가 보다 하였는데, 여기서도 비주류의 마수에서 전혀 벗어나지를 못하였다. 이번에는 나의 창업품목 즉 SW라는 품목 때문이었다.

SW는 아주 독특한 시장여건을 가진 품목이다. 의류산업과 비교를 해보면 이 점을 잘 알 수 있다. 의류산업에서는 어느 나라의 누구든 제대로 열심히만 하면 세계 의류산업의 왕좌를 차지할 수 있다. 스페인의 자라, 일본의 유니클로 같은 신참기업이 치고 올라와서 세계 의류산업의 주류가 된 사례를 보면 알 수 있다. 그러나 SW산업에서는 아무나 세계의 왕자가 될 수가 없다. 그 이유로서 2가지를 들 수 있다.

첫째, 컴퓨터를 구동시키는 컴퓨터언어는 모두 영어이고, 현재 3대 컴퓨터언어라고 하는 HTML, JAVA, VISUAL C++도 모두 미국산이다. 지금 사용하는 컴퓨터언어를 가리켜 제4세대 컴퓨터언어라고 하는데, 차후 새로 등장할 ―아마도 일반인들까지도 프로그래밍을 쉽게 할 수 있을 가능성이 매우 높은― 제5세대 컴퓨터언어가 한글이나 아시아국가의 언어로 개발될 가능성도 전혀 없다. 때문에 세계 SW산업이 현재의 미국 중심 구도에서 변경될 가능성은 전혀 없다고 본다.

둘째, 모든 Application이 구동되는 OS도 MS / 안드로이드 / 애플처럼 모두 미국산이다. 향후도 미국 외의 국가에서 세계적 OS를 만들고 주도해나갈 가능성도 매우 희박하다. 따라서 현재와 같은 컴퓨터환경이 지속되는 한, 미국의 SW업계가 세계를 여전히 리드해나갈 것이다. 그래서 내가 하는 SW사업은 주류인 미국에 종속되어있는 비주류인 셈이다. 즉 SW시장의 약 70%는 미국회사가 차지하게 되어있고 나머지 30% 정도에서 미국 외 나라의 SW 회사들이 활동할 수 밖에 없는 시장여건이라고 하겠다.

이래서 내가 모든 것을 결정할 수 있는, 나의 창업 회사생활마저도, 품목의 특수성 때문에 시장의 주류가 되지 못하고, 나는 또 다시 비주류로 살아가야만 했다.

이와 같이 법대 입학과 동시에 시작된 나의 비주류 인생은 계속해서 비주류의 흐름에서 벗어나지 못하고 이어졌던 것이다.

그런데 나의 비주류 인생이 이것으로 끝이라면 얼마나 좋겠는가! 문제는 그게 아니라는데 있다. 지금부터가 더욱 심각하고 절실하다. 그간 내가 주인이라고 추호도 의심치 않았던 몸과 마음도 내 것이 아니라, 다시 말하면, 내 몸과 마음의 소유권이나 점유권이라는 관점에서 볼 때, 나는 주류가 아니고 아무래도 비주류인 거 같다는 말이다.

우선 몸을 보면, 우리가 아무리 건강관리를 잘한답시고 온갖 열과 성을 다해도, 우리 몸은 우리말을 전혀 듣지 않고, 감기 고혈압 위염 등 여러 가지 문제를 일으킨다. 더구나 학자들의 연구결과를 보면, 우리 몸을 숙주로 해서 사는 수많은 바이러스 등은, 우리 허락은 전혀 받지를 않고, 자기들 마음대로 들어와서 우리 몸에서 아주 잘 살아가고 있다고 한다. 나의 경우를 보더라도 한두 살 때 수두를 심하게 앓았다는데, 이때 남아있던 일부의 수두 바이러스가 자그마치 60여 년을 내 몸에서 아무런 기척도 없이 지내오다가, 드디어 몇 년 전 활동을 개시하여, 한 달여 동안 나를 격심한 고통 속에 몰아넣은 일이 있다. 소위 대상포진이라는 것이다. 60여 년간 가만히 있었기에, 있는 줄도 몰랐던 수두 바이러스가 돌연히, 적어도 한 달 동안은 내 몸을 완전히 장악하고 군림했던 것이다. 그래서 바이러스란 무언지 알고 싶어 관련된 자료를 좀 보니까, 바이러스는 우리가 그간 간단히 치부해 왔던 것처럼, 단순한 병균이라고 하는 차원 즉 항생제로 박멸하자고 하는 대처방법에서 끝낼 수 있는 게 아닌 것 같았다. 그 이유는 학자들이 바이러스의 명칭을 적어도 다음과 같이 3가지 정도를 사용하고 있다는 점을 보아도 잘 알 수 있다고 본다(물론 내가 전문적인 병리학자가 아니므로 3가지 이상의 명칭이 있는지 모르겠다). 즉 <Virus>, <Micro-organism> 그리고 <Miniature-Eco-System>

이다.

첫째 명칭: 바이러스는 우리 몸 안에 들어와서 병을 일으킨다. 이 단계에서는 바이러스라고 불리는 것 같다.

두 번째 명칭: 우리 몸에 들어온 바이러스도 생물인 이상, 여기서 오래 살려고 하고 그 결과 우리 몸 환경에 적응하려고 한단다. 이런 관점에서 볼 때, 바이러스에 대해 학자들은 <Micro-organism> 이라는 용어를 사용하고 있었다.

세 번째 명칭: 우리 몸에 적응만 하는 것이 아니라 바이러스가 놀랍게도 우리 몸과 서로 돕는, 하나의 조그만 생태계를 구축한다고 하는데, 이 관점에서 학자들은 <Miniature-Eco-System>이라는 용어를 사용하고 있으며, 여성의 태반은 이렇게 생성된 <Miniature-Eco-System> 중의 하나라고 한다. 이렇게 생태계가 구축된다는 의미는 바이러스가 우리의 DNA를 변화시켰다는 것이라고 하니, 바이러스는 박멸이 아니고 우리 몸에서 우리와 같이 공존해야 할 대상이라고 생각된다.

이와 같이 우리 몸에는 우리가 모르는 수많은 일들이 일어나고 있고, 우리는 도저히 불가능한 DNA의 변화까지도 바이러스가 일으키면서 우리 몸에서 살고 있는 것을 보면, 아무래도 우리가 몸의 주인이라고 하기에는 말발이 좀 안서는 것 같다.

이번에는 마음을 한번 보자! 우리가 가만히 쉬고자 하면, 머리나 마음이 가만히 조용해져야 하는데, 거꾸로 피곤하게도, 내 의사와는 전혀 관계없는 엉뚱한 생각들이 꼬리에 꼬리를 물며 제멋대로 떠올랐다가 사라지지 않는가! 우리가 대단하게 여기는 사유나 사고활동도 기존에 입력된 우리의 뇌 속의 Data가 알 수 없는 알고리즘으로 나타나는 것이라고 하는 연구결과도 있고, 이런 맥락에서, 어느 미국 심리학자는 <I think>가 아니고 <It rains> <It snows>처럼 <It thinks>라고 말해야 된다고 주장하기도 한다. 나도 명상을 해보기 전에는 내가 이런 상태에서 살아온 줄을 전혀 알아차리지를 못했었다. 또한 걱정, 분함, 증오 같은 강력한 에너지를 띤 심한 부정적 스트레스 속으로 우리 마음이 휩싸여 버릴 때는, 마음은 완전히 지옥 같은 상태로 변해버리기 때문에, 그 와중에 있을 때는, 우리의 합리적 意思는 너무나 무기력했다는 것을 누구나 잘 경험해보았을 것이다. 그리고 우리가 만일 사후에 장기기증을 한다면, 우리가 기증한 신체의 각 부분은 새로운 몸에서도 잘 기여할 것이라는 점을 생각해보아도, 내 몸은 내 것이라고 주장하기가 자꾸 주저되는 것이다.

이와 같이 그간 조금도 의심치 않고 당연히 내 것이라고 여겨왔던 내 몸과 내 마음도, 잘 살펴보면 내 것이라고 하기에는 의문부호가 붙는다. 따라서 내 몸과 마음에서도 나는 비주류라고 봐야 하지 않나 하는 생각이 든다.

이래저래 나의 인생은 비주류였고 현재도 그렇고 앞으로도 그렇게 살게 될 것이다. 그렇지만 비주류였기에, 목에 힘주거나 잘 난 척을 그만큼 적게 한 것도 같고 해서, 이 점에서는 다행스러웠다는 생각도 든다.

끝으로 우리 몸과 마음의 소유권과 점유권 이란 관점에서 보면, 65205만 비주류가 아니고, 65001에서 65260까지 모두 비주류라고 할 수 있을 것 같은데······.

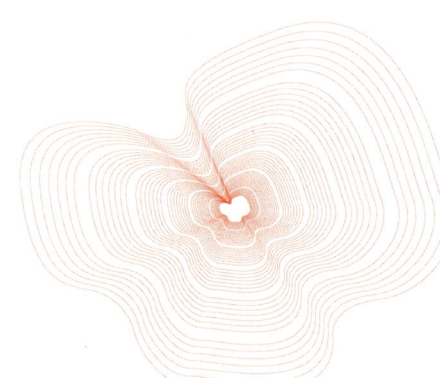

법정관리인의 애환

김 대 희

절친한 친구 K로부터 특수직업군의 회원들 회고담을 쓰라는 압력을 받고 고민하다가 이 글을 올린다. 절필한지 오래되었지만 자신을 돌이켜보는 면에서 이익이 되리라 생각했다.

법정관리인은 정식명칭이 아니다

거래선이나 친구들과, 명함을 주고받을 때 '관리인'이라는 명함을 주면 꼭 돌아오는 우스개질문이 있다. '관리인'이 뭐냐? 주차관리인? 빌딩관리인?

법원으로부터는 분명히 관리인 이라고 선임장을 받았는데, 어떤 분들은 회사대표, 법정관리인이라고 명함에 쓰고 싶어 한다. 아직도 사람에 따라서는 스스로 '법정관리인, 법률상 관리인 또는 대표'라고 불리기를 좋아하는 경우도 있다.

법원의 판단에 의하여, 기존 경영자가 자기기업에 대한 관리인으로 보게 되는 경우도 있고, 기존경영자 이외의 제3자가 관리인으로 선임되는 경우도 있다. 복수의 공동관리인이 선임될 수도 있고, 자연인이 아닌 법인이 관리인이 될 수 도 있다.

관리인, 관리위원, 법원판사

법원판사가 하나하나 관리 못하니 자연인에게 관리를 위임하는 것이다.

회생하겠다는 회사가 한둘이 아니다. 서울중앙지법파산부가 관리하는 회생회사의 총자산이 재계 15위 수준(2012년 말 총자산 17조, 회생기업 210여개, 조선일보 2012. 12. 24일자)으로 국내 여느 재벌보다 더 크다고 한다. 그만큼 국가경제적 측면에서 파산부가 중요한 역할을 하고 있는 셈이다. 그런데 주심판사가 맡는 회생사건이 여러 건이나 되니 혼자 직접관리가 어려워진다. 그래서 자연인 한 사람을 선임하여 사건마다 네가 법원을 대신하여 관리하라는 뜻이 아닐까?

회생법상 기업회생을 다루기 위해 법원 파산부가 있고, 법원 조직 내에 관리위원회가 있으며, 개별사건마다 관리인과 감사를 선임 파견한다. 관리위원회의 관리위원들은 법원 내에서 공인회계사 등 전문직으로 회생절차를 신속하고 적정하게 진행하도록 법원을 보좌한다. 이 외에도 전문기관인 조사위원, 채권자들의 협의체인 채권자협의회가 중요한 역할을 한다.

법원 파산부에 계신 판사 또는 관리위원들 정말 밤늦게까지 고생한다. 긴급 상황 의논드리려고 가끔 이메일을 통한 보고를 하는데 상대방수신시간을 보면 밤 8시, 9시는 보통이고 어떤 때는 자정을 넘은 시간에 내가 보낸 이메일을 읽는 것 같아 '이분들 잠들은 안자나?' 할 정도이다.

그러나 담당사건이 많아도 시간을 쪼개어 심문기일에 들어가고 밤늦게까지 검토한 후 회생회사로부터의 신청건을 기일 내 허가해주는 걸 보면 정말 미안하고 고맙다. 사원들에게 이런 현황을 이야기해주면 '우리도 열심히 해보야지'하고 눈빛이 달라진다.

최근 회생관련 법원조직에 관하여 논의가 되고 있지만, 지방법원 파산부로 있기보다는 법원조직법을 고치든 특별법을 만들어 행정법원이나 가정법원처럼 독립된 회생법원(또는 파산법원, 도산법원, 명칭이야 어떻든지)을 만듦이 좋을 것 같다. 전문성이 높아지고 국가경쟁력회복에 도움이 크게 될 것이다.

회생절차란 이해관계자들의 희생 위에서.

글자가 비슷하지만 회생은 희생 위에서 이루어진다. 기업의 '회생'절차는 이해관계자들의 '희생' 위에서 이루어진다. 빚쟁이로서의 빚을 갚아서 살아남는 것이 회생이다. 점 하나가 더해지면 빚이 빛이 되는 것이다.

어떻게 점 하나를 더 할 수 있게 하나? 이게 관리인의 역할이다.

그냥 할 수 없으니 이해관계자들에게 희생, 양보를 설득하거나 애걸하거나 강요할 수밖에 없다. 그것도 공정하고 형평성 있게 말이다.

사업이 잘되면 누가 법원에 도와달라고 회생신청을 하나?

적자가 나고 회사 경영이 어려워지니까 법원 문턱을 두드리는데 법원파산부에서 살릴 수 있을 것 같다고 판단하면(즉 경제성은 있으나 재정적 파탄에 빠진 채무자를 대상으로, 계속 존속할 경우 계속기업가치가 청산가치보다 크다고 판단할 경우)[2] 회생개시신청을 허가하면서 관리인을 선임, 파견한다.

---

2) 『회생사건실무』 박영사, 상 3쪽 인용.

관리인은 처음부터 우선 빚이 정확히 얼마나 되는지 조사하기에 바쁘다. 정확하게 안 해놓으면 나중에 조사확정재판 등 소송으로 번진다.

그리고 빚이 확정되면 별도로 어떻게 회생할 것인지 회생계획을 짠다.

회생담보권내역, 회생채권내역, 사업계획, 자금계획, 인원계획, 변제계획 등 구체적이고 실현가능한 회생계획이 나오면 법원은 이를 관계인집회를 소집하여 동의여부를 묻고 통과되면 그 회생계획을 인가해주는 것이다.(빚은 금액을 줄이든가 주식으로 전환해주든가 빚 갚는 기간을 길게 하여 갚겠다고 계획을 짠다.)

법원으로부터 인가받은 회생계획은 그 기업의 헌법이다. 그대로 추진해야 한다.

사업을 잘해 영업이익을 내던지 부동산 등 자산을 매각하던지 연도별 계획대로 실행하여 빚을 갚아야 하는 것이다.

계획대로 잘되고 계속 회생할 수 있다고 판단되면 법원은 회생절차를 종결한다. 우리끼리는 '법정관리졸업'이라고 부른다.

계획대로 잘 안되면 회생절차폐지로 간다. 법원에서 더 이상 회생할 수 없다고 판단한 것이므로 법정관리(법원의 보호) 밖으로 내쫓기게 되는데 청산 또는 파산으로 갈 수밖에 없다.

그 과정을 보면 얼마나 치열한지 죽기 아니면 까무러치기로 모두들 열심히 해야 한다.

브라질 월드컵 축구시합 예선 결과, 대표팀 홍명보 감독은 한국국가대표선수들이 좋은 경험을 했다고 말하고, 이영표 해설위원은 월드컵은 경험을 쌓는 장소가 아니라 능력을 입증하는 장소라고 했다지만, 관리인은 선량하게 좋은 경험만 해서는 안 된다. 회생을 성공적으로 입증해야 한다.

선량한 관리자의 주의의무가 중요하다

학교 다닐 때 민법시간에 익힌 '선량한 관리자'의 개념에 대하여 별로 큰 신경을 안 썼는데 이 개념의 정확하고 올바른 이해, 실천이 중요하다.

성경에서 말하는 '청지기'처럼 행동해야 한다.

절대로 회생회사가 자기 것이 아니라 임시 맡아서 관리하는 선량한 청지기처럼 행동해야 한다.

'욕심이 화를 부르고 화가 죽음에 이르게 한다.'(성경구절)

이는 사람 사는 모든 곳에서 적용되는 철칙이 아닐까? 회생절차에 들어온 기업들 대부분이 대주주, 경영자들의 욕심에서 비롯된다. 경영에의 잘못된 판단, 오도된 투자였다고 변명하지만 무리한 의욕이 욕심이 되고 화가 되는 것이다. 한번 거짓말하면 그것을 정당화 하느라고 더 큰 거짓말을 하는 거와 같다. 상대방을 속이는 것은 자기자신을 속이는 것이다.

공정하고 형평성 있게 처리해야

관리인은 많은 이해관계자 속에서 업무를 공정하고 형평하게 처리해야 한다.

추상적 용어인 공정성과 형평성을 어떻게 해석해야 하나? 걱정할

게 없다. 회생법과 시행령, 대법원준칙 등에 하나하나 기준이 다 나와 있다. 애매하고 모호하면 법원과 의논하면 된다.

  그러나 관리인은 행동과 발언에 매우 주의해야 한다.

  사원을 비롯한 이해관계자들이 촉각을 세우고 있으므로 말 한마디 잘못 했다가는 그 파급효과가 상상을 불허한다. 투서가 횡행한다. 그럴 수밖에 없는 것이 자기 이익이 손해 보는데 누가 즐거이 감당하려 하랴.

  관리인이 사원사기를 올려 한번 노력해보자고 중요 멤버들을 자기 집에 불러 자기 돈으로 삼겹살파티를 하였더니 당장 '일부사원만 데리고 개인사욕을 위하여 파티를 하고 개인 심부름까지 시켰다'고 법원에 투서가 들어왔던 적도 있다.

  또 어느 관리인은 돈이 없어 종업원 임금을 주지 못했다가 진정, 고소 때문에 근로감독관에게 불려가 고발당하고 근로기준법위반 형사사건으로 법원에서 재판까지 받았다.

  M&A를 성공적으로 한 줄 알았더니 회생 전 회사경영자측이 관리인이 불법으로 인수자에게 싸게 팔았다고 검찰에 고발당해 출국금지로 수년간 해외에 못나간 적도 있다.

  친구들이 "이제 그 나이에 관리인 되었으니 슬슬하게. 사원들 야단치고 족치지 말고. 자네 건강 조심하고."하는 충고 아닌 충고를 할 때가 가장 어중간하다. 스스로 긴장을 풀면 그대로 전염된다. 문제가 도처에서 터진다. 사원들이, 이해관계자들이 그걸 모르겠는가? 그래서 즐기던 골프도, 여행도 주중에는 전혀 못했다. 언제 법원으로부터 전화가 올 줄 모르고 그보다도 오해하는 주변의 시선이 두려운 것이다. 결과적으로 자주 만나던 모임이나 친구들과의 회식이 어쩔 수 없이 줄어든다.

인내를 가지고 설득해야 하고 논리가 반듯해야 하니 얼마나 여러 경우를 검토하고 심사숙고해야 하는지 스트레스도 많이 생긴다. 그러나 스트레스는 스스로 만드는 것이므로 그를 해소하는 방법도 스스로 찾아내야 한다. 말이 많아지면 참됨과 거짓이 혼용되어 듣는 사람의 일방적 해석까지 겹치면 결과는 불 보듯 뻔하다. 처음 의도가 반대로 해석된다.

(나는 퇴근 후 좋아하는 종교서적이나 문화인류학, 역사서적 읽는 것으로 스트레스를 풀었다.)

많은 이해관계자들 속에 둘러싸여 있다.

이름이 좋아 회생회사이지 빚쟁이 아닌가? 빚을 갚는 게 우선 당면한 문제이다. 회생회사는 많은 이해관계자가 존재한다. 금융거래 또는 상거래로 인한 회생담보권자, 회생채권자, 주주, 사원들, 심지어는 세금미납인 경우 국세청도 이해관계자에 속한다. 공익채권자도 있다.

이들의 희생과 양보에 의하여 회사가 회생이 되는 것이지 각자가 이해관계만 따지고 있으면 회사는 파산으로 갈 수 밖에 없어진다. 여기서도 희생과 사랑, 양보의 철학이 적용된다.

언어의 유희 같지만, 이해(利害) 관계인들에게 희생(犧牲)을 이해(理解)시켜 회생(回生)으로 가는 것이 관리인의 역할이다. 점 하나 더 찍어 거듭 난다는 것이 얼마나 중요하고 어려운 일인가.

제3자 관리인으로 선임되어 회사 임직원들과 처음 대면할 때 이걸 꼭 강조하고 이해시키려고 노력한다. 처음 만나는 사원들에게 회생계획을 수립하려면 채권자들의 희생 위에 부채변제계획을 짜는데 사원 전체의 희생이 전제되어야 한다고 설득한다. 그런데 그게 어려움이 많았다.

그러지 않아도 회사사정이 어려워 봉급 조정이 안 되어있더라도 모든 봉급이 동결된다. 오히려 더 삭감한다. 경비도 마른 수건 또 짜듯이 줄인다. 경영자가 잘못하여 기업회생절차에 들어왔다고 해도 사원들의 희생이 있어야 채권자들을 설득할 수 있게 되기 때문이다.

인건비절감을 위하여 인적 구조조정을 주장하는 분도 있지만 사람을 줄이면 그분들은 어디 가나? 또 다른 실직자를 양산하는 게 아닌가? '함께 고생하며 적은 돈이라도 함께 나누며 더불어 같이 가자'라는 게 나의 생각이다.

사실상 사원들 중 일부는 이미 회사가 어려워지면 자기 스스로 다른 직장을 구하고 떠나버린다. 떠나버린 사원들이 반드시 다 우수한 인재는 아니다. 중소기업이라고 회생기업이라고 우수한 사원이 없으리라고 추정하는 것은 잘 못된 생각이다. 숨어서 그냥 버티는 것 같아도 그들에게 기회와 희망을 주면 불꽃처럼 타오른다. 참신한 아이디어와 강인한 인내력을 가지고 도전한다. 그 불씨를 어떻게 찾고 타오르게 하느냐가 관리인이 해야 할 일이다

관리인은 오케스트라 지휘자처럼 사원 하나하나의 강점을 찾아내야 한다. 그런데 그게 참 어렵다. 회사경영 때 써먹는 "우리 회사의 경쟁력은 무언가? 핵심역량은? 기회와 위험요소는? 위기대응전략은?" 등 사업부별로 이런 용어를 많이 사용하고 토론하였지만, 결국 내가 느끼는 결론은 세사재심(世事在心)이다. 세상사 모든 게 마음에 달려있다. 불교용어로 일체유심조(一切唯心造).

회생채권자 중에는 정말 어려운 사람들이 많다.

예를 들어 홀로 개인 사업을 하는 택배운전사, 식당 주인, 도급계약으로 채용된 임시직 파견사원, 소모품공급업자들, 이들이 받아야 할 소액채권도 법원의 회생개시결정이 내리면 관리인이 하나하나 채권채무 사실관계를 조사하여 리스트를 만드는데 수백 명이 되기도 한다. 그리고는 회생계획을 작성할 때 권리를 축소 변경하거나 향후 수년간 분할 변제하는 것으로 짜는데 그들의 억울함이 보통이 아니다. 당신들 때문에 하루 벌고 하루 먹는 자기가 굶고 죽게 되었다고 눈물로 하소연할 때 내 돈이라도 있으면 주고 싶어진다.

기업회생 신청하는 경우 경영자가 사전에 그러한 소액은 미리 변제하여 버리면 서로 좋을 터인데, 다급하게 비밀로 개시신청을 준비하니 거기까지 신경을 못쓰는 것 같다.

결국은 관리인이 100만원 미만의 소액채권에 대하여 법원에 나중에 특별히 우선변제 허가를 받도록 노력해야만 한다.

한번은 도급회사의 파견사원 봉급 때문에 법원에 소송까지 간 적이 있다.

법률상 도급은 고용의 한 형태이지만 미지급한 비용을 회생법상 도급회사와의 상거래채권으로 봄으로 관리인이 함부로 지급할 수 없다. 그래서 원고 측 공익법무관은 근로에 대한 대가라고 주장하고, 피고 측인 관리인은 회생법상 줄 수 없다고 서로 다툴 때, 마음속으로는 소송에서 지기를 바란 적이 있다. 그 소송결과가 나에게 하나님에게 가까이 가게 한 이유 중 하나라고 감히 고백하고 싶다. '하나님이 살아 계시다면 이 소송에서 져서 저 아줌마들에게 미지급된 급료를 지불케 해주시오'하고 마음속으로 빌었다.

관리인은 회사의 임원이 아니다

관리인은 특별법인 회생법 상 생긴 독립된 법적 기관이다. 관리인은 채무자, 채권자, 주주 등 여러 이해관계자 모두를 대표하는 공적 대표자로 역할을 수행해야 한다. 주식회사에서 설립된 대표이사, 이사회 등의 상법상 기관과 구별된다. 모든 기관이 법상 그대로 존재하되 권한이 일시 정지되어있고, 관리인에게는 재산권의 처분, 업무집행권, 소송수행권 등에 관하여 모든 권한이 주어진다. 즉 회생절차가 개시되면 관리인을 통한 경영권 행사와 법원의 감독이 이루어지는 것이다.

비유한다면, 나라에 전쟁 등 비상사태가 발생한 경우 계엄조치를 하여 행정기관의 역할을 일시 정지하고 계엄사령관이 사태를 수습하도록 업무를 수행하는 거와 비슷하다고나 할까.

(회생이 종결되면 관리인은 없어지고, 상법상 기관은 제자리로 돌아가 활동한다.)

그러나 철저하게 법원의 지휘감독을 받는다. 법원은 관리인의 일정한 행위에 대하여 미리 법원허가를 받도록 하거나 추진진행상황을 보고하게 한다. 또한 정기적으로 법원의 평정을 받는다.

자산의 처분, 비용 1,000만 원 이상은 법원허가를 받아야

관리인에게 주어진 권한은 일정한 한계가 있다. 일일이 열거주의에 의하여 관리위원, 재판부의 허가를 받을 항목이 법원결정으로 나온다. 예를 들어, 1,000만 원 이상의 비용 지출은 반드시 문서로서 법원(구체적으로 관리위원)의 허가를 받아야 집행할 수 있다. 비용의 발생원인, 비교견적, 손익구조, 자금시재, 허가신청금액, 시행일자 등등……. 그러니 사원들이 얼마나 해야 할 일이 많아지고 시일이 걸릴 것인가. 그러나 그 절차를 통하여 사원들은 미리 검토하고 준비하는 사전 기획력과 분석력이 생긴다. 귀찮겠지만 회사경쟁력 갖추는데 이처럼 좋은 절차가 없다.

관리인의 유형은 크게 두 가지

몇 년 전 '주간 매경'이라는 잡지에 성공하는 관리인에 대한 자료가 게재된 적이 있다.

회생회사가 성공한다는 것은 사업을 잘하여 빚을 갚아버리던지 M&A(기업의 인수합병)에 의하여 새로운 투자가의 돈으로 빚을 갚는 것이다. 그러면 회생절차는 종결되는 것인데 이처럼 성공한 회생기업의 관리인의 경우 그 유형이 크게 두 가지로 나왔다.

그 중 하나는 '나를 따르라. 그러면 성공한다.'는 강력한 적극적 리더형 관리인이고, 다른 하나는 '나는 잘 모른다. 사원 여러분이 살고자 하는 의지가 있으면 법원에 이를 반영하겠다.'는 수동적 화합중시 서포터 형 관리인이다. 양쪽이 다 장단점이 있는데 어느 쪽이 더 성공한 실적이 많은가에 관한 데이터는 재미없게도 50:50이었다.

나는 후자 쪽인데 솔직히 학교 졸업 후 대기업에 30년 근무하다가 관리인을 맡았기 때문에 전혀 제품, 기술에 대한 전문지식이 부족하고 사업환경도 무지상태였음에도 불구하고 두 번의 성공경험을 가진 것은 사원들의 의지, 태도, 행동이었다고 생각된다. 희생을 감수한 채권자들, 묵묵히 노력한 사원들이 그 회생의 원동력이다.

관리인의 처음과 다음

처음 관리인이 되면 확인할 세 가지가 있다. 회사가 최소한의 운전자금은 있는가? 채권자 중에 거액을 신용보증기관으로부터 빌렸나? 노동조합은 있는가? 위 세 가지 존재여부는 회사가 생존, 회생을 위한 주요한 변수이다. 최소한의 돈이 있어야 원자재를 사고 제품을 만들어 팔아 이익을 낼게 아닌가? 월급도 제때 못 주고 미지급 임금채권이 많아지면 근로자들이 버티질 못하고 노동청 근로감독관에게 진정 또는 고발을 한다. 과거에 신용보증기관으로부터 신용으로 돈을 빌렸을 경우 그들은 신용이 자산이므로 돈을 못 갚았으면 예외 없이 회생에 동의를 안 해준다. 노동조합도 회생에의 동참여부가 중요하다. 근로기준법 등 노동특별법상 권리를 주장하여 매번 근로자 이해관계만 따지면 참으로 어려워진다. 이해관계자의 양보, 희생을 강조함이 이 때문이다.

관리인은 회생회사를 투명한 기업(Clean Company)으로 만드는 것이 기본적인 절차이다.

그 동안 원인이야 어떻든 기업이 어려워지면서 불법 부당한 회계처리, 분식된 회계장부가 있을 수 있다. 이를 깨끗이 하는 것이다. 과거의 잘못된 행태를 잊어버리도록 해야 한다.

원칙의 준수, '빨간 불이면 서라'고 모든 사원들에게 행동으로 보일 것을 요구한다.

회계장부가 깨끗해지면 M&A 등으로 인수하는 회사에서도 좋아한다.

다음은, 관리인은 사업에 열중하는 단계이다. 적극적으로 사업에 뛰어들어야 한다.

모든 인적 관계를 활용하고 현재의 사업 현황을 분석하여 미래의 수익성 있는 제품을 개발해야 한다. 이것은 관리인 혼자서 될 일이 아니다. 전체 사원의 동참과 토론, 실행에 의하여 가능하게 된다. 가능토록 관리인은 불쏘시개로 불을 붙여 자극을 주어야 한다.

동시에 적자 사업에 대한 사업구조조정도 실시해야 한다. 여기가 사실상 어렵다.

위와 병행하여, 관리인은 법적 분쟁을 해결해야 한다.

채권에 대한 조사확정재판, 부인의 소, 잘못한 이사들에 대한 손해배상 청구 등 많은 법적 분쟁이 발생하는데 이 해결 여부가 회생에 중대한 영향을 미치므로 법무법인 등에 계속 자문도 받고 직접 재판에 참여한다. 우발채무 가능성을 없애고 권리관계 등을 빨리 확정시켜야 회생종결이 쉬워진다.

나는 삶을 어떻게 살아왔나?

젊은 시절에는 꿈을 가지고 사회정의를 구현하겠다고 노력해왔다. 그러나 능력과 노력이 부족하여, 평범한 서민으로서 일반기업체에 직장을 가졌는데, 매년 사법시험 합격자발표가 나면 그날은 술 먹는 날이었다. 아니 고주망태가 되도록 취하는 밤이었다.

그러다 "아 이게 아닌데."하고 자신을 되돌이켜 마음을 고쳐먹었다.

정말 열심히 살았다. 그리하여 대기업, 중소기업, 일본투자기업, 해외법인 등 30년 이상 근무하면서 내 역할이 무언가? 항상 자문하곤 했다. 해외영업이랄까 수출이 나의 주된 업무였다. 남이 몰라주는 내 자신만의 추억도 있다. 뉴질랜드, 인도, 미얀마(당시는 버마), 이라크, 리비아, 태국 등에의 통신장치의 해외 첫 수출 또는 플랜트공장 수출 등은 혼자만 간직하고 있는 자랑이고 위안거리다. 아들도 딸들도 다 커서 결혼하고 손자들도 잘 자란다. 이제는 욕심이 없도록 마음 비우는 연습을 한다.

은퇴하고 나서 3번의 관리인으로 역할을 수행하면서 나는 종교적인 믿음이 더 굳어졌다.

나의 경우 왜 관리인을 했는가?

첫째, 치매예방용이다. 나이가 들어가면 치매증세가 생기는데 이를 예방하기 위해서는 머리를 많이 사용해야 한다. 가지가지 경우수가 회생절차에서 생길 수 있는데 이에 대한 대비를 하려면 관리인의 업무가 적합하다.(그냥 개인적인 유머로 웃어주길 바란다.) 그만큼 신경 쓸 게 상대적으로 많다는 반어법적 하소연이다.

둘째, 은퇴 후 계속 근로소득을 받고 싶었다. 대기업 30년, 중소기업 수년을 거친 후 은퇴 후 생활을 어찌할까? 고향으로 내려갈까? 하고 싶었던 '버킷리스트'를 작성하여 무엇을 할까? 고민하다가 법원으로부터 선임통보를 받았다. 많던 작던지 근로소득이 생김은 즐거운 일이다.

셋째, 사회와 후배들에게 봉사하고 싶었다. 조금 건방진 표현이지만 60대에 이르기까지 경험하였던(성공한 것도 실패한 것도 포함하여) 기업에 관한 경영경험 등을 회생기업에 적용해보고 싶었다.

어려움에 처한 쓰러져가는 회사를 살린다는 것은 큰 기업이든 작은 기업이든 참으로 도전적인 과제가 아닌가? 기업이 파산으로 가 사원들이 강제 퇴직되고 시설기자재가 싼값으로 경매 처분되는 경우는 참으로 국가적으로도 손해임에 틀림없다. 그래서 스스로 '나의 달란트는 무언가? 이를 선용할 수 있나? 왜 이 짓을 하나?'를 끊임없이 자문하면서 관리인 역할을 수행해왔다.

관리인이란 직업(?)은 참으로 우리들에게 기업회생이라는 도전적인 과제를 던지고, 생각 나름이지만, 무척이나 재미있는 역할임에 틀림없다. 많은 선배 경험자들이 계시지만, 특히 법대를 졸업하고 금융기관이나 기업체에 근무하셨던 분들에게는 자기의 경험과 경륜을 활용하여 봉사할 수 있는 좋은 기회라고 생각한다.

· 추신: 내 경우 중소기업 제조업 중심의 관리인 역할을 하였기에 편향되고 잘못된 시각이 있을지 모른다. 부디 본뜻이 그게 아님을 미리 양해 받고 싶다.

이 가을 : 상적(傷跡)의 추억들

김 문 환

1. 대학천(大學川)의 산보

조국이 동족상잔의 전쟁으로 초토화될 때 나는 아직 5살의 철부지이었다. 그런 내가 대학에 들어 간지가 어느덧 반세기가 되었다고 하니 세월이 무상함을 느낀다. 사실 나는 한 해 전에 고등학교를 졸업하고 재수를 하여 대학에 입학하였으니 남들보다 상념이 더 많을 수 있다. 당시 합격방이 붙기 몇 시간 전 동숭동 학교 앞 서점에서 일하는 청년을 통하여 합격소식을 접하고 기쁨과 행복감 속에 (지금은 복개되었지만 당시에는 우중충하고 약간은 더러웠던) 대학천(大學川)을 거닐었던 아련한 기억이 되살아난다. 그날 나는 세상의 첫 아침을 맞아 아름다운 여름 해변을 걷는 기분이었다. 나는 온갖 빛깔로 짙게 물든 아침 햇살 길을 걸으며 희망의 인생을 설계하는 앳된 청년이었다.

2. 정신없던 대학생활

나는 초등학교 때는 연날리기와 구슬치기, 딱지치기에 크게 재미를 붙이면서도 공부에는 비교적 날았으나, 고등학교 시절엔 열심히 공부하는 스타일은 아니었다. 선망하였던 좋은 대학에 의외로 비교적 우수한 성적으로 입학한 나는 갑자기 자신의 능력을 과대평가(過大評

價)하여 노력 없이도 성취의 과일을 쉽게 딸 수 있을 것으로 착각하였다. 열심히 노력하고 준비하기보다는 눈앞의 조그만 성취에 도취한 못난 사람이 되어 있었다. 그러면서 앞으로는 미국의 시사주간지인 타임을 읽지도 않고 그냥 돌아다니기만 하여도 영어실력이 자연히 늘어나는 무슨 비법이 몸에 배어 있어 모든 것이 머리에 그냥 담기는 것으로 착각할 정도로 자만에 빠져들었다.

대학에 들어와서는 학교 앞에 하숙을 정하여서 등·하교를 위한 시간 소비가 거의 없는데도 무슨 모임이 그리 많이 생기는지 수업에 들어갈 시간조차 부족하여 강의를 자주 빼먹고, 성적도 좋지 않을 때가 많았다. 중·고교 시절에는 외가에 묵으면서 빡빡한 학교 스케줄에 등·하교를 위하여 두 시간 이상 걸어 다니느라 다른 놀이에 시간을 많이 소비할 수 없는 것과 대조되었다.

또한 모두가 아는 사실이지만, 내가 대학을 다니던 1960년 후반은 세계사적으로 격동의 시기이었다. 베트남 전쟁이 한창 벌어져서 초등학교 친구 수 명은 전쟁에 참여하였으며, 미국에서는 반전운동이 격심하였다. 나라 전체는 경제적으로 그리 넉넉하지 못한 시절이었다. 방학 때 고향에 내려가 보면 친척들도 경제적으로 궁핍한 모습의 보릿고개로 허덕이는 가난에 찌든 시절이었다.

1965년 대학 1학년 첫 학기 때는 참으로 정신없는 세상을 살았다. 그 해 여름 한일회담 성사를 두고 우리 대학이 전국적으로 이를 반대하는 데모가 가장 심하였다. 요즘 젊은이처럼 나도 급기야 단식투쟁에 가담하였다. 멋모르고 이틀간 한 끼도 먹지 않고 굶으니 노란 하늘이 보였다. 때마침 학교당국에서 내가 맹장염에 걸렸다는 거짓전보를 친 탓에 질 겁을 하신 어머니가 서울로 와서 학교에 나타나셨다. 나는 엄마를 따라 하숙집에 가면서 자연적으로 단식을 그만두는 명분이 되기도 하였다. 단식을 계속하였던 일부 동료들은 그 후 위장병으로 오랫동안 고생을 한 것으로 기억이 된다. 무턱 댄 단식이 얼마나 힘이 든다는 것을 그 때 알게 되었다.

4년간 계속 학교 주변을 돌며 하숙을 하였지만 대학생활은 나에게 신나는 시기이었으며, 나는 그 동안 다양한 경험을 하기도 하였으나, 공부를 열심히 한 것 같지는 않다. 대학 2학년 때에는 예일 대 출신의 권태준 교수님 영어원강 수업은 거의 들어가지 않았다. 나 스스로 그런 경우도 있었지만 때로는 친구들이 나를 유인한 탓도 있었다. 나는 허겁지겁 그 과목의 시험을 치렀으나 시험성적은 아주 나빴다.

아직 법에 대한 친근감이 가지 않았던 1966년 2학년 여름방학 때에는 안동에 사시던 큰 누님이 오셔 어머님과 의성 집 마루에서 다듬이 방망이로 빨래를 두들기는 소리를 들으며 김증한 교수님의 채권법을 열심히 읽어본 것이 내가 법 책을 읽은 최초였다. 2학년 2학기에 학생회 임원이 되면서 3학년 여름 어느 날 서울 인근의 덕소로 놀러가서 군인들과 패싸움을 하다가 나중에 동네 청년들과 더 큰 싸움이 벌어지면서 군인들과 한패가 되어 동네청년들을 적으로 하여 전투를 벌였던 기억도 난다. 원래 어려운 법학을 쉽게 생각하면서 4년간의 대학생활을 어영부영하며 지냄에 따라 공부가 부족하니 때로는 법서를 읽는 것조차도 어려울 때도 있었다.

3. 어머님의 별세와 연이은 불행

그래도 대학생활 때까지의 나의 인생은 행복하였다. 늦기는 하였지만 졸업 후 한 1년 반 정도 열심히 한 탓으로 사법시험의 목적지가 저만치 보이는 것 같던 1970년 여름 갑작스런 어머님의 췌장암 소식에 이어 저세상 사람이 되시면서 나는 너무나 큰 고통의 충격을 받았다. 대학합격 소식을 듣고 환희 속에 거닐었던 대학천을 어머님 생각에 눈물 속에 걸어다닌 기간이 반년 정도가 되었던 것 같다. 그 이후에도 '슬픔이여 안녕'이 아니라 슬픔의 격랑에 빠지면서 '기쁨이여 안녕'이 되었다. 큰 누님과 아버님이 연이어서 세상을 하직하신 것이다. 내가 가졌던 청운의 꿈을 키울 시간은 고사하고 얼어붙은 험한 파도가 주변에 몰아치는 망망한 바다의 暗礁 위에 홀로 서 있다는 느낌이었다. 禍不單行(화불단행)이라는 말처럼 "지붕이 부서지니 더욱이 밤이 새도록 비가 온다(破屋更遭連夜雨)"3)는 처지가 되었다.

로버트 케네디가 형인 존 케네디 대통령의 죽음이후 애독하였다는 에디스 해밀턴의 그리스인의 삶 (The Greek Way)에는 "세상이 폭풍에 휩싸여 나쁜 일들이 잇따르면서 다른 어느 것도 눈에 보이지 않을 때 우리는 인간이 오랜 세월 쌓아온 정신의 강건한 요새(要塞)들에 대해 알아야 한다."고 기술되어 있다.4) 그러나 精神力이라는 것도 불행 앞에서는 버티기 힘든 한 조각의 종이부스러기 일 때가 있다. 그 당시 "내가 산다는 것은 속으로 조용히 울고 있는 것"이었다. 나의 인간적 괴로움은 그 당시 때로는 분노의 성향을 가지고 있었다. 일찍 돌아가신 어머님과, 어머님이 타계하신 뒤에 나의 정신적 버팀목이 되어 주셨던 큰누님까지 저 세상으로 가버린 것이 이 따끔 원

---

3) 明나라 '시내암(施耐庵)'의 '수호전(水滸傳)'에 보인다.
4) 데이비드 브룩스, 古典이 바비(로버트 케네디)를 구했다, 동아일보 2006년 11월 28일 A 35면.

망스럽고 야속하였다. 그러나 그 분들은 또 얼마나 나를 생각하며 살고 싶어 하셨을까 하는 생각이 나면 더욱 그리움이 사무치며 괴로웠었다. 특히 어머님은 "내가 죽으면 우리 집이 어렵게 되니 적어도 2-3년은 더 살아야 한다."고 하시던 말씀이 나의 뇌리 속에 깊이 박혀 빙빙 돌아다녔다.

나는 성숙이나 발전이 아니라 생존 자체에 허덕이는 초라하고 보잘 것 없는 청년이 되어버렸다. 그래서 아쉽지만 모든 것을 포기하고 1973년 봄 공군에 입대하여 5개월의 고된 훈련 끝에 대방동에 위치한 공군사관학교에서 5년간 교관생활을 하였다. 의무복무기간은 4년이었지만 나와도 밥 벌어먹기가 힘들 것 같아 1년을 연장 복무하였다. 나는 괴롭고 외로운 처지에서 참으로 어둡고 피로한 나의 삶을 간혹 되돌아보았다. 이 불행한 정신적 고통의 터널에서 빠져 나와야 하겠다고 다짐하였으나 연극이 아닌 현실에서 나는 경제적 능력도, 장래의 희망도 보이지 않는 건달처럼 교관생활을 하였다.

4. 교수생활과 유학 등

1978년 여름 제대를 하고 6개월 뒤인 1979년 봄에 다행스럽게 국민대학교라는 새로운 직장이 생기면서 정신적 안정이 차츰 생겨났다. 그 때 나는 "인생의 수레바퀴는 풍차보다 빨리 돈다."(세르반테스의 돈키호테)는 말을 음미하며 지금은 밑바닥으로 떨어졌지만 언젠가는 바닥을 칠 것이라는 한줄기 희망을 바랐다. 그래서 나 자신에게 마음속으로 경건하게 다짐하였다. 이 절망 속에서 좌절하지 않고 살아남기 위하여서는 상처가 난 조개에서 오히려 아름답고 값비싼 眞珠가

생겨난다는 자연의 진리를 믿으려고 노력하였다.

  국민대학교에 부임한지 2년 후인 1981년 나는 선배 형의 집을 저당 잡혀서 빌린 800만원의 돈을 들고 미국 뉴욕대학교 법과대학의 석사과정 학생이 되었다. 1년간 열심히 노력한 덕분으로 미국법의 기초를 익히게 되었다. 귀국 직후 서울에서 있은 한국상사법학회의 "미국 상법 세미나"에 참석해서는 내가 대체로 누구보다 높은 수준으로 미국법을 이해하고 있음을 인식하는 계기가 되었다. "공부의 힘이 이런 것이로구나."하는 자부심을 가지면서 그 이후 참으로 열심히 법 책을 가까이 하였다. 그 후 나는 전공인 상법영역에는 이미 전문가가 많은 점에서 남들이 무관심해 하는 법 영역에 관심을 가지기로 하였다. 소비자법에 이어 당시 한국에서 유행을 시작한 '신용카드의 법률문제'및 컴퓨터 소프트웨어에 관한 법을 포함한 저작권법, 그리고 미국에서 학습하면서 경이로운 영역으로 비쳤던 '미국의 국제사법' 등에 대한 연구에 매진하였다. 1994년 어느 날 후배로 부터 내가 '한국의 첨단법학 전문가'라는 칭찬의 소리를 들었을 때, 그 말이 아지랑이가 핀 앞산 노고지리의 노래처럼 마냥 좋았다.

  회고하여 보면 나의 1970년대는 삭풍의 한겨울이었으나 1980년대와 1990년대는 가정에서는 아들놈들을 얻고, 직장인 학교에서는 학문을 한답시고 열심히 내달리던 시기이었다. 수년전 존경하는 선배 교수님께서 학술원회원으로 지원하면 될 것이라고 확언을 주셨지만, 영광스러운 대학총장이라는 소위 '사판(事判)'을 한 사람이 이판(理判)까지 함은 맞지 않다고 정중히 거절한 적이 있었다. 지금은 약간 후회가 되기도 한다. 선배님의 말씀은 내가 당시 교수 직업에 분명히 충실하였던 나름대로의 학자였음을 알아준 일이었다고 자위하여 본다.

5. 미련이 남은 삶

우리 세대는 해방직후에 태어나서 6.25의 혼란을 겪고, 70년대와 80년대의 산업화와 민주화를 직접 피부로 경험하였다. 참으로 가난하였던 대한민국이 반세기 만에 미국처럼 기술과 경제대국이 된 꿈같은 기적의 역사를 지켜보면서 살아왔다. 아직은 살날이 많겠지만, 지금까지 나의 삶을 회고하여 본다면 가난의 고통이 그리 길지는 않았으나, 가족을 상실하여 힘들었던 기억은 오래 지속되어 왔다. 서양 속담에서 "슬픔이 知慧를 불러 온다."는 경구처럼, 살아오며 느끼는 것은 상근기(上根氣)의 사람들은 예외이겠지만, 나와 같은 대부분의 사람들은 불행과 고통을 통하여 성숙하게 되는 것이 아닌가 한다. 고달픈 20대를 거치면서 내 삶의 지혜가 조금씩 쌓여 오늘까지 왔는지 모를 일이다. 그렇지만 한편으로는 그러한 고난을 통하여 나의 성격이 조금은 엇나가지 않았나 하고 오늘도 되돌아보게 될 때가 있다. 그러면서 뒷동산에 올라 콧노래 부르며 인생이 무엇인지도 모르고 행복하였던 어린 시절에 대한 생각이 나게 된다.

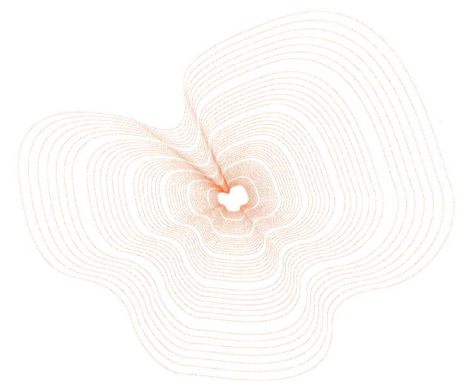

낭만에 대하여

김 인 주

세검정 삼거리에서 북악터널 방향으로 우회전하면 개천가 좁은 도로변에 '소설'이라는 카페가 있다.

천으로 덮은 오래된 소파에 기대어 통 유리 창문을 통해 밖을 본다. 자동차 불빛이 빗줄기 사이로 가라앉은 실내 분위기에 명암을 드리우면 'I can't stop loving you'의 고음 중창이 드라이플라워의 앙상한 가지가지를 감싼다.

그 노래는 30년 전에도 들었다. 종로5가 이화동 이화다방에서, 그리고 효재초등학교 옆 고란초에서, 막걸리가 있고 소주가 있고 어느 날은 도라지 위스키도 있는 집.

어느 늦가을 노동법학회 회식이 끝난 후 친구들은 크게 다투었고 화해를 위한 2차는 '고란초'에서 밤이 깊었고 새벽이 와도 끝날 줄 몰랐다. 어이 하리 그 하룻밤이 3박4일의 긴 여정이 되었으니.

서편제 도입부분 사설소리 때문에 30년 회상에서 깨어나면 그 때 가슴, 지금 가슴 똑같이 뜨거운데 창에 비치는 모습이 세월의 흐름을 말해준다.

가을바람이 좋은 밤, 아내와 같이 하면 유학 간 막내딸 걱정, 회사 동료와 같이 오면 구조조정 얘기와 회사 비전을 논하고, 입담 좋은 후배 기자와 같이 오면 꼬이기만 하는 정치 얘기며 IMF의 정책 실수를 비판하곤 한다.

"세검정에서 마음의 칼을 씻고 허허롭게 달을 쳐다보다가 소설 속 같은 소설을 만났다.

문을 열고 들어서면 촛불보다 먼저 흔들리는 여인, 사루비아꽃보다 붉게 타는 가슴으로 안개 속에 싸여있다. 한잔 맥주에 비발디의 사계가 출렁인다. 사계 사이로 철새 한 마리 훨훨 날아간다."

어느 방랑시인의 카페마담을 위한 헌시란다. 내 마음 만큼이나 진하다. 필자는 이런 밤이 좋다. 그러나 다시 세월이 휑하니 흐르고 난 뒤 그 때도 어느 카페 창가에 앉아 함박눈의 정겨움은 있겠지만 어려운 고통의 이 시절을 낭만이라는 이름으로 회상할 수 있을지? 오늘 30년 전을 회상하듯이.

1998 .10

나의 세(世·歲·稅·三)짜 이야기
- 공인회계사자격으로 회계법인 대표하기 -

김 종 상

초등 1학년 때 처녀선생님을 잘 만나 공부 잘하는 모범생으로

내 고향은 인천, 아주 일찍 홀로되신 어머니 슬하에서 오형제 중 나는 둘째로 태어났다. 고만고만한 다섯 형제를 부양해야했던 어머니의 고생은 이루 말할 수 없었는데, 어떻게든 자식들의 하루 두 끼니는 해결하면서 길거리로 나앉지 않을 만큼 생활력이 남달랐다. 교육열 또한 대단하여 오형제를 빠짐없이 학교에 보냈고, 나 역시 휴전되던 해(1953년), 인천에서 제일 큰 창영초등학교에 입학하게 되었다.

그때 담임은 이제 막 사범학교를 졸업한 싱그럽고 예쁜 처녀 선생님으로, 첫 부임지에서 만난 제자들을 열심히, 정성을 다하여 가르쳤다.

재학 당시의 김종상

어머니 말고는 위아래 누이도 없이 삭막한 환경에서 자란 나에게 담임선생님은 일생에서 소중한 첫 번째 인연이라 할 수 있었다. 학교에서 여선생님을 보는 것이 행복했고, 학교공부가 재미있었다. 선생님이 유독 나를 예뻐하거나 특별한 대우를 해준 것은 없었지만, 선생님께 잘 보이고 싶었고, 인정받고 싶은 욕구가 강했다.

　어머니는 하루 종일 가족의 생계를 위해 돈 버느라, 자식들에게 공부 잘하라는 잔소리를 할 여유조차 없었다. 자식들이 공부를 잘하는지 관심을 가질 짬이 없는 어머니였지만, 난 스스로 열심히 공부하는 습관을 익혔다. 그래서 초등학교를 졸업하면서는 전국에서 똑같이 실시된 입학시험을 치르고 인천에서 제일 좋은 인천중학교에 입학하였다.

제물포고등학교를 포기하고 동산고등학교의 장학생으로 입학

　중학교 때, 조금씩 늘어나는 학비 등으로 늘 어려워서 우리 집이 가난하다는 사실이 실감나기 시작했고, 사춘기 탓인지 친구들 사이에서 소외감과 심리적 갈등이 생기던 시절이었다.

　고등학교부터는 학비부담 없이 내 힘으로 공부할 것을 결심했는데, 당시 인천중학교에서 한 계열이고, 일류 고등학교로 평가받는 제물포고등학교(중학교와 한 캠퍼스에 있었음) 진학을 포기하고 방향을 달리하기로 한 것이다.

　마침 야구로 유명한 동산고등학교에서 인천중학교 출신을 장학생으로 환영한다는 소식을 듣고 지원하기로 했는데, 기대한 대로 전교 수석을 차지했고, 입학금과 학비를 전액 면제받는 장학생으로 공부하게 되었다.

　1962년 당시 입시제도는 전국 고등학교가 똑같은 입학시험을 치렀는데, 이때 삼성계열 제일모직은 전국의 고교 수석합격자들에게 '303' 상표의 털실을 선물로 주었다. 입학식 날 교장선생님에게서 전

달 받으며 기분이 매우 우쭐하였다.

60년대 초, 이런 고급 털실은 귀한 것이었기에 어머니가 이 실로 짜준 스웨터는 몸과 마음으로 따뜻해 고교시절 내내 입으면서 수석 합격자의 긍지를 잃지 않았다.

입학 직후, 내 명성(?) 덕분인지 같은 계열 동산중학교 재학생(중2) 집에서 입주 가정교사 제의가 들어왔다. 나는 집에 입 하나 덜어주고, 좋은 환경에서 지낼 수 있게 되었다는 고마운 마음으로 그 집으로 들어갔다. 그 집 아들 둘과 형제처럼 지내면서 선생 노릇과 학생을 겸하며 바쁘게 지냈으므로 또래의 친구들과는 어울릴 틈이 없었다.

이런 와중에도 내 성적은 1등을 놓치면 안 된다는 강박감에 밤새는 날이 적지 않았기에 결국은 서울법대에 합격하였고, 주변에선 내가 삼년 동안 등을 대고 잠을 잔 적이 없었다는 과장된 이야기까지 나올 정도였다.

학교가 일류든 이류이든 자기 할 탓

동급생들 학업능력은 전반적으로 높지 않아, 나는 가끔 수업이 지루할 때도 있었지만 건방지다는 말을 듣지 않기 위해 열심히 했는데, 이것은 오히려 기초를 튼튼히 하는데 도움이 되었다. 게다가 당시 우리나라 경제수준은 일류대학 졸업자도 취업이 어려웠기 때문에 우리 학교에도 서울대학을 비롯한 일류대 출신 교사가 많이 재직하고 있어서 이 점에서는 나에게 크게 도움이 되었다.

영어 같은 과목은 아예 잘하는 학생을 상대로 수업을 해, 많은 친구들이 어려워했지만 나 같은 경우에는 수준 높은 좋은 수업이 되었다. 서울상대 출신인 선생님으로부터 상업부기를 고2까지 배웠는데, 나는 무척 흥미로워 응용문제까지 풀면서 열심히 공부했고, 고맙게도 이 수업은 나중에 공인회계사시험 준비할 때 큰 도움 되었다. 상업학교도 아니면서 고2까지 상업부기를 한 것은 특이한 경우였다.

다른 일류 고등학교(인천에서는 제물포고등학교)는 일찍이 서울대 준비반을 만들어 국·영·수를 집중적으로 공부시켰지만, 사립이었던 우리 학교는 물리, 화학, 세계사 등을 문과 이과를 가리지 않고 고2 때까지 배우게 하였다.

이것은 교장선생님의 전인적(全人的) 교육 방침도 그랬지만, 또 한편 각 과목의 선생님들에게 교육(일)할 시간을 주어야 한다는 것과 입시준비반을 따로 만들어 운영해도 별 성과가 없었다는 현실성도 있었다.

나는 장학생(우리 학교는 特大生이라 했음.)이라는 책임감, 체면 때문에 모든 과목에서 우수한 성적을 유지하기 위해 열심히 해야 했다. 간혹 집중적인 입시준비를 할 시간이 모자라 조바심이 나기도 했지만, 모교의 이런 교육방침은 나를 다방면에서 꽤 유식(?)한 지식을 갖게 해서 이래저래 동산고등학교는 고마웠고, 어느 곳보다도 내겐 일류 고등학교였다.

고등학교 개교(14년) 이래 최초의 서울법대 합격자

입학에서 졸업까지 단연 1등으로 나는 항상 특대생이었지만, 우물 안 개구리가 아닐까, 내 실력이 일류고교생들과 경쟁하면 어느 정도

일까, 늘 궁금했다.

　우리 학교 야구선수 등 학교 명예와 전통을 빛내는 체육 특기자들도 학비를 면제받고 있었으니 나도 말하자면 종목이 공부인 특기자라고 할 수 있었다.

　그래서 실력 테스트도 할 겸 무슨 대회라도 출전하고 싶었는데, 마침 기회가 찾아왔다. 경희대학교에서 매년 전국 고등학교 3학년생을 대상으로 하는 학술경시대회가 열렸고, 나는 여기에 출전하여 전체적으로 좋은 성적을 내 표창을 받은 것이다. 이를 통해서 나는 일류학교 학생들과도 경쟁할 수 있다는 자신감을 가지게 되었다.

　주최한 대학에서도 꽤 많은 장학금을 주면서, 희망하는 과에 무시험 합격을 권했지만, 선생님들과 집안의 반대로 서울대학교에 진학하기로 하였다. 평소 어머님도 주위에서 '고시에 합격하면 출세라더라'라는 말을 많이 들으셨고, 형(고려대 경영학과 졸업)과 동생들이 모두 의논하여 서울 법대에 응시하기로 결정한 것이다.

　그 해 서울법대 경쟁률이 8대1이 넘었지만 무슨 자신감인지, 조금도 걱정이나 긴장이 되지 않았던 것은 학술경시대회 참가했던 경험 덕분이었을 것이다.

　드디어 시험 당일, 차분한 마음으로 5과목(국, 영, 수, 선택과목으로 독어, 물리)의 시험을 마치자, 마음이 편안해졌다. 수험생들은 시험이 끝나면 답을 맞춰보고, 예상점수가 좋지 않아 초조해 하면서, 벌써부터 2차 대학과 재수 등을 생각하는 경우가 일반적이지만, 나는 합격자 발표일이 다가올수록 더욱 자신이 생겼다.

　합격자 발표를 본 가족은 물론, 학교에서 내가 정말 학교에 대단한 일을 해낸 듯, 칭찬해주어 나는 세상을 다 가진 듯했다. 학교와 동창들은 우리 고등학교 졸업 역사(본인은 14회)상 최초로 서울법대에 합격했다고 흥분하고 있었다.

이때 중학교 동창으로 고등학교에 가면서 헤어졌던 황우여 동문(5선 국회의원, 여당 당대표 역임, 교육부장관)이 제물포고등학교의 유일한 서울법대 합격자였지만, 오히려 동산고등학교에서는 1년 선배 김녹규 동문(행정고시 합격, 한국중공업 상무이사 역임)이 재수후 시험에 합격하여 두 명이었으니, 인천에서는 단연 화제가 되었다.

3학년 때 사법시험 1차를 떨어지고 공인회계사 시험에 합격하다

비교적 우수한 대학 입학성적 덕분에 장학금도 타고, 입주 가정교사(필운동, 나중에 성북동) 자리도 얻어, 바야흐로 내 화려한(?) 중앙무대 생활이 시작되었는데, 이게 벌써 50년 전 일이다. 고교 3년 동안 죽기 살기로 공부했으니, 이젠 좀 놀아도 된다는 보상심리가 생기기 시작했고, 주위에서 '범생(모범생의 준말)이라 놀 줄도 모를 거야'라는 시선도 불식해볼 참이었다.

인천 고향친구들과 인천 앞바다 석양을 보며, 낭만을 이야기하고 술맛도 모르면서 소주잔 꽤나 기울이며 당시 유행하던 '동숙의 노래' 같은 유행가에 젓가락장단도 두들겼다. 대학친구들과 이화동, 동숭동 캠퍼스를 누볐고, 종로, 신촌에 진출하여 음악다방, 포장마차에서 토론도 하였는데, 이때 장학금과 가정교사 월급으로 목돈이 생긴 날이면, 중국집에 모여 탕수육과 배갈을 마시던 것이 즐겁고 행복한 추억으로 남아있다.

동아리는 법불회(法佛會)활동을 하였는데, 자칭 국보였던 양주동박사님과 당시는 젊었던 법정스님을 초빙하여 교내집회를 하고, 주말에는 서돈각 지도교수님과 뚝섬에서 배를 타고 봉은사를 가곤했다.

이렇게 정신없이 2년을 보내고 3학년, 새 학기가 되니 정신이 번쩍 났다.

서울법대에 합격했다고 폼 잡고 다녔고, 주위에는 뭔가 큰 인물될 거라는 기대치만 높여놨는데 이렇게 놀 수만은 없었다.

그래서 법대생의 필수 코스인 사법시험 준비를 시작했다.

먼저 급하게 응시한 1차 시험은 준비를 제대로 하지 않아 보기 좋게 낙방하였다. 시험이라면 누구보다도 자신 있다는 자부심이 컸기에, 누구에게 말도 못한 채 속으로 끙끙 앓으며, 내년에는 제대로 준비해 1,2차를 한꺼번에 합격해야겠다고 다짐하였다.

하지만 다시 들어앉아 준비를 하자니, 내년까지 1년은 까마득했고, 허망한 마음마저 들었다. 주위에서 '1년에 사시 합격자는 100명도 안 되는데, 응시자는 수천 명이니, 실업자는 물론, 군대도 기피하고 어렵게 고생하는 선배들이 수두룩하다'고 하지 않는가?

이런 딜레마에 빠져있던 중 '공인회계사 자격시험이 사법고시보다는 비교적 쉽고 취업도 잘 된다.'는 이야기를 듣곤 했다. 내가 '법대 다니면서 회계학 강의는 한 시간도 들은 적 없는데, 응시하면 합격이 가능할까'라고 자문해보았다. 공인회계사 시험과목이 회계학은 4과목으로 제일 비중이 컸지만 그 외에 상법, 경제원론, 경영학 과목들은 대학에서 배운(학점은 신통치 않았지만) 것이다. 더구나 형이 바로 전 해에 그 시험에 합격해서 공부했던 책들이 고스란히 남아있었으며, 대학입학 후 친하게 지내던 서울상대 친구들이 그해 공인회계사 시험을 준비하고 있었으니 함께 도전해 볼만하다고 생각했다. 회계학이 어렵기는 하지만 고등학교 때 부기를 배우면서 나 스스로 공업부기(원가계산)까지 흥미 있게 독습을 했었으니 잘하면 될 것도 같았다.

3학년 신학기가 시작될 때, 나도 우리 대학 도서관의 단골이 되기 시작했다.

석 달 공부 끝에 당시 제1회 공인회계사시험에 응시하면서, '이번에는 경험을 얻기 위해서이다, 시작이 반이니, 내년 또는 언젠가는 합격해 실업자 신세를 면하고 군대도 장교로 다녀올 수 있겠지'하는 마음이었다.

회계학은 모두 계산문제이고 다른 논문 과목들도, 시간이 부족하였지만 치열하게 시험을 마쳤다. '최선을 다했지만 이번에 꼭 합격 하지 않아도……'라는 여유로운 생각이었으나, 하루 이틀을 지나면서 큰 실수를 하지 않았으니 합격할 수도 있겠다는 자신감이 생기고 있었다.

드디어 합격 발표가 임박했는데, 상법분야 출제위원인 우리 대학 서돈각 교수실에서 하루 먼저 합격소식을 전해주었다. 전체 합격자 40여 명 중 대학 3학년은 세 명이라는데, 그 중 내가 한 자리를 차지하는 영광을 얻은 것이다.

대학 4학년 때 사법시험 2차시험 포기하고 행정고시 합격하다

법대생으로 공인회계사시험에 합격, 그것도 3학년이 합격했다는 행운은 또 한 번 나를 우쭐하게 만들었다.

그렇게 가을을 보내고 겨울이 오면서 진짜 사법시험 시즌으로 접어들었다.

사법시험 1차는 그런대로 합격했지만, 곧 이어 응시해야 할 2차 시험은 전혀 엄두가 나지 않았다. 공인회계사시험 준비로 시간을 보냈고, 합격 후에는 마음이 해이해져 본격적인 법률공부를 하지 못한 탓이었다. 이번에는 포기하고 4학년, 1년을 차분하게 사시2차 준비만 하자고 결심하고 물러앉기로 하였다.

신학기 개강이 되자 동급생 중 많은 얼굴이 보이지 않았다. 당시 유행하던 입산, 절에 들어가 공부하는 친구들이 많았기 때문이다. 나도 공인회계사 준비 때 동대문 근처 자취방과 법대도서관을 왕복하던 패턴을 바꿔, 어딘가로 들어가 공부하는 것이 낫겠다는 결정을 내리고 장소를 물색했다.

누군가의 추천으로 강화도 '적석사'라는 절을 소개받아, 책과 이불 등 보따리를 싸들고 동급생인 박승만과 함께 강화도행 시외버스에 몸을 실었다. 지금은 강화도에 다리가 연결되어 들어가는 것이 쉽지만, 당시는 배로 들어가던 시대라 서울은 물론 인천인 집에서도 거리감이 느껴졌다.

목적지로 가는 길은 교통이 워낙 불편해서, 무거운 짐을 들고 낑낑대며 올라가니, 적석사는 60대 전후의 보살 부부가 관리하는 작은 암자 같은 절이었다.

방이 많지 않아, 승만이는 흰 수염을 한 산신령이 호랑이를 타고 있는 그림이 있는 산신각에서 머물렀다.

세끼 식사는 대웅전에 차려주었는데 나름대로 정성을 다한 밥상은 먹을 만하였다.

마음을 가다듬고 비교적 쉬운 헌법부터 읽기 시작했지만, 점심을 먹고 나면 식곤증이 밀려와 집중하기 어려웠다. 게다가 봄이 무르익은 산사 주변에는 살랑살랑 나물 캐는 동네처녀들 모습에 마음 설레고, 시골 처녀들 역시 절에서 고시공부를 하는 서울법대생들이 관심의 대상이라고 했다.

그러던 차에 형이 나를 찾아왔는데, 제6회 행정고시(당시는 3급 을류공무원 공개채용시험)공고가 났다고 신문기사를 오려 왔다.

다시 한 번 마음이 흔들렸다. 사법고시 2차는 내년 2월로 10개월여 남았으니, 그동안 6월에 있는 행정고시를 준비하면, 목표가 가까워 공부도 효율적이고, 일부는 공인회계사시험 과목과 중복되기도 해서, 비교적 쉬울 거란 생각이 들었기 때문이다.

또 한편으로 마음 한구석에는 고생하는 어머니를 위해 하루라도 빨리 현실적인 선택이 필요하다는 궁리가 공인회계사 준비 때와 같았다.

의논 끝에 행정고시를 먼저 응시하기로 했고, 형이 참고서적을 챙겨 보내 주었다. 아버지 없는 집안에서 형의 자문이 요긴했는데, 고교 선택, 법대 선택, 공인회계사 시험, 그리고 행정고시 응시에 이르기까지 큰 영향을 미쳤다고 할 수 있다.

그때까지 느슨했던 내 공부는 속도가 빨라지면서 본격적인 준비를 해 나갔다.

어느덧 시험이 닥쳐오자 서울로 가 2일에 걸쳐 논문시험 답안을 또 한 번 치열하게 작성해 나갔다. 그 치열함이란, 시험 시간이 2시간짜리인 어떤 과목 시험시간 시작 전, 화장실에 다녀오는 것을 잊는 바람에 소변을 참기 어려운 지경이 되었다.

계속 초초한 마음으로 있으면 시험을 망친다고 생각하여 앉은 자리에서 그대로 싸버렸다. 엉덩이 쪽으로 축축하게 흘러내리는 액체를 보면서 그야말로 전력투구로 시험을 끝마쳤다.

이번 행정고시도 한번 실패하면 내년에 다시 응시할 수 있다고 생각했는데, 덜커덕 합격이었다. 이런 연유로 대학 졸업 전, 공인회계사 자격과 행정고시 최연소 합격이라는 두 마리 토끼를 잡은, 나는 잘 나가는 서울 법대생이었다.

또 한 번 우쭐한 기분으로 졸업반의 가을을 여유롭게 지내면서, 사법시험과는 점점 인연이 멀어져 갔다.

대학 졸업 직후, 공무원 임용 기다리지 못하고 경리장교 입대

1965년부터 공인회계사 합격자를 대상으로 장교로 소집하여 군의 관리, 회계의 보직에서 근무토록 하는 제도가 실시되고 있었다.

나는 신체검사에서도 갑종합격을 하여 졸업 직후, 바로 입대하도록 지원하였다.

군대는 한 살이라도 젊을 때 갔다 오는 것이 좋다는 것과 공인회계사로서 품위 있게 장교로 근무하는 것도 하나의 특전이라고 생각했다.

그런데 이렇게 빠른 군 입대가 제대 후 내 공무원생활에 두고두고 후유증을 남길 줄은 꿈에도 몰랐다. 그것은 졸업 전 합격한 공무원시험(행정고시) 합격자로서 희망 부서에 발령을 받지 않고 먼저 입대를 했기 때문이었다.

시험합격자들에게 근무 희망부서를 선택하게 했는데, 난 공인회계사로서 국세청이 최선의 부서라고 생각하여 주저 없이 국세청을 희망하였다.

당시는 재정직과 행정직으로 구분되어 있었는데, 재정직 합격자였던 나는 국세분야보다 범위가 넓고 상급관청이라고 할 수 있는 경제기획원이나 재무부를 선택하는 것이 더 인기 있는 분야이고, 그 쪽에서 출세(장관 등)를 한 동기생들이 많았던 것을 한참 후에나 알게 되었다.

당시 국세청은 청 내의 직원들을 승진시켜 관리자로 보직토록 하는 것을 선호하여 외부의 경험 없는 젊은 행정고시 합격자를 환영하지 않은 보수적인 관청 탓인지, 내가 입대하는 1969년 3월 25일까지 임용통지를 하지 않고 시간을 끌고 있었다.

혹시라도 사무처리가 잘못될 것을 우려한 나는 입대 직전, '본인은 입대합니다.'라고 신고를 했고, 국세청은 잘됐다 싶었는지 내 인사 서류를 총무처로 반납하였던 것이다.

나중에 알게 된 사실은 아무 보고 없이 군에 입대했어도 때가 되면 국세청은 나를 어느 보직에라도 임용을 해야 했으며, 입대했다는 사실을 알게 되면 그때 자동으로 휴직처리가 되는 것으로서 내게 근본적인 불이익은 없다는 것이었다.

이렇게 되면 나는 제대 후 당당히 자동적으로 복직을 하게 되고 임관일자가 '1969년'이 되어 결과적으로 군복무기간이 자동적으로 합산되는 것이었다.

복직 시엔 중견공무원으로 근무할 수 있었던 것을, 그만 순진하게 '발령하지 마십시오.'하고 자진신고를 한 셈이었다.

결과적으로 제대 후 다시 절차를 밟아 겨우 1973년에 발령을 받아 임관일자기 4년이나 늦었으니 나보다 한참 후에 합격한 사무관들과 함께 시작하게 된 것이다. 과연 45년 전, 이 실수로 내 공무원 생

김종상 (보병학교 훈련시)

활 그리고 내 인생에 어떤 차이가 있었을까, 공무원으로 진급이나 출세는 훨씬 빨랐겠지만 그 인생은 지금과 비교해 어땠을까? 지금 생각하면 어떤 쪽이 낫다고 단정지을 수 없지만, 내 이력서는 많이 달라졌을 것이다. 이런 것들은 4년 가까운 군 제대 후 공무원을 시작하고 알게 된 사실이지만, 당시 군입대는 전도양양한 청년으로서 사회생활의 시작이었다.

논산훈련소, 광주보병학교 등 7개월의 훈련, 그 후 3년의 군대생활

대학졸업식(매년 2월 26일)을 한 지 한 달이 채 안된 3월 25일

혼자 논산 가는 열차를 타고 소위 개별입대를 하여, 6주간의 논산훈련소 사병훈련을 받았다.

당시 우리(장교 동기생 10명)는 장교로 임관될 예정이었지만, 고되고 힘든 사병 훈련을 함께 받게 되어 있었다. 왕성한 식욕에 늘 배가 고팠고, 각종 훈련과 또 훈련소 특유의 단체 규율생활에 불만을 갖기도 했지만 지금 돌이켜 생각하면 정말 소중하고 좋은 경험이었다. 6주간 훈련이 끝나고, 광주에서 장교 보병훈련을 받게 되었을 때, 법무장교(사법시험 합격자), 군종장교(목사, 신부, 승려)들과 한 중대를 이루어 그제서야 장교후보생으로서 긍지를 가질 수 있었다. 그래도 군대 훈련이었으므로 빗속 야영훈련 등은 고생스러웠으나 그래도 인격적인 대접을 받아 견딜 만 하였다. 또 한편 다른 분야 장교들과 인간적인 교류와 우정도 나눌 수 있었다.

특이하게 나는 서울법대출신이면서 법무장교가 아닌 최초의 경리장교였다.

우리 경리장교 후보생들은 세 번째 훈련으로 경리병과의 10주간 소양교육을 다시 받게 되었다. 우리는 '이미 전문가인데, 10주씩이나 무슨 교육을 또 받는 가'라는 볼멘소리를 했지만, 필요한 과정이라는 것을 알게 되었다.

경리 교육은 서울 근교 남한산성 기슭에 육군이 필요한 헌병, 부관, 군수, 정보 학교들이 '육군종합행정학교'라는 이름의 교육기관으로 흡수되어 있었다.

우리 동기생 10명은 빡빡하지 않은 훈련을 받으며 우정을 쌓는 동안 10주가 후딱 지나갔다.

육군 장교로 임관식을 거창(?)하게 하고 우리는 육군본부를 비롯한 후방의 군 기관으로 배치되었는데, 본인은 자충(自充)이라는 이름으로 졸업과 함께 그 학교에서 경리장병들에게 회계학을 가르치는 교관으로 근무하게 된 것이다.

집에서 출 퇴근하고 넉넉지는 않지만 급여를 받으며 사회 직장인처럼 생활하게 되었다.

이때 교관으로서 지식도 필요했지만 잘 가르치는 교수법(敎授法)도 익혀 우수교관의 한사람으로 명성(?)을 날리기도 했다.

또 한편 비슷한 여건의 단기복무장교 선후배들과 친목(제대 후 현재까지 40여년 모임)을 도모하며 세월 가는 줄 모르고 잘 지냈다.

어렵게 국세청 24년 근무를 시작하다

또 다른 대학을 다닌 것처럼 3년 7개월을 보내고 1972년 10월 제대를 했고, 본격적인 사회생활, 공무원 생활을 시작하게 됐다.

군복무 동안 행정고시는 후배 기수 11-12회까지 합격자를 배출하여 발령 받았고, 대학동기 들도 10여명이 행시에 합격하여 기획원 등 부처에서 자리 잡고 있었다. 이런 상황을 보니 '왜 내가 발령도 받지 않고 입대부터 했었나?'하는 후회가 또 밀려왔다. 총무처 인사실무자들 눈치를 보며 처분만 기다리던 몇 달 후, 해가 바뀌고 1973년 2월이 돼서야 겨우 발령을 받았다.

그것도 내가 희망하진 않았지만, 새로 발족하는 공업진흥청이란 부서의 가장 만만한 자리, 기획실 기획계장 자리에 사무관 발령을 받게 된 것이다.

신설 부서에 생소한 기술행정, 기획업무를 보면서 달랑 한 명의 부하 직원과 함께 밤을 새우며, 근무하던 당시의 어려움은 이루 말할 수가 없다.

공무원을 때려 치고 공인회계사로 취직할까 하는 생각도 하는 등, 짤짤이 고생하면서 1년여가 지나던 중에 내가 처음 배치를 받았던 국세청에 큰 변화가 생겼다.

내가 제대한 1972년 10월은 바야흐로 '10월 유신'이 시작된 시기였는데, 이때 공무원 사회는 '서정쇄신(庶政刷新)'이라는 회오리바람이 불어 특히 이권부서라고 꼽히던 국세청에 몇 백 명이 해직되는 전례 없는 공무원 숙정(肅正)이 벌어졌다.

이로 인해 공석이 된 자리에 젊고 참신한 사무관들을 보충하는 인사작업이 이루어지게 되었고, 나는 당연히 국세청으로 돌아 가야할 입장이었으므로 공업진흥청에서 전출과 국세청에 전입을 신청했다. 많은 인원을 충원해야 했던 국세청으로서는 당연히 환영이었고, 공업진흥청의 같은 사무실에서 예산계장을 하던 김효석 사무관도 함께 국세청을 희망하여 옮겼다.

당시 우리 상사였던 임인택 국장(차후 상공부 장관 역임)은 아까운 인재를 둘이나 빼앗겼다고 아쉬워했는데, 그 후에도 자주 만났던 좋은 상사이자 선배(서울법대 6년 선배)였다. 김효석 사무관은 잠깐 국세청에 근무하다 자의반 타의반으로 퇴직, 미국에 유학하여 전산쪽에 학위를 취득, 중앙대학교 경제학 교수가 되었다.

그 이후 정치에 투신하여 고향인 전남 장성에서 3선 국회의원으로 정치권의 중진이 되었으니, 어느 쪽의 선택이 좋았다고는 할 수 없는 일이다.

국세청 근무 – 요직은 아니라도 세(3)짜로 정리되는 보직들

공인회계사로서 국세청이 천직이라고 생각했던 내가 인천세무서 조사과장으로 보직된 것은 1974년 4월이었고, 1998년 8월엔 부산지방국세청장을 마지막으로 명예퇴임을 하였다.

24년 4개월을 국세청에 근무했고, 초임발령지 공업진흥청을 포함하면 공무원 경력은 25년 5개월이었으며, 연금 계산상 장교 근무기간 3년7개월을 합산하니 꼭 29년의 공작자 생활, 즉 국가에 봉사한 기간이라 할 수 있다.

처음 발령받은 공진청은 낯설고 서러웠던데 비해 국세청은 마치 고향에 돌아 온 것처럼 포근하고 편안한 느낌이 들었다.

이렇게 출발한 내 국세청 근무 시작은 일선 과장 3번, 국세청 본부에서 연속 10년을 근무하는 동안 승진(서기관)을 했고, 서울시내 세무서장(성동, 남대문, 여의도)도 세 번 하였다. 다시 본부에서 6년 근무하는 동안 두 번째 진급(이사관)을 했고, 1998년 마지막 보직이었던 부산지방국세청장을 끝으로 국세청을 명예 퇴임하였다.

고향인 동인천세무서 부가가치세과장으로 2년 넘게 근무했던 때가 가장 활발하고 의욕적이었다고 할 수 있는 데, 그 때는 우리나라에서 처음 도입(1977년)한 부가가치세제를 현장에서 지도하고 교육하는 일로 정신없이 뛰었기 때문이다.

당시 관할구역은 지금의 인천시 동구, 북구, 서구에 부천시까지 포함한 엄청나게 넓고 새로이 발전하는 지역이었고, 과 직원도 50명 내외로 많은 식구들을 진두지휘하니 정말 일할 맛이 났다.

이렇게 보람 있던 부가가치세 일선 현장에서 근무를 마치고 본청의 부가가치세과로 전입하여 계장–과장–국장을 다했으니 이 방면에 합계 7년을 근무한 것이다.

그래서 청 내외에서 '附加價値稅 通'이라는 소리를 들었고 나중에 집필한 『부가가치세법 실무해설』이란 책은 베스트셀러가 되어 법원 등의 판례에도 인용되었고, 우리 동기들 중 판사들이 알아주는 경우도 있었다.

또 두 번째로 많이 일한 분야는 기획, 예산업무였는데, 공진청에서 기획계장을 했고 나중에 국세청 '기획 예산과장', 그 후 국장 때 기획관리관를 하였으니 '기'자 돌림으로 세 번을 근무한 것이다.

다음 또 흔치 않은 기록은 '재산세국장'이란 보직이 세 번이었는데, 중부지방국세청, 서울지방국세청에서 그리고 본청 재산세국장을 한 것이다.

다시 특기할 사실은 '교육' 분야로, 서기관으로 막 진급했을 때, 세무공무원교육원에서 '주임교관'자리에서 2년 동안 세무공무원 교육을 담당하는 교관들을 지휘하며 본인도 중요 과목을 가르쳤다. 그 후 국장이 되어 중앙공무원교육원에서 고위관리자 교육을 1년 받았다.

또 샌프란시스코 버클리대학에 1년 동안 해외연수라는 이름으로 가족 모두 함께 지내면서 비교적 자유롭고 유익한 시간을 보낼 수 있었다.

종합해 보면 나는 국세청의 가장 중요한 핵심기능 중 하나인 조사업무, 법인세 등 직접세 경력은 별로 없고, 지원 업무, 변두리(?) 업무만 줄줄이 하였으니, 검찰청업무와 비유하면 특수, 공안업무가 아닌 형사, 송무업무를 많이 한 셈이다.

어쨌거나 이제 국세청을 떠날 때가 다가오고 있었다.

마지막 보직, 부산지방국세청 그리고 택호(宅號)를 얻다

1997년 김대중과 이회창의 치열했던 대통령선거는 김대중 후보자가 대통령이 되었고, 새해(1998년)가 밝아오자 많은 변화가 예상되고 있었다.

국세청에서도 호남출신들의 발탁이 두드러지고, 청장도 행정고시 회수가 훨씬 아래(전임 청장은 2회였는데 10회)로 비교적 젊은 청장이 부임하였다. 본청 재산세국장을 하고 있던 본인은 그저 새로운 인사권자 처분만을 기다리고 있었는데, 결과는 부산지방국세청장 보임이었다. 신임 청·차장이 체면을 살려, 최소한 첫 인사는 공평하게 했다는 평가가 있었다.

내 출신지역이나 고시기수로 혜택을 본 적 없었다는 배려, 그리고 평소 그런대로 호감을 가졌던 인간관계, 특히 당시 실세로 알려진 호남 출신 안 차장(차기 청장)이 예전 인천세무서 과장으로 함께 근무한 인연 등이 도움이 되었으리라.

이렇게 해서 화려하게(?) 부산청장으로 부임한 나는 마지막 보직이라 생각하고 그 동안 경험, 교육, 연수 등으로 닦아온 인간관계와 나름대로의 리더십으로 부산지역에서 공사(公私)를 막론하고 실력발휘를 하였다. 광안리 해수욕장 근처 관사에서 출장 온 듯한 기분으로, 또 간만에 마누라 슬하에서 벗어난 싱글의 자유(?)도 누렸는데, 마침 부산에 장모님, 처남들이 살고 있어 아주 타향 같지 않고 든든하였다. 나름대로 자리를 잡고 있을 때 서울에서 심상치 않은 소식이 들려왔다.

국세청은 상층부 관리자들의 행정고시 시험기수가 들쑥날쑥하니,

고참(당시 내가 최고 선배 기수)들 정리가 필요하다, 김청장은 우리 편도 아닌데 그렇게 좋은 보직을 주었느냐는 호남 쪽 이야기 등 개인 신상에 대한 이야기까지 들려왔다.

그러다 드디어 비공식적으로 명예퇴임 권유가 도착했다. 하루 말미를 얻어 아내, 친지 등과 상의하였지만 무엇보다 내가 심사숙고해서 내린 결론은 '우물쭈물해서는 안 된다, 빨리 용단을 내리자'였다. 그래서 퇴임 권유를 겸허히 받아들였는데, 이렇게 빠른 판단으로 퇴임 결정을 한 것이 무엇보다 후배들에게 좋은 인상을 심어주었다고 한다. 그때의 결정은 본인이 회계사무실(법인)을 운영하는 데 도움이 되었고, 퇴임 후 명예로운 경력을 가지는데 좋은 계기가 되었다.

부산지방청장을 마지막 보직으로 하게 된 보람은 무엇보다 매우 훌륭한 택호(宅號)를 갖게 된 것이다. 군인이 장군으로 승진하면 예편 후에도 그의 호칭은 'O장군'이 듯, 내가 퇴임을 한지 벌써 17년이 되었지만, 경력을 아는 이들이 불러주는 호칭은 '김 청장'이며 이때마다 긍지와 보람을 느낀다. 물론 (큰)국세청장이 아닌, 지방국세청장이지만, 누가 일부러 '지방청장'이라고 구분지어 부르지는 않는다.

명예퇴임식을 하던 날은 아내, 딸, 형님 가족들과 장모님 등 가족(어머니 불참석)들이 지켜보는 가운데, 22개 세무서장을 비롯한 부산국세청 직원(전체 직원 2,000여명)이 마련해준 자리에서 내 25여 년의 공직생활을 마무리하였다. 짧은 기간 만남이었지만, 부산지역 유지들을 대표하여 부산일보 사장의 송별사를 들으면서 뿌듯함을 느꼈다. 부산까지 와준 초등학교 동창 등 친구들과 광안리 바다를 보면서 점심식사를 하고 함께 동해안을 거슬러 올라와 서울 집, 내 자리로 돌아왔다.

세일회계사무소(법인) 설립- 제2의 인생 살아가기

오랜 공무원 생활을 마치고 정리해 온 소지품 들을 집에 들이니, 방 하나의 반쯤을 차지한 이삿짐 모양이 되었다. 짐을 풀고 정리할 마음이 생기지 않아, '언젠가 이 짐을 다시 끌고 어디론가 가서 정리 하리라'하며 꼭 필요한 전화번호 연락처(3권의 노트) 정도만 챙겼다.

관리자, 기관장을 하다 퇴임하면 3무(無)가 된다고 한다. 첫째는 사무실이 없어지고, 둘째는 차와 운전기사, 셋째는 비서도 없어 불편하고 서글퍼진다고 한다.

사무실은 몰라도 운전사와 비서 역할을 아내가 대신하려고 노력해 주니 고마웠다. 이제는 많은 시간을 함께 보내며 서로 의지하고 의논하며 지낼 수 있는 유일한 파트너이다.

친정이라 할 국세청에서 뭔가 걸 맞는 자리를 마련해 주겠다고 했고, 한국에서 제일 큰 법무법인에서 고문으로 오라는 제의도 있었지만, 우선 두 달 쯤 쉬면서 천천히 고민하기로 하였다.

추석을 며칠 앞둔 스산한 바람이 느껴지던 어느 날, 아내와 청계산을 내려오다 '그래 내가 공인회계사 자격증이 있으니 개업을 하자'라는 생각이 불현듯 떠올랐다.

국세청에서 사무관 이상 5년을 경과하면 세무사자격을 자동 취득할 수 있어 대부분 국세청 간부 출신들은 세무사 사무실을 개업하는 것이 일반적이지만, 나는 내 실력으로 취득한 공인회계사 자격이 소중했으므로 이 자격증을 걸고 회계사무실을 시작하고 싶었다.

어디엔가 취직을 하면 얼마 동안은 많은 연봉을 받고 3무(無)를 다 해결할 수도 있었지만 월급쟁이니 눈치 봐야하고, 언젠가는 떠나야 할 때가 또 올 것이 아닌가!

내 사무실을 개업한다는 것은 불확실한 요인이 있어, 신경은 많이 쓰이겠지만 내 것을 하는 것이 바람직하다 판단이 들었고, 아내도 '당신이라면 성공할 수 있을 것이다'라고 용기를 주어 더욱 힘을 얻었다.

추석연휴가 끝나고, 계획을 실천에 옮기기 시작했다. 우선 사무실 위치는 교대 전철역 근처가 여러 가지로 적당한 것 같아 큰 도로변 3층, 20여 평짜리 사무실을 얻었는데, 결국 이곳에서 5년, 그리고 건너편 쪽 조금 넓은 곳으로 옮겨 현재까지 10년 이상을 지냈으니, 서초동의 교대와 강남역 일대가 내 활동 무대가 된 것이다.

다음은 사람이 중요한데, 누군가 소개해준 '최 과장'이라는 상냥하고 유능한 여직원을 만나 하나씩 준비해나갔다. 개업과 함께 그 동안 가까웠던 친구 몇 명이 고객이 되어 주었고, 친정(국세청)에서 몇 건의 세무, 회계고문 고객을 소개해줘 무난하게 출발할 수 있었다. 차츰 후배들이 소개해 주는 일, 한 두건씩이 우리 사무실의 살림살이에 많은 도움이 되었다.

흔히, '전관예우(前官禮遇)'하면 부정적인 이미지가 떠오른다.

나는 그런 대로 후배들에게 좋은 평가를 받았고, 또 퇴임 때도 깔끔하게 떠나온 것이 좋은 인상을 주었던 덕분인지 나름대로 전관예우를 받은 셈이다.

또 공업진흥청시절 상사, 고향의 대선배, 대학 선배 그리고 대학 친구 중 공무원을 같이 한 강모 등이 추천하고 격려해준 덕분에 유수의 공기업과 대기업들의 사외이사(社外理事)로도 활동을 했다.

특히, KT같은 대기업의 이사회의장까지 한 것은 두고두고 명예로운 경험이었다.

이것은 본인이 서울법대 졸업, 공인회계사 자격자이자 조세 전문가인 국세청 지방청장 출신이라는 것이 복합적으로 도움이 되었지만, 토정비결에서 말하듯 '귀인(貴人)'이 있어 도와준다는 것을 실감하였다.

공인회계사 분야에서도 업계에 늦게 출발해 한 솥밥을 먹는다는 고마움, 즉 봉사차원에서 공인회계사 부회장을 4년간 하였으며 로타리 클럽회장, 여러 대학 대학원과정(AMP)도 많이 참여하였고 공무원 이외의 다방면에서 많은 사람들과 교류하며 무척이나 바쁘게 지냈기에 주위에서는 공무원 때보다 더 잘 나간다고 부러워하는 격려도 받았다. 아닌 게 아니라 공무원 때 더 출세(?) 못한 것을, 제2의 인생으로 사회생활을 하며 꽃 피웠다고 자타가 인정한다.

이렇듯 비교적 안정을 찾으며 소싯적에 갖은 고생을 다 하신 어머님께 넉넉한 용돈을 드리는 등 나름대로 효자노릇을 할 수 있었다.

오형제 잘 키운 것을 늘 자랑하던 어머니는 5년 전 비교적 평안하게 돌아가셨다.

제2의 인생은 '健-妻-財-事-友'이고 '忍-施-樂'이다.

이제 내년이면 나도 70세가 되는데, 우리 대학친구들과 입학 50주년 행사를 하면서 이제 차츰 인생을 어떻게 마무리 할 것 인가를 생각해본다.

'일건, 이처, 삼재, 사사, 오우(一健, 二妻, 三財, 四事, 五友)라는 말이 있다. 노년을 살아가며 첫째는 건강해야 하고, 둘째는 배우자가 건강하고 취미도 비슷하면 더 좋다. 셋째는 적당한 소득이 뒷받침되어야 하고, 넷째는 일(事, 취미)이 있어야 하며, 다섯째는 소중한 친구들이 있어야 한다.

현재 나는 이 다섯 가지를 어느 정도 갖추고 있다고 생각한다.

다만 건강은 누구도 자신할 수 없는 것이므로 하루에 2-3시간 걷는 것을 중심으로 열심히 운동하고 있으나, 아직도 술을 즐겨 마신다는 것을 조심해야 한다.

배우자는 인생의 절반이자 최후의 친구인 것을 누군가 농담 삼아 '진인사 대처명(盡人事 待妻命)'이라고 했다. 재산은 넉넉하지 않아도 불편하지는 않을 정도는 있어야 하고, 일은 돈을 버는 것만이 아니라도 무언가 몰두할 수 있는 취미 같은 것을 포함한다. 친구는 더 이상 설명이 필요 없이 65동기들처럼 열심히 즐겁게 만날 수 있는 인생의 동반자들이다.

마지막으로 길지 않은 인생을 살다 죽음을 맞이할 때 후회하는 것들 대표적으로 ①참고 살 것, ②베풀고 살 것, ③즐기고 살 것, 즉 한자로는 '忍, 施, 樂'이며 한글로는 '참, 베, 즐'이라 한다.

우리 주변에 참아야 하는 일이 많다. 늙어 가면서 아내에게 짜증(신경질)내지 말고, 자녀 등 젊은이들에게 져 주고 살면 평안하다고 한다.

베푸는 것은 좋은 말을 해주는 것, 심신(心身)으로 도와주는 것 등이 재물을 베푸는 것만큼이나 중요하다고 한다. 즐기는 것은 가족, 이웃과 더불어 즐겁게 지내는 것, 그러니까 재산에 연연하여 많이 벌기 위해 일만하다 스트레스를 받고 건강을 해치는 인생을 살지 말아야 한다는 것이다.

이제 나도 위의 5가지 요건과 그리고 '참, 베, 즐'로 살고 싶다.

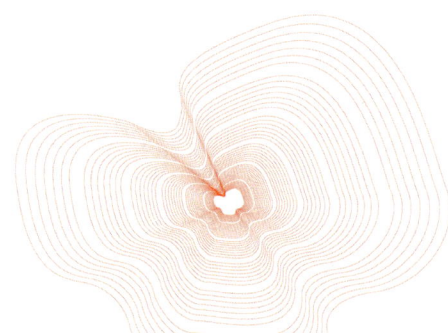

산·행 단·상(山行斷想)

김 중 양

5월도 하순에 접어드니 날씨가 제법 덥다. 이제 봄이 지나가고 여름이 성큼 다가오는 것이다. 오늘 아침 날씨가 쾌청하고 바람이 제법 있다. 산행하기에 아주 좋은 날씨이다. 수요일에는 강의가 없어 오늘 산행 길에 나섰다. 항상 등산을 할 때에는 처음에는 주저하다가도 막상 배낭 메고 등산을 시작해서 산 중턱쯤에 이르면 "역시 산행하기를 잘했지."하는 생각이 들곤 한다.

산행 들머리부터 나무들은 연록색의 잎사귀들로 숲을 가득 채우고 있다. 나무와 더불어 살고 있는 산새들은 때로는 '끼익'하는 소리를 내기도하고 또 때로는 '삐리리 삐리리'하기도 한다. 언제 들어도 또 아무리 들어도 도무지 싫지가 않다. 자연의 소리는 이토록 아름다운 것인지도 모른다. 이 싱그러운 풀냄새, 이 성성한 나무, 이 산새들의 지저귐 들이 언제나 고맙다. 한 시간 쯤 치고 올라가니 임도에 도달했다. 이름 모를 야생화들이 방실거리며 웃고 있었다, 아름답고 앙증스럽기만 하다, 대자연의 하모니는 우리 같은 인간이 헤아리기 어려운 오묘함과 신비로움으로 가득 차 있다.

임도에 올라 바로 직진하는 길로 접어들었다. 짚북재로 가는 길이다. 그 옛날 원효대사가 짚으로 만든 북을 울려서 스님들을 불러 모아 법문을 설하였다는 영마루를 짚북재라고 한다. 임도에서 짚북재에 이르는 능선 길은 참으로 편하고 아늑한 길이다. 아마도 사람이 죽어서 이러한 길을 따라 간다면 언제라도 저승사자를 따라 나설 수도 있지 않나 하는 다소 엉뚱한 생각을 해보기도 한다.

한 시간 가량 능선길을 따라 걸으면서 이 생각, 저 생각을 해본다. 살아오는 과정에서 잘했던 일과 잘못했던 일을 반추해 본다. 주로 잘못했던 일을 반성해보고 또 이루지 못한 일에 대한 아쉬움과 후회 등을 곱씹어보기도 한다. 그리고 나면 앞으로의 방향이 떠오른다. 그것은 남을 위해서 많은 것을 베풀고 또 선행을 해서 업(業)을 멸하는 길이다.

능선일 옆길에 늘어선 키 큰 나무들 사이에 아침 햇빛이 쏟아져 반짝 거린다. 마치 종교적으로 무슨 계시가 내리는 것처럼 신비스러운 감을 준다. 등산 시작한지 한 시간 동안 아무도 못 만나고 오로지 나 홀로 조용히 산행을 하고 있다.

능선 모퉁이 돌아서는 길옆에 무덤 하나가 쓸쓸하다. 봉분도 거의 훼멸되고 또 나지막한 봉분 위아래로 잡초가 무성하다. 천성산 이 높은 곳에 봉분을 쓸 정도라면 잘 사는 집안이었을 텐데, 이제는 돌보는 이가 끊긴 지가 오래인 것 같다. 인생의 무상함과 세월의 영락을 느끼게 한다. 어디선가 뻐꾸기소리만 속절없이 들리고 있었다.

얼마쯤 더 능선 길을 걷노라니 계곡물 흐르는 소리가 들린다. 사람 발자국소리에 까마귀 한 마리가 푸드덕 나무 저쪽으로 날아가고 있었다. 계곡물소리가 들리는 것으로 보아 짚북재가 가까워졌음을 알 수 있었다. 산행들머리에서 짚북재에 이르는 2시간동안 나 홀로 조용히 명상하면서 짚북재에 올랐다. 산마루에 평평하고 광장, 그곳에 여러 개의 벤치가 놓여 있었다. 그곳에서 중년의 등산객 한 사람을 만날 수 있었다. 잠시 후 그 등산객마저 떠나고 나니, 넓은 공간에 사위가 조용한데 나 혼자였다.

짚북재 주위에는 풀이 많아 싱그러운 풀냄새, 흙냄새가 코끝을 스친다. 눈을 돌려 주위를 보니 개미들이 땅굴을 파고 들락거리고 있었다. 생물체는 이처럼 흙과 공존하고 있다. 사람도 흙에서 나서 결국 한 줌의 흙으로 돌아가는 것이다. 그래서 인간은 땅기운을 맡으면서 살아가게 되는 것이다.

나는 수십 년간 단독주택에서 땅기운과 더불어 살다가 10년 전에 아파트로 이사 갔다. 이사 간 아파트도 1층이라 땅기운을 놓치지 않고 있다. 1층 나뭇가지에 모이통을 달아 놓고 산새들에게 모이를 주면서 자연과 더불어 건강하게 살아가고 있다.

요즘 우리나라 어느 곳이나 고층 아파트가 즐비하다. 10층, 20층에서 살다보면 땅기운을 맡을 수가 없다. 그래서 건강도 약해지고, 각종 정신적. 육체적 질환에 시달리게 되는 지도 모르겠다. 빨랫줄에 널려있던 죽은 뱀도 땅위에 떨어지면 땅 냄새를 맡아 되살아난다는 말이 있다. 땅은 우리의 모태이며 생명력의 원천이다. 근래에 주말 산행들을 많이 해서 모자라는 땅기운을 신체에 보충해주고 있는 것은 그나마 다행이다.

짚북재에서 휴식을 취한 후 다시 배낭을 메고 성불암 쪽의 방향으로 내려갔다. 성불암 계곡에는 쏟아져 내리는 폭포수가 아름답다. 무릇 산이 명산이 되려면 계곡이 여러 줄기로 나 있어야한다. 금강산, 설악산이 그렇고 북한산이 그러하다. 천성산 역시 계곡이 여러 줄기로 뻗어있어 명산의 반열에 올라있다.

성불암 계곡을 다 내려서면 이어서 한듬계곡을 만나게 된다. 한듬계곡을 끼고 왼쪽으로 접어들면 노전암이 나타난다. 신라시대 원효대사가 천성산 자락에 89암자를 세웠는데 그중의 하나이다. 비구니 사찰로서 정갈하고 조용한 암자이다.

　음식 맛이 뛰어난 암자로 정평이 나있다. 음식공양을 하면서 가지고 갔던 초콜릿 한 봉지를 주지스님께 드렸다. 주지스님의 특별한 배려로 '108차'를 대접받았다. 108번뇌를 잊게 한다는 차로서 이 암자에서 천성산의 각종 식물들을 채취해서 20년 간 발효시킨 특별한 차라는 것이다. 색깔은 자주 빛깔로서 선운산의 복분자와 유사하다, 마셔보니 조금 쌉쌀하면서 신맛이 있었다.

　암자를 나와 계곡을 끼고 올라갔다. 계곡에는 맑은 물이 쉼 없이 아래로 흘러가고 있었다. 바위를 끼고 흐르는 계곡 물 속에 작은 물고기들이 떠다니는 것이 눈에 들어왔다. 이렇게 깨끗한 청정수에 살고 있는 인연도 대단하다고 생각이 들었다. 계곡옆 길에 찔레꽃이 하얗게 활짝 피어 있었다. 너무 황홀해서 바위 위에 걸터앉아 물끄러미 바라보았다. 찔레꽃 나무 밑에 산딸기가 어느새 빨갛게 익어가고 있었다. 생태계의 아름다움은 우리에게 무한한 감동을 준다.

　다시 일어나 계곡 능선길 따라 쭈욱 올라갔다. 큰 바위에서 쏟아지는 물방울이 시원스럽다. 저런 곳에서 폭포수 맞으면서 수련을 하면 어떨까 하는 생각도 해보았다. 계곡물에 세족(洗足)을 했다. 계곡물이 차가워서 발이 시리다. 물은 흘러가기 때문에 같은 물에 발을 두 번 담글 수는 없다. 인생에 있어서도 기회는 두 번 오는 것이 아니다. 모름지기 기회가 왔을 때 이를 잘 활용할 것이다.

　잠시 쉬고 있노라니 어디선가 소쩍새 우는 소리가 들린다. 40여 년 전 충청도 암자에서 고시공부할 때 들었던 소쩍새 울음소리와 같다. 40년의 세월이 속절없이 흘렀음을 소쩍새 소리가 일깨워 주고 있었다. 인생은 일장춘몽이라고 했던가. 봄날이 가면 여름이 오는 것을……. 태고스님도 인생 팔십년이 봄꿈과 같다(八十餘年春夢中)고 하지 않았던가! 인생무상, 세월무상을 절감했다.

산행 여섯 시간 만에 처음 산행기점 근방에 도착했다. 임도 옆에 있는 주남정(周南亭)에 올랐다 웅상읍 전체가 눈에 들어온다. 정자부근에 피어있는 아카시아 꽃향기가 코끝을 스친다. 주위에 소나무가 울울창창하다. 계절의 변화에도 불구하고 늘 푸른 소나무가 오늘따라 더욱 의젓하고 당당해보였다.

삼천 배 고행

김 중 양

나는 등산을 좋아한다. 매주 산행을 거르지 않고 한다. 큰 산에 가면 어김없이 사찰이 자리 잡고 있다. 하산 길에 법당에 들어가 108배를 하곤 한다. 절을 해서 쌓인 업보를 씻어내고자 함이다.

그러나 지금껏 3,000배는 해보지 못했다. 기껏 해본 것이 일 년 전 전북 임실 땅에 있는 상이암(上耳庵)에서 1,080배를 한 것이 고작이었다. 108배를 열 번하는 1,080배를 하는 것도 나에게는 벅찬 것이었다. 그러니 3,000배는 감히 엄두가 나질 않았다. 도무지 해낼 자신감이 없는 것이었다.

가까운 주위에서 철야 3,000배 절공양을 하는 것을 보면 부럽기도 하고 또 대단하게 보이기도 했다. 그래서 큰맘 먹고 나도 한번 죽자하고 철야 3,000배를 해보기로 다짐했다. 지금 내 나이에 3,000배를 시도하지 않으면 이제 어느 세월에 할 것인가 하는 생각이 들기도 했다.

서울에 3,000배하는 사찰로는 화계사와 길상사가 손꼽힌다. 화계사는 매월 넷째 토요일에, 길상사는 매월 둘째 토요일에 철야정진한다는 것이다.

3000배하는 날짜를 서늘해서 절하기 좋은 11월 29일(토)로 정했다. 넷째 토요일, 장소는 화계사였다. 수유리에 위치하고 있어 삼각산의 좋은 정기를 흠뻑 받고 있는 사찰이다.

막상 정해 놓고도 마음속으로는 켕기기도 했다. 정말 포기 없이

3,000배를 해낼 수 있을는지……. 중간에 마음이 변할 것 같아서 주위사람들에게 3,000배 들어간다고 떠들고 다니기도 했다. 담배를 끊을 때 주위에 '담배 끊는다'고 하여 스스로 속박하는 것과 같다.

3,000배는 앉았다 일어섰다하는 운동이므로 다리 힘이 중요하다. 그래서 10월과 11월에 지방산과 근교산을 부지런히 다녔다. 주왕산 – 청량산 – 부봉 – 가리산 – 청계산 – 불암산 – 관악산 등 크고 작은 산을 간단없이 등산했다. 그리고 집에서 108배를 꾸준히 해나갔다.

드디어 D데이인 11월 29일(토)이 다가왔다. 오전에 결혼식장에 다녀온 후 오후 내내 집에서 쉬면서 호흡을 가다듬었다. 저녁을 간단히 먹은 후, 19시 40분에 집을 나섰다. 등에 짊어진 배낭에는 큰 수건과 염주, 그리고 갈아입을 옷가지와 양말 등을 챙겼다. 물통에 물과 과일도 몇 쪽 챙겨 넣었다.

20시 30분에 행정자치부에 같이 근무했던 신국장과 수유전철역에서 합류하기로 했다. 신 국장은 3,000배를 다년간 해오고 있는 불자이다. 수유역에 도착하니 약속한 시간보다 20분정도의 여유가 있었다. 찬바람이 부는 밖에 나가 기다리는 것보다는 전철역 안의 휴게의자에 앉아있는 것이 좋겠다고 생각했다. 나무의자에 앉으려니 판위에 "破天荒"

불국사 석가탑 상륜부

이라는 글씨가 쓰여 있다. 파천황 – 선인이 못 이룬 일을 해낸다는 뜻이다. 으음……, 오늘 밤 여태까지 내가 못했던 철야 3,000배를 달성해야겠다고 자기 편한 대로 풀이해보기도 했다.

수유전철역에서 신 국장을 만나 화계사에 도착한 시각은 20시 40분경이었다. 캄캄한 밤에 주위는 인적이 없이 조용한데, 삼각산 백운대와 만경대에서 뻗어 내려온 산기운이 신선하며 융융하다. 어디선가 산새가 푸드득거리며 숲 사이로 날아가는 소리가 나기도 한다.

일주문을 따라 올라가는 길의 왼쪽에 우람한 4층 큰 건물이 대적광전이다. 대적광전의 3층에 위치한 법당으로 올라갔다. 법당은 크고도 널찍했다. 100여 명 정도는 너끈히 경배를 올릴 수 있는 넓은 공간을 가지고 있었다.

불단에는 주불(主佛)로 비로자나불이 지권인(智拳印)의 자세로 결가부좌하고 있고, 양옆에 석가모니불과 노사나불(盧舍那佛)이 협시하고 있다. 삼존불 사이사이로 관세음보살, 대세지보살, 문수보살, 지장보살 등이 입상하고 있다. 장엄하고도 금빛 찬란한 모습들이다.

그런데 기묘하게도 삼존불 가운데 주불의 상이 제일 나이가 많이 든 것처럼 보인다. 주불의 얼굴은 마치 어린아이의 응석을 받아주는 노인처럼 입을 비스듬히 찌그린 채 넉넉한 미소를 머금고 있었다. 그 옆의 협시불들이 그저 자비로운 미소만을 잔잔히 머금고 있는 것과는 구별이 되는 것이었다.

밤 9시 가까이 되자, 스님 한 분이 죽비를 들고 법당에 입장했다. 자아……, 이제부터 철야 3,000배가 시작되는 것이다. 9시부터 스님의 죽비소리에 맞추어 경배가 시작되었다. 후면에서 절을 하는 거사들이 "관세음보살……"하고 선창하니 뒤따라 보살들이 "관세음보살~"

하고 후창한다. 마치 파도타기와 같은 리드미컬한 관세음보살의 염불이 끊임없이 이어지는 가운데 철야정진을 한다.

관세음보살은 자비의 화신이며 모든 중생들의 고통과 번민을 해결해주는 부처이기에 관세음보살을 연호하는 것이다. 그래서 '大慈大悲 救苦救難 觀世音菩薩……'이라고 하는 것이다.

2시간 정도 지나니 온몸은 땀으로 흠뻑 젖고 다리 힘이 빠지기 시작한다. 무릎과 허벅지도 저려오고 통증이 느껴진다. 2시간이 지나 밤 11시가 되니 죽비스님이 서양스님으로 교체되었다. 키가 훌쩍한 서양스님의 죽비소리에 맞추어 절공양이 다시 이어졌다.

절하는 속도는 사람에 따라 다소 차이가 있다. 나의 경우에는 108배를 한번 하는데 약 15분정도가 소요된다. 그래서 108배를 할 때 염주를 옆에 놓고 한다. 한번 108배가 끝나면 염주를 정면으로 이동시키고 또 끝나면 왼쪽으로 이동시키고……. 이를 반복한다. 1,080배 할 때는 염주를 10번만 이동시키면 된다. 3,000배는 108배를 28번만 하면 되는 것이다.

절을 하다 힘이 부치면 염주를 쳐다보면서 한다. 이 염주는 유서가 있다. 전국공무원불자연합회 고문으로 있을 때 당시 조계종 총무원장이었던 법장(法長)큰스님으로부터 직접 받은 것이다. 법장스님은 시신까지 기증하고 입멸하셨다. 그러나 큰스님의 얼과 정은 이 염주에 담겨있다고 생각한다. 염주를 바라보며 큰스님을 떠올리면서 괴로움을 참아나가고자 하는 것이다.

자정이 되어 3시간에 걸친 절공양이 마치고 30분간 휴식에 들어갔다. 화계사에 오래 다녔다는 D 거사님이 안내하는 대로 1층 공양간(식당)으로 내려갔다. 화계사에서 참가자들에게 깨죽 한 그릇과 동치

미를 제공하고 있다. 배도 출출해서 그런지 깨죽이 무척 고소하고도 맛이 특이했다.

밤12시30분부터 다시 절이 시작되었다. 처음 시작할 때 50여명의 참여자가 자정을 지나니 절반으로 줄어들었다. 죽비로 절을 선도하는 서양스님의 뒷모습을 보니 키가 훌쩍해서 그런지 절도 수월하게 하는 것처럼 눈에 비친다. 4시간의 절공양이 끝나고 새벽1시 30분이 되니 또 죽비를 들고 입장하는 스님이 바뀌었다. 6시간의 절공양을 세분의 스님들이 각기 2시간씩 분담하여 죽비선도하고 있는 것이었다.

내의는 온통 땀으로 흠뻑 젖었는데 문득 발을 보니 오른쪽 양말의 엄지발가락이 나와 있다. 계속해서 오체투지(五體投地)하다 보니 얇은 양말에 구멍이 난 것이다. 다른 사람의 눈에 뜨일까 창피한 생각이 들었다. 휴식 시간에 여벌로 가지고 온 새 양말로 갈아 신었다. 다행이다. 다른 사람들을 보니 모두 양말이 등산양말처럼 두툼하다. 그래……. 나도 다음에는 두꺼운 양말을 신고 절공양을 해야겠다.

2,000배를 넘어서는 시점부터는 절하는 속도가 점점 느려지게 되었다. 15분에 하던 108배가 18분, 어떤 때는 20분 가까이 소요되기도 했다. 다리를 구부리기가 힘들고 허리까지 뻣뻣해지기도 했다. 5시간을 지나고 6시간으로 들어갈 때는 기진맥진 상태에 이르렀다.

문득 2년 전 설악산 공룡능선 27km를 당일 종주할 때가 연상되었다. 새벽3시부터 오색에서 대청에 올라 중청 – 소청을 거쳐 희운각 대피소까지 5시간의 줄기찬 등산, 거기에서 본격적인 공룡능선의 산행길을 5시간 주파하여 마등령에 올랐을 때 기진맥진했던 것과 흡사하다. 신선대를 내려올 때 절뚝거리며 한 발 한 발 간신히 떼어놓는 것과 지금 간신히 한 배 한 배 절하는 것과 그 모습은 같은 것이다.

합장한 두 손을 머리위에 올렸다가 아래로 내리면서 엎드려 절을 할 때, 엎드린 그 상태로 그냥 무너져버리고 싶은 생각도 간절했다. 그러나 마음을 다시 한 번 다져먹고 계속 오체투지를 해나갔다.

원래 절을 할 때 무릎부터 꿇은 다음 양손바닥을 짚고 양팔과 이마를 바닥에 대는 것이다. 그러나 무릎과 종아리가 모두 멍이든 것 같아 도무지 구부릴 수가 없었다. 하는 수 없이 손부터 먼저 바닥을 짚은 후, 무릎을 꿇는 방식으로 절을 계속 해나갔다. 참담한 고통 속에서 절공양 전체를 새벽3시반까지 다할 수 있었음은 다행이다.

철야정진 절공양을 모두 마치고 나니 몸은 천근만근이나 정신은 또렷했다. 3,000배를 하고나면 교만과 아상(我相)이 덜어지고 하심(下心)이 길러진다는데 과연 나의 경우에도 그러할 것이지…….

새벽 4시반 아침예불에 참여한 후 산문을 나섰다. 어스름한 숲속에서 어디선가 '꺽어꺽…….'하는 산새의 울음소리가 들린다. 일주문을 나선 후 뒤돌아보니 "三角山 華溪寺"라고 쓴 일주문 현관글씨가 눈에 들어온다.

문득 성철스님의 말씀이 떠오른다. 성철스님은 당신을 만나려면 먼저 3,000배부터 끝내야 한다고 했다. 이는 아상(我相)과 자만을 뽑아주기 위한 방편으로 시킨 것이라고 한다.

3,000배를 해서 아상을 뽑고 난 후 모든 사람을 부처님 모시듯이 행동하라는 것이다.

"모든 사람을 부처님처럼 섬기라. 그것이 참 불공이다. 참 불공이란 목탁을 두드리며 불단에 음식을 차려놓는 것이 아니라, 가난한 이를 몰래 돕고, 나보다 못한 이들에게 고개를 숙이는 것이다. 원망하는 원수까지도 부처님처럼 섬기는 것이 참 불공인 것이다."

　3,000배는 업장을 씻어내는 고행의 과정이다. 비록 고통스러운 과정이기는 하지만 끝내고 나면 산의 정상에 올랐을 때와 같은 뿌듯함과 기쁨을 맛보게 된다.

- 2008. 12. 3.

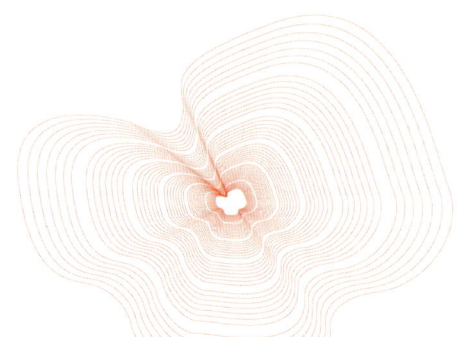

아침의 선물(?)

배 영 길

뒤늦게 "이야기집" 편집위원으로 합류해달라는 전갈을 받고 뭘 하나 써야할지 한참을 망설였습니다. 대학 입학 50주년을 눈앞에 둔 이 시점, 문득 지금껏 뭘 하고 살았으며, 남은 인생 뭘 하고 살아가야 할 것인지를 다시 한 번 되짚어보는 것은 그런대로 의미 있을 것 같다는 생각이 들었습니다. 2년 전 정년퇴임할 때의 생각을 다시 한 번 떠올리며, 감히 남은 인생의 과제(?)를 주제로 삼아보았습니다.

법학에 입문한 지도 어언 40년이 지났습니다. 법률학을 두고 세상 사람들이 '빵을 위한 가장 저질의 학문'이라고 비판을 해도, 단지 그것은 형식논리에 치우친 법해석학이나 전관예우의 현실에 대한 비판 정도로 가볍게 생각해 왔습니다. 나아가 정확한 법해석이야말로 법학자에게 있어 가장 중요한 책무라고 믿어 의심치 않았습니다.

그러나 어느 사이 흰머리가 절반을 훌쩍 넘기게 되면서, 이제 생각도 바뀌어, 인간에 대한 이해야 말로 정확한 법해석 보다 훨씬 중요한 법학자의 임무라고 생각하게 되었습니다. 나아가 철학, 종교, 역사, 문학 등도 지금껏 내가 몸담았던 법학 못지않게, 인생사에 있어 매우 중요한 과목임을 다시 인식하게 되었습니다.

우리가 평소 입버릇처럼, 세월이 또는 시간이 참 빠르다는 말을 자주 내뱉으며 살아갑니다. 그리고 요즘 들어 이 말처럼 실감나는 말도 드물다는 생각을 합니다.

그러나 막상 그 시간의 끝자락으로 다가서게 되면서, 흘러가 버린 오랜 세월도 그저 한 순간, 짧은 여름밤의 꿈처럼, 참으로 덧없음을 절감하게 됩니다. 그리하여 지금까지 의미 없이, 그 말을 되풀이 하며 살아왔던 자신이, 더 한층 한심하게 느껴지기도 합니다.

"쉰 살이 되기 전까지 나는 한 마리 개와 같았다. 앞의 개가 그림자를 보고 짖어 대자 나도 따라 짖어댔다." 분서(焚書)를 쓴 명나라 이탁오(李卓吾)가 털어놓은 말입니다. 쉰이 넘도록 아무 생각 없이 유교경전을 읽어 온 자신을 한심하게 느낀 토로이겠지요. 그리고 보니 저 자신 예순이 넘도록 한 마리 개처럼, 생각 없이 법전을 뒤적이며 살아왔다는 생각을 가지게 됩니다.

교수로서 재임기간 동안 주어진 과업이 있었듯이 이제 퇴직 이후의 삶에도 역시 해결해야 할 인생의 과제는 있다고 믿습니다. 이를테면, 향후 어떻게(How to), 누구와(with Whom), 무엇을 위해(for What) 살아갈 것인가 하는 문제 등입니다.

이 중 어느 것 하나도 답을 내기가 쉽지 않은 문제라고 생각합니다. 특히 그 중에서도 세 번째 문제는 바로 생사와 직결된 문제로서, 지금까지 의도적으로 기피해왔던, 그래서 접근이 더 어렵고 까다로운 문제로 부각되기도 합니다.

사노라면, 지금껏 겪어보지 못했던 황당한 국면과 조우(遭遇)하게 되는 경우가 더러 있게 마련이고, 그제서야 비로소 튀어나올 법한 문제인 듯도 하지만, 결국 인간은 이 문제에 대한 결착을 보지 못한 채 중도하차해 버리는 과정을, 끝없이 반복해왔다는 생각을 해봅니다.

오마에 겐이찌는 인간을 개조하는 세 가지 방법으로 삶의 장소, 만나는 사람, 그리고 시간 쓰는 법을 바꾸라고 썼습니다.(난문쾌답)

마음먹기에 따라서는, 삶의 장소와 만나는 사람을 바꾸는 것은 그리 어려운 일은 아닐 것 같다는 생각도 듭니다. 그러나 시간 쓰는 법은, 표현을 달리하면 우리의 '관심'을 바꾸는 일이고, 이것이 셋 중에서 가장 중요하다는 생각이 듭니다. 관심사가 바뀌면 만나는 사람도, 또 삶의 장소도 따라서 바뀔 테니까요.

심리학자들의 표현을 빌리면, 인간은 사물을 지각할 때 사물의 각 부분을 따로 인식하지 않고 하나의 통합된 형태 즉, 게슈탈트(Gestalt)로 파악한다고 합니다. 이때 중요한 부분은 전경(Vordergrund)이 되고 그 나머지는 배경(Hintergrund)이 된다고 하는데, 이 양자의 관계는 고정돼 있지 않고 항상 변화하며 그 변화의 과정이 내 삶의 서사(narrative)를 이루게 된다는 것입니다. 또 인간은 언제나, 자신이 속한 맥락(脈絡)을 포함하고 있어, 맥락이 바뀔 때, 상응하는 게슈탈트 형성이 이루어지지 않으면, 사는 것이 무척 힘들어 진다고 합니다.

이를테면, 고위 공무원, 회사 임원, 교수, 정치인 등 남을 가르치거나 지시하는 직업에서 은퇴한 후, 자신의 게슈탈트가 바뀐 것을 인식하지 못하고 매일 하던 생각이나 말을 되풀이 하는 바람에 자신뿐만 아니라 주위 모두를 힘들게 한다는 것입니다.

아무렴, 몇 십 년 동안, 어떤 맥락 속에서 살아 왔던 한 인간이, 하루아침 한 사건을 계기로 어떤 관심이나, 시간에 대한(존재론적) 인식을 바꾼다는 것은 결코 쉬운 일이 아닐 것이라고 생각은 합니다.

윌리암 오슬로 경이 매일 읊었다고 하는, 희곡작가 케비 켈리다스의 시 「아침을 위한 인사」 입니다.

Listen to the Exhortation of the Dawn !

Look to this Day!
For it is Life, the very Life of Life.
In its brief course lie all the
Varieties & Realities of your Existence;

The Bliss of Growth
The Glory of Action.
The Splendor of Beauty;

For Yesterday is but a Dream.
And Tomorrow is only a Vision;
But Today well lived makes every
Yesterday a Dream of Happiness, and every
Tomorrow a Vision of Hope
Look well therefore to this Day!
Such is the Salutation of the Dawn.

아침의 충고에 귀 기울이라! 그리고

오늘을 보라
이것이 생명, 생명 중의 생명이다.
이 짧은 시간에 너의 존재의 모든 것의 진실과 현실이 포함되어 있다.
성장의 기쁨, 행동의 영광, 아름다움의 화려함
어제는 한낱 꿈에 지나지 않고 내일은 환상일 뿐
그러나
충실히 보낸 오늘은 모든 어제를 행복의 꿈으로
모든 내일을 희망에 찬 환상으로 만든다.

그러니 이 날을 올바로 보라
이것이 이 아침을 위한 인사이다.

현재는 하나의 큰 선물(Present is a Present)이라는 속담이 있습니다.

로마시인 호라티우스는 "현재 이 순간에 충실하라. 내일에 최소한의 기대를 걸면서(carpe diem, quam minimum credula postero)"라는 유명한 시 귀를 남겼습니다.

또, 스티브잡스는 20대 후반의 나이 때부터, 매일 자신이 내일 죽는다는 가정 하에 살아왔다고 합니다. 이 혹독한 젊은이는 서른이 되기 전에, 연기적 존재인 시간의 본질을 확철대오(廓徹大悟)했다는 생각이 듭니다.

오늘은 2014년 7월 5일!
어제는 한 낱 꿈이요, 내일은 오지 않은 미스터리일 뿐!
어리석었던 나는 분명, 이 여정의 끝이 있는 줄 알면서도
그저 무지개 같은 내일의 안락함만 추구하며,
한 마리 개처럼, 그림자 보고 짖어대었던 과거를 아쉬워합니다.

세상은 우연한 일들의 연속!
제행무상(諸行無常)!

친구들이여!
우리, 아무리 나이 먹을지라도,
그 해석학적 순환(?) 법에 밀리지 않는,
진짜 인생을 살아봅시다.
더 이상의 후회는 없어야 할 터……

그리고 지금 이 순간 이후, 찬란하게 다가올 새 아침들을
그때, 그 경이롭고 호기심에 찬,
20살의 눈으로 다시 한 번 맞이합시다.

2014. 7. 5

센츄리시티 사무실에서 배영길

성지 순례기

신 중 대

여는 말

장로회신학대학교 성지연구원에서 실시하는 성지순례를 2013년 2월에 14박15일의 일정으로 다녀왔다. 성지순례의 대상국 12개국 중 명실공이 1순위라고 하는 애굽, 요르단, 이스라엘의 출애굽코스뿐 아니라 예수님의 행적지 중 많은 곳을 답사했다.

성지순례는 성경을 온 몸으로 읽는 과정이다. 성경은 역사와 지리라는 두 가지 내용으로 구성되어 있다. 성경을 읽으면서 역사와 인물에만 초점을 맞추면 삶의 현장을 소홀히 하게 된다. 더욱이 성경의 배경이 되는 중동지방의 기후, 지리, 역사적 배경은 우리와는 너무 큰 차이가 있다. 성경에 대한 지리를 제대로 파악하지 못하면 성경의 내용을 정확히 이해할 수 없을 뿐 아니라 성경의 내용까지도 잘못 이해할 수 있다.

따라서 성지순례는 성경에 대한 종합적이고 살아있는 지식과 배경을 배우는 중요한 과정이므로 기독교인의 경우에는 빨리 다녀올수록 좋다고 하겠다.

순례팀의 구성

총33명 중 인솔 교수 2명(구약학 전공) 외에 31명(목사 11, 전도사 5, 사모 6, 장로2, 권사 1, 집사 5, 대학생 1)으로 구성되었다.

순례 유적지

(1) 애굽

- 직항로선인 국적기를 타고 13시간 만에 카이로공항에 내려서 1박을 한 후 국내비행기로 룩소에 갔다. '카르낙신전', '멤논의 거상', '왕들의 계곡'과 야경의 '룩소신전'을 본 후 야간침대열차편으로 11시간 25분 만에 2시간 연착하여 카이로주 기자市에 도착했다.
  겨울임에도 불구하고 낮 최고기온이 27도까지 오른 날씨에 기자高原의 피라미드와 스핑크스를 둘러보고, '성 조지교회'. '모세기념회당'. '아기예수기념교회'. '애굽정교회'를 다녀서 카이로박물관을 관람했다.

- 저녁시간이 다 되어서 카이로 변두리의 '목가탑언덕'의 기독교인마을에 갔다. 애굽은 이스람국가이나, 기독교인들이 모여 살고 있는 이곳 변두리 폐허에서 쓰레기 재활용품을 가져다가 온가족이 분류해 팔아 생계를 꾸려나가는 악취와 먼지로 숨쉬기조차 불편한 쓰레기마을을 지나면서 나 자신을 되돌아보는 성찰의 시간을 가졌다. 이곳에는 10개의 교회와 2개의 대형 동굴교회가 있었으며, 그중 맨 끝에 있는 몇 천 명이 들어갈 수 있는 동굴교회에서 예배를 드렸다. 우리는 너무도 호사스러운 믿음생활을 하고 있는 것 같아 매우 부끄러운 생각이 들었다.

예루살렘 감람산(Olive Mountain in Jerusalem)
colored pencil 210X127mm Feb.15,2009 최종고 그림

- 시나이 반도에서는 '마라의 샘'을 거쳐 시내산 정상엘 올라갔다. 버스로 시내산 중턱의 호텔(해발 1,570m)까지 가서 숙박 후 새벽 1시 반 기상, 2시 반 출발하는 심야의 강행군이었다. 걷기 힘든 분 11명은 해발 1,900m까지 낙타를 타고 가고, 1명을 제외한 32명은 그곳에서부터 급경사의 돌산인 2,285m의 정상까지 걸어 올라갔다.

(2) 요르단

- 시나이반도의 '누위바'항에서 요르단의 '아카바'항으로 가는 페리선박은 부두의 버스 속에서 2시간을 기다리고, 승선 후 배안에서 3시간을 기다리는 인내의 시간이었다. 회사방침이 사람이 차야 떠나도록 되어 있다는 가이드의 설명에 실소를 금할 수 없었다. 선박의

횡포 덕분에 숙박지인 '와디롬' 광야의 베드윈족 텐트촌에 도착한 것이 0시 30분이었다. 01시 30분에 저녁식사를 하고는 바람으로 먼지가 텐트 안으로 계속 스며드는 가운데 02시 30분 잠자리에 들었다.

- 베드윈식 아침식사를 하고 출발하여 영화 '아라비아의 로렌스'의 촬영 현장이었던 '와디롬'계곡의 광야와 '와디 무사'를 거쳐 페트라의 세계 7대 불가사의인 '알카즈나신전'을 둘러본 후 '모세의 샘'을 보았다. 이어서 '케락'과 '아르' 및 '아르논'골짜기를 거쳐 요르단의 수도인 암만에 도착했다.

- 이튿날 헤스본을 지나 르벤지파 구역인 메드바의 '성 조지교회'(그리스 정교회)와 베레아 지역(BC 4세기 헤롯대왕의 아들 안티파스가 북갈릴리에서 요단강 동쪽까지 다스림. 이곳에서 예수님이 10개월정도 체류하시고, 이 길이 예수님이 예루살렘 가실 때와 갈릴리로 돌아가실 때의 이동경로로 보여짐.)을 거쳐 야곱이 이스라엘이라는 이름을 얻은 압복강을 보고는 길르앗산지를 지나 엘리야가 피신했던 그릿시내와 '엘리야 기념교회터'를 가보았다.

- 이어서 로마시대 유적 중 가장 잘 보존되어 있는 거라사에 가서 '하드리아누스 황제 개선문'을 지나 '랍바성(암몬성)'엘 갔다. 다음 날 '아모리'왕국의 시온이 세운 도읍지인 헤스본을 가본 다음 느보산에 도착하여 여리고를 건너다보았다.

(3) 이스라엘

- 요르단 일정을 끝내고 국경지대의 요단강 '알랜비'교를 건너 이스라엘 땅으로 들어와서 첫 번째 일정으로 케이블카를 타고 '마사다' 요새에 올라갔다. 이어서 '20세기 최대의 발굴'이라는 1947년에 발굴된 쿰란공동체엘 갔다. 그때까지는 11C에 발굴된 레닌그라드 성경사본이 세계最古이었으나, BC 1C~AD 1C 것으로 보여지는 5,000개의 쿰란사본 발굴은 1,000년을 더 거슬러 올라가는 세계 고고학계를 경악케 하는 쾌거였다.

- 다음에는 死海에 가서 준비해간 수영복으로 갈아입고 전원이 수영을 하면서 얕은 곳에서도 둥둥 뜨는 신기함을 체험하고는 여리고城으로 갔다. 예루살렘은 해발 790m, 여리고는 -250m로서 약 1,000m

예수가 세례 받은 요단강

의 고저차가 나는 여리고는 안토니우스가 클레오파트라에게 선물한 곳으로 '여리고'샘과 '삭개오'의 뽕나무를 보았다.

- 이튿날 일찍 요단강에 있는 '예수님 세례터'를 답사한 후 만일 에덴동산이 이스라엘 안에 있다면 여기가 바로 그곳이라는 풍요한 땅 '벧산' 국립공원을 돌아보고는 길보아 산기슭의 '해롯 스프링'을 본 후 '오브라'(오늘날의 AFULA)를 경유하여 나사렛마을로 갔다. 이스라엘에서 가장 큰 교회인 '수태고지교회'와 '요셉이 거주하던 터 기념교회'를 답사하고, 예수님의 외가동네인 '찌포리'의 유적지를 다녀왔다. 이어서 가나의 '혼인잔치 기념교회'를 보고 '아르벨'산 정상에 올라 아름다운 갈릴리호수를 관망한 후 티베리아의 숙소에 도착했다.

- 다음날 골란고원의 '크네이트라' 전망대에서 UN이 지키고 있는 시리아국경지대를 관망한 후 '가이사랴 빌립보'와 '텔 단'을 거쳐 '하솔'을 답사한 후 '가보나움회당'과 'St.Peter's House', '베드로首位權교회'(바로 옆의 '5병2어교회'는 안식일이라 입장불가)를 거쳐 8복교회를 둘러보았다. 이어서 갈릴리 호수의 긴노사루에서 배를 타고 선상 성찬식을 엄숙하게 가진 후 티베리아의 숙소에 돌아왔다.

- 다음날 '악고'로 가서 지중해변의 성벽걷기와 골목 안을 걸어보고 이스라엘 최대항구인 하이파를 둘러본 후 '엘리야 수도원'이 있는 갈멜산엘 갔다. 오찬 후 므깃도와 이어서 가이사랴를 살펴 본 후 드디어 예루살렘의 호텔에 도착했다.

- 이튿날 '유대인학살 추모관'을 관람하고, 아브라함이 살았던 브엘세바에 도착하여 '아브라함 우물'과 '이삭 우물'을 본 후, '브엘세바' 도성 유적지를 답사하고 쉐펠라 지역의 '라기스' 요새와 '벧구브린'을 살펴본 다음, '스데반 집사 기념교회'가 있는 '벧자말'과 '벧세메스'를 경유하여 예루살렘 숙소로 돌아왔다.

- 다음날 에브라임산지의 '세겜'으로 가서 야곱의 우물과 사말리아의 '세례요한 무덤교회' 및 '아합'의 궁을 답사하고, 실로로 옮겨 성막(모형)을 본 후 예루살렘으로 돌아와 준비한 반바지와 샌들로 갈아 신고 히스기야 터널을 통과한 다음 베들레헴의 '예수님탄생교회'를 답사하는 감동을 맛보았다.

- 이스라엘 체류 마지막 날 05시에 숙소를 출발하여 골고다 언덕의 '십자가의 길'을 걸어 올라가서 '예수님무덤교회'에서 성찬식을 거행하는 감동을 체험하고, '통곡의 벽'엘 가서 유대인의 민족적 불행을 통감하였으며, 시온산의 '베드로통곡교회'와 '마가의 다락방' 및 히브리대학교를 다녀온 후 감람산의 '승천교회', '주기도문교회', '눈물교회', '게세마네교회'를 답사한 다음 이스라엘 박물관을 끝으로 순례일정을 마쳤다.

감동을 받았던 유적지

(1) 시내산 등정

2,285m의 정상을 힘겹게 올라섰을 때의 전율은 필설로 다할 수

없는 엄청난 것이었다. 장영일 인솔단장(전 장신대 총장)의 떨리는 목소리의 기도는 장엄 그 자체였다.

(2) 느보산에서의 여리고 전망

느보산에서 여리고를 바라보면서 이스라엘 백성들에게 고별인사를 한 모세가 마치 나 자신인 것 같은 환상 속에 일행 모두의 침통한 분위기에서의 인솔단장의 설교와 기도는 너무도 감동적이었다.

(3) 마사다 요새

마사다요새에서 로마군에 3년동안 저항하던 유대인들이 AD 73년 노예가 되느니 자유인으로 생을 마감하자는 결의에 따라 960명 중 제비뽑기로 선정된 10명이 950명의 목을 베고, 다시 제비뽑기로 선정된 1명이 9명의 목을 벤 후 자결한 처절한 역사의 현장이다. 피비린내의 악몽으로 머리가 어지러웠다. 그때로부터 1,900년 동안 이스라엘은 지구상에서 사라졌다.

(4) 히스기야 터널

앗수르왕 산헤립의 공격에 대비하여 성 밖의 물을 성안으로 끌어들이기 위해 뚫은 한사람이 겨우 통과할 수 있는 533m의 히스기야 터널의 물속을 칠흑 속에서 걸으면서 생존을 위한 유대민족의 처절한 몸부림을 뼈저리게 느꼈다.

(5) 십자가의 길

예수님이 십자가를 메고 골고다 언덕을 향하시던 그 길에서 일행 전원이 1분씩 십자가를 메고 고행 길을 체험한 것은 상상도 못했던 성지순례의 압권이었다.

특기할 사항

(1) 인솔교수의 해설과 탁월한 가이드의 설명

구약학 교수 두 분의 설교와 해설로 성경의 난해한 부분에 대한 이해가 쉽게 되었으며, 인솔단장의 추천에 의한 당대의 가장 탁월한 세 분 가이드의 해박한 설명은 탄성을 자아내기에 충분했다.

열두 번째 순례였던 장영일 인솔단장도 여러 번 탄복했던 애굽에서의 가이드 제진수 집사가 금년 4월에 시나이반도의 자폭테러로 희생된 것은 너무도 안타까운 일이었으며, 삼성의료원 장례식장에 조문을 가서 명복을 빌었다.

(2) 성찬식 거행

갈릴리 호수 선상과 '예수님 무덤교회'에서의 두 차례의 성찬식 거행은 평생 잊을 수 없는 감동이었다.

(3) 다양한 문화체험

현지항공 탑승(애굽), 배 승선(3회), 야간침대열차 숙박(애굽), 광야의 베두인텐트 숙박(요르단), 심야의 낙타를 탄 시내산 등정 등 실로 다양한 문화체험을 하였다.

(4) 경제력 차 실감

못사는 나라에서 차례로 잘 사는 나라로 이동(애굽-요르단-이스라엘)함에 따라 화장실, 호텔, 도로, 공원 등의 정비 및 청결상태가 크게 비교되었다.

(5) 聖地의 數

성지의 수가 이스라엘이 800개소, 요르단이 400개소로서 요르단이 의외로 많았다.

(6) 정치적 불안정

1993년 오슬로협정에 의해 탄생한 '팔레스틴 자치구역'내의 6개도시가 대부분 성경에 나오는 도시들(헤브론, 베들레헴, 여리고, 라말라, 세겜, 제닌)이며, 자치구역 내의 이스라엘 정착촌엔 35만명의 유대인이 살고 있었다.

(7) 국민 구성의 복잡성

700만 인구의 이스라엘은 유대인 외에도 아랍인 130만 명 러시아인 100만 명으로 되어 있으며, 유대인중 28%가 히브리어를 모르고 있다는 사실에 크게 놀랐다.

(8) 교민들의 안식일

유대교의 안식일은 토요일이므로 교민 기독교인들도 부득이 토요일에 예배드리고 있었다.

맺는 말

순례의 최적기는 동절기인 2월이며, 하절기에는 더워서 무리이다. 장신대의 순례계획에는 자격제한이 없으며, 제대로 된 순례를 하려는 분들께 추천하고 싶다.

장신대 계획에 동참하여 생애에 잊을 수 없는 성지체험을 함으로써 많은 은혜와 감동을 받고 30년 믿음생활의 염원을 풀게 된 것은 하나님의 큰 축복이었다.

성지순례의 감격이 앞으로의 신앙생활로 이어져서 믿음의 성장과 하나님께 영광 돌리는 고귀한 삶이 될 수 있기를 간절히 소망한다.

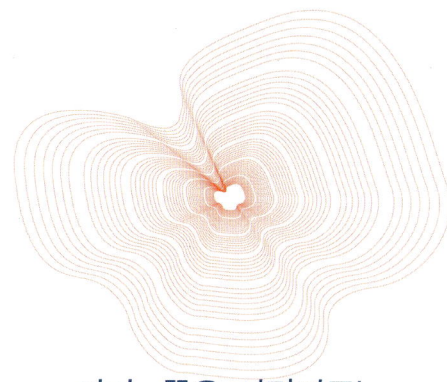

마로니에의 추억

안 성 덕

아아, 꿈은 사라지고!

나는 해방 이듬해, 8남매 중 차남으로 대구에서 태어났다. 1950년대 초 괴뢰군들의 곡사포가 대구역을 향하여 빗발치듯 쏘아대었을 때 우리 집은 바로 역 근처에 있었는데도 어찌 살아남았다. 나는 조그만 이불 보따리를 등에 지고 낙동강을 따라 잠간 이나마 피난을 갔던 것이 생각난다. 초등학교는 총알자국이 벽에 숭숭 박힌, 한때 미군부대로 사용했던 시외 칠성국민학교를 다녔다. 나의 어머님은 신앙이 돈독한 대구 근교 반야월 과수원 주인의 맏딸이었다. 그러나 아버님은 술주정이 심했다. 자주 밥상이 엎어졌고, 숟가락 젓가락들이 UFO처럼 날았다.

그러나 10여 년 이상 어머님은 신앙을 지켰다. 아버님을 위해서 기도했다. 그 뒤 아버님이 예수님을 영접, 교회 재정책임 장립 집사까지 되셨다. 우리 집은 주일이면 많은 성도들이 예배 후 와서 점심을 먹었다. 그리고 교인들은 우리 8남매들 머리 위에 일일이 손을 얹고 축복해 주었다. 나는 예수님이 지옥 같던 우리 집을 천국으로 만드시는 분인 것을 체험하며 자랐다. 아버님이 예수님께 제일 좋은 것을 드려야 된다며, 늘 은행에서 갓 찾아온 빠닥빠닥 소리가 나는 지폐를 헌금으로 챙겨주셨다. 주일학교 학예회에서 사도바울의 3차 여행을 지도를 따라 설명했던 기억이 난다. 그 당시 아무도 그 시골뜨기 초등학생이었던 내가 장차 사도바울을 본받아 예수의 복음을 들고 전 세계를 누비게 되리라고는 꿈에도 상상하지 못했었다. 그런데도 이것은 아마도 조그만 겨자씨 같이 내 마음 깊숙이 한 작은 꿈으로 심겨져 있었음에 틀림없다. 그 뒤 화랑의 옛터, 달구벌 대구에서 어린 가슴에 "Boys be ambitious!" 꿈을 심어주든 경북 중·고등학교에 다니며 먼 장래에 큰 인물이 되겠다는 포부 속에 살았다.

그러나 아버님은 1961년 5.16 혁명의 후 폭풍으로 평생 다니시던 한국전력회사의 좋은 직장을 강제 조기 은퇴하셔야 되었다. 아버님은 퇴직금으로 돼지농장, 국수공장 등 평생 해본 적 없던 사업을 해보시려다 실패만 거듭하시며 살던 집을 팔아 전셋집으로 옮기셨다. 설상가상, 1963년 고2때 어려운 여건 속에 고전하시던 어머니가 갑작스런 뇌일혈로 돌아가셨다. 그때 막내여동생은 1살 갓 넘은 때였다.

상사화, 김영수 제공

어머니 없는 8남매 집안사정으로 서울 연세대에 다니시던 형님이 스스로 자퇴하고 대구로 내려왔다. 아아. 꿈은 사라지고……, 무지개 같던 우리 집안의 꿈은 그만 산산 동강이 나고 말았다. 나도 갑자기 대구 매일 신문사 사장님 집의 입주 아르바이트 가정교사가 되었다. 이렇게 되자 인생목적과 삶의 의미에 깊은 회의를 느끼기 시작했다. "도대체 인생은 어디서 왔다가 어디로 가는 존재인가? 왜 살아야 하나? 어떻게 살아야 할까? 이렇게 공부는 해서 뭣하나? 출세해 봐야 무슨 소용 있나? 이렇게 죽으면 모든 게 순식간에 끝나는 것을……." 전도서 1장2절과 같이 "헛되고 헛되고 헛되고 헛되니 모든 것이 헛되도다!" 이 말만이 나의 귓전에 메아리쳐 왔다.

이때 마침 누나가 다니던 성경공부 모임에 참석하게 되었다. 허나 성경말씀을 통해 내가 눈만 뜨면 죄짓고, 숨 쉬는 것 이외에 온통 죄투성이인 큰 죄인임을 깨닫게 되었다. "기록한바 의인은 없나니 하나도 없으며,"(롬3:10) 또 죄의 값은 사망인데(롬 6:23) 이제 죽으면 지옥 행 일호로 유황불 구덩이에 떨어지게 된 내 자신의 처지를 깨닫게 되었다. 나는 이 죄 문제를 해결해 보려고 수없이 고심, 투쟁했다. 새벽부터 결심하고, 일일 삼성, 즉 하루에 세 번 반성도 해보고, 온갖 노력을 다 해보았다. 그러나 그럴수록 죄가 더 달라붙었다. 착하고 순수하게 살고 싶은 나의 내면 속에 사춘기를 맞아 온갖 정욕과 죄악 된 육신의 소욕이 난무했다. 겉으로는 모범생이지만 나의 내면은 그 반대였다. 나는 심히도 더러운 내면을 감추고 사는 2중 인격자였다. 즉 "선을 행하기 원하는 내속에 악이 함께 있는 것"(롬 7:21)을 발견했다. 마침내 나는 너무나 괴로워 하늘을 우러러 외치게 되었다. "오호라 나는 곤고한 자로다! 누가 이 사망의 골짜기에서 나를 건져내랴!"(롬 7:24) 어느 날 나는 이 문제를 해결하지 못하면 집에 들어가지 않으리라 결심했다. 밖으로 나가 길거리를 한없이 걸으며 깊도록 하나님께 부르짖었다. "오 하나님, 만약에 하나님이 살아계신다면, 저를 이 죄에서, 또 죄의 결과인 영원한 심판에서 좀 살려주십시오!" 이때 섬광처럼 하나님의 말씀이 내 마음에 와 닿았다. "내 너를 위하여 몸 버려 피 흘려……." "하나님이 세상을 이처럼 사랑하사 독생자를 주셨으니……."(요한 3:16) 어릴 적부터 수십, 수백 번 듣고 노래하던 십자가의 말씀이 그 순간 가슴에 꽂혀 왔다.

　나는 그 동안 십자가에 돌아가신 예수와 아무런 상관이 없던 자였다. 그러나 그날 밤 나 같은 죄인 살리시려 십자가 형벌까지 마다하신 예수님 앞에 "주님 감사합니다. 주는 나의 구세주시요, 살아계신 하나님의 아들이니이다."라고 고백하였다. 예수님은 그날 밤 내 마음에서 쏟아지는 수 백 수 천 가지의 죄, 나면서부터 지은 모든 죄를, 또 낱낱이 다 고백하지 못한 죄까지 다 용서해주셨다. 캄캄한 밤 같은 내 마음에 찬란히 빛나는 샛별과 같이 주님은 내 길에 비추기 시작했다. 이때의 행복을 어떻게 표현할지! 지옥형벌에서 구제받은 큰 용서의 기쁨! 새장에서 풀려난 새와 같은 자유함! 이제 다시는 정죄함이 없을 것이라는 하나님과의 평화! 또한 나같이 눈멀고 완고한 죄인에 대한 하나님의 사랑이 나의 영혼을 감싸주어 나는 감사와 소망으로 가득 차 찬송을 많이 불렀다. "시온의 영광이 빛나는 아침, 어둡던 이 땅이 밝아오네, 오래던 선지자 꿈꾸던 복을 만민이 다 같이 누리겠네!" 이때 나는 내가 일생 무슨 일을 하게 되던 간에 예수님의 이 아름다운 구원의 은혜를 증거하며 사는 자로 살게 해달라고 간절히 서원기도를 드렸다.

그러나 현실은 그러지 못했다. 벌써 고3이었다. 그간 정신적으로 방황하느라 제대로 준비 못한 대학교 입학시험 준비가 코앞에 닥쳤다. 가난하여 학비를 어찌 낼 수 있을지 모르는 사정이었다. 이런저런 현실에 쫓기다 보니 주께 약속한 것을 지키지 못한 채 시간이 흘러갔다.

그러나 하나님의 은혜로 1965년 서울대학교 법과대학에 합격이 되었다. 일전 한 푼 없이 서울에 올라왔다. 오랜 죽마고우 영길 군의 집에서 대학 시험을 치르고 2년여를 지내는 은혜를 입었다. 서울법대의 일학년 시절은 한마디로 뭉게구름처럼 피어오르던 꿈의 계절이었다. 마로니에 그늘진 교정 따라 구름다리 너머로 문리대 철학강의 도강도 하러 오갔다. 한껏 주어진 젊음과 낭만과 자유를 누리기 좋은 때였다. 그때 서울대 교가를 바꾸어서 부르곤 했다. "……육법전서 맡겨놓고 외상술이다……. 고등고시 미끼삼아 연애만 하니……!" 브라보! 신촌 로터리 건너 이화여대 교정도 미팅 주선한답시며 자주 오갔다. 그러나 1960년대 한반도 현실은 한일협정 반대 데모와 단식 등으로 휴강, 종강, 강제 휴교 등으로 처참히 지나갔다. 그래도 "서울에만 가면……"하던 나의 찬란하던 꿈은 최루탄 가스처럼 눈물을 흘리게 하며 날아가 버렸다. 아아, 꿈은 사라지고!

더 크고 놀라운 꿈!

1966년 서울법대 2학년 봄학기. 다시 서울에 올라온 나는 아무 소망 없이 땅만 쳐다보며 걸었다. 종로 5가 앞길을 지나 연건동 서울 법대로 등교하고 있었다. 그때 내 발 앞으로 조그만 노란 종이쪽지가 바람에 날려왔다. 거기에는 "English Bible study by missionary Sarah Barry, come and see!"라고 적혀 있었다. 바로 내게 그 당시 꼭 필요한 대학생 성경 읽기회(University Bible Fellowship: UBF)의 초청이었다. 매일 아침 학교수업 시작 전에 참석한 영어성경공부는 하루 종일 나의 귀에 맴돌았고, 다시 오지 않고는 못 배기게 하는 힘이 있었다. 나는 성경에 그토록 놀라운 뜻이 담겨있는 줄은 예전에 미처 몰랐다.

그때 대구에서 아버님이 차 사고로 돌아가셨다는 연락을 받았다. 나는 또 한 번 큰 쇼크를 받았다. 이제 나는 이 세상에 완전히 부모 없는 고아가 되었구나! 하나님도 무심하시지, 어린 8남매를 남겨놓고 아버님, 어머님 모두 다 데려가시다니! 이런 혼란의 때 창세기 말씀을 공부하게 되었다. 거기서 천지창조의 하나님이 바로 나의 아버지 되심을 영접하게 되었다. 그러자 내 아버지의 만드신 해와 달과 별 또 온 우주와 세상이 바로 나의 것임을 깨닫게 되었다. 나는 세상에서 가장 부유한 아버지를 가진 그 누구도 부러울 것 없는 하늘나라의 상속자임을 깨닫고 만나는 친구들마다 묻고 싶었다. "너, 나의 아버지가 누구인줄 아니? 천지를 창조하신 하나님이 나의 아버지야! 그때 나는 이 사실이 너무나 기뻐, "참 아름다워라 주님의 세계는 저 아침 해와 저녁놀 밤하늘 별들이 망망한 바다와 늘 푸른 봉우리 내 아버지의 지으신 그 솜씨 깊도다." 매일매일 이 찬송을 불러서 "늘 푸른 봉우리."란 별명이 붙게까지 되었다.

그때는 요한복음을 많이 공부했었다. 거기서 예수님의 첫 기적이 물로 포도주를 만드시듯 우리를 맹물 같은 인생에서 맛있고 색깔 있는 인생으로 만드신다니 너무 놀랐다. 나 같은 자도 뭔가 좀 변할 수 있나? 그런데 예수님은 갈릴리 촌 어부들을 불러 인류의 영원한 등불들로 바꾸시지 않았는가! 나도 소망이 좀 있다! 예수님은 바다의 광풍도 말씀 한 마디로 잠잠하게 하셨듯, 우리 인생의 큰 풍파, 내속의 풍랑도 잠잠케 하시는 분이었다. 더 놀라운 말은, 죽어 나흘이나 되었던 자에게, "나사로야 나오라!"하니 그가 살아나왔다. 나는 어머니 돌아가신 후 죽음 때문에 절망했었다. 그러나 죽음이 극복될 수 있다니 놀라울 뿐이었다. 그리고 나와 온 인류의 죄를 대신해서 죄 없으신 하나님의 아들이 십자가에 자신을 못 박으셨다. 이때 "아버지 저들을 용서하소서! 저들의 하는 일 알지 못 하나이다!"했다. 그리고 십자가 옆의 강도가 회개할 때 그에게 약속했다. "오늘날 네가 나와 함께 낙원에 있으리라!" 그리고 죽어 매장되었다가 사흘 만에 생전의 약속대로 부활하셨다. 나는 내가 원하던 모든 것, 심지어 죽으면 어떻게 되는가? 등등 모든 질문에 대해 시원시원한 대답을 다 듣고 내 인생이 죽고 또 부활까지 가도록 그분께 온전히 의탁하게 되었다. 아아, 나의 잃었던 꿈들이 뭉게구름처럼 다시 살아 오르다니!

　이렇게 내 마음이 하나님 말씀으로 점점 차오를 즈음 1967년 3학년 때 신입생 환영식이 있었다. 말 주변도 없고, 수줍기 짝이 없던 조용한 성격의 내가 나도 모르게 단상에 올라가 예수님과 성경공부에로 초대하는 연설을 하였다. 내가 예수님을 만나기 전 의미 없던 인생. 그러나 성경말씀에서 길이요, 진리요, 생명이신 예수님을 만난 일. 이제 활기차고 의미 있는 인생을 살게 되었다고. '와서 보라'는 초청을 하였다. 많은 신입생들이 대학생 성경읽기에 몰려와 성경공부를 했었다. 나는 후배들과 일대일로 성경말씀을 공부하기 시작했다. 그런 후배들 중에는 판사를 거쳐 지금 변호사를 하면서 평신도 자비량으로 서울대 관악캠퍼스 UBF 5부교회의 담임이 된 분도 있다. 또 그간 참석했던 김영수 동기 회장의 법대 기독학생회에서 새롭게 그룹 성경공부 인도도 더 많이 하게 되었다. 그때 홍일점 황산성 선배, 김영수, 손지열, 박재윤, 최경보, 윤지준, 황우여, 김완섭, 조중한 동문들과 먼저 하늘나라 간 최기호가 나와 단짝이 되어 자주 모여 말씀공부, 기도하며 남은 대학생활을 했던 기억이 난다.

그 당시는 5.16군사혁명 뒤 나라가 혼돈의 소용돌이 속에 자주 휩싸여 데모와 단식 등을 밥 먹듯 했다. 나도 한일협정 반대 데모, 단식투쟁에 참가했다가 며칠 뒤 정신을 잃고 서울대학병원에서 깨어나기도 했었다. 그때 UBF 성경공부를 통해 데모와 단식만이 애국이 아니다. 우리가 "성경을 공부하여 '성서 한국, 세계 선교'를 하는 것이 하나님이 기뻐하시는 애국이요 나라를 살리는 길이다."라고 생각하게 되었다. 그 당시 김일성이 서울에서 회갑을 하려고 한다 하여 또 모든 국민의 마음이 바람에 사시나무 떨듯 했다. 나도 "젊은 나이에 장가도 못 가보고 일선에 총받이로 나가야 될 건가"하고 몰래 겁내었던 것이 기억난다. 그때 그런 시국을 이겨나가기 위해 '이사야 서 성경학교'가 열렸다. 거기서 열방은 통의 한 방울 물! 하나님은 온 천하 만국과 세계역사의 주인이시다! 현재 한국의 어려운 현실을 하나님이 알고 계시고, 그분의 손에 쥐어져 있다. 이제 우리의 마음의 장막 터를 넓히자. 나만, "우리나라만 위할 것이 아니라 전 세계도 품고 기도하자. 말씀을 더욱 깊게 연구하자! 그리고 조그만 지구본을 포켓에 넣고 다니며 "세계는 우리의 밥이다. 어서 가서 잡아먹자!"하고 생각하게 되었다. 아직 자기문제도 해결 못해 홍역을 앓고 있는 한국이 세계를 영적으로 먹이는 선교사 파송의 나라가 되게 하는 것이 하나님의 소원이요, 하나님은 우리를 통해 그것을 하실 수 있다며 기도하게 되었다. 그리고 여름 수련회 때, 태평양을 바라보는 동해안 해변에서 150개국 나라들을 위해 무릎 꿇고 기도했다. 또 그 중 한 나라를 골라 장래에 선교사로 내보내어 달라고 기도했다. 그리고 모두 손을 잡고 하나님께서 한국을 말씀으로 변화시켜 세계 선교하는 나라가 되게까지 해달라고 간절히 기도했다.

그러자 나의 마음에 있던 세상에 대한 모든 두려움은 떠나가고 하나님의 평화가 임했다. 하나님께서 가난하고 불쌍한 우리나라를 세계의 제사장 나라로 쓰실 것이라는 확신이 들었다. 나는 그때까지 빨리 고시를 합격하고 훌륭한 판사, 법관이 되어 가난을 떨쳐버리고, 집안을 일으키고, 후세에 이름을 좀 내어보려고 했었다. 그러나 때마침 외교관 3급 공채시험이 부활되었다. 나는 그때 판검사의 꿈보다 선교사가 되기에 가장 편리한 외교관이 되고자 인생의 방향을 단숨에 바꾸게 되었다. 그러나 그간 공부보다 휴강이 더 많았고, 학교공부이상으로 하나님말씀공부에 매달렸기 외무고시 합격은 하늘의 별따기처럼 보였다. 시국이 어수선했어도 3학년이 되자 동기들이 모두 도서관 책상에 앉아 새벽부터 밤늦게까지 공부하기 시작하였다. 그런데 나는 "너희는 먼저 그의 나라와 그의 의를 구하라."(마태 6:33)하는 성경말씀을 순종하고자 결심했다. 그래서 최소한 고시공부보다 하나님말씀을 더 사랑하자하며 매일 오후 모두가 한창 공부에 열중할 때 도서관을 빠져 나와 UBF 리더들의 말씀공부 모임에 꼬박꼬박 참석했었다. 두어 시간 뒤에 돌아와 옆 좌석을 둘러보면 그간 수 십 페이지를 읽고 있는 것이 아닌가? 이때 내 맘에는 "이렇게 준재들이 모인 법대에서 하루 두세 시간씩 공부에 뒤처지면 내겐 도저히 승산이 없다는 생각이 나를 괴롭혔다. 1969년 졸업 후 이천여 명 이상 응시한 외무고시 3기에 현재의 반 유엔사무총장을 비롯 17명이 합격했었다. 그런데 하나님께서는 그간 같이 기도하며 말씀으로 격려하던 윤지준과 함께 나도 합격시켜 주셨다.

평신도 자비량 외교관 선교사

이때쯤 1961년 광주, 한국에서 고 이사무엘 목사님과 미국 배사라 선교사가 동역하여 시작한 한국산 대학생성경읽기(UBF)가 광주에서, 전주, 제주, 대구, 대전, 서울 각 대학을 거쳐 곧 세계선교로 이어졌다. 곧 복음서 성경 공부 끝마다 나오는 "너희는 가서 온 천하에 다니며 만민에게 복음을 전파하라." "가서 제자 삼아라." 하시는 세계선교절대명령을 순종하기 시작한 것이다. 이것은 우리 가난한 한국의 대학생들이 할 수 있을까? 꼭 해야 하는가 하는 차원을 넘어선 하나님의 세계선교 지상명령이었다. 모든 말씀을 조금씩 순종해온 우리들은 이 크신 말씀도 반드시 순종해야 한다는 자세를 갖고 있었다.

그러나 그 당시 여권도, 비행기 여비도, 신학교졸업장도 또 선교사 지원금도 없는 가난한 한국산 대학생 모임에서 어떻게 이 엄청난 세계선교명령을 순종할 수 있을까 큰 고민이었다. 또한 그간 선교접수국이던 가난한 후진국에서 선교사를 파송해온 부유한 서구권 나라로 선교사를 파송한다니 말이나 되나 싶었다. 그러나 하나님의 말씀은 힘이 있었다. 당시에 우리들을 이끈 말씀은 참으로 엄청난 것들이었다. 5,000명의 배고픈 청중들을 앞에 놓고, 일전 한 푼 없는 제자들에게 예수님은 "너희가 먹을 것을 주라!"고 명하셨다. 그때 안드레가

물고기 두 마리와 보리떡 두 개를 들고 와 바쳤다. 즉 자기가 가지고 있던 작은 5병2어를 주께 드린 것이다. 그랬더니 예수께서 하늘을 우러러 기도하시고 5천을 먹이신 것이다.(요한 6장) 또 하나님께는 능치 못 할 일이 없느니라! 하나님을 믿으라! 너희가 겨자씨 한 알만한 믿음만 있으면 태산을 바다에 빠뜨릴 수 있다!(막 11:22) 그러자 천지를 말씀으로 지으시고, 바다와 태풍을 잠잠케 하시며, 죽은 자를 살리시는 하나님의 영의 능력이 그간 제자로 자란 대학생리더들 및 졸업생들에게 역사하기 시작했다. 즉 하나님께서는 이전에 찾아보기 힘든 새 선교의 패러다임을 열어주셨던 것이다. 즉 평신도 자비량 세계선교이다. UBF 회원들은 제주도에 이어, 서독광부, 간호사, 미국 의사 선교사, 태권도 사범, 대 기업국제지부간부, 외교관, 대사관요원, 유학생, 심지어 이대, 숙대 졸업의 고급인력이 고교 졸업 정도나 할 미싱공, 심지어 닭의 목을 자르는 도계공으로까지 자원해서 나가기 시작한 것이다.

　이런 새 역사에 하나님은 나도 끼워주셨다. 1973년 군에서 갓 제대했을 때다. 그간 UBF 에서 7-8년간 동역해온 아름다운 믿음의 여인 주정숙 서울미대 동양화가 출신과 귀한 가정을 이루어주셨다. 나는 부모도 안 계신 가난한 고아, 그는 와세다 법대를 일제강점기시대 나오시고 고등법원 부장판사를 역임하신 갑부 변호사의 딸이었다. 하나님은 나무군과 선녀의 꿈같은 이야기를 나에게 축복으로 이루어주셨다. 이렇게 외교관 평신도 자비량 선교사생활이 시작되었다. 1976-1979까지 근무한 과테말라에서 조그맣게 시작된 현지대학생 선교역사는 뒤를 이은 선교사를 통해 지금 수십 명의 과테말라 제자들을 양성하는 교회가 되었다. 1979-82년 잠시 귀국 시 개척한 교회에서는 현재까지 약 100여 명의 선교사를 세계 각처에 파송하였다. 1982년에서 1985년까지 두 번째 개척한 멕시코 대학생 선교역사는 후임선교사의 피나는 노력으로 현재 멕시코에 14개 도시에 교회개척을 이루었다. 멕시코시티 교회에만도 멕시코 현지 대학생 제자 140 여명이 자라고 있다. 이 멕시코 대학생 제자들이 자라 10년 전부터는 엘살바도르, 페루, 도미니카공화국, 볼리비아, 미국 등지로 60여명 선교사까지 파송하였다. 유엔 근무 등을 이어 1989년 말 하나님의 부르심이 있어서 스페인 근무 시 대한민국 외교관을 사표내었다. 그날 사표를 제출하기 직전 하나님은 내가 대한민국 공사급으로 승진 발령을 받도록 해 주셨던 잊지 못할 날이었다. 그 후 1990년부터 지금까지 시카고 North Eastern 대학교의 미국 대학생들 선교를 맡았다. 이제껏 100 여명의 제자에 그중 소련, 인도네시아, 우간다, 한국 등으로 선교사들을 파송하게 하셨다. 하나님은 늦깎이이지만 선교사에 이어, 목사요 또 Dr. in Missionology도 받게 하셨다.

한편 UBF는 지난 반세기 동안 국내에서도 거의 각 대학교 앞마다 크고 아름다운 교회들이 70여 개 지 교회로 자랐다. 무엇보다 일인당 국민소득 미불 $80 후진국에서 서독, 프랑스, 영국, 캐나다, 호주, 미국 등 선진국들과 아프리카, 중남미, 중동, CIS 등에 한명 두 명, 한나라 두 나라, 한 대륙, 두 대륙, 전 대륙으로 나갔다. 이제 2014년에는 5대양 6대주 97개국, 총 330여 지부교회에, 1,700 여명 가까운 선교사교회로 한국전체교단에서 두 번째로 선교사를 제일 많이 파송하게 되었다. 그리고 우리 한국선교사들이 그간 기른 현지 국가의 제자들이 이제 다른 나라 선교사로 파송되는 역사가 있게 하셨다. 과연 짧은 지난 반세기 정도의 기간 동안 하나님은 그의 말씀을 절

안성덕 : 스페인대사관, 과테마라 대사관 영사. 멕시코대사관 참사. 외교부 남미과장. 뉴욕, 주 유엔대표부. 주 스페인대사관. 현재 시카고 UBF 본부 선교사, 현재 UBF 세계선교 코오디네이터 등 역임

대적으로 믿은 대학생과 졸업생들을 통해 놀라운 새 일을 이루어 놓으셨던 것이다. 즉 5,000 년 한반도 역사에 1,000 여 번 외침을 당한 운명주의의 한국, 마치 울밑에선 봉선화 같던 우리가 아니었던가. 기독교가 전파된 지 약 6-70여 년밖에 안된 1960년대부터 하나님은 성경을 공부하고 믿은 한국의 젊은 대학생, 졸업자들을 통해, 한국을 선교 접수국에서 선교사 파송국으로 발돋움하는데 UBF를 평신도 자비량 선교사의 선두주자로 삼아주었었다. 현재 언제 어디로든지 선교사로 나갈 수 있는 정예회원들이 8,000명에 이르고, 지난 반세기이상 UBF를 거쳐 간 유수한 인재들은 세계 신학계의 거성이 된

김세윤 로마서강해 박사, 수많은 한국 신학대 총장들, 교회 목사들, 청년모임 인도자 들을 양성했고, 사회각계각처에 빛과 소금들로 봉사하는 자의 수는 오직 하나님만이 아시리라. 이제 2041년까지 233개 전 세계국가의 캠퍼스에 100,000명 선교사를 파송하는 일도 전능하신 하나님은 반드시 이루실 것을 굳게 믿는다.

이제 나는 이 크신 하늘나라 확장 발전의 세계캠퍼스 사역에 의사선교사들이 된 두 자녀 가정의 재정지원을 받으며 아직도 자비량 선교사로 일하고 있다. 지난 3년 전부터 나는 UBF 세계선교 코오디네이터로 전세계에 흩어진 선교사와 그 자녀, 현지대학생제자들을 돌보고 지원하고 있다. 해마다 각 대륙 수십 개국 지부들 심방과 지원을 위해 2 개월 이상을 소요하는, 천사도 흠모하는 하늘나라 외교관이 되게 하신 하나님을 찬송한다.

이 모든 일이 이루어지게 된 그 출발이 1965 년 서울대학교 법과대학에 들어오게 된 것이었으니, "아아 잊으랴 어찌 내가 그날들, 그 찬란했던 대학생활을! 그 시작은 "아아 꿈은 사라지고!"하며 한탄으로 출발했었다. 그러나 전능하신 하나님께서 예수님의 말씀이 있는 UBF를 때마침 광주에서 서울로, 그것도 서울법대 교문근처에 설치케 하셨다. 거기를 통해 나의 인생을 온전히 어둠에서 밝음으로, 무의미에서 의미 가득 찬 인생으로 축복해주셨다. 이제 '65학번 50주년을 맞이 이렇게 마로니에의 추억을 상고할 기회를 준 것에 대해 하나님께 또 마침 연락과 격려를 해준 영수, 종국, 동수 동문에게 무한 감사한다. 우리 160 동문들이 50년 전에 같이 들어와 이제 10 여명은 이미 유명을 달리했다는데 마음이 아프다. 남은 150 여 모든 동문들을 이 시대 각 곳에서 주요한 임무를 맡겨 써주셨다. 이제 나는 우리 위해 십자가에 피 흘려 죽으시고, 누구든지 저를 믿으면 멸망치 않고 영생을 주시는 우리 예수님을 모든 같이 믿어 영원한 하늘나라의 동문들이 되게 하시기를 간절히 축원한다.

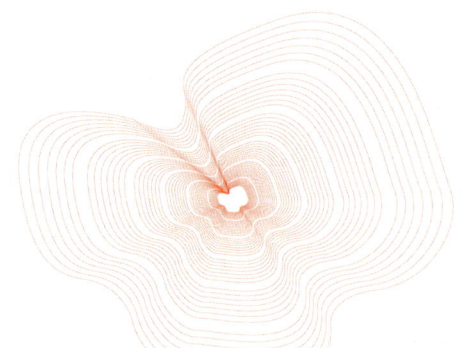

眞理를 찾아서

오 종 권

나는 여남은 살쯤 되었을 때 새벽 종소리를 들으면서 거룩한 무엇인가에 대한 느낌을 가지기 시작하였다. 구체적 개념화는 되지 못하였지만, 사람을 비롯하여 만물은 어떻게 생겨났는가, 사람은 무엇을 위하여 사는가, 사람은 왜 죽는가, 죽으면 어떻게 되는가 하는 점들에 대하여 의문을 품기 시작하였다. 이른 바 인생의 근원적인 문제와 인간의 본질에 관한 진리에 대하여서였다. 대학교에 들어가서는 본격적으로 나름대로의 삶의 의미를 찾으려고 이 책 저 책을 읽으면서 문학 서클에 가입하기도 하고, 태권도를 배우기도 하고, 최면술을 배우러 다니기도 하였다. 그러나 아무런 힌트조차 얻지 못한 채 고시공부를 위하여 진리 탐구를 일단 접었다.

검사 생활을 2년쯤 하였을 때 예의 그 본질의식이 다시 고개를 쳐들었다. 재미없는 사건 기록에 파묻혀 죄인들과 입씨름을 하면서 보낸 시간들, 별로 의미가 없어 보였다. 경찰관이 만들어 올린 사건들을 적당히 간추려서 법원에다 넘겨주는 정도의 의미였다. 그리고 도대체 철면피한 거짓말 선수들을 상대로 누구의 말이 진실인지 가리는 일도 수월한 것이 아니었고 신호 위반인지 아닌지, 횡단보도상의 사고인지 아닌지 가리는 것도 종이 한 장 차이인데 그에 따라 당사자는 一喜一悲할 수밖에 없는 것도 비합리적이었다.

여기에서 인생의 참된 가치를 찾을 수 없겠다는 생각이 들었다. 인생의 본질, 즉 진리를 본격적으로 탐구해 보아야겠다, 참된 나를 찾아야겠다는 생각이 들었다. 그리하여 나는 自我啓發 8개년 계획을 수립하였다. 세계를 움직인 名著의 목록을 뒤져서 읽을 책들을 골랐다. 문학, 철학, 역사, 종교, 과학 등 다방면에 걸친 책들을 읽어 나갔다. 새벽과 밤에는 집에서, 통근 길에는 버스 안에서 책을 읽었다. 한편으로 햄릿, 돈키호테, 네프류도프 등등, 소설 밖으로 나와서 실제로 산 인물보다 더 유명해진 명작의 주인공들처럼 대하 장편소설의 빛나는 주인공을 창출하려는 마음으로, 정말 우리 인생의 본질을 놓고 번민에 번민을 거듭하다 마침내 어떤 해답을 찾아내는 久遠의 인간상을 찾으려는 마음으로 책을 읽었다.

그러나 이렇다 할만한 답은 찾을 수 없었다. 세계적 석학이라는 사람들의 말들이 어쩌면 모두 그렇게 다른지 종잡을 수 없었다. 노자, 공자, 플라톤, 아리스토텔레스, 퇴계, 율곡, 니체, 사르트르 등등의 주장도 극히 단편적인 타당성밖에 없어보였다. 그저 각자의 견해일 뿐이었다. 그 유명한 사람들이 하느님의 존재 여부에 대한 것조차 그럴듯한 답을 제시하지 못한 채 갈팡질팡하고 있었고 더욱이 만물의 기원에 대하여는 발뺌을 하기 일쑤였다. 이러한 가장 근본적인 문제부터 정답을 제시하지 못하고 있으니 다른 것은 더 말할 나위가 없었다. 설상가상으로 20세기에 들어서면서부터 상대성원리, 양자론, 비유클리트 기하학 등으로 자연과학 분야에서마저 절대적인 진리가 없는 것으로 드러나고 보니 진리를 찾는다는 것은 불가능한 것처럼 보였다.

어느 새 마흔을 바라보고 있는 시점에서 진리 탐구를 그만두기로 하였다. 마지막으로 성서나 한 번 읽기로 하였다. 나의 집안이 불교 집안이고, 그때까지 새벽에 집에서 반야심경과 천수심경을 염주 돌리며 읊어 왔기 때문에, 또 성서라면 어쩐지 버터냄새 같은 역겨움이 느껴지고 성서를 가지고 밥 먹고 사는 사람들의 행태가 별로 존경스럽지 못하였기 때문에 성서를 읽어 본 적이 없었던 것이다. 그러나 세계사에서 도저히 뺄래야 뺄 수 없는 성서의 영향력을 감안할 때 적어도 교양인으로서 성서만큼은 꼭 한 번쯤 읽어 두어야겠다는 생각이 들었다.

그때 마침 아내는 여호와의 증인과 성서 연구를 하고 있었다. 아내도 어린 시절 어려움을 겪으면서, '하느님이 계시다면 세상이 왜 이런가' 하는 의문을 풀기 위해 나름대로 이 종교 저 종교 다녔었는데 호별 방문한 여호와의 증인이 그 의문들을 풀어 주었다면서 나에게도 성서를 읽어볼 것을 권하였다. 타이밍이 절묘하게 맞아 떨어졌다.

수 개월에 걸쳐서 성서를 다 읽고 났을 때, 나는 형용하기 어려운 일종의 흥분을 맛보고 있었다. 한 마디로 말해서 '이것을 어떻게 사람이 쓸 수 있단 말인가'하는 생각이었다. 우선 문학적 측면에서만 보더라도 뛰어난 비유와 상징과 명언, 깊디깊은 함축, 인물들의 뚜렷한 개성 등이 단연 다른 문학 작품들을 압도하였다. 1,600년간에 걸쳐 수많은 필자들에 의하여 기록되었으면서도 메시아와 하느님의 나라에 대한 일관성 있는 전개, 실락원에서 복락원에 이르기까지의 숱한 사건들의 기복 가운데서 연면히 흐르는 만인평등 사상과 빼어난 교훈들, 首尾相關의 군두더기 없는 大團圓, 여기에 수많은 인간 난제들의 완전하고도 항구적인 해결책까지, 그 옛날 학문이라고 할 만한 것이 없던 시절에 단지 사람이 창작해 낸 것이라고는 도무지 믿을 수 없는 많은 것들을 느꼈다. 도스토예프스키의 '카라마조프가의 형제들'이나 톨스토이의 '전쟁과 평화' 따위는 감히 성서에 비교할 수 없는 것이라는 느낌이었다. 성서를 읽기 전에 먼저 자아계발 8개년 계획을 수행하였기 때문에 그 읽은 책들과 극명한 대조를 이루어 성서는 결코 사람이 쓴 것일 수 없다는 분별이 가능했던 것이다.(뒤에 성서를 전문적으로 연구하고 나서 안 일이지만 위에 열거한 성서의 장점은 사실 지엽적인 것에 불과하며 너무나 놀라운 점들을 엄청나게 많이 알게 되었다.)

나는 그토록 찾아온 진리가 혹시 성서에 담겨 있을지 모르겠다는 기대감이 생겼다. 그러면서도 한편으로는 잘못된 믿음에 빠질지도 모른다는 경계심도 들었다. 여호와의 증인이 사회적으로 지탄을 받고 있었기 때문이다. 그러면서도 그 종교에 혹시나 무엇인가 있는 것이 아닐까 하는 생각도 한 켠에 있었음은 웬일일까?

내가 군검찰관으로 있을 때 집총을 거부한 항명죄로 송치되어 온 여호와의 증인을 조사한 일이 있었다. 나는 조사를 마치고 나서 그를 설득하였다. 한 시간을 설득하였으나 요지부동이었다. 지금 생각해 보면 부질없는 노릇이었지만 당시로서는 안타까워서 자못 진지하게 호소하듯이 그의 마음을 돌려놓으려고 노력했던 것이다. 그러나 그것이 실패한 뒤 헌병에게 이끌려 가는 그의 뒷모습이 그렇게 의연할 수 없었다. 얄미울 정도로 당당하였다. 하지만 나는 불쾌감 대신에 좀은 감탄하는 마음이었다. '확고한 신념을 가진 사람을 찾아보기 힘든 세상에 무슨 종교인지 신념 하나는 대단하군.' 정말, 여호와의 증인이란 달면 삼키고 쓰면 뱉는 염량세태에 알지 못할 사람들이었다.

아내의 그 연구는 1년 넘게 계속되었다. 나는 슬며시 걱정이 되기 시작하였다. 그것은 아내도 마찬가지였다. 그는 아무리 따져보아도 비논리성이나 허점을 찾을 수가 없는데 세상 사람들이 대부분 비웃고 사갈기(蛇蠍視)하니 연구를 계속하기가 주저된다고 하였다. 그리고 나더러 여호와의 증인의 교리나 견해들의 진실성을 검사해달라고 부탁하였다.

그때 가까운 친척 한 사람이 나더러 아내의 연구를 중단시키라는 것이었다. 나는 그에게 그 이유가 무엇이냐고 물었다. 그는 실소하면서 말하였다. "아니, 이유라니? 군대 안 가고 수혈 안 하고, 그 이상 무슨 이유가 또 있어야 하나?" 나는 정색하며 말하였다. "그네들이 군대 안 가면 징역 살고 전과자 되어 취직하기 어려운 걸 모르겠는가? 수혈 안 하면 자칫 죽을 수도 있는 걸 모르겠느냐? 그네들인들 목숨이 아깝지 않으며 징역살이가 두렵지 않겠는가? 그들이 징역과 죽음을 불사하면서 그 길을 택한다면 상당한 이유가 있지 않겠는가? 그 이유를 나에게 알려 주면 내가 아내를 말리겠다." 그는 어이없어 해 하며 돌아갔다.

사실, 징역과 죽음까지 마다않는 치열한 신앙이라면, 이에 대하여 단지 상식에 입각해서 광신이라고 쉽게 매도할 일이 아니다. 적을 죽일 수 없는 사람이나 순교자를 무조건 비난만 할 수 있겠는가? 어느 정도 알아 본 후 판단해야 하지 않겠는가? 진리를 찾으려면 뭐니뭐니해도 프란시스 베이컨이 말한 바, 네 가지의 우상들, 즉 여러 가지 편견에서 벗어나야 한다. 중도적 견지에서 투명한 마음으로 알아보아야 한다.

나는 아내의 제안에 따라 성서를 연구하기로 하였다. 다만 한 쪽으로 치우치지 않기 위하여 불교도 같이 알아보기로 하였다. 아내와 함께 불교에 관한 책과 성서에 관한 책을 매주 2회 번갈아 읽기 시작하였다. 갈수록 성서에 대한 흥미가 더해갔다. 성서는 그것을 믿는 사람들이 주장하듯이 정말 하느님의 말씀일지도 모르겠다는 생각이 크게 자리해 갔다. 그때까지 하느님의 존재에 관하여 불가지론적인 견해를 가지고 있었던 나로서는 하느님의 존재를 인정하는 것에서 더 나아가서 성서를 하느님이 주신 책이라고 생각하기 시작한 것은 매우 커다란 변화였다. 사람이 쓸 수 없는 책이라면 결론은 하나뿐이어야 하지 않겠는가?

이때부터 하느님의 존재가 실체화하기 시작하였으며 창조주로서의 하느님을 인식하면서부터 주위에 있는 만물이 예사롭게 보이지 않았다. 길섶에 있는 이름 모를 풀잎 하나에까지 나는 경탄하기 시작하였다.

이때쯤 나는 또 한 고개를 넘어야 했다. 성서가 하느님의 말씀이라면 성서를 믿는 교단은 왜 그리 많은가? 어느 연구가에 의하면 전세계에 2만여 파가 있으며 1주일에 5파씩 늘어나고 있다고 한다. 어느 것이 진짜인가? 진짜라는 것은 없는 것인가? 아무 것이나 열심히 믿기만 하면 되는 것인가? 하느님이 서로 다르게 가르치는 수많은 종파를 허용하거나 모두 맞다고 할 리는 없지 않을까?

이제 나는 여호와의 증인이 발간한 성서 보조서적들을 닥치는 대로 구하여 읽었다. 허점을 발견하려는 속셈으로 눈에 불을 켜고 읽었지만 갈수록 허점은커녕 성서가 하느님의 말씀이라는 확신만 더해갔고 여호와의 증인의 성서 해석이 정확하다는 판단이 들기 시작하였다. '진리는 소수자의 편에 있다'라는 키에르케고르의 말을 인용하지 않더라도 갈릴레오의 지동설 사건을 아는 사람 정도라면 진리는 그것을 인정하는 사람의 수의 많고 적음에 따라 결정되는 것이 아니라는 것은 뻔하다. 극단적으로 말해서 아무도 믿지 않더라도 진리는 여전히 진리인 것이다. 또 역사는 진리와 정의를 박해한 기록으로 점철

되어 있음도 잘 알고 있다.

요컨대, 성서가 하느님의 말씀이라면 사람이 그것을 한 자라도 빼거나 보탤 수는 없는 것이고(신명기 4장 2절, 요한계시록 22장 18, 19절), 따라서 성서의 해석은 사람의 생각으로 할 것이 아니라 성서 자체에서 성서 전편에 걸쳐서 모순 없이 해야 하는 것이며 그렇게 가르치는 교단이라면 옳은 교단이라 할 수 있을 것이다. 여호와의 증인의 해석은 바로 그러한 원칙을 고수하고 있었고 특히 제1세기 초기 그리스도교의 모든 것을 그대로 본받고 있었다. 이러한 점에서 함께 조사해 본 다른 교단의 그것과 매우 대조적이었다.

여호와의 증인의 가르침이 진리라는 생각이 들자 아이들도 적극적으로 가르쳐야겠다는 생각이 들었고, 하루가 열리는 새벽에 우리 다섯 식구는 둘러앉아 매일 성서 연구를 하였다. 나는 전도인도 아니었지만 성서에서 배운 대로 머리 직분을 다하기 위하여 새벽마다 가족 연구를 사회하였다. '날마다 성경을 검토함'과 '파수대' 연구기사의 일부, 서책 등을 반시간 가량 검토하였다. 그래서 기상 신호가 '날파청'이었다.(서책이 '청소년은 묻는다'일 때 첫 글자를 따서 '청'이었고, '행복한 가정생활'일 때에는 '날파행'이었다) 아이들은 그 전부터 어머니를 따라 집회에 다니고 있었지만 나까지 성서 연구에 적극 가담하기 시작하자 우리 가정은 이제 똑 같은 신앙, 신념, 희망 아래 연합하여 영적으로 발전하기 시작하였다.5)

그 무렵, 나는 고된 평검사 시절을 벗어나 부장검사로 승진하여 검사 생활의 재미를 좀은 맛볼 수 있는 때에 접어들고 있었다. 잘하면 사회적 경제적 기타 여러 가지 지위 면에서 더 나아질 수 있을 것이

---

5) 이상 여호와의 증인 교단에서 발행한 책

었다. 그러나 검사 생활은 성서의 가르침에 부딪치는 여러 부분을 지니고 있었다. 그래서 나는 양자택일의 갈등 국면에서 미적미적 시간을 흘려보내고 있었다. 그때 '파수대'에 실린 한 기사는 나를 통렬하게 꾸짖었다. "너희가 어느 때까지 두 사이에서 머뭇머뭇하려느냐 여호와가 만일 하느님이면 그를 좇고 바알이 만일 하느님이면 그를 좇을지니라." 열왕기 상 18장 21절의 성구를 사용한 기사였다. 실로 진리는 세속적 타산을 배척하는 것이었다.

마침내 나는 '하느님의 왕국을 첫째로 구하기' 위하여 검사직을 사임하였다.(마태 6장 33절) 침례를 받았고 곧장 보조파이오니아를 시작하였다. 침례받는 대회 시에 어느 지역감독자가 나에게 뜬금없이 보조파이오니아 봉사[6]를 해볼 것을 권유하여 며칠 동안 기도하면서 심사숙고한 끝에 그 권유에 따르기로 결심하였던 것이다. 결국 이를 바탕으로 하여 이어서 정규 파이오니아 봉사(매월 약 90시간의 전도를 하는 일)를 시작하였다. 나는 연구할 때부터 여호와의 증인 생활을 제대로 하려면 정규파이오니아가 되어야 한다는 생각을 하고 있었고, 이 마지막 때에 가장 중요한 일이 봉사이고 여호와와 예수께서 이를 가장 중요한 것으로 여기신다는 것을 잘 알고 있었기 때문이었다.

또한 너무나 행복하게도 세 자녀들 역시 순차적으로 나와 동일한 믿음을 가지기로 결정하였다. 특히 그들이 대견스러운 것은 단지 부모의 권유나 압력이 아니라 나름대로 고뇌와 성찰의 시간을 통하여 스스로 각자의 믿음을 선택한 점이다. 막내의 경우도 대부분의 자녀들이 그러하듯 부모를 따라다니며 형성되기 시작한 믿음을 사춘기를

---

[6] 매월 60시간의 전도를 하는 일.

거치면서 독자적인 자기의 믿음으로 질적 전환을 도모하여 성공하였다. 마치 젖니가 간니로 바뀌어야 단단한 음식을 씹고 소화하듯이 믿음에서도 홀로 서기를 해야 군대 문제라든지 여러 가지 어려운 시련을 거뜬히 이겨낼 수 있는 것이다. 그렇지 못하면 타락한 세상으로 흘러 떠내려가기 쉬운 법이다.

오랜 방황 끝에 늦게나마 참 하느님 여호와를 알게 되고 성경과 참 조직을 알게 되어 그 안에 머물고 있음을 참으로 행복하게 여긴다.

꽃섬 이야기의 이야기

오 치 용

책 써

"책 써." 딸의 독촉을 받으면서 "그래, 알았다."하기를 3년, 꽃섬에서의 새로운 세월은 그렇게 지나가고 있었다. 내가 무슨 자격으로 책을 쓰나. 늘 그런 자격지심에 책을 내지 못했다. 엄두도 나지 않았다. 붙들고 앉을 시간도 쫓겼다. '책에는 책임이 따르니 쉽게 생각해서는 안 된다.'라는 교훈을 기억했다. 그 말이 핑계도 되어 책을 출판할 기회가 와도 머뭇거리다가 지나치곤 했다. 글을 이곳저곳에 냈던 것으로 만족했다. 가장 문제는 생각에 결론이 나지 않는 것이었다. 생각에 생각이 꼬리를 이었다. 그러니 늘 '생각상태'에 머물렀다. 단편적인 글은 그런대로 결론을 내지만 책으로 나오는 일에는 어떤 큰 매듭이 필요하다고 생각되었다. 그런데 그 결정적 한 매듭이 맺어지지 않았다. 따라서 당연히 내어 놓을 책이 없었다. '저서'란은 늘 텅 비어 있었다. 그 텅 빈 공간과 시간을 미련하고 허물 많은 인생으로 채웠다. 그런 가운데 보이지 않는 그 분의 책에 나의 모든 생각, 행위, 일, 모든 것이 기록되어지고 있었다. 크로노스와 카이로스의 책들. 그분은 판단과 결론을 함께 기록해 두고 계셨지만 나는 깨닫지 못하고 있었다. 그 페이지들을 언뜻언뜻 열어 보여 알게 하시지만 대부분은 내게 봉한 책이 되었다. 내가 우매하여 보여주셔도 읽지 못하고 해석하지 못하는 내 인생이었다.

동반자

상암에서의 새 삶에서도 똑같았다. 혼돈 속에 결론이 없었다. 오히려 인생과 사물의 본성에 대한 질문은 더 많아지고 심각하고 깊어졌다. 그리고 왜, 라는 질문이 이어지면서 결론은 더 멀어졌다. '도대체 이 모든 일이 무엇인가'라고 물으면서 대답을 못하는 나의 무지함이 확인되어 갔다. '정말 바보다'라고 생각되며 해답을 못 찾아 몸을 비틀 때 어느 순간 비로소 결론이 찾아왔다. 그래 내가 바보구나. 무지하구나. 정말 어리석구나. 그리고 죄와 허물 덩어리요 쓸모가 없구나. 난지도의 쓰레기더미는 썩으면서 빛을 내어 주위를 밝히고 언덕을 이루어 하늘공원 노을공원을 만들어 축제의 현장이 되고 있지만 나는 그만도 못하다. 이것이 결론이었다.

꽃섬에서의 시간이 흐르고 지나갔다. 컴퓨터 앞에 앉았다가 멍하니 모니터를 보고 있으면서 생각하던 어느 날. 결론에 결론이 거듭되면서 나의 실체가 안개를 걷고 점점 더 내 앞에 드러나기 시작했다. 그 드러난 모습 곁에 한 분이 서계셨다. 십자가의 이미지를 후광같이 옷 입으신 분. 그 머리에 가시의 흔적이, 그 손과 발과 옆구리에 못 자국 창 자국이 보이는 그 투명한 모습의 그분이 나를 떠나지 않고 거기 서 계셨다. 전에 계셨으나 벌써 멀리 떠나가 버리셔야 할 분이 그대로 그 자리에 서 계셨다, 그렇게 느껴졌다. 그분이 내 손을 잡고 나를 안개 밖으로 이끌기 시작하였다. 갈 바를 모르고 어디로 향해야 할 지 막연한 나에게 그분은 한 곳을 보여주었다.

'바로 꽃섬이다'라고 생각했다. 그러나 분명 쓰레기가 속에 가득해야 할 그 섬에 아무리 봐도 쓰레기가 없었다. 그 안에 맑은 물이 흐르고 주위에 난초와 지초, 갈대, 아름다운 꽃들, 이름 모를 화초가 가득하여 어디론가 끝없이 한없이 이어지고 퍼져 나가고 있었다. 깨어나듯 더 자세히 보니 쓰레기의 흔적이 보였다. 그런데 그분의 손과 발의 못자국 같이 흔적은 있으나 죽음이 아니고 생명이었다. 죽음이 기록되어 있긴 하나 생명에 삼켜 있었다. 그 꽃섬의 입구에 서서 나는 그 분의 손에 잡힌 채 안으로 들어가지 못하고 머뭇거리고 있었다. '내가 저 속에 들어갈 수 있나. 내가 들어가면 저 꽃들이 놀라지 않을까. 자격도 없는데.'라고 생각하며 멈추어 있었다.
　갑자기 그분이 나를 이끌었다. 끌려들어가는 힘으로 나는 어쩔 수 없이 발을 앞으로 내어 디뎠다. 그 순간 그 주위의 온갖 꽃들이 향기를 발하며 주위의 꽃들은 마치 꽃새 같이 흩어졌다 모여들어 날며 춤추고 있었다. 그 분을 환영하는 꽃의 축제 같았다. 꽃새들은 다 쓰레기의 이미지 한 조각들을 자기 꽃잎이나 줄기에 새기고 있었다. 모든 꽃들이 다 각각의 한 부분을 지난날의 아픔을 담아 표현하지만 고통스러운 모습이 아니라 찬양하는 모습이었다. 꽃들의 군무 속으로 들어간 나에게 여러 겹의 문들이 보이고 그 문들 사이로 맑은 유리 같은, 잔잔한 강줄기가 보였다. 꽃새들은 그 수면 위로 날듯 스쳐 나아가며 앞장서고 있었다. 물고기같이 수면 아래로 헤엄치듯 날아가는데 전혀 불편함이 없었다. 거울에 마주 대하듯 위아래서 꽃들은 기쁨의 비행을 이어나갔다. 문들을 통과하면서. 그 여러 겹의 문들 마다 그 주위에는 그 문으로 들어가려고 찾아온 순례자들이 있고 나와 그 분은 순례자들을 향해 나아가고 있었다. 나는 걷는 것이라고 하기보다 이끌려 미끄러지듯이 나아갔다. 그러면서도 계속 주위를 향해 미안한 마음이 가시지 않았다. 내가 있을 곳이 아닌데, 라며 중얼거리는데 꽃들이 내 얼굴을 살짝 스치며 지나간다. 그리고 왠지 내 마음 속에 이런 말이 들리는 것 같았다. 환영해요. 내가 흠칫 놀라며 바라보니 그 각각의 눈빛 속에 내가 알던 지난날의 사람들의 얼굴이 비취었다. '아, 누구이구나.'라고 알아 볼 수 있었다. 그 중에는 나를 좋아하던 이, 비판하던 이, 잊었던 이, 기억나는 그들이 있었다. 그런데 모두 다 꽃섬의 신비한 화원에 앉든지 날아다니는 꽃들이 되어 있다.

그분께 이끌리며 나아가던 나에게 어디선가 분수의 물줄기 같은 것이 '푸하하' 솟더니 나를 덮는다. 그 순간, 확신 같은 것이 들어왔다. 아, 그분이 나를 이끄신다. 내 얼굴에 물줄기는 곧 어울리지 않는 눈물이 되고 나는 감격으로 울며 걸었다. 운다기보다 기쁨에 겹다고 해야 할 그런 느낌이었다. 그리고 깨어났다. 내 앞에 내가 있다. 내 얼굴이 나를 보고 있다. 네모난 모니터의 세계 그 속에는 꽃섬이야기의 원고 한 자 한 자들이 진동하는 작은 끈들처럼 펼쳐져 있었다. 그 한 자 한 자 속에 눈동자가 있고 그 눈동자들 속에 내가 비취어 있다. 그들이 나요 내가 그들인 장면이다. 그 글자들이 이리 저리 날며 결론을 향해 진동하면서 서로 결합한다. 문장을 만들고 문맥을 이루고 페이지를 넘긴다. 내 손가락들은 열심히 키보드를 두드리고 있고 새로운 세계의 원소를 모아나가고 있었다. 결론을 맺으려고.

걸음마 친구들

무지함을 깨달으니 책이 열리기 시작했다. 사랑의 힘을 느끼니 결론이 생겼다. 결론은 다시 서론을 고치고 본론은 자유를 향해 날개를 치기 시작했다. 무지함을 깨달은 후 사랑을 깨달았다. 무지는 어두운데 그 깨달음은 밝았다. 모르는 것은 한없이 많으나 그것을 알면서 알게 되는 것은 사랑의 빛이었다. 참된 사랑. 변치 않는 영원한 배려 속에서 나는 어느덧 어두움을 벗고 빛의 무대로 옮겨지고 있었다. 주위가 점점 더 밝아지면서 어둠은 빛 속에 갇혔다. 어둠이 나를 사로잡을 수 없게 빛이 점점 밝아지더니 무언가 할 말들이 솟아났다. 그래서 쓰기 시작했다. 계속 썼다. 무슨 말을 할지 모르다가도 생각이 나면 또 썼다. 그러기를 얼마나 했는가? 겨우 원고를 마치면서 교정에 들어가기 시작했다. 제목은 『꽃섬이야기』. 다른 책 하나는 이 책을 먼저 쓰는 독촉 속에서 우선 중단했다. 그 책은 소설류의 이야기이고 쓰면 쓸수록 올라가고 넘어가야 할 산이 높아졌다. '꽃섬이야기'를 마치고 나면 쓰리라 묻어두었다. '꽃섬이야기'에 집중하는 동안 내게 다가오는 세계가 있었다. 대학 동문들과의 만남이다. 동문들. 친구들이다. 그리고 나를 향한 벗들의 환대하는 얼굴이다. 나의 마음에 고마움이 솟고 힘이 나면서 나를 감싸 주어온 모든 이들 생각이 꽃새들 같이 날아오르기 시작하며 나를 향해 꽃빛을 발해주었다. 그 빛을 '꽃섬이야기'에도 담기 시작했다. 이러 저리 기록을 했다. 집안, 친척, 친지, 친구, 동문, 교우들⋯⋯. 생각나는 모든 이들을 나의 기억에 다시 새겨나갔다. 걸음마 친구들부터.

걸음마 친구들. 1982년 어떤 출판사에서 50인의 원고를 실린다며 나에게 원고를 부탁했다. 무얼 쓰나 고심하다가 결국 쓰게 된 제목이 '걸음마 친구들'이다. 내게 고마운 친구들 이야기이다. 먼저 중학교 때부터 가까웠던 친구 생각을 했다. 우정헌. 중2 때부터 만화가게 동무였다. 라이파이를 같이 보며 의협심을 키우기도 했다. 그리고 그 친구는 내가 가장 힘든 청년시절에도 수시로 자기 집에 나를 재우면서 어머니, 형, 형수와 함께 내게 안식의 보금자리를 제공해 주었다. 항상 나를 반가워하는 친구. 걸음마 친구이다. 우정헌과 함께 한 고 김양언(정처 없던 나를 위해 자기의 신혼 방 한 컨을 내어 주기도 했다), 늘 나를 깨우며 격려하는 벗 정광섭, 정하광, 김정환, 그리고 대학 동료교수들과 대학 연구원들을 일일이 찾아다니며, '난지도를 세계유산으로 만들자'는 나의 호소에 150명이 넘는 사인을 받아서 전해 준 교수 심재수, 그리고 김덕산, 잊을 수 없는 고마운 친구이다. 고등학교 때 태풍을 겪으며 방황하는 나를 수시로 집에 맞아 주고 위로하던 친구. 결국 대학교 때 나를 교회로 인도하며 내 영혼이 목사의 사명을 갖게 만든 계기를 주었다. 곧 이어 위천공이 되어 쓰러지는 나를 제일 먼저 알아보고 병원으로 인도하여 살린 친구이다. 지금도 캐나다에 살면서 이곳 꽃섬의 장학생들을 위해 꼬박꼬박 장학금을 보내온다. 박강훈, 그리고 5악당들. 대학1학년 때 당시 동숭동에 있던 대학 캠퍼스 잔디밭에 하나가 나타나면 곧 다른 넷이 나타날 정도로 꼭 같이 붙어다닌다고 해서 친구들이 붙인 별명이다. 마치 황야의 다섯 무법자 같다고. 가난했던 나에게 점심 때 도시락을 내게 같이 나눠주고 용돈이 없을 때 차비가 떨어졌을 때 등록금이 없어서 허덕일 때 내게 힘이 되어 준 친구들⋯⋯. 정운철, 김선환, 강희복, 이철규, 신성철, 그리고 아르바이트도 같이 하던 강완구 선배, 친구같이 가까운 이가 되었다.

딴 세계

대학생활은 내게 많은 낭만도 주었다. 1학년 때 들어간 산악반. 김병만 선배가 새내기들 반에 들어와 "산악반에 들어오시오. 다른 것 아무 것도 필요 없고 청바지 하나 군화 하나면 됩니다." 그 말에 속아서(?) 많이 가입했고 3년 동안 매주 수요일, 일요일에 산행을 다녔다. 인왕산에서 등반기초 훈련을 받고 인왕산, 북한산 등을 다니기 시작했고 자일을 메고 산을 오르며 바위에 붙어 등반하는 멋에 푹 빠져 지냈다. 당시 친구들은 손지열, 명노승, 황우여, 김동건, 임도빈 등. 그 당시 친구들의 미래를 모르며 그저 산을 다니던 때의 그 모습들이 내게 주로 남은 추억이다. 법조인, 정치인, 교수, 회장 등등의 직함과 모습보다는 그 당시 산을 오르내리던 때의 표정, 걸음걸이, 그런 인상이 내게 더 선명할 뿐이다. 세월이 지나서 사회 저명인이 되어 있는 친구들을 만나는 기회가 뜨문뜨문 있었다. 그러나 목사가 되어서 '딴' 세계로 들어간 내게 친구들의 세계는 역시 또 하나의 '딴' 세계였다. 접점을 잘 찾지 못하고 모처럼 만났어도 웃으며 인사하고는 각각의 세계로 지나가 버리곤 했다. 손지열을 보면 북한산 선인봉 C코스(일명 박쥐코스) 생각이 난다. 자일을 타고 올라가다가 자일에 몸이 조이는 위기를 만나서 다들 긴장했던 그가 대법관이 되었고 장로라고 할 때 속으로 많이 반가웠다. 그래도 별로 만날 일은 없었다. 황우여. 대학 때 걸음걸이가 늘 독특했다. 마치 걷는 모습이 춤추는 듯 했다. 알고 보니 검도 유단자라고 해서 대단하게 느끼던 일도 있었다. 지금은 늘 TV와 신문으로 본다. 주로 오 악당들을 만나왔다. 그것도 운철이 나를 불러줄 때 겨우 한 번씩 모임에 나간 정도였다. 내가 홍콩에 있을 때 나를 찾아와 주었던 박강훈은 대학 때 내게 차비, 용돈을 많이 주었던 친구다. 오 악당들에게 신세를 많이 졌는데 지금도 공중전화에서 친구들에게 전화를 하며 돈을 빌리려 할 때(갚을 길도 없기에) 한참 주저하다가 동전을 넣고 전화 다이얼을 돌리던 생각이 난다. 돈을 빌리고 그 후 헤어져 아직도 갚지 못한 유도를 하던 고교 동문 한 해 후배도 있다. 누구든지 그 당시 돈을 빌리면 나는 갚을 수 없었다. 그런 줄 알면서도 친구들은 내게 돈을 "꾸어" 주었다. 그리고 세월이 지나면서 나는 늘 결심했었다. 반드시 돈은 아니지만 감사로 갚으리라. 그래서 처음으로 출판사에서 글을 부탁할 때 '걸음마 친구들'이라고 제목을 붙인 것이다. '친구들의 고마움을 글로 알리자.'라고.

카이로스의 만남

세월이 지났다. 딴 세계를 살던 내가 여러 해의 해외 생활을 포함하여 국내에 있더라도 친구들을 거의 만나지 않던 때, 그래도 친구들은 꾸준히 나를 찾아 주었다. 내가 나가지 않아도 모임의 연락을 해주었다. 고교 동기들 중 대학은 따로 다녔으나 신앙이 같아 만나게 된 친구들이 신복회라고 모여 나를 불러내었다. 내가 상암에 온 후 몇 년 동안 두문불출할 때 신복회 친구들이 내게 계속 문안을 보내왔다. 불러서 설교도 시키곤 했다. 그러던 중 법대 동기들이 나를 만나기 시작했다. 이도조. 내가 홍콩에 있을 때 오사카 총경으로 있다가 서울에 서장 발령받고 들어가면서 만났던 친구. 오 악당들 외에 법대 동기들과 이어지는 줄이 되기 시작했다. 이흥원. 이 분이 내게 마치 고기를 그물 속에 몰아넣는 어부 같이 되어주었다. 내가 모임에 나갈 수 없어도 계속 안부를 묻고 또 물었다. 전화를 해 오면 내가 '미안해요, 이번에 못나가겠네요' 해도 알겠다고 하고 다음에 또 연락을 해주었다. 그러기를 상암에 온 후에도 계속했다. 그리고 김영수 '선배' 작가가 연결되었다. 그의 저서를 읽으며 놀랐다. 아니 어떻게 이렇게 솔직할 수 있나. 그 책을 읽다가 빠져 들었다. 『꽃섬이야기』 인쇄 전에 원본을 읽어 준 후 오자를 고쳐주며 격려만 해주었다. 이흥원, 김영수. 이 두 분을 통해 결국 65동문 편집위원회가 나를 불렀다. 최종고 교수와 법대문우회가 나를 불러주었다. 백윤수, 김종상, 김종구 등등. 이 귀한 이들이 나를 만나는 모임에 기도까지 부탁하면서 세워 주었다. 김광로. 그림까지 잘 그리는 줄 몰랐으나 난빛축제를 위해, 인재 양성을 위해 그림을 기부하겠다고 하여 감사했다. 인도에서 그토록 최고의 인기를 얻은 기업인이었음을 근래에 알았으니 나는 참으로 무식했다. 강희복, 신성철. 나를 몰아세우는 듯 그러나 속 정이 깊고 따뜻한 정운철. 놀라운 기억력으로 내게 법대 동문들의 히스토리를 연결해 주는 김선환. 건강이 약화되어 힘들어도 나를 만나면 마치 큰 형이 동생을 반가워하듯 나를 반겨 주는 강희복. 언제 그렇게 신앙이 깊어졌는지 감탄하게 만드는 신성철. 만나면 모두를 제치고 내 말을 듣겠다며 나를 우쭐하게 만드는 이철규. 지금은 세상을 떠났으나 한 때 나와 가까이 하던 고 박상서. 오랜만에 다시 만났을 때 정말 반가웠던 김중양. 그리고 정재룡. 오랜 세월 후 재룡을 다시 만났을 때 대뜸 생각난 일이 하나 있었다. 동숭동, 붉은 벽돌의 강의실 한 쪽에 있던 수돗가에서 아마 농구를 하고 온 듯 싶은 정재룡이 얼굴을 씻으며 물을 마시던 모습이다. 그런데 이번에 만나 그때 얘기를 하니 그 당시 배를 곯는 경우가 많았고 그럴 때에는 물을 마셨다고 한다. 생각도 못했던 말이다. 그러던 가난한 친구가 지금 우리의 65동기회 회장으로 50주년 기념사업을 총괄하고 있으니 얼마나 보람된 일인가. 지금 힘들어 하는 젊은 후배들에게 용기를 주는 우리의 이야기꺼리 이기도 하다. 그리고 동문들이 여름에 내가 있는 '난빛도시' 상암을 방문하고 하늘공원 노을공원까지 둘러보았다. 얼마나 감사했는지. 그리고 다시 2014년 10월 17일 상암동 디지털미디어시티(DMC)에서 개최되는 <환경문화 국제 페스티벌 2014 난蘭빛축제>에 함께 동참하게 된 것. 이 축제의 오프닝 행사는 내가 관계하는 '꽃섬문화원'이 주최하는데, '꽃섬꿈나무 장학기금' 조성을 위한 '스토리페어(Story Fair)'에 그림, 책, 작품을 내면서 후원하는 일에 법대 동문들이 참여함으로써 '노블레스 오블리주'의 빛을 본 것 같아 기쁘고 감사했다. 새로운 걸음마 친구들이 되어주기에.

배려의 손들

"책 써."라고 독촉하던 딸이 가장 좋아하는 사람 중에 나의 친구들이 있다. 내가 친구들을 상암으로 초대한다고 하면 딸은 아주 반가워한다. 딸이 아직 결혼하기 이전에 나는 딸의 결혼을 위해 늘 기도했다. 그런데 여러 곳에서 사위 깜 소개가 있어도 내 마음에 반응이 없었다. 딸은 늘 내게 이렇게 말했다. "아빠가 좋다고 하지 않는 사람과는 절대 결혼 안할 거야." 지금의 사위가 나타났을 때 처음으로 내 마음이 감동되었다. 내가 좋다고 하니 딸은 곧 결심을 했다. 그리고 결혼을 했다. 사위도 법대 후배이다. 그래서 부부가 나의 일을 이모저모 잘 도와준다. 딸은 아빠의 비전을 계승한다며 돕고 사위는 그 비전을 조직적으로 실천하도록 돕는다. 둘은 나에게 기획자들이고 후원자들이다. 대학 동문들이 오면 딸은 무조건 좋아한다. 동기들의 기념 문집 작업에 참여한다고 하니 만나러 갈 때 만나고 온 후 궁금해 묻는다. 그래서 나는 딸에게 수시로 나의 일정, 일, 생각, 오가는 것을 보고 해야 한다. 나의 동역자이면서 친구이다. 그리고 엄마에게 베스트 프렌드이다. 영국에 있는 동생에게 가장 업데이트 된 소식을 알려 주는 정보원이기도 하다. 우리 부부 모르는 남매간의 소통이 남다르다. 그리고 자그마한 교회의 공동개척자요 기둥이다. 2,30명 밖에 되지 않는 작은 개척교회에 4년이 되도록 먼 곳에서 나오고 있는 12명의 기둥들과 함께. 꽃섬출애굽교회. 이제 상암에 온지 10월 첫 주일이면 4주년이다. 그동안 지역 전도를 하지 않았다. 한국교회의 교회가 되며 동시에 지역의 교회들의 섬김이가 되기 위해 경쟁구도를 갖지 않도록 경계했다. 교세는 30명 많아도 50명을 넘지 않도록 선을 그었다. 그 이상의 교인들이 온다면 다 지역 교회와 한국교회의 교인이 되게 한다는 원칙을 세웠다. 다른 교회들은 1백 명도, 1천 명도, 1만 명도, 10만 명도 부흥되면 좋겠다. 굳이 부흥을 막을 이유가 없다. 몸이 크는 아이에게 왜 너는 나 같이 작지 않고 자꾸 크냐 팔과 다리를 내 수준 이상 되는 것은 잘라라. 그리고 다른 사람 몸에 붙여라. 그렇게 말할 수는 없다. 다만 상암에 와서 작은 교회의 아름다움을 절실히 배웠다. 그리고 작은 교회들의 부흥을 돕고 싶어졌다. 그 길을 찾는 중이지만 길은 보일 것이다. 만일, 꽃섬출애굽교회가 부흥한다면 어떻게 할까. 우리 교우들은 여기에 대해 준비가 되어 있다. 우리는 작은 교회로 만족한다. 그리고 이웃 교회들이 크는 일을 돕고 싶어 한다. 그 방법을 찾고 그 일을 위한 스탭이 되기를 기뻐한다. 꽃섬출애굽교회. 작은 교회의 재적은 30명이다. 늘 같다. 앞으로도 여전히 같을 것이다. 나는 교우들의 숫자를 세지 않기로 했기 때문에 내 마음 속에 있는 꽃섬출애굽교회의 교인은 늘 30명이다. 그리고 방문자 성도들까지 50명으로 여긴다. 그 중에 처음부터 기둥이 되었던 분들이 있다. 나와 아내 백양오 외에 처음부터 함께 한 분들이다. 분당에서 이곳 상암까지 오시는 김은주, 이양수, 그리고 현창건, 장화식, 정대원, 오명자, 최원석, 오은정, 김소연, 정은영, 백승욱, 백승준, 신재훈, 최인씨, 신헨리, 안효림, 호아이, 문준철, 김수현, 장학생 가족들. 그리고 방문자 교우로서 함께 하시는 목사님들 장로님, 등 여러분이 계시다. 어떤 그룹의 고문으로 있는 장화식 권사님이 몇 년 전 인터뷰가 나온 책을 보여주셨다. 거기에서 그 분은 "나는 25명 교인이 있는 작은 개척교회에 다닙니다."라고 당당히(!) 밝히고 있었다. 작은 곳. 작은 일. 그곳에 큰 교회들이 힘을 모으면서 한국교회는 오늘의 성장을 이루었다. 큰 교회들이 그냥 성장한 것이 아니다. 그만큼 연약한 부분을 돕는 나눔과 배려가 있었다. 그래서 감동되는 사람들이 모이고 성장한 것이다. 큰 교회와 작은 교회. 다같이 소중하고 함께 힘을 모아야 한다. 마찬가지로 많이 배운 사람들, 많이 가진 사람들은 작고 약한 사람들을 위해 도움의 손길을 베풀어야 한다. 남의 형편을 감안해서 살피며 무리하지 않은 범위를 정하며 서로를 이해하고 세워 줄 수 있어야 한다. 이것이 '배려(hospitality)'라고 할 수 있다. 지금 입학 50주년을 맞아 '이야기'의 문집을 만드는 65동기들은 '65이야기'를 만들고 있다. 그 이야기 속에 난지도, 꽃섬의 이야기가 들어가게 되어 기쁘다. 그 자체가 65동문들이 보이는 배려이기 때문이다. 배려. 이것은 『꽃섬이야기』의 주제이기도 하다.

꽃섬 차원이동

결국 딸의 독촉에 견디다 못해 컴퓨터 키보드를 두들기던 끝에 겨우 졸저 한 책이 나오게 되었다. 그리고 이 책을 쓰게 된 결론은 분명했다. 나와 난지도는 하나라는 깨달음이다. 나의 본성과 난지도의 쓰레기더미도 서로 다름이 없다는 각성이다. 무엇보다 나는 죄인이며 죽음이요 버림받음이요 절망이라는 깨우침이 바탕이 되었다. 그러나 죽음에 이르는 병도 있지만 생명에 이르는 치유도 있다는 믿음은 절망을 이기고 나를 세웠다. 키에르케고르와 만난다면 우리 둘은 같은 결론을 가질 것이다. 거룩한 절망은 생명에 이르는 치유라고. 그 치유가 꽃섬에 있기에 나는 꽃섬이야기를 쓰게 된 것이다. 난지도만 아니라, 회복과 사랑, 배려의 빛이 일어나는 난빛도시의 이야기이다. 난지도를 보며 꽃섬을 보고 쓰레기 섬을 보며 소외되어 고통 하는 인생을 보는 사람들의 꽃섬이야기. 여기에 나의 걸음마 친구들, 새로운 나의 걸음마에 함께 해 줄 친구들을 초대하고 있다. 오늘도 내일도 그리고 영원을 향해서. 우리와 그들이 다 속 깊이에서 영원을 사모하는 영혼이기 때문이다.

대학로 동숭동. 그 길을 따라 옛 대학천 위를 걸어 올라가다가 끝 언저리쯤에 커피숍으로 들어간다. 함께 걸어온 친숙한 서너 사람과 함께 한 테이블에 앉아 쌍화차, 아리랑커피, 에스프레소, 루이보스를 마신다. 왼쪽의 친구에게 묻는다. "요즈음 뭐해?" "여전하지. 자네가 나를 잊지 않도록 덴 카스터의 '정신력의 기적'을 읽고 있지. 이제 방황하던 시간은 끝내야 하니까." "자네는?" 건너편 친구에게 물었다. "아, 내가 그 책을 읽었었지만 요즈음 존 번연의 천로역정 Pilgrim's

Progress에 푹 빠졌지." 내가 다시 묻는다. "그 싸움이 두렵지는 않은가?" "아니, 이미 이긴 싸움이니까 져도 또 이기네." 그 말을 들으며 오른쪽 건너편 친구에게 묻는다. "어떤가. 자넨 요즈음?" "어제 우카샤에서 중국노인들 위로잔치하며 그분들을 위해, 비록 흉내 밖에 못 내지만, 그래도 아리랑 춤을 추었지. 하하." 바로 옆에 있는 친구가 미리 말을 내게 건넨다. "그래, 나는 사랑의 나라를 노래하고 있지. 사랑이 무엇인지도 모르면서. 하이고." 그 때 내가 그들의 손을 모두어 잡으며 말한다. "그래도 고맙네. 동숭동 때부터 지금까지 나를 버리지 않고 따라와 줘서. 우리가 한 몸의 각 '나들'임을 이렇게 배워 왔지만 하 하." 내 주위를 둘러보니 커피숍에 걸음마 친구들이 가득하여 그들 역시 자기 분신들과 앉아 추억을 풀어내고 있었다. 깔깔대며 그리고 신 중년 1세대, 신 중년 2세대가 어깨동무하고 20대, 30대, 40대, 자기들의 걸음마 친구들과 함께. 열심히 지금의 인생을 들려주고 있다. 그 이야기에 신 중년 2기, 저 꽃섬이야기를 더하면서. 모두의 얼굴이 붉고 건강한 가을의 홍조로 빛나고 있다. 차원이 동하며.

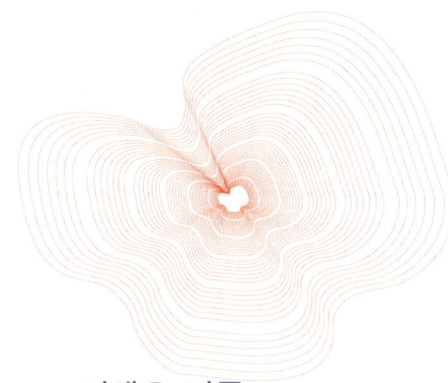

회 상

이 재 수

인생은 진품

마음이 어리니 하는 일까지 어린 것 같다.

나는 요즘 분당을 오간다. 얼마 전 시집간 딸 신혼집 整理 뒤치다꺼리를 위해서다.

잘해 줄려는 부모 마음, 누군들 안 그러겠냐마는 하나를 해주고 나면 또 하나가 마음에 걸려 자꾸 일거리가 늘어나곤 한다. 오늘은 딸내미네 컴퓨터 설치를 꾸부리고 앉아 해주고 나니 시장기가 들었다 마침 점심때이기도 해 근처 유명하다는 食堂을 짐짓 찾아갔다. 콩국수로 유명하여 몇 개의 체인점을 가진 집이라고는 하나 그리 큰집은 아니었다.

정말로 名不虛傳, 콩국수는 제 맛이 어우러졌다.

뭐니 뭐니 해도 콩국수는 국물 맛이 좋아야하는데 주인은 일체 다른 것을 넣지 않고 순수 우리 콩으로만 만들었다고 자랑 한다. 국물의 여운을 다시며 식당 문을 나섰는데 들어갈 때는 무심히 지나쳤던 가게 문밖에는 유명한 집이 대체로 그러하듯이 대기 손님 의자가 몇 개 놓여 있었다.

담배 한 대를 물면서 처음 와보는 주변을 둘러보다가 문득 대기의자 끝자락에 조각품이 하나 눈에 띄었다.

얼핏 보아도 알아볼 만큼의 유명한 로댕의 '생각하는 사람'이었다. 놓인 장소도 어울리지 않았고 비록 모조품이지만 로댕을 聯想하기에는 부족함이 없었다.

지어낸 얘기인지는 모르나 로댕이 그 작품을 만들 때 逸話가 떠오른다.

로댕이 그 작품을 만들기 위해 앞마당에 큰 돌을 운반해 놓고 작업준비를 하고 있을 때 마침 이웃집 사람은 몇 개월 긴 여행을 떠나면서 그 앞을 지나 갔다한다 수개월이 지나 여행에서 돌아온 지친 모습의 이웃사람은 마지막 손질을 하고 있는 그 작품을 신기한 듯 바라보면서

"당신은 그 큰 돌 속에서 이 사람이 있는 줄 어떻게 알고 찾아냈소."하며 농을 했다고 한다.

찾아냈건 만들었건 간에 쪼개고 다듬고 땀 흘리며 고심하며 인내하는 자신과의 싸움은 하나도 다를 바는 없는 로댕의 몫임에는 틀림없으나 찾아냈다는 말이 신선하게 느껴지는 것은 한 인간의 잔재주가 아니라 신이 만든 원작이라는 찬사 일수도 있다는 생각에서다.

50년 전에 우리는 그야말로 앳되고 설은 하나의 돌덩어리에 불과했다. 그 돌덩이 속에서 숨어 있는 오늘의 진품을 찾아내기 위해 그 돌을 쪼개고 또 부스며 혹은 다듬으면서 삶의 과정을 이어온 것이다.

로댕의 작품 만들기처럼 인간도 살아가면서 만나고 부딪치는 무수한 주변 인간들과 처한 상황들로 해서 쪼개지고 다듬어지면서 때로는 큰 상처를 입기도 하고 때로는 망가져서 당초 의도와 다른 변신이 불가피 했을지 모른다.

살아보니 처음부터 온전한 사람 어디 있으며 사람은 자신을 평생

끊임없이 갈고 다듬어 가는 조각품과 다를 바가 없다. 가라는 말이 내 곁에 와 닿는다. 자기가 산 인생 그것만은 진품임엔 틀림없으나 그렇다고 진품이라고 누구나가 바라고 좋아하며 감탄하는 걸작은 아닌 것이다.

지금 50년 전을 내려가 그때를 생각하고 그때의 마음과 정서를 가지고 다시 올라와 오늘을 바라보니 도합 100년이라, 한편으론 통한의 눈물도 있으나 의미 있는 느낌과 재미도 있었다. 여러분들도 한번 해보시라 권하고 싶다

오늘의 회상은 우리들의 오늘을 있게 한 50년 전 평탄치 않았던 과거에서 혹시라도 우리를 쪼개고 다듬는 시발의 흔적과 단초를 찾아보고자 함임을 조심스럽게 털어놓는다.

조심스런 용기

막상 희미한 기억을 더듬어 글을 쓰려니 뚜렷한 각인은 하나 없고 희미한 안개 속 연기만이 떠올라 얄궂은 탄식의 혼잣말만이 나온다.

어떠한 계기로 자신을 크게 돌아본다는 것은 가치 있고 소중한 일임에는 틀림없으나 지나옴이 너무 멀고 손이 무뎌 망설여지지 않을 수 없었다. 실로 잊고 지낸 세월이 너무 길기는 길었다.

이번 기회에 지난날을 정리하여 힘겹게 넘어가는 인생 고개마루턱에 타산지석이라도 쌓아야 할 것 같다는 용기가 나긴하나 한편으론 무의미하거나 미사여구로 끝나 질책 받게 마련이라는 부끄러운 생각도 만만찮게 고개를 든다.

이제 나이 70을 바라보면서 자신을 회고 한다니 더 늦기 전에 한

번은 해야 하는 보람 있는 일임에는 틀림없다고 생각했다. 용서하기 바란다.

걸작의 단초

진품이라 하여 모두가 좋은 작품인 것만은 아니다. 당대, 후대에 회자되는 소위 걸작은 그리 흔치 않은 것이다.

당시 법대 앞 낙산서점을 비롯하여 인근 서점가에서는 우리 학번 대부터는 고시파, 비고시파 성향이 두드러진다는 반응이 나오기 시작했다. 서점들에서는 학생들 분위기와 고시 서적 팔리는 숫자로 가늠한 예측이었으며 4년 후 우리가 간 길로 보아도 사실로 입증되었다. 우리들은 그렇게 각자가 각자의 길을 가는 조짐이 보이기 시작한 것이다.

지금 생각하면 당시는 입학 초기여서 각자의 길이라야 언제고 바뀔 수 있어 무심히 흘려버렸으나 전년도 사시합격자수 5명이라는 최악의 상황에 편승, 대학입학의 안도감과 더불어 당시 휘몰아 쳤던 소위 한일 굴욕외교 반대투쟁 분위기로 인해 대학 내가 더욱 어수선해 지고 있었기 때문이다.

입학 한 달 후 65. 4. 10. 합동강의실에서 열린 한일협정 비준 반대 투쟁집회가 향후 법대 주도 운동권의 서막을 알리고 있었다. 학생들의 움직임을 심각하게 본 학교당국에서는 총장이 직접 현장까지 나와 마이크를 잡고 강하게 설득, 만류하기 시작했다.

워낙 강한 상대의 등장, 만류로 분위기가 침체되는가 싶더니 갑자기 한 친구가 이를 깨면서 치고 나왔다. 압도되고 있는 분위기에 반전을 모색한 것이다.

'총장은 이 자리에 설 자격이 없다'는 것이다 순수 학생자치총회에 '초청하지도 않은 총장이 나와 발언을 해서는 안 된다'는 자격시비였다. 일순간 침체분위기가 되살아나며 "내려와라 총장" 구호가 터져 나오자 총장은 더 이상 버틸 수 없어 결국 헛웃음을 치며 쫓겨나는 수모를 당했다.

나는 지금도 정상적 토론이 아니라 자격시비를 제기하거나 얘기조차 들으려 하지 않는 다중의 고함 등 자세는 물론 이런 것을 '정의의 함성'이라고 생각지는 않는다.

그러나 어쩌랴. 뚜렷한 목적달성을 위해 다소 뒤떨어지고 진부한 수단이 불가피함을 말이다. 당시 만일 그 친구가 치고 나서지 않았더라면 투쟁분위기는 불꽃도 붙이기전 사그라졌을 지도 모른다.

시발의 조짐은 이러했으나 그 후 한일회담 비준반대, 삼성밀수. 6.8부정선거규탄에 이어, 졸업 후에는 3선 개헌, 유신독재타도로 인한 내란음모에 휩싸여 투쟁하며 옥고 등 곤욕을 치르다가 졸업 후 30여년이 지나서야 여야 정권이 바꾸면서 빛을 보게 된 것이다.

민주화 운동 탄압명분의 대가로 국회의원을 필두로 각종 사회단체장에 발탁되는 등 그래도 수혜를 받았으니 오랜 투쟁의 결과요 초지일관 한 우물을 판 자만이 성공의 비단길이 깔리는 결과여서 이들이야말로 제일의 걸작의 단초를 보여준 것이라 생각한다.

또 하나의 걸작의 단초라면 당시 도서실 한 자리를 차지하고 열심히 공부하는 그 친구에 대한 소문만이 공부하고 있는 사람이나 공부를 하려는 사람들의 가슴을 설레게 하며 심금을 울리고 있었다.

그가 아침에 와서 도서실에 앉으면 꼼짝도 않고 공부만 전념한다는 것인데 그가 자리에서 뜨는 시간이 점심 식사시간이요 그가 일어나는 시간이 저녁때란 것이다. 그야말로 불가피한 필요시간 외는 절대 자리를 뜨지 않는다는 것이다.

한마디로 전력투구 열심히 한 것이며 이들은 물론 졸업 후 2-3년 내에 시험패스의 영예를 누리면서 정해진 코스를 따라 그들의 길을 갔으니, 가면서의 우여곡절이 적지 않았을 것이며 그들만이 아는 아픔이 컸음 또한 우리는 짐작할 수 있다.

이를 제2의 걸작의 단초가 아니겠느냐하는 생각이며 적지 않은 친구들이 이 길을 갔던 것으로 기억된다.

변화의 작은 행동들

대학4년을 통해 동료들과 많은 대화를 나누고 좋은 말을 들었지만 지금까지도 떨쳐 버릴 수 없이 뚜렷이 기억하고 있는 말 몇 마디가 있다. 본인들은 잊어버렸을 지도 모르나 나는 50여년을 보내면서 가끔 이 기억을 떠올리곤 했다.

그날은 점심 후 도서관 앞 잔디에서 대여섯 명이 둘러앉아 그저 일상적 대화를 나누고 있었다. 그 친구가 지나가다가 우리화제에 끼어들었다. 곧 가려는 듯 엉거주춤 엉덩이를 들고 앉아 어른스런 말투에다 그리고 화려한 몸짓은 좌중을 흔들어 놓기에 충분했고 모여 있던 친구들은 졸지에 벌어진 격차에 애들처럼 숙연해지며 잠시 침묵이 흘렀다

분위기를 의식한 그는 태연하고 당당하게 "사람의 처신은 격에 어울리면 되는 거야"란 말을 뒤로하고 씩 웃으며 일어서 가버렸으나 그

여운과 진동은 50년이 지난 후에도 여전히 끊일 듯 말 듯 이어지고 있었다.

당시 서로 간 가끔 보던 자주 보던 "요즘 어떻게 지내냐?"가 상투적 인사였다. 이런 인사를 받을 때마다 그는 "나 OO대사관에 나가."라고 점잖은 어조로 웃음 띠며 답하곤 했다. 물론 당시 그는 OO대사관 도서실에 나가 책을 보곤 했다, 나중에 이에 대한 그의 변은 "아무것도 하지 않는다면 우리가 두드러질 것이 무엇이며 지금 우리에겐 평범한 일상보다는 신선감을 줄 수 있어야 한다."는 변이다.

그러나 이 말들이 50년이 지난 지금에서야 새로운 의미로 나에게 다가옴은 그들이 소위 출세를 했다고 해서만은 아니며 그들이야말로 자신을 갈고 닦는 변신의 단초를 보여준 것이며 다시 말해 "잘 지내고 있어." 등 상식선의 답변보다는 훨씬 진전된 처세이며 변화가 없는 속에서도 무언가를 찾고 차별화 내지 변화를 추구하는 일면을 엿보게 하기 때문이다.

살아보니 격에 어울리기 위해서는 주위와 처한 상황에 자신을 맞추기 위한 부단한 노력이 있어야한다. 자칫 잘못하면 주위와 어울리지 않는 격은 혐오스러움으로 주위 분위기를 깨거나 어색케 하며 혼자만 겉돌게 할 뿐이란 생각이다.

당시 가만히 있어도 유명세를 치러야했던 또 한 사람의 다른 그 친구는 아랫배에 힘준 웅변조에다 목을 당겨 세워서 목울림으로 내는 테너형의 점잖고 겸손한 목소리를 구사했는데, 문리대 쪽에서는 우리 몇 명도 그 목소리를 닮아간다고 핀잔을 주곤 했다.

사람이 커 갈 때는 좋게 보이는 남의 모습에 쉽게 동화되기도 하나 보다. 물론 이와 같은 폼으로 말을 구사해보면 행동거지는 부자연스러우나 사람이 진중하고 점잖게 보이지 않을 수 없다. 한번들 해보시라.

그러니까 그 친구와의 직접 대면은 아마 4.10 데모사건 며칠 후 4.19 묘역인 수유리를 방문 한때로 기억된다. 이미 서로 약속이나 된 듯 문리대와 법대가 자연스럽게 조우 4.19탑 앞에서 토론이 벌어졌다. 지금 생각하면 당시 이 인물들 중 몇은 아직도 오늘의 정치권에서 한몫하고 있는 것 같다.

당시 토론은 형식이 토론이지 이미 사전 모의 결정한 내용을 통보하는 수준이었다. 사실 과거 시절에도 민주화운동이 대부분 이렇듯 비민주적으로 이루지는 아이러니를 범하고 있었다.

나도 이를 치고 나갔다. 결론을 내고 있는 토론에 반대 논리를 편 것이다.

이때 그 친구가 이를 되치고 나왔다. 이런 반대논리는 '밥이나 먹으면서 가볍게 할 얘기이지 중요한 이 자리에서 할 말이 아니다'라며 묵살하고 나왔다. 법대 측에서 몇 안 되는 같이 참여한 소위 동지에게 되치기를 당한 것이다. 그는 분명 총장을 총회에서 쫓아내듯이 되치고 나온 것이다.

문리대와 헤어진 후 우리는 일반 버스를 탔다 그날따라 버스에는 사람이 거의 없었다. 그와 나는 텅 빈 일반 버스 세로 좌석 양쪽으로 앉아 상당한 거리를 두고 떨어져 오면서 한 마디 말도 없이 사오십 분간을 그런 자세로 그렇게 와 헤어진 것이 기억이 난다.

며칠 후 예정대로 한일회담 비준 반대 집회가 열렸다. 이미 시위를 하지 않기로 전제한 성토 발언들은 힘없이 맥을 잃고 있었다. 거의 파장 분위기로 몰아가는 판에 그 친구가 합동강의실 중간 귀퉁이쯤에 앉아 있는 나에게로 조심조심 와서는 마지막 성토발언을 부탁한 것이다.

처음 거절을 했으나 이미 나는 풀꺾인 바지모양 강의실 연단에 서고 있었다. 아마 그는 며칠 전 되치기의 미안함을 이렇게 달래려 했던 것 같다. 나의 성토 발언내용은 정확히 기억은 안나나 굴욕외교 반대 투쟁의 열기와 강도를 높여 정부의 각성을 촉구해야하나 오늘만은 행동표출을 자제하자는 내용으로 끝을 맺었다.

물론 대학 입학초기라 아직 20세도 안 되는 어린 나이로 볼 때 그들은 여러 면 여러 각도에서 자신의 변신을 꾀하며 노력하는 걸작의 단초를 기회 때마다 이렇게 보여주고 있었다.

대학 출발은 운동권

총장을 쫓아낸 합동강의실 총회 후 학생들이 정문 앞에 스크럼을 짜기 시작하며 동참을 호소해올 때도 나는 가슴이 뛰며 흥분됨을 감출 수 없을 정도로 나는 내면에서 이를 좋게 받아들이고 있었다.

더욱이 대다수의 동기들이 호송차에 끌려가서 조사받고 훈방되는 판에 4명인가 불구속 기소되는 곳에 내가 낀 것은 내가 운동권에 빠르게 동화되고 되고 있음을 말해주고 있었다. 대학생활 첫 변신은 운동권으로 한달음에 치닫고 있었다.

입학시기가 6.3사태(64년)뒤끝인 데다가 한일협정비준반대(65년), 삼성밀수규탄(66년)등으로 연이어 각종시위가 벌어졌고 문리대는 6.3사태를 통해 이미 상당희생을 치른 후였기 때문에 법대가 전 대학에 선봉장 역할로 시위에서 차지하는 비중이 컸다.

대학 졸업을 앞둔 3-4개월 전 68년 겨울 쯤, 우연히 학교 내 휴게실에서 또 다른 친구를 만났을 때 그가 손을 내밀면서 하던 말이 나는 잊을 수 없는 기억으로 떠오른다.

손을 잡은 그는 나에게 이렇게 졸업인사를 했다. "그래도 당신은 그 친구와 함께 우리 서울 법대 두 대변인이 아니냐. 건투를 빈다."

연극반과의 인연

지금생각하면 분명 나도 무언가 바뀌어야한다는 생각에 나름대로의 변신을 꾀하고 있었다. 어떠한 비전이나 목적의식이 있었다기보다는 대학 입학 전 생활이 규율생활 일변도이어서 변신은 오히려 당연한 것으로 여겨졌다.

그래서 입학 초부터 변론학회를 나가는가 하면 연극관련 학원도 나가보았다. 이러한 시작은 일 년 후 창립한 연극 활동을 뒷받침해준 것은 사실이다. 물론 순수 변화를 시도한 것이었으나 나가는 그곳들로부터 상당 재능이 있다는 객관적 평가 까지 받고 보니 더욱 신명이 났던 것 같다.

그동안 변화에 익숙지 않았던 나에게는 대학 일 년의 작은 변신도 너무 크게 느껴 진 것은 사실이나 주위의 지인들조차 변해도 너무 변한 것 같다는 소리를 들을 정도였으니 회귀의 갈등이야 오죽 컸으며 활동 중에 친구들과 사이에서 감정의 기복은 어찌 깊지 않았으랴 싶다.

본래 나 자신의 잠재적 끼에다 대학 일 년의 경험과 갈등의 축적은 나를 불현 듯 연극세계로 밀어 넣는 계기가 되었으니 또 하나의 변신이며 결과적으로 이로해서 나 자신이 한축에 서있던 운동권에서 한 우물 못 파고 자연스럽게 빠져나올 수 있는 계기가 된 점을 부인할 수 없다.

연극반 태동

대학 일 년을 대소시위에 가담하면서 가급적 나설 수 있는 자리면 마다않고 연단에 섰던 것으로 기억된다. 법대야말로 나의 연설무대요 훌륭한 청중이었다. 지금 와서 생각하면 변화만이 능사는 아니며 가 본 길보다 안 가본 길로 갔으면 하는 회한이 없는 것도 아니다.

당시는 고시제도가 바뀌어 졸업반이 되어야 사법시험 응시 자격이 주어졌는데 그래서 입학하자마자 사시 응시자격 검정고시를 치르곤 했는데 나도 이 시험에 응시, 합격을 하다 보니 1년의 성과로 자위하면서 뿌듯해 했으나 결과적으로 안 봐도 될 시험을 본 것이다

2학년이 되면서 추진한 연극반은 여러 난관에도 불구 백지에 그림 그리듯 모든 게 마음먹은 대로 순탄히 진행됐던 것으로 기억된다. 그때 친하게 지냈던 조병대 씨가 음으로 양으로 큰 도움을 준 것이다.

연극반원을 모집하던 날 동료. 후배 등 많은 분들이 참여, 생각 외로 연극에 대한 관심과 호응에 놀라워했던 것으로 기억된다.

몇 번의 회합을 열고 연극을 위해서는 예산, 조직 등 우리 앞에 넘어가야 할 많은 난관이 있음을 알았고 돌아가느니 기왕이면 쉬운 길로 가자며 기존에 구성되어 있는 낙산문학회산하로 들어가려고 추진하다가 그럴 필요가 있겠느냐 결단 하에 독자적 연극반을 추진키로 했다.

연극의 막이 오르다

연극소재를 놓고 고심하다가 '왕릉과 주둔군'이라는 하근찬 씨의 작품을 각색하기로 하고 작가를 만나 흔쾌히 동의를 이끌어냈다. 각색과 연출지도는 문리대 허술 씨가 전 과정을 직접 지도하는 수고를 아끼지 않았다.

길가다가 의인 만난다고 그야 말로 프로급의 연출가들인 문리대 허술, 정일성 씨, 나중에는 김지하 시인까지. 당초는 법대 연극의 호기심으로 참관해 구경수준에서 직접 연출지도까지 훈수해주었고, 문리대 영문과 출신 두 여인 등 귀한 손님들이 연극에 동참함으로써 남자 배우가 여장하는 반쪽 연극은 모면할 수 있었다.

지금생각하면 무모한 도전이 이런 귀인들로 해서 무난히 풀려나간 것이다. 그 이외에도 곽현 연출가, 김세중 연출가 등도 우리 연극에 큰 관심을 보여주었다. 지금 이 자리를 빌려 감사드리고 싶다.

마지막 공연에 당시 김기두 학장님이 직접 와서 관람하시고 무대까지 올라와서 "당신은 앞으로 연극계로 진출해도 밥은 안 굶겠어." 하시며 아낌없는 극찬과 함께 격려를 보내주셨던 것이 기억난다. 물론 격려 속에는 모자란 연극 활동비도 없어서 말이다

연극 제목은 "왕릉"으로 기억되며 원제는 '왕릉과 주둔군'이었으나 혹시 누군가가 솥뚜껑보고 놀랄 우려에 '주둔군'이란 말은 빼자는 김치선 학생과장의 검열을 받았던 것 같다.

연극의 줄거리는 대략 이러했다

6.25사변 후 미군이 주둔한 어느 조그마한 마을에서 이야기는 시

작된다.

　왕릉지기 박 첨지는 밥을 먹으나 잠을 자나 오로지 자기가 어려서 부터 보아 온 마을 뒷산에 왕릉 지키는 일을 평생 업으로 생각하며 살아왔다. 물론 그에게 그 일을 맡긴다는 정부의 공식적 지시나 이로 해서 그를 만나준 사람은 아무도 없었다. 다만 그는 자기 몇 대조와 무슨 관계가 있다하며 얼버무릴 뿐, 정확히 설명한 바도 없고 또한 알려고 하는 사람조차 없었다.

　그러나 이 마을에 미군들이 주둔하면서 문제가 생겼다. 마을 주변에 소위 양공주들이 늘어가면서 왕릉에서 연애를 하지 않나 심지어는 봉분 위에서 조차 소위 잡짓 등으로 왕릉을 더럽히는 미군들을 박첨지로서는 그냥 보아 넘길 수 없었다.

　박첨지는 결국 왕릉을 지키기 위한 주변 담을 쌓다가 결국 과로로 쓸어져 돌아온 딸의 슬픈 울음소리를 들으며 눈을 감는다는 내용으로 막을 내린다.

　신성 묘역을 어지럽히는 미군들과 딸까지도 가출, 양공주로 퇴색해 가는 마을 여인들을 향해서 작대기와 온몸으로 맞서 저항하며 막아 내려 했던 그야말로 대세 앞에 무너져가고 있는 우리 전통을 지켜보려는 어처구니없는 안타까운 내용으로 옹고집인 박첨지의 성격부각에 극의 사활이 걸려 있었다.

　당시 법대로서는 처음 하는 연극이어서 새로운 길을 개척하는 어려운 상황인데다가 아무것도 준비가 안 된 상황이어 과연 연극을 무대에 올릴 수 있느냐 마느냐하는 중대국면이어서 회장이 배역까지 맡기에는 너무 벅찬 일이었다.

　극구사양에도 불구, 주인공인 박첨지 역에는 당신 밖에 없다는 전문 연출가들의 꼬임에 따라 춤을 추니 한편 인정감에 마취되었으나 결과적으로 고난의 행군을 감수하지 않을 수 없었다.

처음 무대에 서보는 관계로 연습은 연습대로 참여해야하지 예산확보 대외섭외 등은 말할 것 없고 거기다 삼성밀수 규탄집회까지 참석하는 등 다면역할을 하다 보니 다리 없이 공중을 날아다니는 기분이었다. 기타 준비는 스텝과 같이 상의하면서 했으나 기반 없이 처음 하는 연극이라 모든 것이 넉넉지는 않았던 것으로 기억된다.

당시 예산을 얻으려 김치선 학생과장 방을 둘러 도움을 요청하니 김 과장께서는 "보아하니, 다들 데모꾼들이구만", "제발 데모 좀 하지 말고 연극 활동을 하라."고 하며 전폭적 지원을 약속하셨고 사실 많은 도움을 받았다

2학년 때 연극은 정말로 초짜들이 한 것으로는 성황리에 마친 대성공 작이었다.

역사의 가정이란 허황된 애기일 뿐이며 불필요한 것이나 만일 우리가 이 연극을 실패했다면 하고 생각해본다.

친구 조병대는 언젠가 점심을 먹으면서 이런저런 과거애기를 하다가 너를 만나지 않았더라면 내 인생이 어떻게 바뀌었을까하며 다소 아쉬운 표정을 짓는다. 50년이나 흐른 이 마당에 그 친구의 의미를 훤히 내다볼 정도로 공감 가는 말이기도 하다. 우리는 인생 고비마다 가까운 친구로부터 좋은 인연으로 많은 영향을 받게 마련인가 보다.

한때는 우리는 그래도 만남의 시간이 길고 사이가 돈독하여 그렇게 좀 더 가까이서 상호 영향을 주며 쪼개지고 다듬어 나갈 수가 있었던 것이다.

대학 2년 연극을 끝으로 연극 활동을 후배들에게 물려주고 우리는

연극에서 손을 뗐다. 모든 활동이 대학 3년에서 성숙되는 분위기였으나 이를 일도양단으로 끊어내기에는 참으로 힘들었던 것으로 기억된다.

연극에는 쫑파티라는 것이 있다 3-4달을 같이 먹고 마시며 합숙하는 동안 맺어진 인연과 정을 끊어내기는 쉽지 않아 이제는 끝났다고 마지막 획을 긋는 행사가 바로 쫑파티라는 것이다.

쫑파티에서는 모든 것을 털어내고 새 출발을 위한 다짐에 시간이기도 하여 술 마시고 노래하며 춤추는 시간으로 이는 기성 연예계에서도 요즘까지도 이어오는 전통이라 한다.

돌아온 운동권

3학년 학기 초 우리에게도 학생회장선거라는 과제가 주어졌다.

회장선거를 둘러싸고 지연과 학연이 얽혀 경기고출신후보와 서울고 출신후보의 일대 격전이 벌어졌다.

지금기억이 정확하다면 경기는 부산고와 서울은 경북고와 한패가 되어 수적 열세를 보완했다.

서울고 출신과 경기고 출신 후보자연설과 각기 양쪽에서 찬조연사 2명씩을 내세우기로 했다. 지금기억으로는 상대 후보는 도서관에서 열심히 공부하던 학구파로 훌륭하고 우수한 좋은 재목이었다.

그러나 그는 학구파라 공부만 해왔지 대외활동은 없었고 뒤에 추측컨대 합동강의실 연단에 한 번도 서보지 않은 친구였던 것 같다. 합동강의실 강당은 크기도 컸지만 연단에서 방사형으로 뒤로 갈수록 높아져 연설자들에게는 다소 어색하고 편치 않은 자리였다.

그는 너무 긴장하여 적어온 원고를 다 마치지도 못했던 것 같다

사실 학생 회장하는데 말주변이 좋아야 하는 것은 아니나 찬조연사 마지막순번이 나였기에 필승을 다지는데 이 기회를 놓치랴 싶었다.

찬조연설을 마치고 내려오는데 상대 쪽에서 험한 말이 나왔던 것으로 기억이나 안타까운 생각이 들었던 것으로 기억된다. 미안하기도 하고 그 친구에게는 죄송하다는 생각이었다. 그 후 그 친구와는 마주친 적이 없었던 것으로 기억된다.

학생회장선거 후 이어 소위 6.8부정선거가 터졌다. 소위 3선 개헌을 통한 유신체제를 만들기 위한 전초라는 것이었다. 우리 대학 생활을 통틀어 시위 없던 해는 대학4년인 68년도뿐이었다. 학생회장 선거후에 치러진 부정선거 규탄시위는 다소 거세졌다.

정부도 탄압강도를 높였을 뿐 아니라 학교 측도 만만치 않았다. 문리대 교정에서 벌어진 단식 농성은 이틀간 철야를 달리고 있었다. 학교 측에서는 만류를 거듭하다 나중에 안 것이지만 시위참가자들의 부모를 동원하는 소위 데모저지 신 수법을 쓰기 시작했다.

갑자기 아버님이 나타나신 것이다. 이틀 시위 점심쯤에 자식에게 모든 것을 걸고 힘든 가정사를 마다하지 않으시던 부친이 문리대 교정에 나타나신 것이다.

지금은 돌아가셔 안계시지만 상당히 걱정스런 모습으로 자식에게 무슨 큰일이나 벌어진 양 학교 측에서 나오라는 말만 듣고 허겁지겁 나오시면서 걱정했을 부모님의 얼굴이 지금도 생각만 하면 가슴을 파고든다.

우리는 그날 밤 들려져 교문 밖으로 끌려나와 각자 해산하고 말았다. 이것이 우리가 아니 내가 대학생활을 하며 겪은 시위 현장이다.

졸업 준비

시위가 없었던 4학년 초에는 나다니지 않기 위해 머리도 한번 빡빡 밀었던 것으로 기억한다.

공부 뒤끝은 남는 것이 있어도 노는 뒤끝은 아무것도 남을 것이 없다는 말처럼 나는 모든 것을 원점으로 돌리며 남는 장사를 위해 돌아와 자리에 앉은 것이다. 아니 앉았다기보다는 서성거렸다가 정확할 것 같다.

이 시기 그래도 차분히 앉아서 공부할 시간을 확보했으나 앞으로 다가올 여러 고민 등으로 심적 안정을 찾지 못했던 것 같다.모든 것이 때가 있고 분위기가 성숙되며 기초적인 것이 갖추어져야 하는 것이어서 비바람 칠 때 치고 소쩍새도 울며 천둥번개도 쳐야 하나보다.

우리는 그렇게 해서 69년 2월 울타리였던 대학을 졸업하고 빛나는 학사증과 함께 교문 밖을 나서고 있었다. 집에서 동생들이 사온 꽃다발은 안았으나 앞에서 끌어주고 뒤에서 미는 놈도 없고 뒤따라갈 아무도 없는 황량한 벌판으로 우리는 각자 헤어져서 나온 것이다.

졸업 전후 아직까지 남아있는 여진을 진정키 위해 남산 도서관을 나가기도 했다. 매달 이용료를 받고 독방들을 내주었고 당시 그곳을 이용했던 동기들이 적지 않았던 것으로 기억된다.

졸업이후 69.6.3선 개헌 반대투쟁, 70년 징계 취소 요구 동맹휴학, 전태일 분신 저항운동, 71년 영구집권저지 민주수호투쟁, 72년 내란음모사건, 73.10 유신독재타도 운동 등이 이어졌으나 나는 군입대전 후라서 자연스럽게 운동권과 거리가 멀어진 것이다.

겪어보니 세상사는 시작이 있고 끝이 있는 법이다. 시작이 좋았다고 끝이 좋은 바는 아니며 인간사에는 알 수 없는 묘한 것이 작용하곤 하는 신비스러움이 없지 않다.

어떻게 사나

그동안 다수의 동기들이 생사를 넘나들었다.

이제야 말로 또 다른 국면의 새로운 출발의 시작점이다. 과거를 거울삼아 걸작은 아니더라도 진품으로서 제구실을 다해야 할 때다.

인생 고희는 어떻게 보면 새로운 국면을 맞고 있는 것이다. 정도의 차이는 있으나 아무리 나이에 비해 젊다고 치켜세워도 그 건강이 그 건강일 뿐이며 그 밥에 그 나물일 뿐이다.

요즘 노인들이 건강을 유지하기 위해 골프며 등산 등 몸 운동을 많이들 한다. 바람직한 일이긴 하나 마음운동도 같이 해야 하는 아쉬움이 없지 않다.

살아보니 대부분의 노인들은 욕심이 과하고 노여움이 크며 무기력한 3대 마음의 악재를 가지고 있다. 노인의 과욕은 불행만을 증폭시킬 뿐이요 노여움이야 말로 건강을 해치는 암초로서 죽음에 이르는 지름길임을 보아 왔다. 마음을 잘못 다스리면 결국 건강해치고 주변을 망칠 뿐이다.

나는 생각해본다 '생각하는 사람'이 턱을 괴고 깊은 생각 속에서 나에게 말을 건넨다면 무슨 말을 했을까?

"너는 대학생활을 보내면서 자신이 깨지고 쪼개지며 다듬어지며 변화할 때 혹여라도 변화자체만을 즐기지 않았는가. 자신을 돌아보고 관조하면서 변신의 타당성과 당위성에 대해 깊은 생각이 있었는가,

그리고 변화하고 있는 당신을 자신의 비전과 목표설정 그리고 미래상과 연결 깊은 고민을 해보았는가." 되묻고 질책하고 있는 것만 같다.

먼 길을 돌아 이제 거울 앞에 서보니 남은 건 무얼까 물론 성공과 행복에 대한 평가는 주관적인 것이어서 보는 남과 스스로 겪은 자신 입장과는 다를 수가 있다.

과거 50년 전을 회고해보니 하지 않은 것만 못하게 가슴이 아려온다. 이 글을 쓰고 나면 덧없는 세월에 너무도 허전한 마음이 들어 내려다보이는 한강 마포나루에서 유람선이나 타야겠다.

이 글을 다 쓸 즈음 다시 한 번 그 식당을 찾아갔다.

날씨가 조금 쌀쌀해지며 낙엽이 뒹굴고 있는 주위분위기가 을씨년스러워서인지 음식점 앞 '생각하는 사람'은 왠지 더욱 쓸쓸해 보였다. 조각품을 요모조모 살펴보니 뭇사람이 오가며 손을 타서인지 지난번 처음 볼 때는 미처 몰랐던 여기저기 많은 흠집이 나있고 심지어는 왼쪽 손목하나가 떨어져 나가고 없었다.

어쩌다가 여기까지 와서 만고풍상을 다 겪게 되었는가 싶다. 진품이 아닌 짝퉁의 운명은 이리도 가혹한가. 뜬금없이 장난기가 발동되어 '생각하는 사람'의 머리를 쓰다듬어 보았다 진품이 아니어 이렇게 마구 대해도 되나 싶었다. 불현 듯 외롭고 쓸쓸한 마음이 일었다

제3부
선생님들과의 추억

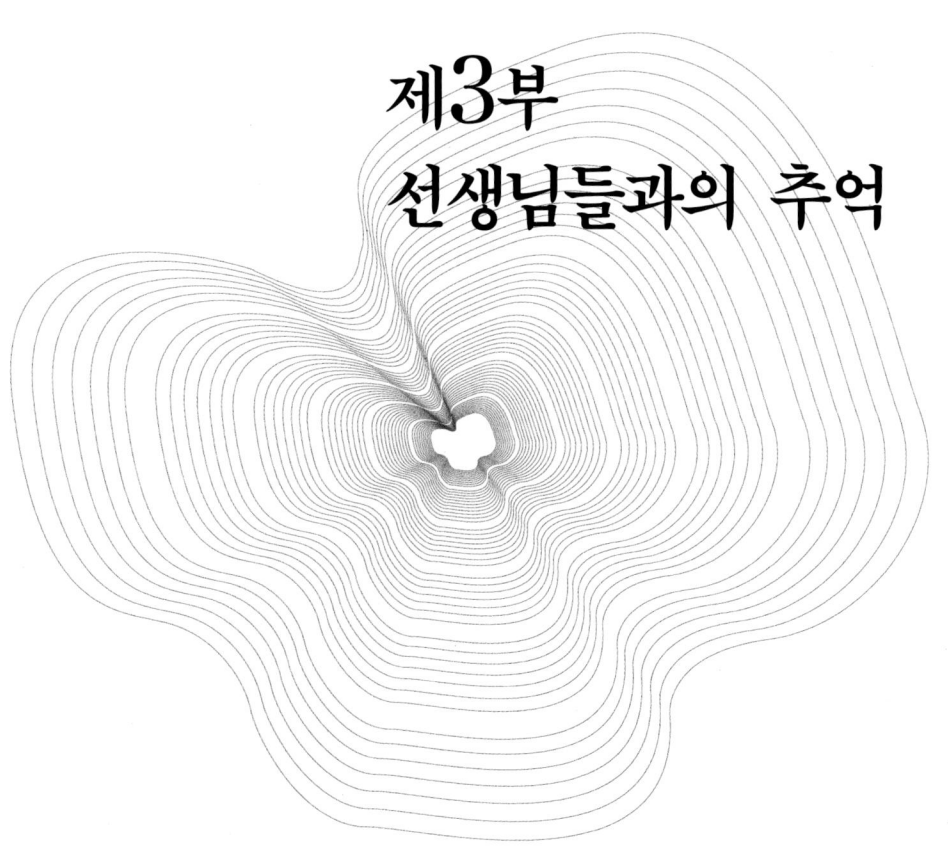

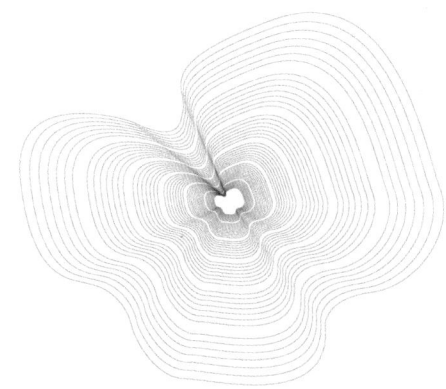

세 분의 스승

손 지 열

지금까지 살아오면서 많은 스승님들을 만났고 그들로부터 큰 가르침을 받았다. 그 분들이 없었더라면 지금의 내가 있을 수 없었을 것이다.

특히 대학 시절에 훌륭한 은사님들을 만날 수 있었던 것은 내 인생의 행운이라고 아니할 수 없다. 한창 인격이 형성되고 온갖 지식을 배워 익히던 그 시절, 은사님들은 제대로 형체를 갖추지 못하고 있던 나에게 뼈를 세워 주시고 살을 입혀주셨다.

당시 서울대학교 법과대학에는 각 분야에서 당대 제일이라는 교수들이 포진되어 있었다. 아직은 우리나라 독자의 학문이라고 할만한 것이 미처 정립되지 못한 어수선한 시대이었다. 하지만 어려운 여건 하에서도 각 분야 법학의 기초를 닦고 후학들에게 전수해 온 원로 교수들로부터 외국에 나가 새로운 이론을 공부하고 온 소장 교수들에 이르기까지, 뜨거운 정열로 강의실과 연구실을 달구고 있었다. 실로 기라성과 같은 분들이었다.

여러 스승님들로부터 가르침과 훈도를 받았지만, 특히 세 분의 스승님을 잊을 수 없다. 세 분 모두 전공 분야의 태두라고 일컬어질 만큼 탁월한 업적을 이루고 존경을 받는 분들이다. 나 개인적으로는 그 분들로부터 받은 사랑과 보살핌을 생각할 때 내 "정신의 아버지들"이라고 감히 말하고 싶다. 그분들의 온화한 말씀과 자상한 가르침은 아직도 내 귓가에 잔잔히 남아있다.

첫째로 설송(雪松) 정광현(鄭光鉉) 선생님이다.

정광현 선생님

선생님께서는 평안남도 평양 출생으로, 동경제국대학을 졸업하시고 연희전문학교, 이화여자전문학교 등에서 후학을 가르치시다가 건국 후 서울대학교가 설립되면서 법과대학 교수로 부임하셨다. 평생 동안 가족법(친족상속법)을 연구하셨으며, 민법과 관련 법률들을 제정하는 데에도 기여를 많이 하셨다.

다른 법학분야와는 달리 가족법은 우리 나라에 고유한 가족관계를 규율하는 것이기 때문에 다른 나라의 입법례나 문헌들을 참고하는 것이 제한적일 수밖에 없다. 따라서 중요한 제도나 법이론을 우리 스스로 만들어야하고 그러기 위해서는 우리 고유의 관습을 발굴하고 정리하는 것이 반드시 필요하다. 선생님께서는 청년 시절부터 이 일의 중요성을 간파하시고 평생을 이 일에 몰두하여 마침내 한국 가족법의 정립이라는 금자탑을 세우셨다. 뒤를 이은 가족법 학자들이 전부 선생님의 제자들이라고 하여도 과언이 아닐 만큼 우리나라 가족법에 대한 선생님의 공헌과 끼친 영향은 절대적이다.

나는 4학년 때 선생님의 강의를 들었는데, 60대 초반으로 최연장 교수이었던 선생님(지금의 내가 그때의 선생님보다 나이가 더 많다고 생각하니 아찔해진다.)은 얼굴에 주름살이 많고 머리가 많이 빠져서 실제 나이보다 연로해보이셨다. 말씀도 그다지 달변은 아니어서 명강에 속하지는 않았다. 그러나 학문과 강의에 대한 열정은 대단하셔서, 이런 저런 사정으로 휴강이 늘상이었던 당시의 분위기 속에서도 절대로 휴강하는 법이 없었다. 학생들의 출석상황을 체크하기 위해 작은 종이쪽지 하나씩을 나누어주고 각자 이름을 적어내게 하셨는데, 결석을 다반사로 하던 학우들에게는 정말 골칫거리였다. 수시로 과제를 주고 리포트를 내게 하는 것도 수강생들을 괴롭히는 일이었다.

어느 날 강의를 마치고 나가는 나에게 선생님께서 집 주소와 전화번호를 주시면서 어느 날 어느 시간에 집에 들르라고 말씀하셨다. 당시 나는 사법시험에 합격을 하고 대학 졸업을 위해 학교를 다니던 때이었으므로 시간적으로는 꽤 여유가 있는 편이었다. 정릉에 있는 선생님 댁을 찾아갔더니 선생님과 사모님께서 반갑게 맞아주셨다. 집은 변두리의 자그마한 이층 양옥이었고 자제들은 다 외국에서 살아 두 분만이 조촐하게 생활하고 계셨다. 사모님은 좌옹 윤치호 선생의 따님인데, 단아한 외모와 고상한 인품을 갖춘 귀부인이셨다.

이층 서재로 안내하시는데, 사면 벽의 책장에 각종 서적이 꽉 찼고 그것도 모자라 방바닥 곳곳에 책과 자료들이 어지러이 쌓여 있었다. 선생님 말씀으로 일본 통치시대부터 그 때까지 국내에서 출간되었거나 발표된 친족상속법 관련 서적과 자료는 모두 이 방안에 있다고 장담하셨다. 학문적인 논문, 서적뿐만 아니라 신문이나 잡지 기사도 가족제도와 관련된 것은 모두 망라되어 있었다. 컴퓨터라는 것은 말도 들어보지 못했고 자료의 수집 정리나 편찬의 중요성 자체가 인식되지 못하고 있던 시절에 오로지 한 분의 노력만으로 그 많은 자료를 수집하신 일을 생각하면 정말 경이롭기까지 하다. 젊은 교수들이

나 대학원생들이 논문을 쓰다가 지나간 일에 대하여 모르는 것이 생기면 선생님께 여쭙고 그 서재에서 자료를 얻어가는 일이 다반사이었다. 선생님께서 말년에 미국으로 가시면서 그 서적과 자료들을 모두 서울법대 도서관에 기증하여 '설송문고'를 설치하였는데, 지금은 어떻게 관리되고 있는지 일면 궁금하고 일면 걱정된다.

그때부터 몇 년간 선생님 댁에 드나들면서 선생님 일을 도와드리기도 하고 가르침도 많이 받았다. 저서나 논문의 교정, 자료 정리에서부터 출강하던 학교의 출석부 정리, 나중에는 시험지의 채점까지도 하였다. 어느 때는 모 대학에 제출된 박사학위 논문을 주시며 잘못된 부분이 없는지 의견을 말하라고 하셔서 당황한 적도 있었다. 그런 일보다 훨씬 많은 시간을 인생에 대한 이야기나 젊은 시절의 추억담을 들으며 보냈다. 저녁 식사시간에 사모님이 차려주신 저녁상을 마주하고 따끈하게 데워진 정종 술을 마시던 시간이 그립다.

그러던 중 1971년에 사모님과 함께 아드님들이 살던 미국 볼티모어로 떠나셨다. 건강이 좋지 않아 휠체어를 타시고 비행기에 오르셨다. 미국에 가셔서도 수시로 편지(항공엽서)를 보내 주시고 읽을거리 영어 책들도 보내 주셨다. 내가 결혼하자 결혼생활에는 섹스가 아주 중요하다면서 섹스 기법에 관한 책도 보내주셔서 새색시 아내가 당황한 적도 있다.

1979년 가을, 독일 유학생활에서 돌아오는 길에 볼티모어에 들러 선생님 댁에서 하루를 보냈다. 노부부가 독신인 장남과 함께 교외의 한적한 주택에서 살고 계셨는데, 보행이 어려울 정도로 많이 노쇠하셨다. 떠나는 날 이제 언제 보겠나 하시면서 손을 흔들어 주셨는데 정말 그것이 마지막이 되었다. 귀국 후 오래지 않아 1980년에 돌아가셨다는 소식을 들었다. 향년 78세.

스승이라기보다 아버지 같은 분이었다. 선생님께서도 나를 아들처럼 대해 주셨다. 볼티모어에서 떠날 때 선생님께서 쓰시던 007서류가방을 선물로 주셨는데 네임 태그에 'K'와 'C'가 박혀 있었다. '정광현'의 이니셜이다. 젊을 때 애용하다가 지금은 유물로 잘 간직하고 있다.

다음으로 유기천(劉基天, Paul K. Ryu) 선생님이다.

유기천 선생님

선생님 역시 평양 출신으로 동경제국대학을 졸업하셨다. 건국 후 서울대학교 법과대학 교수로 임명되어 후학들을 가르쳤고, 중도에 미국 예일 대학교에 유학하셔서 법학박사 학위를 받으시고 귀국하셨다.

선생님께서는 형법의 대가로서 우리나라뿐만 아니라 국제적으로도 인정받는 형법학자였다. 일본 법학의 절대적 영향 하에 있던 시절에 선생님께서는 과감하게 영미와 독일의 원산지(?) 법률이론을 직수입하여 그 바탕 위에 우리나라의 독자적인 법학체계를 세우셨다. 더욱이 미국의 법학을 소개하고 한·미간 학자와 학생의 교류를 적극적으로 추진함으로써 미국법 연구의 초석을 세우셨다.

선생님께서 저술하신 형법학 총론, 각론 교과서는 그 내용의 탁월함은 물론이고 그 체제와 형식의 참신함과 독창성 역시 학생들의 찬탄을 사기에 족하였다. 철학, 심리학, 경제학 등 인접 학문의 이론을 도입하여 과학으로서의 형법학을 논증해나가는 방식은 일본식 법학에 익숙해 있던 당시의 법학도들에게는 신세계를 보는 것과 같은 충격이었다. 국내외 학설과 판례를 각주로 달아 소상하게 설명하는 기술 방법 또한 새로운 법학방법론의 지평을 여는 첫 시도였다.

사모님은 미국의 저명한 형법학자 헬렌 실빙 박사이었다. 선생님의 형법학 총론은 실빙 박사에게 헌정되었는데 그 서문에 두 분의 로맨스를 적은 것이 이채로웠다. 특히 "spiritual union에서부터 점입가경하여 모든 의미에서의 union을 서약하기에 이르렀다"는 부분은 법대생들 사이에 오래오래 회자된 명대사이었다. 어느 해인가 실빙 박사께서 한국에 교환교수로 오셨을 때 두 분이 팔짱을 끼고 교정을 거니는 모습은 이국적인 부부상을 보여주었다.

나는 2학년 1학기에 선생님의 형법총론 강의를 듣고 2학기에 형법각론 강의를 들었다. 선생님의 강의는 명강으로 정평이 나 있어서 법과대학 아닌 다른 대학의 학생까지 들으러 오곤 하였다. 그런데 2학년이 되기 직전에 선생님께서 서울대학교 총장으로 부임하셨다. 선생님 강의를 듣지 못하게 되면 어떡하나 하고 걱정을 했는데, 선생님께서 총장이 되더라도 형법 강의만큼은 해야겠다고 학자적 열정을 보여 주셨다(아마도 총장으로서 직접 강의를 한 것은 이때가 전무후무하지 않은가 한다). 총장실이 있는 문리대의 대교실에서 2학년 학생 전원을 모아 놓고 4시간 연속 강의를 하시는데, 마이크도 없이 육성으로 쩌렁쩌렁 강의를 계속해나갔다. 선생님께서는 원래 약한 체질이어서 늦은 봄까지도 내복을 입고 다니실 정도이었으나 강의 때만큼은 어디서 기운이 나는지 피곤한 기색조차 보이지 않았다. 당시 학생운동의 소용돌이 속에서 1년을 채 못 채우고 학기 중에 총장직을 사임하셨으나 강의만은 계속하셨다.

법과대학 안에 형법연구회(일명 IRIS회)라는 학생모임이 있었다. 선생님께서 창설하시고 지도해오신 모임이었다. 매주 1회씩 케이스 문제를 놓고 세미나를 하고 1년에 한번 형사모의재판을 하였다. 나도 그 회원이 되어 열심히 활동하였고 3학년 때는 회장도 지냈다. 케이스 문제를 선생님께서 손수 만들어 주셨는데, 그 문제를 받으러 동숭동 문리대 뒤쪽에 있던 선생님 댁을 찾아가곤 했다. 악필에 가까운(?) 필체로 백지에 문제를 적어 주셨고, 어떤 때는 손수 세미나에 참석하셔서 강평을 해주시기도 했다. 선생님 댁에 가면 늘 웃으시는 모습으로 다과를 내주시곤 했는데, 때로는 깔깔 소리까지 내고 소년같이 웃으시며 말씀을 이어가기도 했다. "손군, 손군!"하시던 모습이 바로 엊그제 같다.

모의재판을 하게 되었을 때 선생님께서 이번에는 영미식 형사재판을 해 보라고 하시면서 예일 대학교 후배로서 당시 미8군 법무관으로 나와있던 이종연 미국 변호사를 소개해주셨다. 우리 형사소송법은 영미법의 영향을 많이 받아 제정되었으나, 아직도 실제 재판은 대륙식으로 진행되고 있었고 실제 영미의 형사재판이 어떻게 진행되는지 조차 제대로 소개가 되어 있지 않은 시절이었다. 이변호사의 열정적인 지도로 영미식의 당사자 중심 형사재판을 실연해 보였다. 이색적으로 보였던지 TV 방송국에서 나와 전 재판과정을 녹화중계하기도 했다. 이처럼 선생님께서는 이론으로 뿐만 아니라 실천적으로도 영미의 선진 형사제도를 우리나라에 도입하기 위해 힘쓰신 분이다.

1970년을 전후한 때에 선생님께서는 반강제적으로 한국을 떠나 미국으로 망명하시게 되었다. 유신을 앞두고 독재가 극에 달하였을 때이고 반정부 학생운동도 날로 치열해갈 때이었는데, 선생님의 자유주의 사상과 행동이 당국의 비위를 거스르게 했던 모양이다. 눈에 보이게, 보이지 않게 당국의 감시와 억압이 이어진 끝에 선생님께서 여기에 더 있다가는 무슨 일을 당할지 모르겠다고 생각하시고 아무로 모르게 출국하신 것이다. 출국하시기 한 달 쯤 전이었을까 선생님께서 동숭동 댁에 제자들 스무 명 가량을 모으시고 만찬을 베푸셨다. 얼마 전 데모하는 학생들을 경찰이 폭행하는 사태가 있었는데, 선생님께서 그 일을 신랄하게 비판하시면서 아슬아슬한 말씀을 이어 나가셨다. 다들 저러서도 괜찮을까 걱정을 하였는데 얼마 후 망명길을 떠나신 걸 보면 그 때 이미 마음을 정하셨던 것 같다. 예민한 감수성을 가진 선생님께서 이내 벌어질 유신 사태를 미리 예견하셨는지도 모를 일이다.

선생님의 사실상 망명 생활은 군부정권이 끝난 1988년경까지 이어졌다. 1988년에 서울에서 뒤늦게 선생님에 대한 고희 기념 논문집이 헌정되었다. 1915년생이니 뒤늦은 고희 기념이 된 것이다. 나는 바쁘다는 핑계로 논문을 제출하지 못한 벌로 헌정식의 사회를 맡게 되었다. 100여명의 동료 교수들과 제자들이 함께 하여 선생님의 학문적 업적과 자유를 향한 열정을 기리는 그 자리는 참으로 아름다운 밤이었다. 행사 후 내 차로 선생님을 동숭동 자택에 모셔드리고 작별 인사를 드렸다. 다시 뵐 것으로 생각했는데 1998년 미국에서 돌아가셨다는 소식을 들을 때까지 끝내 다시는 뵙지 못하였다.

선생님은 위대한 학자요 독실한 신앙인이었으며 영원한 자유인이었다. 그 어려운 환경 속에서 학문의 불모지이던 한국에 본격적인 형법학의 기초를 세운 공로는 길이 기억될 것이다. 아울러 선생님의 자상하신 성품과 유머와 재기가 넘치는 가르침은 학은을 입은 제자들의 머릿속에 오래오래 울림을 남기고 있다.

그리고는 후암 곽윤직(厚巖 郭潤直) 선생님이다.

곽윤직 선생님

선생님께서는 충청남도 연기군 출신으로, 서울대학교 법과대학과 대학원을 졸업하시고 법학박사 학위를 받으시었다. 모교에서 교수로 임명된 후 미국 버지니아대학교와 독일 함부르크대학교에서 연구하셨다.

선생님께서는 우리나라의 독자적인 민법학을 정립하기 위하여 필생의 노력을 기울였으며, 한국 민법의 초석을 마련한 파이오니어라고 불러도 과언이 아니다. 우리나라는 건국 후에도 1960년 민법이 시행되기까지 상당한 기간 동안 일본의 민법을 그대로 의용하고 있었기 때문에 민법학도 일본의 민법학을 그대로 수입 내지 모방하고 있었다. 우리 민법전은 독일 민법전과 일본 민법전 등의 영향을 받았지만, 나름대로 독자적인 체계와 규정을 갖추고 있다. 그럼에도 민법 시행 후에도 민법학은 여전히 종래의 모습을 벗어나지 못하고 있었다.

선생님께서 1963년 물권법을 시작으로 1971년까지 완성한 민법총칙, 채권총론, 채권각론의 교과서 시리즈는, 일본 민법학의 영향을 벗어나 우리나라 고유의 민법학을 집대성한 역작 중의 역작이었다. 법학 일반에 대한 풍부하고 정확한 이해를 바탕으로, 독일, 미국, 일본 등 여러 나라의 학설을 알기 쉽게 소개하고, 법학 이론과 국내외 판례를 연결하여 살아 있는 법을 드러내 보인 그 교과서들은, 국내뿐만 아니라 국제적으로도 유례가 없다고 할 정도로 높은 평가를 받고 있다. 선생님께서는 그 밖에도 민법주해라는 한국의 대표적인 민법 주석서를 주도적으로 편집, 발간하여 학계와 실무계에 큰 도움을 주셨다.

나는 2학년 1학기에 선생님으로부터 민법총칙 강의를 들은 이래 4학기 동안 물권법, 계약총론, 계약각론을 순차로 들었다. 2학년이 되었을 때 선생님께서는 독일 유학 중이었기 때문에 다른 교수님의 강의를 들을 수밖에 없었으나, 그 교수님께서 가스 중독으로 갑자기 강의할 수 없게 되어 선생님께서 급거 귀국하여 강의를 하게 된 것이었다. 당시 40 전후의 연부역강한 청년 교수이었던 선생님은 그야말로 정열적으로 강의를 하셨다. 교단 이 쪽 끝에서 저 쪽 끝까지 뛰다시피 오가며 열강을 하던 모습이 지금도 눈에 선하다. 말씀을 끊을 때마다 내뱉으시던 "~말."이라는 접미사가 선생님의 별명처럼 되었다. 풍부한 강의 내용과 조리 있는 설명법은 타의 추종을 불허하여 강의의 모범이라고 불릴 만했다.

개인적으로 선생님의 사랑을 받게 된 것은 대학 졸업 후 판사가 된 후이었다. 1976년 초임판사이었던 나에게 어느 선배로부터 연락이 왔다. 곽 선생님께서 제자들과 함께 민사판례를 공부하는 모임을 시작하고자 하니 참여하라는 것이었다. 정해진 장소에 가니 판사와 교수 20명가량이 모여 있었고 선생님께서 모임의 취지를 설명하셨다. 법학에 있어서 판례의 연구가 필수적인데 우리나라에서 그 점이 부족하니 우리가 그 일을 시작해 보자는 것이었고, 또 학계와 실무계가 상호 교류가 없어 법학발전에 지장이 있으니 우리가 그 교류의 물꼬를 터보자는 말씀이었다.

그 때부터 매월 1회 한 번도 쉬지 않고 판례를 연구 발표하고 토론하는 모임을 가졌다. 토론의 말미에 선생님께서 토론 내용을 정리하고 강평을 해 주셨는데, 항상 정곡을 찌르는 말씀에 모두들 경탄을 금하지 못하였다. 선생님께서는 정년퇴임과 함께 뭇 회원들의 만류에도 불구하고 회장에서 물러나셨지만 그 모임은 아직도 지속되고 있다. 선생님께서 한국 법학계와 법조계에 남기신 큰 공적 중 하나라 할 것이다.

민사판례연구회에서는 매년 여름에 전국의 명승지를 돌아가며 특정 주제를 놓고 심포지엄을 가졌다. 선생님의 제의에 따라 가족들을 동반하는 여행이었다. 나도 아이들이 아주 어릴 때부터 그 심포지엄에 연례적으로 참석하였다. 매 연말이면 부부 동반으로 송년 모임도 가졌다. 그러다 보니 가족끼리도 친하게 되어 나중에는 모든 회원들과 가족들이 어른, 아이 없이 다 한 가족처럼 되었다. 그 중심에 항상 선생님과 사모님이 계셨음은 물론이다. 어느 기간 연구회의 간사로서 선생님의 지도를 받고 여러 가지 모임들을 주선하고 진행하던 일도 즐거운 추억이다.

선생님께서는 연구회의 정기 모임 외에도 수시로 제자들을 불러 함께 식사하고 담소하는 것을 좋아하셨다. 특히 연구회의 역대 간사들과 함께 정기적으로 모임을 가지고 법학뿐만 아니라 여러 가지 세상사에 대하여 토론을 하곤 하였는데, 선생님의 동서고금을 관통하는 해박한 지식과 뛰어난 기억력은 제자들로 하여금 혀를 내두르게 하였다. 문제는 선생님께서 남을 접대하기는 하지만 접대를 받지 않는다는 것을 생활 철칙으로 삼고 계시다는 것이었다. 반백이 된 제자들이 한번도 대접을 해 드리지 못하고 늘 얻어먹어야 된다는 것은 정말 민망스런 일이었다.

선생님께서 민법주해를 대표 편집하실 때도 편집위원으로 참여하는 영광을 가졌다. 어느 출판사의 회의실을 빌려 약 3년간 주말마다 회의를 하며 주석서의 목차에서부터 필자의 선정, 집필의 방향과 방식, 논문이나 판례의 인용방법에 이르기까지 소상하게 의논하였다. 치밀하고도 정확하게 일을 기획하고 추진하시는 선생님의 모습을 뵙고 정말 많은 것을 배웠다. 어디에 내놓아도 부끄럽지 않을 민법 주석서를 편찬하여야 하겠다는 선생님의 열정이 단기간 내에 그 거창한 작업을 끝낼 수 있게 하였다.

이래저래 선생님으로부터 엄청난 가르침과 사랑을 받았다. 사모님께서도 수십 년에 걸쳐 한결같이 나와 내 가족들에게 사랑을 베풀어주셨다. 그 은혜를 눈에 보이는 것으로 보답하는 것은 어차피 불가능한 일이다. 그저 마음속 깊이깊이 두 분에 대한 감사를 품고 지낼 뿐이다.

선생님께서 수년전부터 건강이 안 좋으셔서 지금은 보행도 불편하시다. 그런대로 일상의 생활을 하실 만큼 건강을 유지하시니 다행이다. 아무쪼록 빠른 시일 내에 건강을 회복하시고 오래오래 만수무강하시기를 기원한다.

군사부일체라는 말이 있다. 스승님은 부모와도 같은 분, 아니 부모보다도 더 소중한 분이라는 뜻일 것이다. 평생에 한 분의 큰 스승을 만나기도 쉽지 않을 터인데, 나는 세 분의 큰 스승을 모셨으니 정말 행운아라고 감사하고 있다. 그 큰 가르침을 받고도 제대로 한 일도 없고 열매 맺은 것도 없이 나이만 들어 버렸으니 그저 송구스러울 뿐이다. 받은 가르침과 사랑을 작은 글에 적어 기억에 새기는 것으로 죄송스런 마음 조금이라도 덜 수 있을까?

황적인 교수님과의 추억
― Irgendwann kommt das Ende!(언젠가 끝은 온다!) ―

배 영 길

황적인 교수님

정년퇴임을 1년여 쯤 남겨놓은, 2010년 가을의 어느 화창한 날 쯤으로 기억하고 있다.

퇴직 이후 다가올, 이런 저런 변화에 대한 두려움(?) 때문에, 다소 무거운 걸음으로 교문을 들어설 즈음, 낯선 번호의 전화가 걸려왔다.

"여―보―세―요?"

허스키(?)하면서 귀에 익지 않은, 이북 노인네 특유의 목소리가 들렸다.

"배영길 교수님이세요?"

"예, 누구신지요?"

"저는 서울대학교의 황적인 교수인데요."

상당히 예의를 갖추어 전화를 하시는 품으로 보아, 황 교수님께서는 사제지간이라는 당신과 나 사이의 구체적 관계는 모르시고, 상당히 어려운 통화를 하고 있는 중이란 생각이 들었다.

전화의 내용은 다음과 같았다.

당신의 법대 선배이신, 故 양세식 교수님(2005년 10월 별세)께서 타계하시기 1년 전쯤, 후배인 당신에게 수산업법 관련 연구자료를 한 트럭 실어 보내왔다는 사실, 그러나 지금은 당신께서 기력이 쇠하여 이 분야 연구를 지속하기 어렵고, 그래서 이 귀중한 자료를 다시 부경대학교로 환원했으면 한다는 사실, 그리고 부경대학교에서 행정법을 맡고 있는 배 교수가 해당 분야 석·박사과정의 대학원생 지원자(volunteer) 한 사람 정도를 서울로 송출해 줄 수 있다면, 상기자료에 대한 정리 작업을 하는데 도움이 되겠다는 내용 등이었다.

통화에 등장한 故 양세식 교수님은 1923년 평양 출생으로, 황적인 교수님과는 동향이며 경성제대 법학부 출신으로 황 교수님 보다 10년 정도 선배이신 분이다. 1946년 7월 경성제대 법학과를 졸업하시고, 1948년 9월 고려대 법정대 전임강사로 출발하여, 1972년 7월 舊부산수산대학 교수로 부임하였으며, 퇴임 이후인 1997년까지 이 대학에서 수산법제 등을 가르쳐 오신, 우리나라 수산업법 분야의 태두라 할 수 있는 분이다.

나는 황 교수님께서 전화로 요청하신 내용이 실현성이 매우 낮다는 사실을 잘 알고 있었다. 그러나 老 은사님을 당장에 실망시켜드릴 순 없어, 일단 적임자가 있는지 며칠 정도 알아보고 답변을 드리겠노라고, 상황을 다소 누그러뜨려 말씀을 드렸다.

솔직히 말하면, 대학원 지망생 절대수가 부족한 당시의 상황에서 그나마 소득도 인기도 없는 이 분야의 젊은 연구지원자를 찾아내어 서울로 송출하기란 사실상 불가능한 일이었다.

따라서 이 통화 이후 나는 적잖은 마음의 부담을 안게 되었다.

물론, 오래 전에 강단을 떠난 황 교수님께서, 요즘의 대학 실태를 인지하지 못하시고 다소 무리한 요청을 했을 법도 하나, 다시 생각해 보면, 어느 정도 짐작은 하시면서도, 그것이 중요하고 또 필요한 일이라는 일념으로 그렇게 밀어붙이신 것이 아닌지, 지금의 나로서는 정확히 헤아리기가 어렵다. 나중에야 안 일이지만, 교수님께서는 조용한 성품에 어울리지 않게, 필요하고 또 당위성이 있는 일이라면, 새로운 교과목 개설이나 학회의 창설 등 일의 종류나 어려움을 가리지 아니하고, 특유의 투지로 그 일을 성사시켜 내셨다.

그렇게 며칠이 지났다.
무언가 답변을 드려야 된다는 부담감 때문에 상당한 용기를 내어, 어렵게 전화를 걸었다.
몇 마디 인사말이 오간 뒤, 내가 법대 23회 졸업생이며, 1999년 졸업 30주년 기념식 때 교수님을 뵈었던 일, 그리고 생전의 양세식 교수님 관련 일 등 스스럼없는 몇 분간의 통화가 이어졌다. 끝으로, 당신께서 요청하신 젊은 대학원생을 구하기 어렵다는 말씀에, 교수님은 한 동안 아무런 말씀이 없으셨다.
어떻게든 교수님을 위로해야겠다는 심정으로 나는 어렵게 말문을 열었다. 그럼 제가 직접 그 일을 한 번 해보는 것은 어떨까요? 고소원이나 불감청이라 하였던가.
그런 나의 제안에 황 교수님의 반응은 밝고 분명하게 나타났다.
"그래만 준다면야 참 고마운 일이지요."

그리하여, 1967년 법대 캠퍼스에서 교수님과의 邂逅(경제법 수강)

이후, 나와 교수님 사이의 제2의 만남이 다시 이루어지게 된 것이다.

그리고 그 인연으로, 아니 그 덕분으로, 나는 퇴직 이후 지금까지, (사단법인) 한국수산법제연구소를 설립하고, 더불어 제2의 학문적 삶을 영위할 수 있게 된 것이다.

그 날 이후, 황 교수님의 첫 번째 요청은 과천에 있는 당신의 법률자료실을 방문해달라는 것이었다. 일단, 나의 상경 일정만 알려주면 선생님께서 차를 몰고 와서 직접 안내를 하시겠다고 제안하셨다.

당시, 서울에서는 대략 한 달에 한 번 정도 회의가 있었던 터이라, 나로서는 내가 묵게 될 호텔 이름만 알려 드리면 될 일.

때마침 지하철 삼성역 옆에 있는 '그랜드○○호텔'을 일러드렸더니 당일, 약속시간보다 무려 1시간 이상 더 이른, 오전 8시가 되기도 전에, 이미 주차장에 도착해 계시다는 전화 연락을 받게 되었다. 뿐만 아니라, 당신께서는 아무래도 괜찮으니 약속시간까지, 천천히 있다 내려오라고 말씀하신다. 그러나 그것이, 어디 가능한 일이던가. 전화를 받고난 뒤부터, 괜히 마음이 조급하여 모처럼 즐길 수 있던 조식도 제때 챙겨먹지 못하고, 총총걸음으로 내려왔던 기억이 지금도 새롭다.

정확히 차종은 기억나질 않으나 교수님께서는 15년은 족히 되었음직한, 다 낡은 고물차(?)를 손수 운전해 오셨다. 80이 넘은 고령임에도, 다행히 시력이나 청력 등 운전에는 별다른 문제가 없는 것처럼 보여, 일단 안심이 되었다.

운전 중, 이런 저런 말씀을 하셨는데, 따님 두 분은 일찍 출가시켰고, 당신께서는 당시, 서울대학교 후문 쪽 교수아파트에 사모님과 단

둘이 거주하고 계시며, 장서 등은 과천에 있는 법률자료실과 서울대 명예교수동에 보관 중인 사실, 그리고 과천 법률자료실 자리에는 장차 법학 연구소를 짓고, 연구원 등이 근무할 수 있는 연구공간도 마련할 계획이라는 자세한 설명까지 덧붙이셨다.

호텔에서 한 4-50분 걸려 도착한 과천의 법률자료실. 그곳은 도시 변두리 지역에서 흔히 볼 수 있는 향토음식점과 연접한 부대시설로서, 약 50평 정도의 간이 창고시설처럼 보였다.

선생님께서는 1995년 서울대 퇴직 시, 퇴직일시금으로 이 토지 (약 300여 평)와 건물(음식점 용도로 임대) 등을 구입한 사실, 그리고, 이 창고시설은 개조하여, 향후 법학연구소 사무실 용도로 사용할 계획임을 하나하나 설명하셨다. 당시 그곳에는 故 유기천 교수님을 비롯하여, 10여 명 전·현직 법대 교수님들의 장서들이 보관되어 있었으나, 보관상태가 그리 좋은 편은 아니었다.

고 양세식 교수님의 유물도 그 중 한곳에 보관되고 있었다. 전화상으론, 대략 트럭 한 대 정도 분량이라고 말씀하셨으나 일견, 그 정도엔 미치지 못한 것처럼 보였다. 게다가 당장 쓸 만한 것들도 눈에 띄지 않았다. 교수님께서 다소 민망하신 듯, 쓸 만한 것들은 서울대학교 명예교수 동에 보관 중이라는 말씀을 덧붙이셨다.

연이어 방문한 관악캠퍼스 명예교수동은 퇴직교수님들을 위해 학교 측이 마련한 공간으로, 방 하나를 퇴임교수 3 내지 4인 정도가 연구실로 사용하고 있었다. 그리고 1개 층에 조교 한 명 정도가 배치되는 등, 다른 대학에 비해 서울대학교의 배려가 수준급이라는 느낌을 받았다. 다만 안타까운 점은 황 교수님을 제외하고는, 실제로 이

시설을 이용하는 퇴직교수님들이 몇 분 되지 않다는 사실이었다.

그 날 이후, 황 교수님이 회장직을 맡고 있는 '농업법학회'에도 참석하게 되면서 차츰, 교수님과 접촉할 수 있는 기회가 많아졌다. 더불어 나의 생활도 바빠지기 시작하였다.

일단 '(사단법인) 한국수산법제연구소'의 설립에서부터 『수산업법론』 집필에 이르기까지, 거의 빠듯한 일정을 꾸려나가기 시작하였다.

그리고 2011년 8월, 퇴직과 동시에 대연동에 있는, 지금의 연구소 사무실로 자리를 옮기면서 본격적으로 집필 업무에 매달리기 시작하였다. 거의 3년에 가까운 원고 준비와 수협중앙회(회장 이종구)의 출판비 지원에 힘입어 드디어, 2012년 8월, 국내 최초로 『수산업법론(양세식 · 배영길 공저)』이 출간되었다. 이 책의 서문에 나는 황 교수님과의 인연을 다음과 같이 조심스럽게 적었다.

"그리고 또 한 분, 이 책의 출간과 관련하여 필자의 노력 이상으로 열정을 보여주신 분은 바로 황적인 교수님이시다. 필자의 서울법대 재학시절(1965.3~ 1969. 2), 은사님이기도 한 교수님께서는 대한민국 학술회원이시자 현재 농업법학회 회장직을 맡아 왕성한 활동을 하고 계신 분이기도 하다. 그동안 농업법 및 경제법 연구에 몰두하시면서도, 틈틈이 짬을 내시어 수산업법 관련 내용을 연구·정리해 오시면서, 고 양세식 교수님의 유고를 비롯하여 관련 자료 일체를 필자에게 전수해 주셨다.

만일, 우리나라 수산업법에 대한 교수님의 열정이 없었더라면 이 시점, 이 책의 출간은 사실상 불가능하였을 것이다. 그동안 이 책의 출간을 비롯하여, 저자의 수산업법 연구를 물심양면으로 독려해 주신 교수님께 다시 한 번 감사의 말씀을 올린다."

　　『수산업법론』 출간 후, 2-3 개월이 지난 어느 날, 교수님께서는 『농업법론』의 출간에 대한 당신의 생각을 담담히 피력하셨다. 의외로, 당신께서 오랜 기간에 걸쳐 교안 형식으로 편집해 놓은 것들을 정리하여, 공저 형식의 『농업법론』을, 정식으로 출간하는 것이 어떻겠느냐는 것이었다. 얼떨결에 나는, 일단 시간 여유를 가지고 준비를 해 보겠다고 말씀을 드렸다.
　　당신께서도, 서두를 이유는 없고 배 교수 나이도 있으니 건강도 아울러 챙기라는 말씀까지 해주셨다. 그러나 그로부터, 한 달 뒤쯤 이었을까. 갑자기, 교수님께서 농업법론 출간은 아무래도 농업법 강의를 하는 사람에게 맡기는 것이 좋겠다는 견해를 피력해오셨다.
　　나로서는 달리 의견을 개진할 이유가 없었다. 농업법을 강의하는 2, 3명의 젊은 제자를 두고 있음을, 잘 알고 있었던 터이라, 나의 생각은 쉽게 정리가 되었다.

　　그로부터 또 두어 달이 흘렀다. 2013년 초 쯤, 선생님으로부터 다시 전갈이 왔다. 아무래도 배 교수가 농업법론 출간을 맡아줘야겠다는 내용이었다. 학자로서의 당신의 삶이 이미 끝나고 있음에 대한 위기감, 뭔가 의도한 대로 진행되지 않은 데 대한 애석함 등이 베 있는 듯 했다.
　　나는 3년 전, 선생님으로부터 처음 전화를 받았을 때보다 더 깊은 상념에 빠졌다. 그 며칠 후, 나는 『농업법론』 집필에 대한 황 교수님의 요청을 일단 수락하였다. 분명 당위성 있는 일이나, 당신으로서는 매우 제한된 선택지만을 가질 수밖에 없었던 점을, 나 스스로 잘 알고 있었기 때문이다. 그러나 이 일은, 아직도 내게 아득한 숙제로 남아 있다.

 내가 선생님 모습을 마지막으로 뵌 것은 2013년 6월 19일 이었다. 영남대학교 법학연구소 주최로 국제학술대회(농업법학회)가 개최되었다. 서울에서 대구까지 기차여행을 할 수 있을 정도의 건강상태가 아니었으나, 제자인 송재일 교수(명지대)의 부축을 받으며, 작심한 듯 무리한 일정을 감행하셨다.
 그리고 6시간 넘게 지속된 발표와 토론의 전 과정 동안, 자리를 비우시지 않았다. 눈에 띄게 여윈 모습으로, 제대로 몸을 가누시지도 못 하고, 가쁜 호흡으로 입을 다무시지 못한 채, 처절하게(?) 자리를 지키시던 모습이 지금도 눈에 선하다. '언젠가 끝은 온다'를 몸소 알리시려는 듯, 선생님은 거의 빈사의 상태로, 모든 프로그램이 끝날 때까지 자리를 지켜 내셨다.
 예정된 발표와 토론이 모두 끝났다. 선생님은 지금까지와는 전혀 다른 모습으로 자리에서 조용히 일어나셨다. 그리고 농업법학회장으로서 분명한 어조로, 다음 3가지 제안을 하셨다. 나아가, 이를 손수 기록하신 메모를 남기시고, 표표히 자리를 뜨셨다. 끝내 저녁식사는 함께하지 못 하시고, 주최 측에서 마련한 택시를 타고 먼저 상경하셨다. 메모의 내용은 다음과 같다.

 첫째, 오늘 발표된 내용을 다시 정리하여 학회지로 만듦.

둘째, 영남대학을 미국의 『아칸소 국립대학』처럼 농수산부에서 『농업특화대학』으로 지정해 줄 것을 건의함.
셋째, 국내 각 대학에서 농업법의 중요성을 인식하고 농업법 과목을 교과과정에 편입함.

그로부터 채 두 달이 못 되어 선생님께서 영면하셨다. 향년 85세. 대한민국의 전형적인 꼿꼿한 선비의 삶을 마치셨다.
선생님께서 타계한 8월 16일은 광복절 연휴가 낀, 무덥고 긴 휴가철이라 나는 강원도 오지에서, 정신을 놓고 시간을 보내느라, 영결식조차 참석하지 못하였다. 그로부터 7일 후인 8월 23일, 그동안 병석에서 고생하시던 사모님 타계 소식을 접하였다. 죄송스런 마음으로 장례식에 참석하여, 유족인 따님 두 분 및 사위 분들과의 대면이 이루어진 것은 그나마 다행이었다.

다음은 법대 후배이자 대한민국 학술회원이신 김상용 교수(연세대)가 작성하신 황적인 교수님의 일대기이다.

"誠軒 黃迪仁 선생님은 1929년 평양에서 출생하셨다. 그리고 1945년에 부친과 함께 남한으로 오셨다. 성헌 선생님은 어릴 적에 폐결핵을 앓아서 휴학을 하기도 하셨다. 그러나 건강이 여의치 못하셨음에도 불구하고 책 읽기를 좋아하시어 병중에도 多讀하셔서 문학자가 될 생각을 가지시기도 하셨다. 그러나 성헌 선생님은 남한으로 오신 후 서울의 京東고등학교를 입학하셔서 1951년에 졸업하시고, 1952년에는 서울대학교 법과대학에 입학하셔서 1957년에 졸업을 하셨다.

그리고 같은 해인 1957년에 서울대학교 대학원 법학과 석사과정에 입학을 하시고, 1960년에는 "판례법의 법원성"의 제목으로 법학석사 학위를 받으셨다. 그리고 1961년에는 서울대학교 대학원 법학과 박사과정에 입학을 하셨다. 성헌 선생님은 법학석사를 받으시고 박사과정에 입학하시기 전에 가톨릭대학 강사로서 1963년까지 2년 동안 강의를 하셨다. 그리고 성헌 선생님은 서울대학교 대학원 법학과 박사과정에서 1년을 수학하시고 1963년에 독일로 유학을 떠나셨다. 처음에는 하이델베르크 대학에 입학을 하셨으나 동년에 쾰른대학교 법과대학으로 학교를 옮기시고, 쾰른대학교 법과대학의 저명한 國際私法學者이셨던 케겔(Gerhard Kegel:1912-2006)교수님의 지도로 "기업담보: 그 발전방향의 탐구를 중심으로"(Die Unternehmenspfändung: Zur Ermittelung der Entwicklungstendenz)의 제목으로 1967년에 법학박사학위를 취득하셨다.

유학을 마치시고 귀국하신 후 곧바로 1967년에 서울대학교 법과대학의 강사로 위촉되시어 법과대학에서 강의를 시작하셨다. 그 다음 해인 1968년에 성헌 선생님은 서울대학교 법과대학에 경제법 담당의 조교수로 임용이 되었다. 그리하여 성헌 선생님은 우리나라에서 최초로 경제법 담당의 전임교수가 되셨다. 성헌 선생님은 서울대학교 법과대학에서 경제법을 강의하시면서 민법도 함께 강의를 하시었다. 그리하여 성헌 선생은 경제법과 민법을 함께 연구하시고 강의하시고 집필을 하시었다. 성헌 선생님은 27년 동안 서울대학교 법과대학의 교수로 재임하신 후 1995년에 정년을 하셨다.

그리고 1995년부터 1998년까지 수원대학교 대학원의 교수로 재직하셨으며, 1998년에 경제법분야의 연구업적을 인정받아 대한민국학술원 회원으로 선임이 되셨다. 15년간 대한민국학술원 회원으로 활동하신 후 2013년 8월 16일에 召天하셨다."

죄송합니다! 전원배 교수님

김 영 수

전원배 교수님

대학 1학년 때 이항령 교수의 법철학 책을 읽고 크게 감명받았던 나는 3학년이 되자 법철학 회를 만들어 회장직을 수행하며 나도 법철학 교수가 되겠다고 다짐하고 있었다. 당시 경희대에서 새로이 부임해 오신 전원배 교수가 법철학을 강의 하시고 계셨다. 그런 이유로 전 교수를 지도 교수로 모시게 되었고 어느 날 댁으로 찾아가게 되었다.

장래를 의논하기 위해서 찾아간 나는 그 날 큰 충격을 받는다. 법철학 교수가 되고 싶다는 장래 희망을 얘기하는 나에게 전 교수는 "집에 돈이 있는가?" 하고 물었던 것이다. 교수가 되려면 이를 뒷받침 해줄 경제력이 있어야 된다는 것이었다. 교수 집안에 태어나 풍족함을 모르고 살던 나에게 그는 처음으로 돈 이야기를 하며 내가 평생 보아온 교수가 아닌 다른 교수의 모습을 얘기한 것이다.

아! 그렇구나, 돈이 없었기에 내 아버님도 한 때 사업에 손을 대신 것이었구나! 그날 이후 나는 교수되기를 포기하였다. 그리고 가끔 생각했다. 전 교수께서 왜 그런 얘기를 하셨을까? 본인도 돈 때문에 충격을 받으신 것일까? 무엇인가 뜻대로 아니 되는 것을 재정 상태와 연결시킨 것일까? 때로는 원망도 했다. 꿈에 부풀어 있던 젊은이의 일생을 한꺼번에 틀어 놓은 그의 절규 비슷한 한 마디를 그 날 이후로 평생 잊을 수 없었다.

그러던 어느 날 나는 돌연 깨닫는다. 아하! 내가 자질이 부족하여 빠른 시일 내에 뜻을 이룰 수가 없고 오랜 기간 동안 각고의 노력을 해도 될까 말까 하다는 것을 전 교수께서는 간파 하셨던 것이다. 그래서 집안의 경제력을 문의 하셨을 것이라는 점에 생각이 미친 것이다. 그 것을 모르고 평생 때로는 원망도 하고 이상한 못된 상상도 하였었구나! 전원배 교수님 죄송합니다.

이 못난 제자를 용서하소서.

제4부
우리들의 노래(詩)

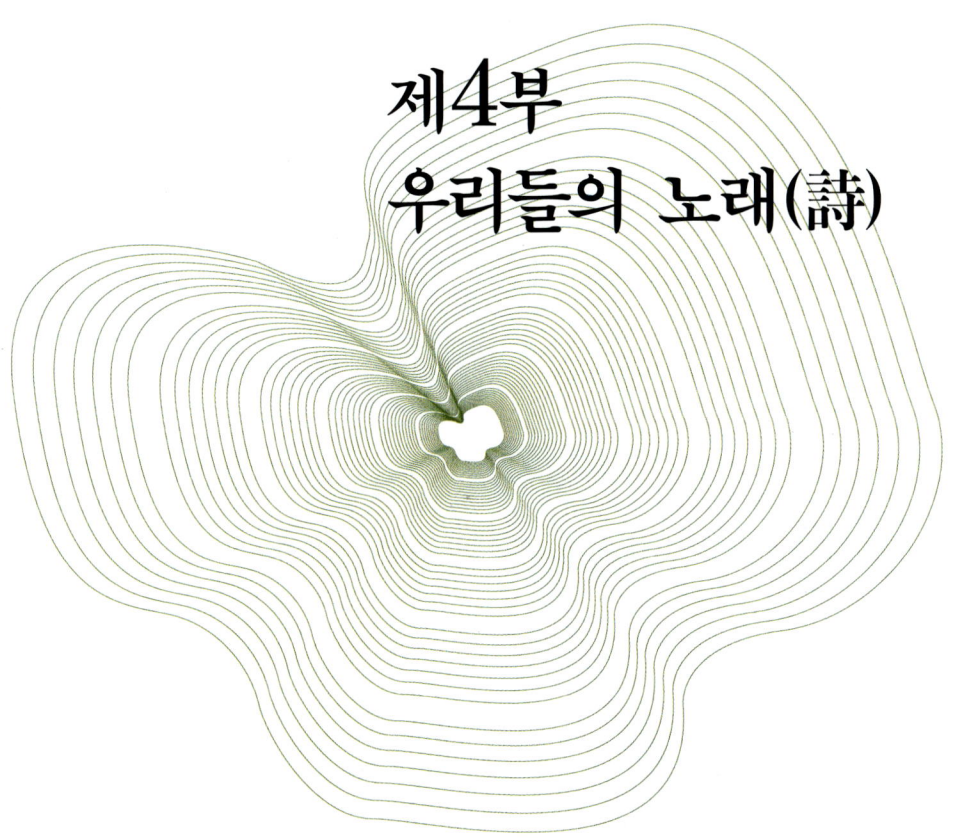

인도의 추억

김 광 로

1. 어두운 새벽길

델리의
어두운 새벽은
깨끗하고
적막하다

짙은 어두움은
모든 더러움을
치워버리고

새벽의 만트라 소리
내 마음도
깨끗하게 만든다

들개가 무서워
몽둥이 들고 골목을
헤매는 나는
깊은 백담사 암자를

그리워하는
수도승이다

2. 출근길

이른 아침
출근길에 보는
들것에 광목으로 덮여
화장터로 가는
삐죽 나온 두 다리

몇 명이 조용히
뒤쫓아 가면
아쉬워한다

참으로
소박하고 깨끗한
마지막 길이다

위선과 욕심으로
가득 찬 세상을 버리고
맨몸으로 가뿐히
고향으로 돌아가는
것이다

나는 오늘도
그 반대의 길로
힘들게 나가고 있다

3. 색다른 귀향

14년이나 살다가
짐 싸 들고 귀국한지
2년 반 만에
다시 찾아온 뉴델리는
옛 고향이다

비행기에서
내리자마자
느껴지는 인도 독특한
향료와 음식 그리고
매연 냄새
친근하다

호텔까지 가는 길
지저분한 구석구석
변함없이 그대로
마치 1주일 만에
다시 온 것 같이

다정하다

공항에 마중 나오고
그리고 호텔에서
도와주는
인도종업원들
고향사람같이
친절하다

옛 고향이
다시 나를 흥분
시키는구나
많은 것을
담아 가야겠다

4. 델리의 아침기도

이른 아침
호텔주위를 산책하다가
젊은이가
큰 길 건너 향해
합장하고 오랫동안
기도하는 것을
보았다

건너편 숲 속에 있는
희미한 사원을
향해 옆에 손수레에
앉아 있는 노모를
그리고 오늘 하루를 위해
경건하게
기도하고 있는 것이다

참으로 인도는
기도의 나라이다
가게마다
조그만
제대가 있어
항상 기도하는 마음으로
살아간다

어려운 세상
신에게 의지하고
마음에 평화를
이웃에 친절을
가족에 양식과 건강을
소박한 바람을
기도하는 것이다

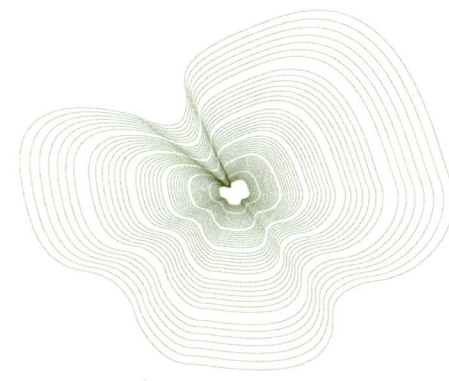

억새를 노래하다

김 영 수

1.

두 줄기 은빛 줄무늬 잎
은장도처럼 달 빛 아래 반짝이고
푸른 포기 속에서
작은 줄기 몇 개 솟아오르더니
영롱한 분수가 되어
팔방으로 쏟아져내리다

2.

어제
고아했던 보랏빛 갈래갈래
오늘은
자비로운 하얀 깃털되어
무심히 비상할 때를 기다린다

바람이 불면, 그땐
자비로운 생명이 우유의 바다에

큰 날갯짓 하며 너울거리다가
만 리 떨어진 낯선 곳 어느 길가에
푸른 줄기 보랏빛 갈래로 환생하여
몸 전체로 소리 내며
국경은 없다 세계는 하나라고
외칠 것이다

3.

모든 꽃 들이 스러진 겨울의 들녘
폭풍설 속 홀로 미소짓는 너, 억새!
뉘가 있어
바람에 나부끼는 여인이란 굴레 씌워
오랜 세월 부끄러운 인고의 시간을 보내게 하였는가?

평판에 연연하지 않고
먹칠 당한 얼굴도 숨기지 아니하고
묵언의 발걸음 계속하더니 이제
바람 부는 광야의 만다라가 되었구나

4.

하얀 눈이 정적을 만들고 있는 밤의 연못 가운데
미소 짓고 있는 억새풀 세 잎이 너무나 따뜻해보여
손을 대본다
부드러운 따스함이 가슴까지 전해온다
눈에 덮인 소나무도
가지마다 눈을 이고 있는 배롱나무도
정겹게 처진 눈 쌓인 대나무 잎들도
이 가느다란 억새 잎 속
봄 때문에
따스함을 느끼고 있나 보다

5.

찬바람 부는 텅 빈 정원 한 구석
메마른 줄기 끝 아련히 매달린
늙은 억새꽃
젊은 시절 다 하지 못한 자비를
이제
마지막 바람 편에 세상에 베풀라 한다

죽기 전에 죽기 전에
나 죽기 전에

6.

삶과 죽음, 성과 쇠를 시간에 맡겨버리고
오직 푸른 하늘 하얀 구름을 우러르다
바람에 날리고 비에 씻겨 비움만이 남았을 때
하늘하늘 솟아올라 한 해의 완성을 맞나니
이 끝 모를 환생의 마지막 도착점은 어디인가?

손자를 위한 할아버지의 기도

김 학 수

강현이는 이제 4살인 나의 손자다. 데리고 나가면 보는 사람마다 손자가 할아버지를 똑같이 닮았다고 하니 들을 때마다 기분이 절로 좋아지고 녀석이 더욱 사랑스럽다.

엄마 아빠가 직장에 나가 아침마다 옆 동네 사는 녀석을 데리고 와서 밥 먹이고 놀아주었는데 지금은 외국에 나가 있어 가까이서 볼 수 없으니 그리움만 더해간다.

영상통화도 하고 사진도 보곤 하지만 동네 공원에서 또래의 아이들만 보면 금방이라도 '하부지~'하며 녀석이 두 팔 벌리고 달려 올 것만 같고 재잘거리던 재롱소리가 귓가에 생생하다. 연전에 녀석의 첫 돌 때 내가 기도했던 대로 먼 곳에서 무럭무럭 건강하게 잘 자라 주길 빌어본다. Baby! I love you.

강현이를 위한 할아버지의 기도

생명의 원천이신 하느님,

저희들에게 허락하신 우리 강현이의 첫 돌을 기쁘게
맞이하면서 당신 은총에 다시 한 번 감사드립니다.
저희들은 우리 강현이가 저희들과 세상에 생기를 북돋아주는
당신의 거룩한 선물이라고 믿습니다.

비오니, 우리 강현이가 부모의 품 안에서 세상을 안전한 곳으로
느끼며 스스로를 존중하고 자신감 있는 아이로 크게 하시고
자연을 호흡하며 건강하게 살아가도록 도우소서.
큰 산을 오르며 나무를 끌어안고,
강물을 바라보며 지혜를 얻고, 사람들
사이에서 행복하게 하소서.
당신의 보살핌 속에 나라와 사회의 큰 일꾼이 되고
훌륭한 인격을 지닌 사람으로 성장하도록 지켜주소서.

그래서 먼 훗날,
보람찬 인생을 살 수 있는 생명을 주신 당신께
감사드릴 수 있도록 축복하소서.
성부와 성자와 성령의 이름으로 아멘.

2012.4.21

— 할아버지

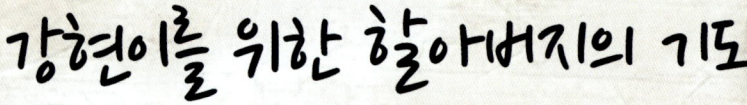

꿈 같지 않게 꿈 같은

― 입학 50년을 회고하며 ―

오 종 권

반 백 년!
160개의 역사가
천연색으로 交織되어 있는
우리네 삶의 발자취.
뒤돌아보면 저어기 아련히
집힐 듯한 시간들

조그만 머리들이
좁디좁은 교문을
비집고 들어서서
쓴물, 단물 마시며
도토리 키 재본 시간들
하늘이 그렇게 낮았더냐?
어른들이 두던 장기를
겁 없이 훈수하다
혼쭐이 나던 일은
우리의 기름이 되었고
세상의 거름이 되었다.

다시 우리의 뜨락으로 돌아와
싸맨 머리에
김이 모락모락 오르면
또 한 학기는 뒤 안으로
책갈피 되어 접힌다.

설익은 사랑을 찾아
파랑새 같이 이 나무 저 나무를
기웃거리던 더벅머리 청바지들
구름에 날려버린 것들이
책상머리에 다소곳이
돌아와 앉아있을 때
우리의 머리는 커지고
목소리도 굵어지고
옷을 매만진다.

뭣도 모른 채
쫓기듯 나선 교문.
바깥바람이 찰수록
고개를 돌리고픈 시간들
돌리려도 돌려지지 않고
돌아봐도 예전 같지 않은.

멋대로 커져버려

가슴보다 더 커지고
좌충우돌 상채기 있는
툽상스런 머리로
다시 우리의 뜨락으로 돌아왔다.
오늘 우리
반백 년 전으로 돌아가서
가슴을 더 키우고
더 작은 머리로
서로를 맞이하자
서로를 웃자
꿈같지 않게 꿈같은
반 백 년!

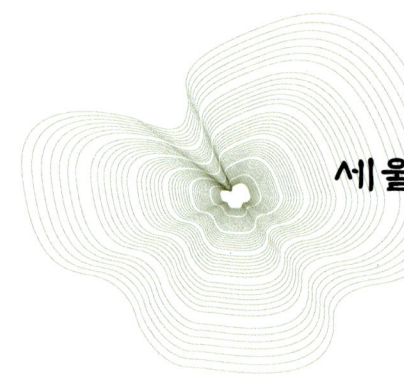

세월호 사건을 생각하며

- 기도문 -

신 중 대

생명을 주시기도, 거두어 가시기도 하는 하나님!
이 땅에 귀한 생명으로 어린 꽃송이 같은 자녀들을 주셨는데
그 생명을 귀하게 여겨 주지 못한 어른들의 잘못을 용서하소서!

그리고 무사생환을 기다리는 가족들과
먼저 숱한 아름다운 이야기를 지닌 채 주검으로 돌아온
숨진 승객들과 오열하는 유가족들에게 한없는 하늘의 위로를
넘치도록 내려주소서!

또한 바라기로는
깊어가는 이 밤에 생명구조의 사명으로 철야로 구조작업 중인
수많은 구조대원들의 안전과 큰 성과 있기를 바라며,

선진국으로 발전하는 우리 땅 대한민국에
더 이상 후진국 형의 인재가 일어나지 않도록
각성하고 참회하는 마지막 기회가 되길 바라며
하늘 우러러 기원하오니 도와주옵소서.

어두움이 빛이 되어

— 연작시 —

윤 경 희

봄

쥐 눈보다 작은 새싹을
남몰래 틔우며
내 맘보다 언제나 먼저 와서
내 가슴을 흔드는 이여
그리움으로
민들레를 피우는 이여
소리 없이
종달새를 깨우는 이여

파도

시작이 안 보이는 먼 곳에서
땅 끝까지 꿈을 밀어 놓는구나
물방울로 부서지는 꿈을

오랜 동안 가슴에 묻혀진 아픔
다 풀어놓는구나
눈이 시리도록 참아 온 눈물
다 쏟아놓는구나

모든 게 다 부서지고
바다에서도
육지에서도
남는 것이 없는데
그래도 자꾸 밀어 올리는구나

대나무

살아온 세월
마디마디 기도로 이어져서
내면의 큰 고뇌와 절규도
이제는 다 비우고
빈 마음을 싸고 있는
단단한 믿음만 남았습니다

오직 한 길
하늘로 올라
바람에 흔들려도
쓰러지지 않는 믿음만 남았습니다

세월이 갈수록
커지는 빈 마음입니다

해바라기

바람 부는 언덕에
한 그루 해바라기로 서서
그대 오기를
기다리고 있었다

언젠가 해질 무렵
긴 방황에서 돌아오는
그대 맞으러
그리움은 알알이 속으로 감추고
가는 목 길게 세우고
기다리며 서있었다

흰 눈이 내리고
노란 해바라기
천지에 자취도 없이 사라진 뒤에
그제서야
기다림이 아픔인 줄 알았다
사랑이 소리 없는 울음인 줄 알았다
세월이 쓸쓸한 줄을 알았다

눈

눈을 맞아 본 사람이 눈을 안다
눈을 밟아 본 사람이 눈을 안다
눈 속에서 울어 본 사람이 눈을 안다

눈 속에
얼마나 많은 그리움이 묻혀 있는지
얼마나 오랜 시간들이 잠들고 있는지
얼마나 아름다운 추억들이 다시 살아나는지
얼마나 많은 사람들이 만났다 헤어지는지
얼마나 예쁜 꽃들이 다시 피는지

바지를 다리며

몸이 빠져나간 뒤
바지는 힘없이 누워 있다

수많은 시간들을
앉았다 일어섰다 걷다가 뛰는 사이
견디다 못해 잡힌 주름들
뭇 세월에 접힌 얼굴의 주름보다 더 진하고
구겨진 지폐보다 더 초라하다

먼지와 커피와 먹다 흘린 국물
조금씩 비치는 여러 자국까지
함께 세탁기 안에서 몸부림치다
세정제와 함께 씻겨져 나가고
새로운 모습으로 세상에 나온다

아직 남은 물기를 몰아내려
뜨거운 열기로 짓누르면
신혼방의 아침 햇살처럼
퍼지는 주름들
해어진 발목과
무릎 허벅지를 지나
복잡 미묘한 부분을 조심스레 지나
허리춤에 다다르면
다시 오는 젊음처럼

뻣뻣해지는 감촉
새로운 출발을 위해
쭉 펴진 채 똑바로 걸려 있지만
몸이 빠진 바지는 힘이 없다
몸에 맞춰서야 겨우 움직일 수 있을 뿐

폭풍우

문 밖
폭풍우가 사납다
마음 산란하고 두렵다

문 닫고
유리창 닫고
마음까지 닫아도
더 산란하고
어수선하다
나는 왜
폭풍우 속을 우뚝 서서
걷지 못할까?

별

흔들리는 가지 끝에서
나는 작은 잎새이다

여린 꽃잎 위에서
조그만 이슬방울이다

흘러가는 강물 속에서

하나의 물거품이다

존재는
오직 사랑으로만 별이 된다
높은 곳에서
모든 것을 수용하고
사랑할 때에
하나의 별이 된다

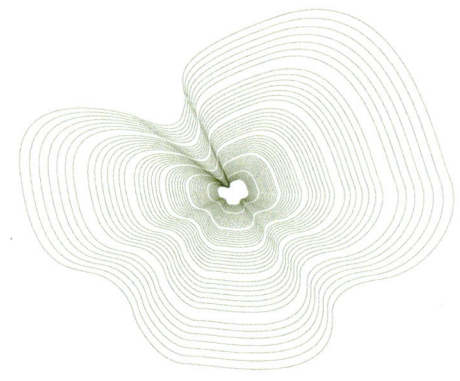

분노의 계절

조 용 국

역시 4월은 잔인한 달이었다.
절벽 같은 공포와 절망에 차라리
모든 것을 맡겨 버렸겠구나
얼마나 억울하고 원통하며 참담 하였겠느냐?
모든 패덕한 것들을 결코 용서하지 말거라.
신(神)은 어디에 있는 걸까?
이럴 땐 신(神)마저도 침묵하는 걸까?
썩어빠진 어른들, 위선과 가식으로 으스대던 모든 이들,
젊은 영령 앞에 석고대죄 할 지어다.
악의 씨앗을 拔本塞源하여 改過遷善하여야 그나마
지은 죄 값을 조금이라도 갚을 수 있게 된다.
파도야 울먹이지 말아라.
바다여 울부짖지 말아라.
분노의 계절! 분노의 세월(호)!
결코 용서하거나 잊지 말자
그러나 이대로 주저앉을 수는 없다.
다시 일어서서 그대들이 못다 한 통곡의
노래 2절을 힘차게 불러주마.

삼가 명복을 빕니다. 영면하소서.   2014. 4. 30.

특별기고

시인의 등불

모 지 선 (한광수 부인)

나는 항상 길을 걷고 있습니다.
당신도 내 곁에서 걷고 있습니다.
아름다운 꽃길을 따라 바람도 상쾌하군요.

그러나 길이 항상 평탄하지만은 않습니다.
산을 오르고 물을 건너고 길 없는 길을 만납니다.
돌아보니 아무도 없고 어둠과 추위와 공포만이 가득합니다.
당신은 어디에 계십니까?
아마 당신도 다른 길에서 나를 찾고 있는 건 아닐까요.
내가 주위를 돌아보며 당신을 찾고 있듯이
그러나 나는 믿습니다.
비바람을 헤치고 길 없는 숲을 헤쳐나아가면
반드시 당신을 만날 겁니다.
사랑을 믿으며 꿈을 이루려하는 당신과 나는
불의와 타협하지 않고 아름다운 세상을 만들려고 노력하는 우리는
힘들어도 포기하지 않기 때문입니다.

어쩌다 당신이 숲에서 길을 잃고 두려움에 떨게 된다면
잠시 눈을 감고 그 자리에서 한 줄의 시를 생각하십시오.

누구의 시라도 좋습니다.
시인의 마음을 생각하십시오.
시인의 마음엔 조그만 등불을 켜고 살기 때문입니다.

나도 조그만 등불 하나 가슴에 밝히고 이 길 없는 길을 헤쳐 나갑니다.
여기 저기 조그만 등불이 피어납니다.
여명의 길목에서 우리는
시인의 등불하나 가슴에 안고
손에 손을 잡고…
손에 손 잡고
달처럼 환하고 해처럼 빛나는
아름다운 세상의 등불되어 나아갑니다

◆ 특별 기고

표지를 그린 모지선 화백이 남편 동기들의 50년 이야기집 발간을 기려 보내온 글이다.

제5부
빛이 있어라,
삶과 문화 이야기

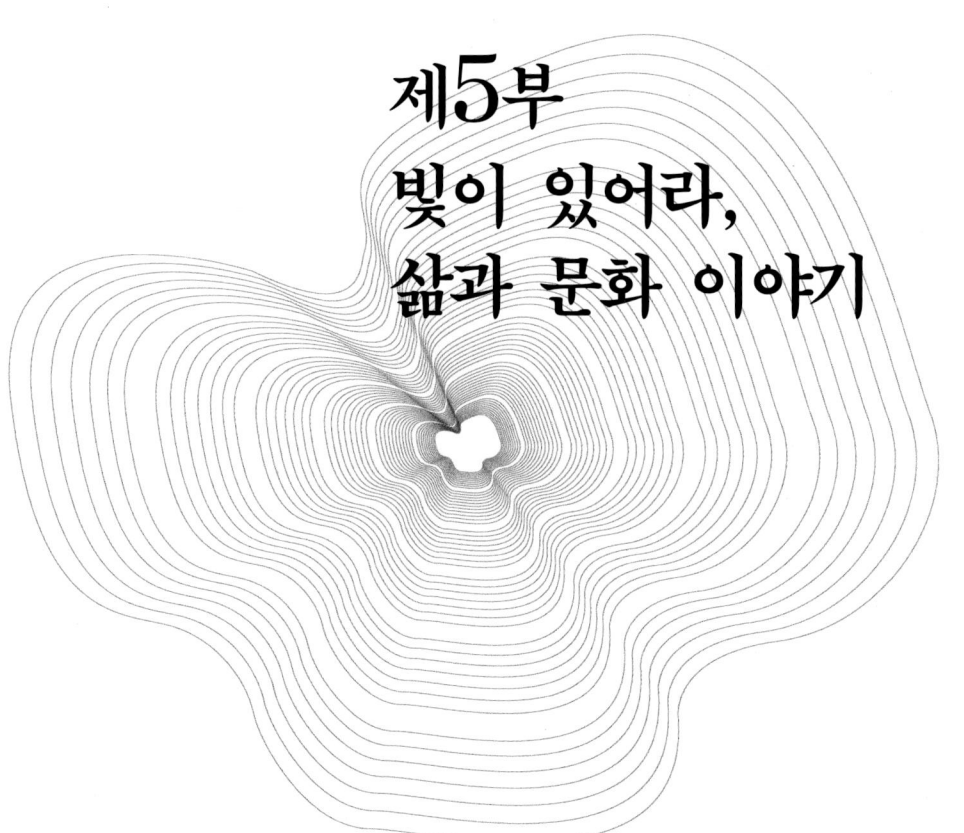

김광로 화백의 인도 그림 전시회에 부침

김 영 수

인도에 빠져 버린 이 있어
인도를 그리기 시작 하였는데
시간도 넘고 사물도 초극한 붓 한 자루에
자신의 영혼을 쏟아 부어
인류의 정신을 그리려 하네
수 천 년 전부터 강물처럼
우리에게 흘러든 인도의 혼이
김 화백의 캔버스에
커다란 연꽃으로 피어나면
나는 그곳에 똬리 틀고 앉으려 한다.

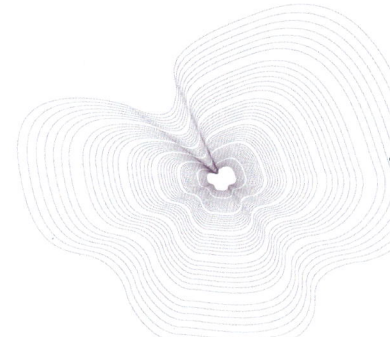

골프 속의 삶과 지혜

김 완 섭

김효주…

　지난 9. 14.에 막을 내린 에비앙 챔피언십에서 LPGA대회 41회 수상에 빛나는 백전노장 카리웹을 상대로 역전승을 이끌어 낸 코리아의 19세 소녀.
　그린 주변 프린지에서 세 번째 어프로치 샷을 실수해 3m 파퍼팅을 남긴 웹은 쫓기는 신세가 됐고, 그 마저도 놓쳐 보기를 했다.
　플레이에 집중하느라 역전극이 펼쳐진 줄도 모르고 김효주는 잠시 멈칫하다가 캐디의 말을 듣고는 그제야 만면에 웃음을 지었다. 김효주는 "처음에는 라인이 잘 보이지 않았다. 그러나 캐디가 잘 알려줬고 무조건 성공시킨다는 생각으로 과감하게 스토로크를 했다"고 말했다.

　　　　　　　　　　　　　－ 2014. 9. 16.자 중앙일보 보도

　클럽으로 볼을 치는 게 골프게임의 전부라면, 사람들이 그렇게 골프에 열광하면서 심취할 수가 있을까요.
　골프는 인간이 하는 운동의 하나이지만 단순한 놀이는 아니다. 다른 운동과는 근본적으로 다른, 인간성을 관찰하는 무대라고 하여, 다음과 같은 정의가 내려오고 있습니다.

　"골프에는 인생의 지혜와 철학 등 모든 것이 포함되어 있습니다.

골프가 오락이라고 생각하는 사람에게는 오락으로서, 철학이라고 생각하는 사람에게는 철학으로서, 심리학이라고 생각하는 사람은 심리학으로서, 골프 속에 삶의 지혜와 진리가 내재되어 있다고 생각하는 사람에게는 인생 길잡이가 되는 것으로, 그 생각하는 사람의 역량과 태도에 따라 그 내재가치가 천차만별임을 정확하게 대답해주고 있다."는 것입니다.

『퍼펙트 골퍼』의 저자 헨리뉴턴 웨더렛에 의하면, 골프 룰은 우리들이 상상하는 것보다 수 백 년이나 앞서 존재했을 것이라고 합니다. 왜냐하면 혼자서 들토끼의 구멍에 작은 돌을 처넣고 있던 양치기의 모습을 본 사람들의 골프게임을 생각해냈기 때문입니다.

골프가 언제 어디서 시작되었는지 그 기원설은 접어두고라도, 스코틀랜드에서는 14세기경부터 게임이 시작되었다고 전해 내려오고 있습니다.

골프의 창세기로 일컫는 그 시대에 살았던 사람들은 골프게임에 대한 두 가지 간결한 합의를 이루었으며, 그것은 "첫째. 자기에게 유리하게 행동해서는 안 된다.", "둘째, 어떤 사태가 벌어지더라도 있는 그대로의 상태에서 플레이해야 한다."

이것이 골프클럽 내의 규정이었으며, 이것만은 목숨을 걸고 지킬 것, 만약 규정을 깨는 사람이 있다면 추방은 당연한 제제로 여겼다는 것입니다.

"룰이 결정된 대로 하십시오. 그렇게 하면 심판 같은 것은 필요 없을 것입니다. 심판 없이 자기 양심적인 판단에 의해 플레이를 하기 때문에 골프는 위대한 것입니다. 심판 없이 게임한다는 것을 긍지로 여겨야 합니다."

골퍼의 위와 같은 정신과 태도 때문에 골프는 다른 운동과는 비교할 수가 없을 만큼 위대한 것입니다.

골프를 시작하기 전에 먼저 해야 할 일은 인격을 쌓는 일입니다. 골프는 심판 없이 철저히 자신을 상대로 하는 게임이기 때문에 인격이 모두 드러나게 됩니다.

필드에서의 모든 판단과 행위는 자신의 의지와 선택에 좌우되므로 목표가 없는 골퍼는 인생의 삶에서 길을 잃고 헤매는 나그네와 같다 할 것입니다.

골프를 하다보면 좋은 날씨가 있는가 하면, 궂은 날씨로 바람과 비에 맞서기도 하고, 웅덩이나 거친 수풀에 빠뜨리기도 하고, 느리거나 빠른 그린을 만나면 그때그때 알맞게 대처해야 하듯, 인생에도 늘 불확실성이 도사리고 있어 그때마다 상황에 맞추어 지혜롭게 대처해야 하는 것이 골프와 상통하다 할 것입니다.

골프가 그렇듯이, 인생도 최선의 선택을 해 나가는 과정입니다. 인생에서나 골프게임에서나, 자기 자신과 싸워 나가야 하는 것은 마찬가지다. 또 골프코스에서만 해저드 또는 OB구역에 대처해야 하는 것이 아니고, 인생의 삶의 여정에서도 그 나름대로의 해저드와 OB구역에 맞서야 한다.

내가 골프를 사랑하는 까닭은 그것이 의지에 미소로 답하는 드문 순간들 때문이 아니라 그것의 인격적 솔직함 때문이다.

골프는 순수하고 정직한 사람에게만 미소를 짓고 거짓이나 아첨에 넘어가지 않는다. 물론 강제로 정복할 수도 없다. 그저 인내심을 갖고 천천히, 그리고 꾸준히 구애를 해야만 한다. 마치 애인을 다루듯이……

그 이외의 편법이나 다른 전략, 나아가 속임수를 쓰다가는 지금까지 수세기 동안 골프 때문에 분노와 슬픔에 잠겼던 수많은 사람들과 마찬가지로 골프로부터 따돌림 당하거나 퇴짜를 맞게 될 것이며, 인생 또한 그와 같은 상황에 봉착하여 실패자로 기록될 것이다.

나쯔시카켄의 저서 『인생의 모든 지혜는 골프에서 배웠다』라는 골프에세이집에 그 좋은 실례가 나와 있어 이를 소개하고자 한다.

만일 골퍼가 '파'라든가 '보기'라든가 하는 스코어만이 골프의 전부라고 여기고 그것만 집착하면 그는 곧 사회적 고립을 초래하게 된다고 명수(名手)들은 경고하고 있다.

최근 로스앤젤레스 교외에 대규모 골프장을 개발하던 부동산회사의 사장이 시가 주최하는 채리티 골프에 나가 두 번의 '보기'를 '파'로 신고했다. 그는 게임 종료 후 세 명의 동반경기자들로부터 힐책을 당하자,

"그만 무심결에 그렇게 했습니다."

하고 변명했지만, 룰에 따라 그 자리에서 실격으로 처리되었다.

그 소문은 점차 널리 퍼졌다. 그로부터 몇 주일이 지나서 골프장 개발을 지원하던 은행이 융자 중단을 통보해왔다. 그로인해 그의 부동산회사는 도산되고 본인도 행방불명이 되었다.

어느 초보자는 말한다.

"골프는 단지 볼을 굴리는 데 지나지 않는다. 자기만 즐기면 그것으로 충분하지 않은가."

만약 초보자가 골프를 놀이의 하나라고 생각한다면 그것은 그야말로 무분별한 생각이다. 이 게임을 결코 얕보아서는 안 된다고 말씀드리는 것이다.

나는 운 좋게 사법시험에 합격하여 법원에 몸을 담게 되고 지방의 모 법원에 근무하던 무렵, 평소 존경하던 선배가 처음으로 내 손에 골프클럽을 쥐어 준 순간부터 골프에 빠져들었다.

나는 10m도 안 되는 조그마한 개인 실내연습장에서 코치도 없이 (1976년 그 당시 그 지방에는 프로골퍼나 골프 코치도 없었다) 선배의 어설픈 조언과 영문으로 된 잭니클라우스가 저술한 교습서를 벗 삼아 거의 매일 아침, 점심, 저녁 하루 3번씩 1,000여개씩 볼을 쳤다. 그 덕분에 젊었을 때 유성CC에서 아마추어 골퍼의 소원인 언더파도 쳐보았고, 70을 훨씬 넘긴 지금의 나이에도 곧잘 70대의 스코어를 내는 것이 결코 우연은 아니라고 생각한다.

더욱 기쁜 것은 진갑을 넘긴 2004. 6월에 이븐파까지 기록하고 동반자와 주위 친구들로부터 축하와 축하패까지 받았으니 아마추어 골퍼로서는 자신이 자랑스럽기도 하고 대견스럽기도 하다.

골프는 연습하면 할수록 그것이 주는 고독감과 자기 성취감 내지 자기 신뢰감으로 인해 내게 더욱 매력적이었다. 그 느낌은 골프를 시작한지 어언 40여년이 지난 지금도 변함이 없다.

나는 바로 그런 까닭에 대부분의 사람들이 골프에 심취되고 매료되는 것이라고 여긴다.

흔히들 골프가 코스 또는 코스 설계사의 두뇌와 대결을 벌이는 게임이라고 하지만 그것이 전적으로 맞는 말은 아니다. 결국 골프는 자기 자신과의 싸움이다.

골프와 대결할 수 있는 사람은 샷을 할 수 있는 마음과 머리, 그 결과를 받아들일 수 있는 용기가 있어야만 한다.

골프는 가끔 자신도 몰랐던 자신의 모습마저 드러내는 놀라운 거울이다. 골프를 속일 수는 없다. 속이려고 한다면 다른 사람들로부터 비인격자로 낙인찍히거나 동반 라운드를 기피 당하는 수모를 당할 수도 있다. 그런 까닭에 골프를 사랑하는 모든 사람은 예의바르고 진실해지기 위하여 더욱 노력하고 노력한다.

골프에 관한 정의는 골퍼에 따라 천태만상이다.

수많은 개념 정의 가운데 우리의 눈길을 끄는 것은 작자 미상인 채로 회자되는 다음의 정의인 듯싶다.

즉 "골프는 서서하는 놀이 가운데 가장 재미있는 운동이다"

골프가 재미있는 그 이유는 그것의 정의만큼 다양할 것이다. 굳이 한 가지 이유를 꼽는다면 완벽한 플레이를 지향해 가는 노정에서 그 답을 찾을 수 있을지 모른다.

그래서 혹자는 "골프란 인생의 축소판이다"라고 또 다른 정의를 내리기도 한다. 물론 골프는 인생보다 훨씬 복잡하다고 주장하는 골프광마저 있을 정도다. 아무튼 가장 재미있는 놀이……. 골프는 정말 수수께끼 같은 매력을 지녔다.

나는 감히 골프와 같은 게임은 없다고 확신한다.

여러 면에서 인생의 축소판과 같은 이 게임은 우리에게 모든 인격적인 면모를 가르친다. 골프는 성실함을 요구하고, 우정을 돈독하게 하고, 건강을 증진시키고, 심미안을 키워준다. 그것은 잘 친 아이언샷이나 성공한 퍼팅 그 이상의 것이다.

골프는 인내와 끈기를 필요로 하며 거기에 지름길이란 없다. 그것에 투자한 만큼 거두는 법이라고 말하고 싶다.

게임에 임할 때 긴장감을 즐기고 어떤 상황에서도 화를 내지 않고 한가로운 마음으로 임하는 것이 최상의 방책이다.

내가 평소 좋아하는 골프에세이집이 있다.

그것은 앞에서 이미 소개한 『인생의 모든 지혜를 골프에서 배웠다』라는 책이다.

이 책은 "세계적인 골퍼들의 풍부한 지혜와 인생철학이 잠긴 퍼펙트 골프에세이"집이라고 단언하고 싶다.

여기에서 이 책에 실린 골프와 심리상태의 중요성을 강조하는 부분이 있어, 그 부분도 소개한다.

조지 로라는 세계에서 퍼팅을 제일 잘한다고 자부하는 프로선수가 혼자서 꾸준히 연구한 정신단련법과 위대한 골퍼들의 정신적 노하우를 합쳐서 하나의 차트로 만들었다.

이것이 로의 법칙이라 불리며 지금은 골프심리학의 바이블이다.

1. 자기 자신의 성격을 알라. 긴장감이 즐겁게 느껴진다면 큰 시합에 적합하다. 큰 내기에 지는 일도 없다. 반대로 만약 긴장감이 샷을 혼란시킬 것 같으면 금액이 높은 내기는 단념하라. 자부심만으로는 이길 수 없는 것이 골프라는 것을 알라.

2. 골프는 놀이에 지나지 않는다. 화내지 말고, 한가로운 마음으로 임해라. 스코어가 나쁘다고 해서 스스로 절망의 밑바닥으로 빠지는 일이 없도록 하라.

3. 골프는 경험의 게임이다. 육체의 오관을 활용해서 기억력을 유지하고, 무슨 일이든지 경험에서 배우는 자세를 유지하라.

4. 위기관리 능력을 길러라. 평소에 최악의 사태가 발생해도 동요하지 않는 마음의 준비를 갖고 냉정하게 대비하라. 골프에서는 다음에 무엇이 일어날지 예측할 수 없기 때문이다.

5. 자신을 상대로 플레이하라. 상대를 봐서는 안 된다. 상대를 보면 상대 페이스에 말려들 뿐이다. 이기는 일보다도 좋은 플레이에 집중하라.

6. 자신의 샷 중에서 장점과 단점을 잘 판별하라. 할 수 없는 일을 하려 한다든가 과거에 경험해보지도 않는 샷을 행하려고 해서는 안 된다. 이제부터 치려고 할 때, 자기의 숙련된 클럽으로 행할 것. 코스에서는 결코 첫 체험을 피하라.

7. 등 뒤에서 일어난 실수를 모두 잊어라. 지나간 실패를 후회해도 얻는 것이 없다. 중얼거리는 자신을 꾸짖어라. 기분을 발전적으로 바꿔라.

8. 볼과 대치했을 때, 실수를 생각해서는 안 된다. 설계도가 나쁘면 완성되는 건물도 형편없다. 우선 자신을 갖고 클럽을 휘둘러라.

9. 항상 템포에 신경을 써라. 보행 중 어드레스, 스윙, 어떠한 경우에도 자신의 템포가 빨라지고 있다고 생각되면 즉시 느긋한 리듬으로 바꿔라. 호조는 슬로 템포에만 깃들인다는 것을 명심하라.

10. 평소 연습에서는 스스로에 가혹한 프레셔를 부과하라. 막연하게 치지 말고, 명쾌한 목표를 향해서 쳐라. 타협하지 말라. 어려운 홀에서의 샷을 이미지해서 쳐라. 연습 그린에서는 반드시 넣을 작정으로 프레셔를 가해라. 연습이라고 해서 야무지지 못한

샷을 칠 정도라면 언제까지 향상되지 않는다.

심리학자이기도 한 로는 많은 골퍼들과 골프를 시작하는 사람들에게 많은 충고를 남기고 있다. "그는 언제나 같음 멤버끼리 플레이하면 강한 골퍼가 될 수 없다. 되도록 모르는 사람과 상대하여 경험을 쌓아야 한다. 좋은 점수를 얻어도 퍼뜨리지 말라. 다음 경기에 그 점수가 나올 수 있는 것은 아니다. 컨디션이 줄곧 나쁘면 변명을 하지 말고 자신을 객관적으로 보는 습관을 가지라"고도 충고하고 있다.

골프에서는 자기 컨트롤이 최고의 무기가 된다. 자신을 냉정히 바라보는 눈이 필요한 것이다.

드라이브 샷을 더 멀리 날리고 싶다면, 의식적으로 클럽을 좀 더 천천히 그리고 보다 신중하게 돌리기 위해 노력해라. 이 방법대로 하면 볼을 직각으로 맞힐 수 있으며, 잘못된 방향으로 볼이 날아갈 가능성도 줄어들 것이다. 빠르게 움직인다고 해서 파워가 들어가거나 클럽 헤드의 속도가 높아지는 것이 아니다. 오히려 리듬을 깨뜨리고 샷의 성공률을 낮추게 된다.

모든 진리는 단순한 곳에서 머물 듯이, 열심히 연습한 자만이 승리할 수 있다.

골프는 이 세상에서 가장 위대한 게임이다.

김종구 박사의
『시장; 믿어도 되나요』

전자책 형태로 출간된 『시장! 믿어도 되나요?』

현대사회의 한국에 발을 딛고 있는 이들이라면 어떠한 형태로든 경제행위를 해야 한다. '먹어야만 산다'는 냉엄하고 명징한 진실을 거부할 수 있는 이는 아무도 없고, 그를 위해선 시장 안으로 뛰어들어 노동력을 제공하든 상행위를 하든 재화를 취득하기 위한 일을 해야만 하는 것이다.

그러나 대부분 이들이 단순히 먹기만 위해 경제행위를 하는 것은 아니다. 좀 더 잘 먹고, 더욱 더 좋은 옷을 사기를 원하고 되도록 안락한 쉼터를 원하는 것이 인지상정이다. 즉 기왕이면 타인보다 풍요로운 생활을 하기 원하는 것이다.

이를 위해선 무엇보다 시장경제에 대해 충분하고 올바른 이해가 요구된다. 그러나 대부분 이들이 주먹구구식으로 달려들거나 '하다보면 알게 되겠지'하는 안일함에 빠지기 쉽다. 『시장! 믿어도 되나요?』는 이러한 시행착오를 줄이기 위해 쓰인 경제학 원론서다. 시대의 추세를 따라 전자책으로 출간됐다.

시장경제는 누구라도 빈곤층으로 전락할 수 있다

책은 총 5부로 구성되어 있다. 먼저 1부 '시장경제'에서는 시장의 가장 기초에 대해 풀이되어있다. 저자는 거래와 교환이 발생하는 시장은 우연이 아닌 필연에 의해 이루어진다고 이야기한다. 결국 종합적으로는 개인과 가정, 기업의 생산 활동이 소비활동과 서로 맞물려 돌아가는 '강강술래'라고 설명한다.

2부 '경제 형평성'에서는 분배정의가 일어나지 못하는 현상에 집중한다. 공평, 공정, 타당의 뜻을 지닌 형평성이 지켜지지 않아 사회적 빈곤이 발생하기에 정부가 이에 적극적으로 개입해야 한다고 진단한다.

이를 위해 균등한 교육기회를 제공해야 하고, 부적절한 소득에 대해서는 제어해야 한다고 역설한다. 무엇보다 아프거나, 부모가 없는 어린이, 소득이 없는 노인 등 빈곤층을 적극적으로 도와야 하고, 경제적 약자인 저소득층에까지 그 지원이 이루어져야 한다고 말한다. 그 근본적인 이유는 시장경제 안에서는 누구라도 빈곤층이나 저소득층으로 전락할 위험이 있기 때문이라고 저자는 말한다.

3부 '불완전시장'에서는 시장경제의 약점을 집어낸다. 무엇보다 독과점이 발생하는 것이 우리의 현실. 정보에 취약한 소비자는 경제적 손해를 보기 마련이다. 이는 현실의 시장이 불완전한 요소를 갖고 있기 때문이라고 책은 말한다.

이를 규제하기 위해 정부가 개입해야 하지만, 정치인의 득표 극대화 행동, 공무원의 자기 이익 추구나 유인책 부족, 각종 이해단체의 로비, 정치적 배려 등이 더해지며 소기의 성과를 내기 힘든 경우가 발생하기도 하는 것이 현실. 저자는 이 경우 정부의 노력만 바라보고 있기 보다는 국민이 참여 거버넌스를 통해 정부의 의사결정과정에 적극적으로 개입하여야 한다고 한다.

국가재원을 삶의 질 향상에 쓰는 것이 곧 시장경제의 부흥
시장경제를 진단한 책 『시장! 믿어도 되나요?』

4부 '경제 너울'에서는 경제침체나 확장과 같은 경제정책 변동이 결코 예측 가능하지 않고 바닷가의 너울과 같이 불규칙한 주기로 반복된다고 말한다. 이 때문에 물가상승과 실업 등도 규칙적이지 않은 주기로 찾아오고, 이는 마치 시기를 정해놓고 찾아오지 않는 감기와 같다고 바라본다.

문제는 실업은 경제적 문제뿐 아니라 정신적, 사회적 여러 파장을 몰고 온다는 것이다. 국가는 이를 위해 경제성장으로 이룬 재원을 빈곤해결, 건강과 교육의 질 향상, 환경개선 등에 투자해야 하고, 이를 시장에서 생산적 경제활동을 할 수 있는 유인책으로 삼아야 한다고 지적한다.

마지막으로 5부 '교역, 자본이동'에서는 우리나라가 국내총생산에서 차지하는 수출·수입 비중이 각각 국내총생산의 절반을 차지하는 등 그 비중이 높아 국제무역이 국민 삶에 미치는 영향이 매우 크다는 걸 상기시킨다.

물론 국가 간 문을 열고 자산이 자유롭게 이동하는 것이 열린 경제의 장점이지만, 과다하게 자본을 빌릴 경우 부채상환 문제가 발생 국가경제위기로 치달을 수 있다는 것. 특히 우리 경제는 국제금융시장과 긴밀히 연계되어 국제시장의 변화가 우리 경제에 직간접적으로 큰 영향을 미칠 수 있다는 것. 이는 과거 동아시아 경제위기를 보면 잘 알 수 있다는 것.

책의 저자인 김종구 박사는 학생운동으로 서울 법대를 중퇴하고 미국 버클리대에서 경제학 박사학위를 취득한 경제학자다. 통계청 전문위원을 거쳐 국무조정실 규제개혁위원으로도 활동했고, 전 한국사회정책학회 회장이다.

더욱 두루 읽힐 수 있는 경제학 서적을 만들기 위해 저자가 그간 여러 대학과 기업에서 강의한 생활경제 내용 중 관념적이거나 다소 추상적인 경제원론, 현학적 표현 등을 덜어냈다고 한다.

대신 대중들이 주변에서 쉽게 접할 수 있는 생활경제 뉴스 등을 이용, 접근성을 높였다고 한다. 그 때문인지 본문을 따라가다 보면 삶의 질 향상이 건강한 시장경제를 만드는 바탕이 되는 것임을 깨닫게 된다.

특이한 점은 책의 장마다 단원 김홍도의 풍속도를 실었다는 것. 저자는 200년 전 김홍도가 담아낸 백성들 삶의 모습이 지극히 서민적이면서 은유적이었던 점에 주목. 오늘날 시장경제 아래 삶의 모습에 견주어 보게 된다고 밝혔다.

<시장! 믿어도 되나요?>(전자책) 김종구 씀, 나무농장 펴냄, 2012년 4월
© 2014 OhmyNews

韓.美 양국의 지폐의 얼굴과 그 역사, 문화, 국민성의 비교

김 종 상

우리나라 4종의 지폐와 미국의 7종의 지폐

미국에 중요한 독립기념일(1776. 7. 4.)이 있고 우리나라의 7월17일 제헌절과 8월15일 광복절 등은 두 나라의 국가 성립의 중요한 계기였던 국경일, 공휴일들이다. 이런 날에 새삼스레 두 나라의 지폐의 얼굴들을 비교해보면 두 나라의 역사, 문화와 국민성의 차이를 생각하게 한다.

우리나라 지폐는 천원, 오천원, 만원, 그리고 오만원의 4종으로, 정치인으로는 오직 세종대왕을 만원권에 모시고 다른 3종은 조선시대의 유교사상을 바탕으로 유학자, 예술가 들이 등장하고 있는 것이 특징이다.

미국의 경우는 일반적으로 통용되는 7종의 지폐에 5명의 대통령이 나오고 다른 두 종의 지폐에도 정치인, 또는 국민의 멘토(100달러의 벤자민 프랭크린)가 등장하는 것과 대비된다. 참고로 영국(그 연방포함) 같은 입헌군주국에서는 왕(여왕)이, 중국 등 사회주의 국가에서는 절대자인 모택동 등 한사람이 모든 종류의 지폐에 등장한다.

미국의 지폐의 얼굴들이 미국의 독립, 건국, 발전과정에서 한 역할을 보면 곧 그것이 미국의 역사인 반면, 우리나라의 화폐의 얼굴들은 조선시대 전후의 정신적 바탕인 유교사상의 뿌리를 알 수 있고 문화의 향기를 느낄 수 있다.

우리나라 해방, 건국은 3년 소요, 미국은 독립, 헌법제정, 건국까지 13년

우리나라는 해방(1945. 8. 15)된 후, 초대 대통령의 취임과 함께 정부가 수립(1948. 8. 15)되기까지 꼭 3년이 걸렸다. 남북한의 분단 상태와 여러 정치단체의 난립 등이 있었으나, 초대 국회의원선거를 거쳐 헌법을 제정(제헌절)하였으며, 국회에서 초대 이승만대통령이 선임되고 정부가 수립되었다.

미국은 1775년에 시작된 독립전쟁이 워싱턴 사령관을 중심으로 6년간 계속되었고, 파리평화회의에서 미국의 독립이 인정된 것은 1783년이었다. 그 후 13개 주(州)들은 4년의 진통기간을 거치며, 다시 헌법의 제정과 비준까지 2년이 소요되어 약 13년의 기간이 필요하였다고 한다.

미국이 독립선언을 하고 헌법제정을 하여 연방정부를 수립하는데, 기여한 인물 중, 가장 중요한 역할을 했던 인물들을 꼽는다면 누구를 꼽을까 생각해본다. 우리나라는 얼마 전, 인기리에 끝난 드라마 <정도전>을 보면서 조선왕조 건국에는 태조 이성계, 삼대 왕이 되는 태종 이방원, 그리고 정도전이 세 인물이었다고 생각된다. 미국의 경우, 첫 번째 인물은 초대 대통령인 조지 워싱턴, 두 번째는 독립선언서를 기초(당시 33세)하고 후에 3대 대통령이 되는 토마스 제퍼슨을 꼽는데 이론이 없다.

그래서 이 두 사람은 미국의 지폐 1,2 달러의 주인공이 되었는데 이들과 함께 미국의 역사의 중요한 역할을 한 지폐의 인물들은 누구일까?

미국 헌법제헌회의(1787년)에서 활약한 인물들이 지폐의 얼굴로

독립전쟁의 승리로 영국의 지배에서 벗어난 미국의 13개 주(州)들은 전쟁 중 전비(戰費)의 처리, 유럽나라들과의 대외적인 관계 등을 감안하면 어떤 형태이든 州들의 연합체(국가) 수립이 불가피하다는 것을 공감하게 되어 1787년 미합중국의 골격이 되는 헌법을 제정하는 헌법제헌회의가 개최되었다.

이 대표(55명)들의 주류는 41~45세였는데, 독립전쟁의 영웅 워싱턴이 55세로 이 회의 의장으로 추대되었다. 벤자민 프랭클린은 81세의 최연장자로 당시 국민들의 멘토로서 회의가 교착상태에 빠질 때마다, '모두들 진정하고 의사진행에 앞서 기도합시다.'하는 식으로 분위기를 잡았다고 한다. 제헌회의를 실질적으로 주도한 사람은 당시 44세의 제퍼슨, 30대의 뉴욕 대표인 알렉산더 헤밀톤(차후 재무부장관) 등이었는데, 이들은 주로 연방 권력의 강화와 주(州)의 자주권의 보호를 중심으로 열띤 논쟁을 벌였다.

이 헌법에 의해 1789년 초, 상하의원선거가 실시됐고, 이들이 선거인단이 되어 만장일치로 워싱턴을 대통령으로 선출하였다. 워싱턴은 주(州) 중심으로 하자는 공화파의 리더 제퍼슨을 국무장관으로, 연방의 실질적인 권한 부여를 강조하는 연방파의 대표격인 헤밀톤을 재무장관으로 임명하였는데, 이들의 이견을 조정하여 신생국가의 방향을 잡는 것이 대통령의 주된 임무였다고 한다.

워싱턴이 연임(8년)하는 동안 신생국의 초석을 다지고 박수를 받으며 자신의 고향 마운트 버논 농장으로 명예롭게 은퇴하자, 존 아담스 제2대 대통령을 거쳐 제퍼슨이 3대 대통령이 되었다.

대통령이 아닌 헤밀톤과 프랭크린이 각 각 10-100달러 지폐의 얼굴로

3대 대통령 선거에서, 인품과 명성이 높은 제퍼슨에게 의외의 강적 아론 버(Aaron Bur)가 선거인단 투표에서 동수의 표를 얻었다. 헌법은 이런 경우, 하원에서 결선투표를 하도록 되어 있는데, 아이러니하게도 오랜 정적이었던 헤밀턴의 도움으로 제퍼슨이 당선되었다.

비록, 정치이념이 다른 숙적(宿敵)이었지만, 헤밀턴은 국가를 위해 결정적인 순간에는 냉철하고 현명한 선택을 한 것이다.

그 후 낙선한 아론 버가 헤밀턴에게 결투를 신청하는데, 명예를 위해 결투를 받아들인 헤밀턴은 버의 권총에 맞아 49세라는 젊은 나이에 생을 마친다.

그는 그렇게 갔지만, 그가 살아생전 재무장관 등 건국을 위해 활약했던 점을 인정받아, 10달러의 주인공이 되는 영예를 안았다.

1달러 지폐에 올라 있는 워싱턴과 2달러 지폐의 얼굴, 제퍼슨과 더불어 건국 초기의 세 인물이라고 할 수 있다.

당시 존경받던 인물, 프랭클린은 너무 연로하여 대통령이 되지 못했으나, 그의 명예의 전당이라 할 100달러 지폐에 존재하고 있다.

미국의 보통사람 대통령 엔드류 잭슨이 20달러의 얼굴

미국의 독립 건국 초기(1776-1809)까지의 33년동안 두 대통령 워싱톤(1달러),제퍼슨(2달러)와 초대 재무장관 헤밀턴(10달러)그리고 국민의 멘토 프랭클린(100불)이후, 20년이 지나서 7대 대통령이 된 엔드류 잭슨이 20달러의 주인공이다.

잭슨은 그 이전의 여섯 명의 대통령과 달리 동부 13개주의 귀족, 지주의 자제가 아니었으며 당시로는 서부 지역의 개척자의 아들이고 명문 대학 출신이 아니면서 독학으로 변호사시험에 합격하여 자수성가한 정치인 이었다.

다시 영국과의 전쟁(1812년)이 있었을 때, 민병대의 지휘관으로 깜짝 승리를 거두어 전국적인 인물이 되었다. 국민의 직접선거로 대통령이 되어 지금까지의 기존 정치체제를 노동자 일반 시민 위주의 대중민주주의로 전환하고 신분을 타파 하는데 앞장섰으며 대통령 중심의 책임정치 구현 등으로 미국을 크게 바꾼 것이 평가되어 20달러 지폐의 얼굴이 되었다.

미국을 구한 남북전쟁의 영웅 링컨과 그랜트가 5-50달러의 얼굴

미국의 깡촌 켄터키에서 태어나(1809년) 초등 2년의 학력으로 초인적인 노력 끝에 변호사시험에 합격, 자수성가한 미국의 16대 대통령 에브레헴 링컨은 너무나 잘 알려져 있다. 그가 대통령이 되었을 때 터진 남북전쟁이 4년(1861-65)을 지속되면서 미국이 양분될 누란의 위기에 처했을 때 나라를 다시 재통합(Reunite)한 링컨은 워싱톤과 함께 가장 위대한 대통령의 한사람으로 전 세계에서 가장 존경받는 인물이다. 노예해방(1863년)과 민주주의 요체를 갈파한 'By the people, For the people, Of the people'은 그의 빛나는 상징이 되었

고 그는 당당히 5달러의 주인공이 되었다. 그가 암살(1865. 4. 14)당하고 그를 계승한 존슨 대통령(17대)이후 남북전쟁을 승리로 마무리한 북군 사령관 이었던 유리시즈 그랜트가 18대 대통령이 되었다.

전쟁 초기에 39세의 연대장이었던 그랜트는 3년 만에 총사령관이 된 군인중의 군인, 장군 중의 장군이라는 찬사를 받았다. 당시 그에 못지않게 유명했던 남군 사령관 로버트 리 장군은 전투에서 이기는 기술을 가지고 있었지만, 그랜트는 전쟁에서 이기는 전략을 가지고 있었다고 평가되었으며 그 후 50달러 지폐의 얼굴이 되었다

참고

미국 지폐의 얼굴들

1$ - 조지 워싱톤 초대 대통령　　2$ - 토마스 제퍼슨 3대 대통령

5$ - 애브레헴 링컨 16대 대통령　　10$ - 알렉산더 헤밀튼 재무장관

20$ - 앤드류 잭슨 7대 대통령　　50$ - 유리시즈 그랜트 18대 대통령

100$ - 벤자민 프랭크린(미국 국민의 멘토)

우리나라 4종의 지폐의 중심인물은 세종대왕 그리고 세 분의 학자, 예술가

우리나라 지폐에는 세종대왕(1397-1450 재위 1418-1450)을 우리가 가장 많이 사용하는 만원권에 모시고 있다. 세계에 유례없는 가장 쉽고 과학적인 문자, 훈민정음(한글)을 창제하고 문화, 과학, 경제, 예술, 군사 등 여러 가지 분야에서 업적을 남긴 세종대왕은 우리나라 반만년 역사에서 우리 민족의 정기를 가장 빛내고 나라를 발전시킨 명군(名君)으로 더 이상 설명을 필요치 않는다.

재위 기간은 우리나라가 큰 전쟁이 없는 평화의 시기 200년(조선 건국 1392년-임진외란 1592년)의 가운데 토막에 해당되며 서양의 구텐베르그 활판인쇄 (1450년),레오나르도 다빈치(1452년 출생)의 르네상스 시대를 선도하였다고 할 수 있다.

우리 지폐의 유학자 이황 등 세분은 바로 유럽의 르네쌍스 시대에 해당하는 시기(1501-1584)에 태어나 활동하시며 우리나라의 문예부흥기라 할 유교문화의 기본을 세우고 정신적 기초를 마련하신 분들이다.

이분들이 등장하는 지폐에 담겨진 의미를 음미하고 그곳에 숨겨진 문화유산을 발견하는 것이 우리의 긍지라고 할 수 있다.

정치인(대통령들)이 등장하여 그 역사적 의미를 생각하게 하는 미국 등 다른 나라의 경우와 대비되는 우리나라의 특색이다.

이황(李滉), 이이(李珥)는 동국 18현(東國 18賢)의 중심인물

중화사상(中華思想)의 관점으로는 중화민족 이외의 변두리 지역의 나라, 국민들을 오랑캐라 불렀지만 한반도의 우리나라에 대해서는 그 문화, 儒·彿·仙 學問과 그 精神 수준을 존중하여 경시하지 못하였다.

예로부터 신라의 설총, 최치원, 고려시대 안향, 정몽주 그리고 조선시대의 김굉필, 정여창, 조광조, 이언적의 맥을 잇는 유학자가 이황, 이이 이며 그 후 계속 그 학문의 전통을 이어왔던 김장생, 송시열 등을 동국18현(東國18賢)이라 불렀다.

우리나라 천원 지폐에 등장하는 이황(李滉,호는 退溪 1501-1570)은 동방의 주자(朱子)로 불리는 성리학의 대가로서 조선시대 선비들의 덕목이자 리더십(修己-治人)의 이론적 근거를 제시한 분이다. 당시 선비들은 학문에 전념하여 성현의 도를 추구하고 국가경영의 참여는 학문적 바탕위에 최소한에 그치는 것이 바람직함을 몸소 실천하였다. 진사에 급제하여 벼슬길에 나섰으나 단양군수, 풍기군수를 맡아 주세붕이 세운 소수서원을 부흥시켰으며 모친의 뜻에 따라 중앙 정계에는 오래 머물지 않고, 을사사화 이후에는 아예 낙향하여 도산서당(천원권의 뒷면 겸재 정선의 그림)을 세우고 성리학의 완성에 전념하였다. 젊은 학자들과의 교류, 토론도 즐겨하여 26세나 젊은 성리학자 기대승(奇大升 1527-1572)과의 문답에서 유교사상의 기초가 되는 맹자의 사단(四端, 仁義禮智)에 대한 의견을 그의 유명한 이기론(理氣論)에 수용하였으며 기대승은 퇴계의 중요한 제자가 되었다. 그의 사후 많은 제자들이 안동에 도산서원(陶山書院)을 세우고 조선시대 사림의 큰 주류인 퇴계(退溪)학파를 이루었다.

우리 지폐에 오천원권의 얼굴인 이이(李珥 호는 栗谷 1536 -1584)는 아버지 덕수이씨 이원수와 유명한 신사임당의 3남으로 외가인 강릉(오천원권 전면 오죽헌 몽룡실 사진)에서 태어났다.

일찍이 신동으로 이름을 날리고 어머니의 지극 정성과 고향, 파주의 백인걸이라는 큰 학자에게 배우며 각종 시험에 9번을 장원급제(壯元及第)하여 구도장원공(九度壯元公)으로 불리었다. 중앙에 나가 여러 가지 벼슬을 하면서 사회의 모순과 폐단을 바로잡는 경장(更張-改革)을 주장하고 ,동서로 갈리는 파당(派黨)의 해소에 노력하였다. 이이는 퇴계 이황과는 직접적인 사제관계는 없었으나 한 세대(35세) 이상으로 선배였던 퇴계는 어린 율곡(당시 22세)을 처음 만나면서 그 유명한 천재가 직접 찾아와준 것을 감사하였고 둘은 서로의 학문의 깊이를 알고 평생을 존경하였다고 한다.

우리 역사상 가장 존경받는 여성, 신사임당(申師任堂), 현모양처의 롤모델

우리나라 지폐 중 만원권(세종대왕)만으로는 확대된 경제규모에 불편한 점이 많아 2007년 발행하게 된 오만원권의 얼굴로 우리나라 역사에서 가장 존경받는 현모양처의 전형이자 여성 예술가로서 신사임당이 결정 되었다.

신사임당(본명 신인선,1504-1551년)은 아버지가 고려 초 신숭겸의 18대 손(孫) 신명화의 다섯 딸 중 둘째로 태어나 아들 딸을 구분하지 않는 아버지의 교육관으로 성리학을 배우고 타고난 재능으로 서화를 마음껏 공부할 수 있었다.

무릇 여자는 남자 셋을 잘 만나야 한다는데 이런 아버지와 20년 동안 강릉의 처가살이를 하면서 부인의 자유로운 학문과 예술활동을 지원한 남편 이원수도 당시 시대상황으로는 특이한 남편이었던 것이다. 제2의 안견이라는 불리며 산수화, 특히 화초와 곤충(오천원 권의 후면 草蟲圖의 수박, 맨드라미, 개구리)을 실물과 똑 같이 그리던 대단한 예술가이었지만, 그 잘난 아들, 율곡 이이의 어머니로서 더욱 유명하다.

이름처럼 알려진 신사임당은 자신의 역할 즉 딸, 처, 어머니로서 Role-Model을 중국의 주(周)나라 주공의 어머니이자 문왕의 현숙한 부인인 태임(太任)을 본받아 배운다는 뜻으로 호를 사임당(師任堂)으로 정하였다고 한다.

지폐로 본 두 나라의 국민성

미국의 지폐에는 독립선언(1776년) 이후 그랜트 대통령(재임 1869-1877) 까지 꼭 101년 동안에 활약하던 5명의 대통령과 또다른 두명의 정치인이 등장하고 있다. 현재를 기준으로 하면 약 140년 이전의 인물들로서 그 이후 큰 공적을 세우고 존경받는 대통령(예, 프랭크린 루즈벨트 등)을 추가하거나 대체하지 않고 그대로 유지하고 있다. 다만 동전(Coin)에 존 에프 케네디 대통령 등 그 이후의 대통령의 얼굴이 등장하는 것은 별도이다.

우리나라 지폐는 해방(1945년)이후 화폐개혁시마다 지폐의 얼굴 등이 바뀌어 왔지만 현행 지폐는 4종으로 제일 중심이신 세종대왕(1397년 출생, 재위 1418-1450년)을 위시해 가장 후배격인 이이

율곡(1536-1584년)까지 430년 년 이전의 인물들이다.

  미국은 대통령 등 정치인이 지폐에 등장하여 후세들에게 그들의 자랑스런 역사를 알리고, 배우게 함으로서 그들의 짧은 역사의 정체성(Identity)을 전달하고 있다. 이에 비해서 우리는 세종대왕을 통해 우리의 찬란했던 역사의 한 단면을 알리는 한편 다른 세분의 학자, 예술인은 우리의 유교사상의 정신적 뿌리와 수준이 높고 깊은 문화를 느끼게 하고 있다.

  그러나 젊은 세대들은 역사를 잘 모르기도 하거니와 그 성리학, 유교를 바탕으로 한 정신문화를 이해하지 못하고 있는 듯하다.

  정치인과 학자 중심의 지폐 구조는 동서양의 문화의 차이라고도 할 수 있으나 또 한편 우리나라는 세종대왕 이외에는 존경할 수 있는 정치인이 없는가 하는 자성을 해 보게 된다.

  미국 등 서양사람들의 관점은 어떤 정치인이 공적이 크고 그의 역할이 국가발전의 도움이 되었으면 그의 사생활이나 사소한 단점은 덮어두는 경향이 있다고 한다. 흔히 'Once Hero, Forever Hero'인 것이다.

  존경 받는 대통령-워싱톤, 제퍼슨 링컨-등도 이미 알려진 경력, 사생활의 치부가 있어나 결점이 있어도 그가 이룬 업적은 월씬 크다고 평가 하는 것이다.

우리도 장래에는 큰 업적을 세운 대통령을 화폐의 얼굴로

  요즘 국무총리 장관 등 인사 청문회 파동을 많이 보고 듣고 있다.

  '세종대왕이 오셔도 청문회 통과가 쉽지 않겠다'고 말한다. 아마도 청문회 수준은 전 세계에서 가장 높은 민주주의 국가가 아닌가 한다.

우리가 흔히 이야기하는 국민성으로 '사촌이 논을 사면 배가 아프다.' 이것이 진전돼서 '누가 뭘 잘 났어! 알고 보면 다 그렇지'가 아닌가 싶다.

우리도 그 혼란하고 어려운 시기를 극복하여 정부를 세웠고, 6.25 같은 국난을 극복하여 나라를 지킨 대통령이 있고, 불과 50년 동안 선진국 수준으로 경제 발전을 선도한 대통령도 있다. 이분들은 예전의 화폐에 이미 등장하기도 하였고, 경제규모가 필요로 하는 고액권(10만 원)의 발권을 검토하면서 그 대상 인물이 되기도 하였다고 한다.

아마도 화폐의 얼굴로 세우는 문제가 대두되면 지금 청문회 수준의 몇 배의 뜨거운 논의가 있을 것이다.

앞으로 시간을 가지고 그들의 공적이 당시의 결점을 뛰어 넘는다는 공감대가 형성되면 지금 화폐의 유학자들과 나란히 조화를 이루며 후세들에게 이런 대통령들이 우리나라를 건국하고 경제발전을 선도한 분이라고 알렸으면 하는 소망을 가지고 있다.

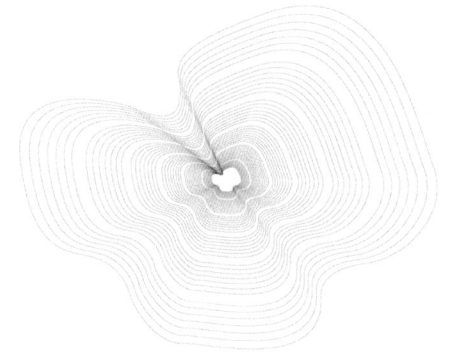

바둑 예찬

김 중 양

현자(賢者)는 바둑을 좋아합니다.
그래서 바둑을 일러 망우지도(忘憂之道)라고 일컫기도 합니다.
바둑을 즐기는 사람은 아무 기원이나 올라가서 낯선 사람과 바둑을 두기도 합니다.
바둑은 수담(手談)하는 것으로서 남녀노소를 가리지 않습니다.
누구나 즐길 수 있는 도락(道樂)입니다
이러한 바둑은 그 기원이 오래된 것으로서 요나라 임금이 아들의 어리석음을 깨우치기 위하여 만들어 낸 것이라고 합니다.
그런데 바둑이 우리나라에 들어온 것은 한사군 시절이라고 합니다.
삼국시대부터 본격적으로 두기 시작했다고 합니다. 삼국사기에 백제의 개로왕이 승 도림(道琳)과 바둑을 두었다는 사화(史話)가 기록되어 있는 것이 이를 뒷받침해줍니다.
중국에서 유래되었다고 하더라도 우리가 종주국과 패권을 다투고 있음은 바둑이 두뇌싸움의 일종이기 때문일 것입니다.
한국인의 머리가 중·일보다 앞선다는 것을 의미하는 것이라고 할 수 있습니다.
흔히 바둑은 소극적인 '샌님'들이나 두는 것 이라고 오해하기도 합니다. 그러나 바둑은 병법과도 같은 것으로서 문인뿐만 아니라, 호탕한 무인들도 즐겨 두고 있음은 역사적으로 증명되고 있습니다.

삼국지에 '관운장'이 살을 도려내는 수술을 하면서도 태연히 바둑을 두었다든지, 이순신 장군의 난중일기에도 '충무공'이 바둑을 두었다고 하는 기록이 16군데나 나오고 있습니다.

'바둑은 인생 그 자체'라는 말이 있습니다.

인생이 소년기 → 청년기 → 장년기 → 노년기로 이어지듯이,
바둑도 포석 → 중반 → 종반 → 끝내기로 진행됩니다.

인생의 소년기에는 참으로 꿈이 많습니다.
모든 것이 신기하고 하늘에 총총한 별에도 의미를 붙여보며
한껏 소망의 나래를 펴 보는 시절입니다.
이성이 아주 신비로운 존재로 비추이며, 고된 인생세파를 아직 모르는 아주 순진무구한 시절입니다.
바둑 역시 마찬가지입니다.
대략 초반 30수까지의 포석(布石)단계에서는 이리저리 돌을 놓아가며 달콤하고도 웅대한 구상에 가슴 설레게 됩니다.
소년기에 제대로 튼튼히 기초를 다지고 체력을 길러야 이후 청·장년기에 수월하게 힘쓰듯이, 바둑 역시 포석단계에서 훌륭한 짜임새가 이루어져야 이후 중반전투에 힘을 발휘하게 됩니다.
청년기는 생기가 발랄한 인생의 여름입니다.
정력이 왕성하여 끊임없이 목표에 도전하며 전진하고 투쟁하면서 많은 것을 얻고자 노력하는 시절입니다.
바둑의 중반전 역시 흑백간에 치열한 접전이 이루어지며 참담한 실패를 하기도 하고 혁혁한 전과를 거두기도 합니다.

가장 현란하고 힘찬 시절인 점에서 양자가 비슷합니다.

40-50대 인생의 장년기는 그간 뿌린 씨앗을 거두어들이는 시기입니다. 경험과 원숙함이 인생을 풍부하게 합니다.

근면과 성실과 절약과 인내의 씨앗을 뿌린 사람은 성공의 열매를 거둘 것이고, 태만과 낭비와 무절제의 씨앗을 뿌린 사람은 패배의 회한에 잠길 것입니다.

콩을 심으면 콩을 거둘 것이고, 오이를 심으면 오이를 거두게 되는 것입니다.(種豆得豆 種瓜得瓜)

바둑 역시 종반전에 들어서면 승패가 어느 정도 드러나게 됩니다.

소탐대실(小貪大失)의 어리석음을 한탄하기도 하고, 인내와 끈기가 부족함을, 그리고 경솔함을 뼈저리게 반성하기도 합니다.

다 이긴 바둑을 단 한수의 실수로 놓친 경우에는 밤에 잠을 잘 적에도 바둑판이 천장에서 어른어른 거리고, 뼈를 깎는 후회를 하게 됩니다.

사랑에 실패한 사람의 심정이 그와 비슷하지 않을까 생각해 보기도 합니다.

65세 이후의 노년기는 인생의 쓸쓸한 겨울입니다.

노년은 일낙서산 하는 조용한 저녁이요, 어둠의 장막이 서서히 다가오는 황혼입니다.

안식을 취하며 인생을 마무리하는 단계인 것입니다.

바둑의 경우, 모든 전투가 막을 내리고, 끝내기하는 단계가 인생의 노년기라고 할 수 있습니다.

'끝이 좋아야 모든 것이 좋다'는 독일 격언이 있듯이 끝내기를 완벽하게 해야 합니다.

다 이긴 바둑도 끝내기에서 뒤집어지는 경우가 있습니다.

인생의 노년기에 실수를 하면 회복하기 어렵듯이, 끝내기를 잘못하면 여태까지의 좋던 바둑을 그르치게 되는 것입니다.

이처럼 바둑의 네 단계와 인생의 사계절은 아주 유사합니다.

바둑판에 인생파노라마가 여실하게 펼쳐지는 것입니다.

현자(賢者)들의 낙도(樂道)인 바둑을 동기분들께 적극 권해드립니다.

현대바둑의 기성이라고 불리는 오청원(吳淸源)옹은 100세에 이르기 까지 바둑을 쌩쌩하게 복기하고 있습니다.

이로 보면 바둑은 기억력 강화와 치매예방에도 특효약이 아닐 수 없습니다.

자아……. 그러면 우리 재미있게 수담(手談) 한번 즐겨볼까요?

- 2014. 9. 15.

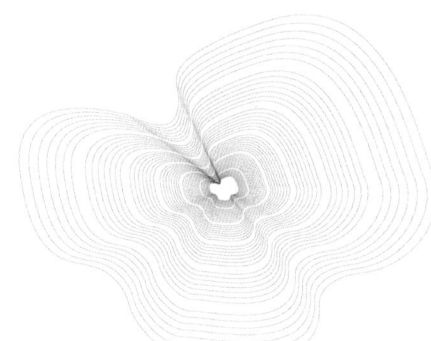

내곡동 농부아저씨

명 노 승

내가 내곡동 샘마을로 이사한 후 집 사람은 나를 농부아저씨라 부른다. 우리 집에 조그마한 마당과 밭이 있는데 내가 이것을 열심히 가꾸기 때문이다.

10여 년 전, 공직 은퇴 이후의 생활을 건강하고 즐겁게 하려는 평소 소망을 이루기 위해 그리고 늘 잔병에 시달리던 어머니와 집 사람의 건강을 위해 우리는 내곡동 구룡산 아래 샘마을로 이사를 했다. 나는 충남 서천의 설명(雪明)이라는 다분히 시적인 이름을 가진 산골 마을에서 태어나 초등학교 3학년까지 그 곳에서 살았다. 그래서 살구꽃이 환하게 피었던 농촌 마을이 늘 내 마음 속에 살고 있었기 때문에 샘마을로 이사한 것은 어쩌면 자연스러운 것이었다고 할 수 있다. 서울 근교에 전원주택을 마련해야겠다는 마음을 먹고 오래 동안 자료를 수집하고 몇 군데 현장에도 가보았으나 당시의 자금 사정과 집의 위치와 환경이 잘 맞지 않아 망설이던 중, 경험이 있는 친구와 같이 서울 근교의 고기동, 대장동, 세곡동, 오야동 등을 헤매다가 어느 날 저녁이 다 되어서야 샘마을에 이르러 지금의 집을 보게 되었다.

온 동네가 산속에 있어 공기가 좋았고, 집이 남향이어서 햇빛이 잘 들고, 동쪽의 산과 사이로 작은 개울이 흐르고 있고, 산에는 까치집이 여러 개 있어 그 환경이 마음에 들었다. 특히 시내에서 별로 멀지 않아서 집을 본 바로 다음 날 바로 계약을 하였다. 등산을 좋아하는 나에게는 청계산, 구룡산, 인릉산(원래 이름은 천림산)이 인근에 있어서 더욱 마음에 들었다. 그 후 10 여 년 동안 이 산들을 수 없이 다녔고 동네 사람들과 앞산의 이름을 딴 '천림산악회'를 만들었으니 나를 천림산인(天臨山人)이라 해도 좋을 것 같다.

당시 우리는 5식구였기 때문에 방이 모자라서 1층을 구조 변경하고 2층을 증축하여 우리 집은 동네에서 두 번째로 생긴 2층 집이었다. 평소 나는 아파트 생활을 별로 좋아하지 않았기 때문에 새로 장만한 단독주택으로 이사 왔을 때의 기쁨이란 말로 표현하기 어려웠다. 특히 반평생을 시골에서 보내셨던 어머니에게는 고향으로 귀향한 큰 기쁨이었다. 우리는 그 때부터 잔디밭을 가꾸고 많은 야생화와 나무를 심었다. 마당엔 장독대와 펌프를 설치하고 김치 항아리도 여러 개 땅에 묻고, 고향에서 난초로 불렸던 자주 달개비를 심어서 고향의 모습을 만들어 놓았다. 특히 지하실에서 나오는 물을 물탱크에 모았다가 폭포처럼 흘러내리게 장치를 한 것은 오로지 내 아이디어였다.

그리고 나는 그 동안 각종 밭작물, 동양란의 재배법과 조경에 관한 책을 두루 읽었다.

처음에는 내가 공직에 있었기 때문에 시간이 많이 소요되는 밭농사는 주로 어머니와 집 사람의 몫이었다. 성성한 상추, 고추, 쑥갓, 오이, 부추 등은 먹고 남아서 아이들과 이웃에까지도 나누어 주었고 가을에는 100포기가 넘는 김장거리가 이 밭에서 나왔다.

그동안 어머니는 천식으로 고생하셨던 과거와는 달리 비교적 건강하게 사시다가 돌아가셨고 집사람도 전보다는 훨씬 좋아졌고, 나도 건강하게 잘 지내고 있다. 그 덕에 히말라야 체르고리와 일본 북알프스 종주도 다녀왔고, 40여 회에 걸쳐 중국 여행도 다녀왔다.

남의 고민까지 같이 아파해야하는 직업의 성격상 나는 많은 스트레스를 받게 되지만 잘 극복하고 있는 것은 산골에서 농사를 짓고 있는 덕분인지도 모르겠다. 적어도 밭일을 하고 있는 동안에는 잡념이 없어지기 마련이고 자연히 운동도 된다. 그런 의미에서 중국 백장 선사의 "하루 일하지 않으면 하루 먹지 않는다.(一日不作 一日不食)"는 불교 조동종 수련 방법은 내 마음에 쏙 들어 온다. 승려들이 그래서 울력을 하는 것 같다.

그동안 아이들은 분가하여 이제 우리 집에는 두 노인만이 살고 있다. 그러나 주말이면 아들, 딸, 사위, 며느리, 손자, 손녀가 시골 농촌 체험 학습하는 마음으로 몰려온다. 그래서 모든 식구들이 다른 도시 사람들과는 달리 기본적인 나무, 채소, 잡초들의 이름을 알고 지내게 되었다. 첫 손녀는 자기도 크면 마당과 밭이 있는 집으로 시집가야겠다고 어릴 때부터 이야기한다. 그리고 그 아이는 할아버지가 정말로 변호사냐는 질문을 몇 번이나 했는지 모른다.

그동안 밭에는 부추, 상추, 쑥갓, 고추, 가지, 토마토, 도라지, 오이, 취나물, 개똥쑥, 고구마, 감자, 배추, 무, 참외 등의 재배 경험을 쌓았고, 작년에는 수세미, 여주, 블루베리도 심었다. 특히 여주는 집 사람의 당뇨에 좋다고 하여 담장 가에 심었었는데 도깨비 방망이 같은 열매가 수도 없이 많이 열렸었다. 그리고 작년 중국에 갔을 때 먹은 비파의 맛이 너무도 좋아 먹고 남은 씨를 가지고 와서 심었더니 싹이 나서 잘 자라고 있다.

밭농사는 심을 때는 별로 힘들지 않은데 여름 철 잡초가 기승을 부릴 때에는 정말로 힘들다. 10여 평밖에 안 되는 밭인데도 며칠만

밭에 안 나가면 잡초 밭이 되어버린다. 이때 쭈그리고 앉아 풀을 뽑으면 관절에 무리가 가기 때문에 주의를 해야 한다. 사실 농사는 토질, 비료, 배수 등이 적절해야 잘된다. 이에 관한 노하우는 평생을 해도 다 알 수 없을 것 같다. 이제 겨우 고추, 가지, 토마토의 곁가지를 잘라 주어야 한다는 것 정도 익혔다. 이러한 경험 없이 하는 나의 농작물은 시중의 것에 비교하면 초라하기 그지없다.

그래도 화학비료와 농약을 주지 않은 청정 채소를 먹는 기분은 천지의 좋은 기운을 다 먹는 다는 착각에 빠지게 한다. 내년에 무엇을 심어야 할까? 벌써부터 내 마음에는 푸릇푸릇한 봄 냄새가 나는 것 같다.

내가 하는 또 하나의 큰일은 정원관리이다.

우선 1년에 5~6번은 잔디를 깎아야 한다. 처음에는 수동으로 하는 기계로 하였으나 너무 힘들어 작년부터 부탄가스를 사용하는 예초기로 깎고 있는데 이것도 한참을 깎다 보면 허리가 많이 아프다. 꾸부정한 모습으로 예초기로 잔디를 깎는 사진을 보면 내가 정말로 농부가 된 듯하다. 이렇게 가꾼 잔디밭은 아이들이 텐트를 치거나 골프 어프로치 연습하는 데 에도 사용한다.

이사오자마자 심었던 매발톱, 꿩의 다리, 할미꽃 등은 토질이 맞지 않는지 자취를 감추었지만 수선화, 복수초, 인동초, 벌개미취, 범부채, 황국, 더덕, 원추리, 모란, 작약, 붓꽃, 상사화, 금낭화, 맥문동, 자주 달개비, 으아리, 무늬 둥굴레 등은 지금도 그 세력을 많이 펼치고 매년 아름다운 꽃을 보여주고 있다. 몇 가지 야생화는 그 동안 여러 친지들에게 분양까지 하였다.

무궁화, 산수유, 매화, 목련, 장미, 해당화, 소나무, 주목, 배롱나무,

오엽송, 박태기나무, 살구나무, 앵두나무, 감나무, 오죽, 능소화, 철쭉, 진달래, 보리수도 거의 죽지 않고 심었던 자리를 꿋꿋이 지키고 있다. 그리고 심지도 않은 개복숭아와 산뽕나무가 저절로 나더니 금년에는 많은 열매를 맺었다. 이들에 대한 가지치기와 시비도 물론 내 몫이다.

꽃이 한창일 때에는 우리 집 주변은 천국이 부럽지 않다. 특히 내가 동네 주변 길가에 심은 벚꽃이 필 때면 온 동네가 꽃 천지가 되어 다른 동네에서도 구경을 온다. 또 해마다 매실, 감, 산수유, 앵두, 보리수는 주렁주렁 열어 시골의 모습을 재현해 준다.

나는 동양란에 취미가 있어 100여개의 난초를 키우고 있다. 어떤 사람은 난초 재배가 쉽다고 하는데 내 경험으로는 매우 까다로운 것 같다. 잘 크다가도 어느 날 갑자기 시들기 시작하면 소생 불능인 경우가 많고 물주기와 살균, 햇빛, 온도 관리도 매우 어렵다. 그나마 이러한 난초를 그럭저럭 가지고 있는 것은 30년간의 경험 덕분이라고 생각된다.

그 중에 특이한 것은 명씨의 시조이신 중국 명옥진 황제께서 원나라에 대항하기 위해 군사훈련을 하셨던 후베이 성 청림산에서 직접 가지고 온 2종류의 난초이다. 그 중 하나는 작년에 청초한 꽃을 피웠다.

난초를 키운다는 것은 인내를 배우는 것과 같다. 다른 식물과 달리 1년을 부지런히 물주고 소독하고 거름을 주어 봐도 겨우 한 두 촉 늘어 날 뿐이고 까딱 잘못하면 죽는다. 그래서 노인의 소일거리로는 안성맞춤인지도 모른다.

온주소, 운남설소, 운남대설소, 설산, 송매, 노문단소, 만자, 용자,

대홍, 취타매, 녹영, 주금화, 천동소, 아리산, 취개, 취도, 녹운, 매월, 금오소, 옥중, 왕자, 사란백화, 홍로봉, 앵매, 복륜, 월륜, 부수춘, 소대부귀, 설월화, 관음소심, 금륜, 투구원판춘한란, 도사관, 매월, 수타매, 감중투, 만수 등 그 이름과 모습을 연상시켜 보는 것만으로도 치매 예방에 도움이 될 듯하다.

샘마을로 이사해서 한 일은 그 이외에도 많이 있다. 그 중에 흥미로웠던 일은 내가 수많은 개구리를 길러 냈다는 것이다. 함지박에 연꽃을 기르고 있었는데 어느 날 보니 올챙이가 많이 있기에 붕어 밥을 열심히 주어서 그해 수백 마리의 청개구리를 길러냈다. 그 다음부터는 그 개구리들이 다시 알을 낳아서 여름철에 비가 올 징조가 보이면 시골집보다 더 많은 개구리 울음 소리를 듣게 되었다. 어쩌다 택시를 타고 집에 오게 되면 기사들이 깜짝 놀라면서 서울에 어떻게 개구리가 우느냐고 의아해 하곤 한다.

그리고 겨울에서 봄까지 하는 일이 또 하나 있다. 아침 일찍 일어나자마자 나를 기다리는 새들에게 밥을 주는 일이다. 몇 년 전부터 겨울철에는 새들이 먹을 것이 없을 거라 생각되어 쌀을 주기 시작했는데 처음에는 주로 참새가 와서 먹더니 요금에는 박새, 직박구리, 까치까지 와서 다른 세상을 만들어 가고 있다. 나는 새들이 지저귀는 소리에 잠을 깬다. 아침에 들르는 세탁소 아저씨는 영문도 모르고 이 집에는 새가 많이 모인다며 우리 집이 명당인 것 같다고 했다.

그리고 내가 요사이 정성들여 만드는 것이 있다. 집 주위에 지천으로 피는 여러 가지 꽃을 따다가 소주에 담가 백화주를 만드는 일이다. 3년 전에 시작하여 2년 동안 만들었던 백화주는 이미 개봉하여 대부분 다 마셨고, 작년부터 새로이 만들고 있는 것은 금년에 더 많은 꽃을 따 넣어 내년에 개봉할 예정이다. 술을 별로 좋아하지 않지만 이 술을 마시노라면 대자연의 정수를 마시는 기분이다. 앞으로는 귀찮게만 여겼던 집 주변의 질경이, 쇠뜨기, 쇠비름, 냉이, 씀바귀, 엉겅퀴, 쑥, 달개비, 토끼풀, 민들레, 명아주 등 잡초를 발효시켜 발효액을 만들어볼 생각이다.

겨울이면 꼭 해야 하는 일이 또 있다. 눈이 오면 집 앞은 물론이고 동네 밖으로 나가는 입구의 눈을 치워야 한다. 그렇지 않으면 외부와 단절되기 때문이다. 샘 마을 사람들은 대개 나이 많은 퇴직자들인데 나는 아직 직장에 나가고 있으니 밖으로 나가려면 내가 눈을 치울 수밖에 없는 것이다.

그 외에도 신경 써야할 일이 한 두 가지가 아니다. 이렇게 나는 직장에 나가면서 "나는 자연인이다" TV프로의 주인공처럼 살고 있다. 이웃 집 할아버지가 작년에 밭에서 일하고 있는 나를 보고 투 잡을 한다고 웃으셨는데, 어떤 날은 사무실의 일보다 밭일을 더 많이 할 때가 있다. 이렇게 바삐 살다 보니 자연히 다이어트가 되어 일정한 체중을 유지할 수 있고 큰 병 걸리지 않고 살고 있는 부수적인 효과까지 얻을 수 있었던 것 같다.

요사이 내곡동이 일부 아파트로 개발되고 졸부들이 새로 이사와 호화 주택을 짓고 외제차를 타는 사람이 늘고 있다. 이런 집에는 대개 궁궐 같은 대문은 있지만 국기꽂이도 없고 모두가 전력란이라고 걱정을 할 때도 심야까지 마당에 여러 개의 등불을 밝히고 산다. 이들은 남이 만들어놓은 환경을 차경만 할 뿐, 흙을 만지거나 식물을 키우는 데는 관심도 없고 이웃과 화합하기는커녕 불편만을 끼치고 있다.

그래도 나는 샘마을로 이사 온 것을 후회하지 않는다. 노루와 꿩과 다람쥐까지 볼 수 있고, 개구리와 새소리가 끊이지 않는 환경이 있고, 직장에서 멀지 않아 출퇴근이 편리하고, 농사를 하면서 전원생활도 아울러 할 수 있기 때문이다.

많은 사람들이 멀리 떨어진 곳에 전원주택을 짓고 주말에만 간다고 하는데 그렇게 시작한 사람들은 대부분 실패하는 것 같다. 처음에는 자주 내려가지만 시간이 지나면 대부분 가지 않게 된다고 한다. 그런 면에서 보면 나는 명당에 자리를 잘 잡은 셈이다.

나는 사무실을 그만두면 고향의 넓은 밭도 내가 직접 관리를 해 볼 작정이다. 내곡동이 완전 도시화되어 전원의 모습이 없어지게 되면 아예 낙향하여 비닐하우스도 하나 만들고, 뒷산에서 약초도 캐고, 간간히 등산과 낚시와 골프도 하는 여유로운 자연인이 되어 볼까하는 상상도 해본다.

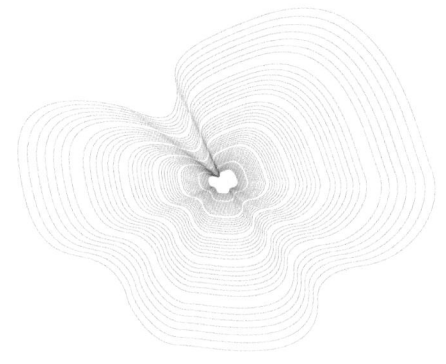

유실물 이야기

박 재 윤

1.

2000년 늦가을, 도쿄에 잠시 근무하던 동생의 초청을 받고 근 11년 만에 도쿄에 갔을 때다. 동생이 주선해 둔 1박2일의 닛코(日光) 관광 차, 이른 아침에 동생 집을 나와, 닛코행 도부선(東武日光線)의 시발역이 있는 아사쿠사(淺草)로 가는 지하철(淺草線)에 올라탔다. 서너 역을 지나 어느 역에 닿았을 때 차내 방송이 나오더니 갑자기 승객들이 우루루 다 내리고 차내 전등마저 다 꺼졌다. 영문을 모른 채 우리 부부도 급히 따라 내렸다. 이어서 빈 열차는 도쿄 지하의 어두운 철도 미로 속으로 사라져갔다. 나중에 안 일이지만, 내가 승차한 도고시, 土越역은 지하철 아사쿠사선의 지선에 있는 역이고 이 지선은, 본선 즉 하네다공항이나 요코하마를 떠나 시나가와를 거쳐 아사쿠사로 가는 선과 서너 역 뒤의 센가쿠지, 泉岳寺 역에서 합쳐지게 되어 있는데, 승객이 적을 경우, 거기에서 지선의 승객을 본선의 열차로 옮겨 태우는 일이 매우 흔하였다.

플랫폼에 잠시 서있는데 아내의 다급한 다그침이 들렸다. "여보! 당신 가방 어디 있수?" 방금 전의 열차에 올라탔을 때 자리에 앉으면서 선반에 올려둔 작은 여행 가방을 그냥 놓고 내린 것이 분명해졌다. 다른 것은 괜찮지만, 왕복 기차표, 호텔숙박권, 현지버스투어쿠폰 등등 내일저녁 귀경 때까지의 모든 행동지침과 자격증이 다 거기 들어있는데 이걸 잃어버리면 아무 움직임도 불가능하니 낭패로구나, 동생 집으로 다시 돌아가는 수밖에 없는데 어찌하나, 선납한 여비는 환불이 되는 것인지, 터덜터덜 되돌아가서 동생 얼굴을 어찌 보겠나 생각하며, 멍하니 서 있다가, 아내의 채근에 따라 한 층을 올라가 개찰구 옆 정산창구로 다가가서 서툰 말로 사정을 고하였다. 가방 모양과 색깔을 알려주었고, 차표를 달라기에 건네주었다. 차표에는 내 승차역 이름(土越)과 요금액수만 적혀 있는데, 이 바보 같은 몸이 이곳(泉岳寺) 역에 불시착해 있는 일에 그게 무슨 도움이 되랴 생각이 들었다.

　그리고는 아무 대화도 없이 3-4분이 흘렀다. 역 직원이 어디론지 전화를 하는 눈치이기는 했다. '사라진 열차의 행선지인 어느 차고지로 가서 오늘 저녁에나 찾게 될지……. 아니면 어느 유실물센터로 가보라고 하는 건지…….' 여러 상상을 하며 서 있는데, 직원이 문을 열고 밖으로 나오더니 따라오라고 한다. 그를 따라 플랫폼으로 내려갔다. 문득 저 쪽에서 어느 젊은이가 눈에 익은 내 검은 가방을 들고 바삐 걸어오는 게 보였다. '아니 이 나그네의 잃어버린 가방을 어떻게 이렇게 신속히 찾아온단 말인가'하고 놀랐다가, 무조건 반갑고 고마웠으며, 가방과 차표를 넘겨받으면서는 아들 벌의 두 사람에게 최상급의 감사인사를 연발하며 몇 번이나 허리를 굽혔다. 아마, 내 신고를 받은 직원이, 떠나 버린 빈 열차를 향해 급히 무선전화를 날렸고, 이를 받은 열차 승무원이 달리는 객차의 전등을 다시 켜고 앞 칸부터 뛰면서 선반 위를 일별하여 내 가방을 찾아내고서는, 우리 쪽으로 전화보고를 해 놓고, 다음 역에서 하차하여, 우리 쪽으로 향하는 다른 열차를 타고 왔을 것으로 짐작되었는데, 그 일 처리의 재치 있음과 민첩함에는 실로 감탄을 마지못하였다. 그 때 이후 서울이든 어느 도시에서든, 지하철 선반에는 절대로 물건을 올려놓지 않는다는 원칙을 지켜오고 있다.

2.

또 한 번 도쿄에서의 이야기이다. 동생이 도쿄 근무를 마치고 귀국한 후인 어느 해 연말에 며칠을 도쿄에서 지냈다. 새해인 1월 1일 오후의 귀국 비행기를 타고자 아침 일찍 호텔 체크아웃을 한 후, 서너 시간이 남기에 호텔 근처의 몇 군데를 둘러보려고 아내와 길을 나섰다. 가까운 큰 신사에 들러 그곳 사람들의 여러 설맞이모습을 지켜보고서는, 돌아 나와 길가의 과자집에서 새해 과자 하나씩을 사먹고, 또 잠시 후에는 길가 셀프서비스 커피집에 들어가 향기로운 커피 한 잔씩을 받아다가 밖을 정면으로 내다보는 창 앞 긴 탁자에 앉아서 마신 다음에, 한참을 더 걸어서 다음 목적 장소인 기타노마루(北の丸)공원으로 들어갔다. 여기까지는 괜찮았다.

그런데 한참 후 갑자기 어깨가 좀 허전하게 느껴졌다. "음? 내 어깨가 왜 이렇게 가볍지?" 아까 호텔을 나설 때 분명히 지니고 있었던 어깨가방이 사라진 것을 알게 되었다. '어디서 가방을 내려놓았더라?' "아, 그 커피집!" 거기서 어깨가방을 벗어서 의자 등받이에 걸쳐놓았던 것이 생각났다. 아내를 기다리게 하고 나 혼자 속보로 걷기 시작했다가, 나중에는 거의 뛰었다. 지갑은 몸에 지녔지만, 비행기표와 여권이 거기에 들어 있으니 어깨가방을 못 찾으면 오늘 오후 비행기를 못 탄다. 그렇게 되면 새해 첫날의 무단결근이며 시무식의 내 빈자리며……. 상상하기조차 싫었다. 그 커피집 의자는 쇼윈도 식 유리창을 따라 놓인 긴 탁자에 딸린 의자라서, 밖에서도 너무나 훤히 또 가깝게 들여다보인다. 어떤 노숙자급 행인이, 빈 의자 등받이에, 고급스러워 보이는 내 피렌체 산 갈색 가죽가방이 걸쳐져 있는 것을 보고서 나쁜 마음을 먹는다면, 슬그머니 들어가 그 의자에 앉아 커피를 사서 마시고는 가방을 들고 나와 버리기에 딱 알맞은 위치인데, 제발 그런 일만은 없기를……, 빌고 또 기도하였다.

한 1Km쯤 되는 거리를 되돌아가 마침내 그 커피집에 당도하게 되었다. 거리가 가까워지면서 창을 통해 내가 앉았던 자리가 어렴풋이 비스듬히 들여다보일 듯 말 듯 했다. 몇 걸음 더 가니 의자가 보였다. 의자가 비어 있었다. 그리고 등받이에 눈에 익은 갈색 가죽가방의 어깨걸이 끈이 대각선으로 걸려 있는 모습이 보였다. "만세, 살았다!" 문을 밀치고 안으로 들어갔다. 조그만 가게 안에 젊은 손님 몇이 앉아 있고, 종업원들도 각기 자기 일을 하고 있을 뿐, 내가 들어온 것에 신경 쓰는 이가 아무도 없었다. 날아갈듯 한 기분으로 내 가방을 집어 들었다. '근데, 가만 있자……. 이렇게 남의 가게에 들어와서 커피도 안 마신 채 빈 자리의 가방을 불쑥 갖고 나가도 되나……?' 누구든지 내 거동의 정당 여부에 대하여 의문을 표시하는 자가 있으면 이 가방과 나와의 연고관계를 잘 설명해주겠노라 생각하고, 머릿속에서 잠시 적당한 표현을 다듬어 보고 있는데, 가게 안의 분위기를 훑어보니, 내 거동이나 내가 바야흐로 지껄이려고 하는 설명에 대하여 관심을 가져 줄만한 사람이란 아무도(손님들은 물론이요 종업원들도) 없어 보였다. 그래서 말없이 커피집을 나와 유유히 아내에게 돌아왔으며, 그때 이후, 음식점이든 어디서든 의자 등받이에 가방이나 겉옷 같은 소지품을 걸쳐두어서는 안 된다는 것을 새로운 행동원칙으로 하고 있다.

3.

그 후 어느 해인가의 연초에, 노령의 골프연습회원 몇몇 커플이 논현동의 어느 복합영화관에서 영화를 보기로 하고 영화관의 로비에서 만난 일이 있었다. 우리 부부 포함 두어 커플이 먼저 도착해 탁자에서 음료를 마시다가, 우리 탁자의 빈 의자에 여성용 목도리 한 개가 주인을 잃고 놓여있는 것을 발견하였다. 일행 중의 여성 한 분이 그 목도리를 집어 들더니 '이런 것은 관리인에게 맡겨두어야 한다'고 말하면서 저쪽으로 가져가려 하였다. 몇 년 전 도쿄에서 얻은 어깨가방의 경험에 의하면 이런 유실물은 버려진 현장에 그냥 놓아두는 것이 주인을 위해 가장 좋고도 효과적인 일이므로, 나는 그냥 놓아두는 것이 좋지 않겠는가 생각하면서 그 자리에 놓아두기를 권했으나, 그 부인은 막무가내 자기 의견대로 하였다.

만약 도쿄의 호텔 부근 신사에서 기타노마루공원으로 가는 길가에 있던 커피집의 나처럼, 그 목도리의 주인이 어느 순간 행여 하는 마음으로 유실 현장에 되돌아왔을 때, 현장에 그대로 있는 물건을 본다면 기쁨과 반가움의 순간이 되겠지만, 물건이 그 자리에 없는 것을 확인한다면 실망하여 찾기를 포기하기가 십상이지, 번잡한 극장 로비의 '관리인'을 제대로 찾아가서 문의하기까지는 하지 않을 것 같다. 찾아서 문의하더라도 습득신고된 목도리와 쉽게 연결되지 못할지도 모른다. 그런데도 당시, 나를 제외한 우리 일행들 마음 중에는 그런 번잡한 영화관 로비에 비싸게 보이는 물건을 그대로 두면 주인 아닌 사람이 들고 가버릴지 모른다는 의구심이 자리 잡고 있었기에, 결국 관리인을 찾아 맡기는 것이 낫겠다고 생각하고 있는 것 같았다. 불신은 또 다른 불신을 낳고, 그 불신은 새로운 불편을 낳는 것일까.

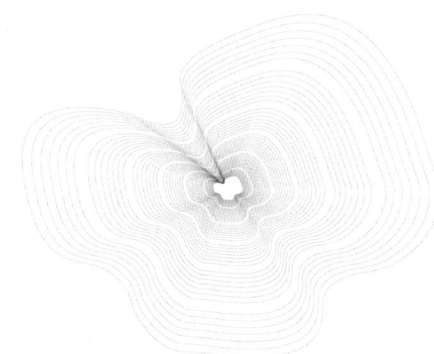

'나이 듦'에 대하여

배 영 길

    사람이나 생물이 세상에 태어나서 지낸 햇수를 가리켜 나이라 한다. 이 나이의 의미를 모르는 사람이 몇이나 있을까마는 막상 그 '나이'라는 말이 각자에게 와 닿는 느낌이나 이미지에는 상당한 차이가 있다. '나이 값을 못 한다', '나이가 아깝다'는 표현에서는 그 나이가 주는 인생의 중후함이나 무게가 느껴지는 반면, '나이를 잊고 살자', '나이는 숫자에 불과한 것이다'고하는 말에서는, 노처녀나 노총각의 나이만큼이나 당사자에게 주는 부담이 상대적으로 더 크고 무겁게 느껴져, 자칫 측은하다는(?) 생각마저 들게 한다.
    나아가, 그 나이가 주는 부담은 이제 한 개인의 범위를 넘어 사회나 국가적 차원에 까지 미치고 있으며, 심지어 '나이야 가라'라고 하는 건배사까지 등장한 세상이 되고 말았다.

    기원전 6세기경 희랍의 한 서정시인은 세월의 흐름에 따라 변하는 인생의 무상함을 다음과 같이 노래했다고 한다.

    "보게나, 세월이 내 관자놀이 위로
    흰 서리를 뿌리더니, 어느새 내 머리를 흰 눈밭으로 만들었네.
    이가 빠진 잇몸은 넓어지고
    젊음도 기쁨도 다 지나가버렸네."

    시인은 마치 젊음과 기쁨이 모두 지나가고, 오직 남은 것은 늙음과 슬픔뿐인 듯 노래하고 있다. 그러나 나는 이 시가 그 시대를 살았던 한 늙은 시인의 일시적 감상일 뿐, 결코 이 세상 노인이 보편적으로 공감할 수 있는 정서는 아니란 점을 지적하고 싶다.

2011년 8월, 나는 부경대학교 법학과 교수직에서 정년퇴임을 하였다. 또 2015년은 내가 법과대학 법학과에 입학한 지 50년이 되는 해이다. 요즈음 나에게 있어 법률학의 의미가 무엇인지를 다시 생각할 기회가 많아졌다. 법학은 내가 경험한 많은 학문 가운데에서도 실로 복잡한(?) 학문에 속한다. "모든 이론은 회색이다"라는 칸트의 말은 나 역시, 법학에 있어 실로 잘 들어맞는 표현이라 생각한다.

법학이라는 학문에는 "유스티니아누스가 명예를 준다(Dat Justinianus Honores)"는 세속적 이유를 제외하고, 특별히 청년의 관심을 끌만한 낭만을 찾기 어렵다. 진·선·미의 절대 가치도, 무한한 우주공간에 펼쳐진 별들의 세계로 향한 외경심도 없다. 이 잿빛 학문 속에는 인간의 내면에 존재하는 서로 모순된 욕구의 대립, 이익과 이익의 충돌, 순수하지 못한 정치적 타협 이 혼재하고 있다. 어느 시대, 어떤 국가에 있어서나 청년은 그 사회의 전통이나 관습 등에 대해 반감을 가지는 것이 보통이다. 따라서 이들이 이처럼 차원 낮은 세계에 대하여 특별한 관심을 가지지 못하는 것은 어쩌면 당연한 일이고 또 거기에 청년의 아름다움이 있다고 생각한다.

나는 지금까지, 내가 만나본 주위의 법학자들 중에서, 일찍이 중·고등학교 시절부터 법률학이 자기의 천직이라 여기고 이때부터 자기의 길을 정했다고 말하는 경우를 들어 본 기억이 없다.

최소한 법률학에는 예술가의 생애에 나타나는 어떤 천부적 재능이나 소질을 필요로 하지 아니한다. 내가 법률학을 선택하게 된 중요한 이유도, 다른 과목을 등한시 할 정도로 유달리 좋아 하는 특정 과목에 대한 특별한 열정이 없었던 이유 때문이 아닌가 생각한다.

그러나 상당수 사람들은 지금도 젊은이가 너무 빨리 사회적·세속적이 되는 것을 우려하고 있다. 오히려 한 번쯤이라도 이러한 낭만적 회의주의를 거침으로써, "무릇 존재하는 모든 것은 합리적이다"는 말의 참뜻을 이해하게 될 것이라고 기대하는 것처럼 보인다.

그러나 나로서는, 이런 과정도 거치지 아니하고, 이 '빵을 위한 학문'과 사랑이 결핍된 타산적 결혼을 선택한 것에 대해, 지금까지 특별히 이를 후회하거나 부끄러워해 본 기억이 없다. '빵을 위한 학문(Brotwissenschaft)'이라는 말의 의미가, 학문이 개인의 '생계를 위한 수단'이라는 뜻이라면, 법률학 이외의 모든 학문에 있어서도 사정은 마찬가지이다. "예술은 빵으로 향 한다"는 말이 있을 정도이니, 사회생활과 관련이 깊은 법학의 경우, 그것이 특별히 문제가 될 이유는 없기 때문이다.

문제가 되는 것은 다나까(田中) 교수의 말처럼 '학문 자체의 빵化'라 말할 수 있다. 법학의 범위를 사회생활에 실리(實利)를 주는 영역으로 한정하여, 실익이 없는 것은 연구하지 아니하는, '학문상의 하루살이'로 전락시킨다면, 오히려 그것이 문제인 것이다. 실제로 우리 사회에는 이러한 우려가 현실이 되어 나타나고 있다.

바야흐로 법학교육의 시대가 실무가 양성의 단계로 접어들었다. 정부가 학자들에게 실제문제의 해결을 요구하면서 학문적 입장을 지키는 것보다 실무의 해결사가 되도록 요청하고 있으며, 법조실무자들이 이에 동조하여 오늘과 같은 법학교육의 실태를 만들었다. 이런 현실이 사회생활의 이상에서 보아 과연 바람직한 것인지, 현재의 나로서는 그 답을 찾기 어렵다.

세상은 변한다. 그리고, 그 '변화'에 대한 인식에서부터 모든 철학적 사유가 시작된다.

우리는 똑 같은 강물에 결코 두 번 발을 담글 수 없다. 찰나로 흘러가는 시간은 반복을 모르지만, 다만 인간이 이를 순환하는 것으로 해석하는 차이가 있을 뿐이다. 이를 '해석학적 순환'이라고 하던가?

펨토(femto) ($1/10^{-15}$)초의 세계에서 보면, 인간은 변하지 않는 영원한 존재처럼 보인다. 그러나 이것은 착각이다.

권력을 뺏기지 않으려고 자식을 먹어치우는 희랍신화의 크로노스(Chronos)를, 사람들은 '시간'을 의미하는 말의 기원으로 쓰고 있다(chronology, chronicle). 시간은 인간을 태어나게 하지만 죽음을 통해 다시 거둬가기 때문이리라. 그러나 절대적인 것이라고 믿었던 그 시간의 길이조차 변하는 존재임이 서서히 밝혀지고 있다.

요즘, 각종 언론매체를 통해, 노인의 경제적 문제가 사회적 이슈로 크게 부각되고 있음을 자주 접하게 된다. 그러나 노인 문제에 대한 이런 접근방식은 피상적 관찰에 불과한 것이라고 생각한다. 이 시대 빈곤의 문제를 굳이 노인층에 국한시켜 볼 이유는 없다. 소년·소녀가장, 버림받은 아이들, 직업 없는 미혼모나 결손가정의 문제 등 빈곤이 더 심각하게 문제되는 사회집단은 얼마든지 있기 때문이다.

나 스스로 노인의 나이에 접어들면서, 남은 생에 있어서는 물질적인 삶의 문제보다, 오히려 사회적 관계로 부터의 단절이나 외로움, 분노 조절 등 정신적 문제를 다스리는 것이 더 큰 문제라는 생각을 자주 하게 된다. 본질적으로 인간은 사회적 동물이고, 노인에게 있어 가장 심각하게 또 아프게 다가오는 것은, 기존 집단과의 관계적 '단절'이기 때문이다.

장수를 위한 각종 연구 결과에 빠짐없이 나타나는 필수요소 역시 인간관계의 유지이다. 의학적·전문적 접근은 접어두더라도, 노인에게 있어 대화와 인간관계의 유지가 중요함은 주변에서 어렵지 않게 발견할 수 있다. 돈이 인생을 풍요롭게 만드는 수단이 될 수는 있으나 노인에게는 돈이 인생 그 자체가 될 수 없을 뿐더러 그 돈으로 행복을 살만한 시간적·정신적 여유도 별로 없다. 그러나 소통과 인간관계의 유지는 노인의 인생 그 자체를 이루는 것이다.

불과 얼마 전까지 나이 사·오십만 되어도 초로(初老)라 하였으나 요즘엔 '노인'이라는 말을 함부로 꺼내기조차 힘든 세상이 됐다. 나이와 정년은 법이 만든 제도이고 나름대로 이유가 있겠지만, 심리학자와 뇌 과학자 들은 노년의 뇌가 청년의 뇌보다 더 똑똑하다는 많은 실험결과를 내놓고 있다. 기억과 계산능력은 다소 떨어져도, 추론과 판단능력에선 훨씬 앞서기 때문이다.

일본 후생성은 50세에서 69세까지는 알차게 결실을 맺은 연배라는 의미로 실년(實年), 70이 넘으면 성숙했다는 뜻으로 숙년(熟年)이라고 하고, 중국에서는 50대가 숙년이고 60대는 장년(長年), 70대 이상은 존년(尊年)이라고 부른다고 한다.

미국에서도 노인(old man)이란 표현 대신 더 나이든 사람(older man), 또는 나이든 시민(senior citzen), 황금연령층(golden age) 이란 표현을 즐겨 쓰고 있다.

나는 '나이 듦'을 특별히 슬퍼할 이유는 없다고 생각한다. 그 속에는 우리가 지금까지 경험하지 못했던 커다란 축복이 들어 있기 때문이다. 그 축복 속에는 지금까지 젊음이 누리지 못했던 '편안함'이 존재한다. 그토록 그리던 日常에서의 해방, 남의 눈치 보지 않기, 그밖에도 하고 싶었던 일 맘껏 하기 등, 샘물처럼 솟아오르는 노년의 즐거움이 켜켜이 들어있다.

다만, 그 즐거움에 빠져, 세월이 너무 빠르게 흘러감을 한탄하는 경우를 종종 보게 되지만, 나로서는 그럴 이유 또한 없다고 생각한다.

철학의 역사는 항상 변화하는 존재와 그 변화를 뛰어넘는 존재의 문제, 나아가 인간이 이를 어떻게 인식할 수 있는가 하는 문제와 관련된 충돌이었다.

하이데거는 『존재와 시간』에서 존재, 시간, 진리에 관해서는 존재자가 아닌 사태로서 '주어져 있다(es gibt)'라는 표현을 쓰고 있다. 그에 의하면, 존재는 존재자와 같은 것이 아니고, 또 인간은 오랜 세월 동안 모든 '존재'를 '존재자'처럼 오독하는 습관에 빠졌다고 한다.

하늘과 땅, 산과 바다, 꽃, 구름, 시냇물을, 사람들은 따져 보지 않고 모두 존재자로 기억한다.

『중론』의 「감과 옴을 관찰하는 장」에서, 용수는 '가는 행위', '가는 사람', '갈 곳'이 따로 없음을 다음과 같이 노래하고 있다.

> 이미 간 곳을 가지 않네. 아직 가지 않은 곳을 가지 않네.
> 이미 간 곳과 아직 가지 않은 곳을 떠나
> 지금 가고 있는 곳을 가지 않네.
> 가는 사람은 가지 않네. 가지 않는 사람은 가지 않네.
> 가는 사람과 가지 않는 사람 이외 또 누가 있어 가겠는가?

가는 행위와 가는 사람이 '같다'거나 '다르다'고 하는 집착은 궁극적으로 '가는 행위' 또는 '가는 사람'이 '있다'는 집착에서 나온 것이기 때문에, 이 표현이 바르게 성립하지 않는다는 가르침이다. 그렇다면 거장 하이데거조차 결코 둘이 아닌 것을 둘인 것으로, 또 없는 것을 있는 것으로 착각하고 있는지도 모를 일이다.

산은 산이요, 물은 물이다.

산이 산인 것은 산이 산이기 때문이요, 물이 물인 것도 마찬가지 이치이다. 그것은 산이 있어 산을 만들고, 물이 흘러 강을 이룸과 같은 이치이다. 산이 그곳에 있지 아니하거나 물이 흐르지 않게 되면, 그것은 산과 물의 부정이요 곧 존재자의 사멸에 해당한다. 내가 죽음으로써 내가 부정되는 것과 같은 이치인 셈이다. 불교에서 말하는 유즉시무, 무즉시유(有卽是無, 無卽是有)의 언명은 바로 이런 구별을 전제하고 붙인 것이 아닐까?

시간은 누구에게나 공평하다. 자연은 누구에게나 공평하게 첫 날과 마찬가지로 끝 날을 선사한다. 누구든 시간이 흐르면 늙고 또 죽게 마련이다. 여기에는 예외가 없다. 소크라테스의 말처럼, 늙어서 죽음을 맞이하는 것은 인간이 받을 수 있는 최고의 축복일 수 있다. 따라서 세월의 흐름에 따라 변하는 인생의 무상함이나 나이 듦을 특별히 슬퍼할 이유는 없다고 생각한다. 나는 누구에게 있어서나 현명하게 젊기는 어려우나, 현명하게 늙어가는 것은 가능하리라고 믿는다.

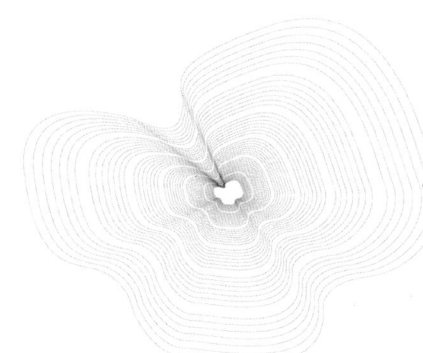

그림을 읽는 즐거움

백 윤 수

1.

　역사적으로 그림과 관련된 스캔들에는 몇 가지 유형이 있다. 대체로 명화의 경제적 가치와 관련된 것인데 첫 번째는 유명한 화가의 위조품을 만들어 진품이라고 속여 파는 경우이다. 가장 악명 높은 위조품 제작자로는 네덜란드 출신의 반 메헤른(Van Meegeren)을 들 수 있다. 베르메르(Johannes Vermeer, 1632-1675)의 작품이라고 속인 <엠마오에서의 저녁식사 Supper at Emmaus>는 그 자체가 걸작으로 인정될 수 있을 정도로 훌륭한 작품이며, 이 외에도 많은 위조품을 만들었다. 반 메헤른은 위조라는 사실이 드러나는 것을 피하기 위해, 베르메르가 생존했던 시기의 캔버스를 구해 그 위에 그림을 그리면서 고도의 다양한 기술을 용의주도하게 구사하였다. 고객 중에는 나치 독일의 공군 사령관이었던 괴링(Göring)도 포함돼 있었는데, 이 때문에 제2차 세계대전 종전 후 나치에 협력했다는 죄명으로 체포되어 재판을 받게 되었다. 위기를 모면하고자 반 메헤른은 자신이 진품을 판 것이 아니라 위조품을 만들었다고 자백하였는데, 일반인은 물론 미술 감정 전문가들도 대부분 이를 근거 없는 소리로 웃어 넘겼다. 그럼에도 불구하고, 진상을 규명하기 위한 위원회가 설치되어 면밀한 조사가 이루어졌으며 반 메헤른의 진술은 모두 사실로 확인

되었다. 반 메헤른은 이적행위죄가 아니라 위조죄로 1년형을 선고 받았으며, 몇 달 후 감옥에서 복역 중 사망하였다.

　두 번째 유형으로는 명화 절도 사건을 들 수 있다. 미술품 절도의 목적은 장물의 판매를 통한 경제적 이득을 얻기 위한 것이 대부분이지만, 그 외에도 훔친 그림을 돌려주기 위한 조건으로 감옥에 갇힌 죄수의 석방을 요구하거나 난민에 대한 식량 공급을 요구하는 등 다양하다. 미술품 절도는 무기와 마약 밀수에 이은 제3의 국제적 범죄로 성장하였으며, 해마다 약 10%씩 그 금액이 늘고 있다고 하는데 도난당한 그림이 원 소유주에게 반환된 경우는 극히 드물다.

　위의 두 경우와는 달리 세 번째 유형은 작품의 내용 또는 예술적 가치와 관련된다. 이 유형은 예술작품으로서의 기본적 요건을 갖추고 있지 않기 때문에 도저히 예술작품으로 볼 수 없다거나 혹은 작품의 내용이 예술작품으로서의 아름다움을 갖추었다기보다는 비도덕적이기 때문에 그 가치를 인정할 수 없다는 논의와 연계된다. 전자의 가장 유명한 예로 공장에서 대량으로 만들어낸 소변기 중 하나에 자신의 이름이 아닌 무트(R. Mutt)라는 전혀 생소한 서명을 한 뒤에 이를 전시회에 출품한 마르셀 뒤샹(Marcel Duchamp)의 <샘>을 들 수 있다. 이러한 기성품이 과연 예술이냐 아니냐 하는 문제를 두고 뒤샹 자신도 참여한 논쟁이 활발하게 진행되었다. 그 결과 예술에 대한 정의가 과연 가능한가라는 명제를 둘러싸고 예술정의불가론이 제기된 것은 예술사론적으로도 유명한 사건이다. 후자의 예로는 에두아르 마네(Eduard Manet, 1832-1883)의 <올랭피아 Olympia>를 들 수 있다. 이 글에서는 <올랭피아>를 중심으로 그림을 읽는 즐거움에 대한 이야기를 풀어나가고자 한다.

마네는 19세기 후반 혁신적인 미술운동이었던 인상파의 리더로 여겨지지만, 막상 자신은 인상파로 불리기보다는 오히려 당시 화단을 이끌던 관학파가 주도하는 살롱전에 입선하기 위해 많은 노력을 기울였던 화가이다. 당시의 젊은 인상파 화가들은 마네의 작품이 지닌 혁신성에 자극받아 그에게 열광하였다. 그들이 마네를 지지하였던 가장 큰 이유는 그가 당시의 전통적인 사고방식에서 벗어난 주제를 대담하게 화폭에 옮기고 이 때문에 많은 비난을 자초했음에도 불구하고 그 주제를 계속 밀고 나간 용기와 그가 지닌 예술에 대한 해박한 지식 때문이었다. 마네가 살롱전에 출품하고 낙선한 뒤에 열린 낙선전에 다시 출품했던 <풀밭 위의 점심 식사>는 두 쌍의 남녀가 점심을 즐기기 위해 피크닉 간 모습을 묘사하고 있다. 이 그림은 많은 사람들의 분노를 자아냈는데, 왜냐하면 두 명의 젊은 남자를 중심으로 한 여인이 벌거벗은 채 앉아 있기 때문이었다. 매스컴을 비롯한 많은 사람들이 이를 외설적이라고 비난하였으며 당시 불란서의 황제이었던 나폴레옹 3세도 이에 가세하였다. 아이러니한 것은 황제가 살롱전에서 구입한 그림에는 카바넬(Cabanel)이 그린 완전 누드의 비너스 그림이 있었는데, 보기에 따라서는 이 그림이 마네의 그림보다 더 외설적이라고 할 수 있다. <올랭피아>는 <풀밭 위의 점심 식사>보다 2년 후 살롱전에 전시되었는데 이는 내용면에서 한 층 더 노골적이었다. 그때까지 춘화가 아닌 공식적인 그림에 여신이 아닌 여인이 옷을 벗은 채로 등장하는 일은 없었다. 예외라고 한다면 고야가 그린 <나체의 마하>가 있는데, 이는 공식적인 전시를 위한 그림이 아니라 개인의 은밀한 감상을 위해 그려진 것이었다. 많은 관람자들이 <올랭피아>에 격분하여 욕하고 심지어는 자신들이 짚고 온 지팡이로 그림을 두드리기도 하였으므로, 주최 측은 이 그림을 사람들 눈에 가장 잘 띄지 않는 곳으로 옮기기 위해 전시실 제일 마지막 방으로 들어간 후 머리를 뒤로 돌리고서야 볼 수 있는 입구 바로 위에 걸어 놓았다. 그러나 하지 말라고 하면 오히려 더 하고 싶은 것이 사람의 심리인 것처럼, 이 살롱전에서 가장 큰 인기를 누려 많은 사람이 몰렸던 곳은 바로 이 방이었다.

2.

일반적으로 그림을 본다고 하며, 읽는다는 말은 잘 사용하지 않는다. 책을 읽을 때 모르는 단어가 나오면 사전에서 찾고 그래도 뜻이 통하지 않으면 그 단어가 쓰인 구절을 몇 번이고 되풀이해 읽으면서 문장의 뜻을 파악해야 하며, 한 걸음 더 나아가 각 단락과 각 장의 내용을 살피고, 끝으로 읽은 책의 전반적인 요지를 정리하여야 한다. 이렇게 한 뒤에야 비로소 책을 제대로 읽었다고 할 수 있고 그렇지 않은 경우에는 대충 훑어보았다고 한다. 그런데 그림의 경우에는 책을 읽는 것처럼 자세히 보지 않고 건성으로 보는 사람이 압도적으로 많다. 그림을 감상하는 그들의 태도는 "무엇이 재현되어 있는가?" "재현된 대상이 실제의 사물과 아주 비슷한가?" "아름답게 그려져 있는가?" 등을 위주로 하여 일종의 퀴즈를 푸는 듯한 태도를 유지하고, 이러한 물음이 해결되면 그림 감상이 끝난다고 자부하는 경향이 있다. 그러나 그림도 책처럼 해당 그림의 구성요소를 하나하나 꼼꼼히 잘 보아야지 비로소 그 그림을 제대로 이해할 수 있는데, 이렇게 할 때 "그림을 읽는다[讀畵]"라고 한다. 어떤 분야이든 일정한 수준에

도달하면 그 분야에서 독특하게 사용하는 용어와 문법이 있는 것처럼, 그림에도 이를 감상하기 위한 용어와 문법이 있는 것은 물론, 접근하는 수순이 있다.

<올랭피아>를 중심으로 살펴본다면 제일 먼저 화폭에 노르스름한 색의 피부를 지닌 여자가 큼지막하고 푹신한 베개 두 개를 어깨 밑에 놓고 침대 위에 비스듬히 누워있다. 그녀가 몸에 걸친 것이라고는 머리 위에 장식된 꽃, 가느다란 목걸이, 폭이 약간 넓은 팔찌 그리고 하이힐이 전부다. 발꿈치에는 검은 고양이가 꼬리를 곤추 세우고 있으며 누군가로부터 방금 전해진 꽃다발을 전해주는 흑인 하녀가 있다. 침대 왼쪽 위 벽에는 걷혀진 커튼 일부분이 한 구석을 장식하고 있으며 벽 가운데에는 굵은 선이 수직으로 여인의 허벅지까지 내려와 있다. 또 구도는 중앙의 V자를 중심으로 하여 수직과 수평선이 주된 역할을 하고 있다. 여기까지가 자연적인 기술이자 사실의 진술이라고 할 수 있는 전(前)도상학적 기술이다.

이제 좀 더 상세하게 읽어보기로 하자. <올랭피아>가 파리 시민들의 격분을 산 이유는 다음과 같은 몇 가지 이유 때문이다. 첫째 올랭피아의 발꿈치에 있는 고양이는 전통적으로 매춘을 상징한다. <올랭피아>의 구도는 르네상스 화가 티티안(Titian)의 <우르비노의 비너스>에 크게 빚지고 있는데, 마네는 <우르비노의 비너스>의 발아래에 있는 강아지를 고양이로 바꾸었다. 당시 성병은 오늘날의 에이즈와 마찬가지로 불치의 병으로 여겨져 모두들 두려워했는데, 올랭피아는 성병을 옮길 가능성이 많은 여자였다. 둘째 서양에서는 전통적으로 인체의 미를, 완벽한 비례를 드러내는 아름다움의 모범형으로 보았으며 이에 따라 르네상스 이래 누드화가 유행하였다. 그런데 누드화는 보는

마네, 올랭피아, 캔버스에 유채, 1863, 131 X 190 cm, 오르세 미술관

사람들의 성적인 욕망을 자극할 우려가 많아 이에 대한 억제장치가 필요하였으므로, 화가들은 여신이나 님프 같은 신화 혹은 전설의 주인공이라는 옷을 입혔다. 감상자들은 여신이나 님프를 보면서 성적 충동을 억제하지 않으면 안 되었는데, 왜냐하면 그리스 신화의 악티온(Acteon)은 여신에 대한 성적 욕망은커녕 아르테미스(Artemis)의 나신을 보는 것만으로도 죽음이라는 벌을 받았기 때문이다. 마네는 주제넘게 그림의 제재를 여신에서 빅토린 뫼랑이라는 여인으로 바꾸었는데, 이는 많은 사람들의 도덕심과 미술의 전통을 의도적으로 무시하는 행동이었다. 셋째 누드화는 완벽한 아름다움을 나타내는 이상미를 보여주어야 함에도 불구하고 올랭피아는 이상미를 갖춘 여인이라기보다는 우리가 일상에서 볼 수 있는 평범한 여인이었다.

3.

위와 같은 내용들을 무시한 채 오직 그림의 구도와 색채·선·양괴·붓질 등만을 살펴보는 태도가 형식주의이다. 형식주의는 예술에 대한 정치·종교·경제적 제약으로부터 자유롭고자 하는 예술가들의 갈망에서 출발하였다. 그들은 예술 창조의 자유를 확보하기 위하여 예술에 대한 모든 간섭을 배제하고 오직 "예술을 위한 예술"을 추구하였다. 그들은 정치·종교·경제적인 효과를 노리는 그림을 키치(kitsch)라고 경멸하면서 외부의 간섭을 배격함은 물론 회화 자체적 측면에서도 혁신적인 변화를 꾀하였다. 종래에 금과옥조로 여기던 원근법이나 명암법이 2차원의 평면에 3차원적 효과인 환영을 자아내기 때문에, 회화가 지니는 순수한 가치인 평면성을 파괴한다고 생각한 것이다. 따라서 회화로부터 원근법이나 명암법을 축출하여야 하는데, 대상을 재현한다는 전통적 방법을 고수하면 이를 완벽하게 수행할 수 없게 된다. 그 결과 필연적으로 대상과의 연관성을 파악하기 어려운 추상화가 나타나는데, 대표적인 예를 잭슨 폴록(Jackson Pollock)의 추상표현주의 그림에서 볼 수 있다. 추상화를 보기 어렵다고 하는 사람이 많은 이유는, 재현되지 않은 내용을 찾으려는 헛된 노력 때문이기도 하다. 추상화는 오히려 이전의 그림보다 훨씬 쉽게 읽을 수 있는 장르라고 할 수 있다. 왜냐하면 추상화에서는 내용이 사라졌으므로, 우리가 백화점에 들러 넥타이나 스카프를 고를 때처럼 오직 눈에 보이는 화면의 선·색채·양괴·구도·붓질만을 고려하면서 감상하면 되기 때문이다. 이러한 시도는 화면에 대상의 형태보다 빛을 그대로 재현하고자 한 인상주의 그림에서 처음으로 구체화되었는데,

그 선두에 선 사람이 바로 마네였다. 우리는 <풀밭 위의 점심 식사>나 <올랭피아>에서 이전의 그림과는 달리 원근법과 명암법이 정확하게 구사되지 않은 부분, 즉 마네가 의도적으로 시도하고 이후의 많은 화가들이 발전시킨 요소를 발견할 수 있다.

최근의 미술사학자들은 <올랭피아>에서 이전의 감상자들이 보지 못하던 많은 내용을 읽고 있다. 자본주의 사회가 급성장하면서 야기하는 여러 가지 문제 중의 하나를, <올랭피아>가 잘 드러낸다는 시각이다. 클라크(T. J. Clark)는 마네가 생존했던 1800년 중엽에 매춘이 상당히 성행하였다는 사실을 지적하면서 <올랭피아>가 갖는 근대성의 본질을 계급으로 본다. 외설이라는 이름 아래에 빅토린 뫼랑의 지위와 관련된 계급투쟁이 숨어 있다고 읽는 것이다. 이에 비해 페미니스트들은 <올랭피아>에서 가부장제적 관습을 거부하는 저항 정신을 읽을 수 있다고 주장한다. 가부장제적 윤리에 따르면 올랭피아는 물론 정상적인 여인들마저 누드로 등장하게 되면 정면으로 관중을 대하지 않고 부끄러운 듯이 얼굴을 비스듬히 돌리는 듯한 자세를 취하는데도 불구하고, 올랭피아는 감상자의 시선을 곧바로 받아내면서 당당하게 정면을 바라보고 있기 때문이다.

이처럼 계급투쟁이나 페미니스트적 입장 혹은 그 외의 다른 시각으로 <올랭피아>를 읽는 태도는 마네가 전혀 의도하지 않은 방식일 수 있다. 물론 그가 의도하지 않았다고 할지라도 무의식적으로 그 사회로부터 영향을 받았다는 점은 인정된다. 마치 1950년대 많이 등장하는 화성침공에 관한 외계인 영화가 냉전시대 소련의 침공에 대한 두려움을 배태하고 있는 것처럼 말이다. 그러나 현대의 예술 해석은 이보다 더 나아가 감상자의 위치나 권한을 매우 강화한다. 감상자는 반드시 예술가의 의도에 구속되어 작품을 읽어야 할 필요가 없으며, 작품에 대한 자기 나름대로의 해석 권한을 보유한다. 따라서 감상자는 예술가가 전혀 의도하지 않은 요소를 작품 속에서 발견할 수 있고, 그것이 상당히 중요한 의미를 지닌다. 이러한 관점에서 본다면 미래에는 우리가 생각지도 못하던 요소를 <올랭피아>에서 읽을 수 있을 것이다.

결국 <올랭피아>만이 아니라 모든 그림을 다양한 시각으로 분석하면서 읽는 선택권이 우리에게 부여됐다고 할 수 있다. 어떻게 읽을 것인가 하는 문제는 순전히 우리에게 달려있다. 깊이 읽는다고 해서 우리가 밝히고자 하는 문제에 대한 정확한 해답을 찾을 수 없을지 몰라도, 다양하게 변하며 생동하는 이 세계의 보다 많은 측면을 발견할 수 있을뿐더러 젊은 세대에게는 노년의 여유와 경험을 보여줄 수 있다. 또 이렇게 시간을 들여 읽다보면 소리 없이 우리를 위협하고 있는 치매라는 공포로부터도 해방될 수 있으리라. 이것이 어떻게 그림에만 한정된 것이겠는가? 이 세상 모든 일에 다 적용되는 이치일 것이다. 무엇보다도 중요한 일은 일상생활에서 그림을 읽는 즐거움을 실천하는 지행합일이다. 이를 위해 『논어』의 구절을 약간 바꾸어 인용하고자 한다.

"그림을 아는 것은 좋아하느니만 못하고, 좋아하는 것은 즐겨 읽느니만 못하다."

변호사 수와 경제성장

윤 기 향

미국은 소송 천국의 나라다. 우선 미국은 변호사 수에 있어서 어떤 나라도 감히 따라올 수 없을 정도로 압도적인 수를 자랑한다. 2013년 현재 미국의 변호사 수는 126만 명에 달한다. 이는 인구 1만 명당 40명꼴이다. 미국 행정 수도가 있는 워싱턴 D.C는 인구 1만 명당 변호사 수가 803명에 이른다. "플로리다에 등록되어 있는 변호사만으로도 풋볼 경기장을 가득 메울 수 있다."라는 광고가 있는데 이는 결코 과장된 것은 아니다. 플로리다에서만 8만 명이 넘는 변호사가 활동하고 있으며 큰 풋볼 경기장은 보통 8만 명 정도를 수용한다. 변호사 수가 많다 보니 변호사 자격만 가지고 있고 실제 정부 기관이나 회사 또는 정치인으로 활동하고 있는 휴업 변호사(idle lawyers) 수만도 48만 8천명에 이른다. 한국도 최근 변호사 수가 가파르게 증가하고 있는 추세에 있다. 변호사 수가 2008년 6,997명이었는데 2013년에는 14,142명으로 늘었다고 한다. 인구수나 경제 규모에 비해 변호사 수가 지나치게 많다는 논란도 있지만 그 논의의 타당성을 떠나서 숫자만 놓고 미국과 비교해 보면 이는 그야말로 조족지혈이라고 볼 수 있다.

변호사 수가 많다 보니 별의별 소송이 난무하고 있는 것도 사실이다. 미국은 감옥에 있는 죄수들에게도 소송할 권리가 주어져 있고 그 소송비용을 정부가 부담한다. 미국에서 연간 이루어지는 소송 건수 가운데 3분의 2가 죄수들이 제소하는 소송이라고 한다. 소송을 하려면 우선 돈이 있어야 하고 또 시간이 있어야 하는데 죄수들에게는 이 두 가지 문제가 다 해결되기 때문에 걸핏하면 소송을 제기한다는 것이다. 본인이 원하는 책을 교도소 당국이 구해주지 않는다고 소송을 제기하기도 하고 본인이 원하지 않은 다른 교도소로 이감되었다고 소송을 제기하기도 한다. 부두(Voodoo) 종교에서는 닭 목을 잘라 피를 내는 종교 의식이 있는데 부두교를 믿는 죄수가 닭을 구해주지 않는다고 소송을 제기한다. 또 맥도널드에서 뜨거운 커피를 주문했는데 너무 뜨거워서 입을 데웠다고 1백만 달러 소송을 제기해서 50만 달러 가까이를 받아내는 등 별의별 소송이 이루어진다.

그 가운데에서도 단연 압권은 미국 워싱턴DC, 행정법원 판사인 로이 피어슨(Roy Pearson) 판사가 2005년 한인 세탁업자를 상대로 6,700만 달러(나중에 5,400만 달러로 줄었지만)의 손해배상 청구소송을 제기한 사건이다. 피어슨 판사는 한인이 운영하는 세탁소에 800 달러짜리 바지의 수선을 맡겼는데 세탁소 주인이 그 바지를 분실했다. 피어슨 판사는 세탁소 앞에 써놓은 '만족 보장(Satisfaction Guaranteed)'이라는 문구를 믿고 수선을 맡겼는데 그 세탁소가 바지를 잃어버려 피해를 입었다며 천문학적인 금액을 청구한 것이다. 그 근거로 2005년부터 하루 보상액을 1,500달러로 계산하고 정신적 피해액 50만 달러 등을 포함해 6,700만 달러 (약 700억 원)를 배상하라고 청구한 것이다. 워싱턴DC. 상급법원의 바트노프 (Judith Bartnoff) 판사는 "가게 앞에 내건 '만족 보장' 표지판은 사기라고 볼 수 없다."라고 원고 패소 판결을 내렸다 소송을 제기한 피어슨 판사는 그 후 판사재임용에서 탈락한 것으로 알려졌다.

어느 시(詩)에 '무리를 지으며 따라오는 비'라고 하는 내용이 있는데 미국 사람들의 소송 남발을 이에 비유할 수 있을 것 같다. 미국의 소송 봇물은 경제 성장과도 밀접한 관련이 있다. 개인이나 근로자들이 안전사고나 차별대우 등으로 경제적, 정신적 피해를 입었다고 기업이나 직장을 상대로 소송을 수시로 제기하기 때문이다. 많은 기업과 직장이 이러한 소송에 대비하느라고 많은 경제적 비용과 인적 자원을 쏟아 붇고 있다. 지난 5월 미국 법원이 현대자동차에 대해서 제조 결함을 이유로 총 2억 4,800만 달러를 배상하라는 평결을 내렸다. 일본의 토요다 자동차가 몇 년 전 제조 결함에 따른 소송으로 하마터면 미국에서 영업을 그만 두어야할 뻔 했던 상황까지 몰린 적이 있다. 자동차에 작은 결함이라도 발견되면 리콜이 이루어지고 소송이 봇물을 이룬다.

미국에서는 성별, 인종, 나이 등을 이유로 차별할 수 없다는 법 때문에 정년퇴직이라는 것이 없다. 나도 그 덕에 내가 그만 둘 때까지 대학에서 가르칠 수 있는 혜택(?)을 보고 있다. 그러나 그 부작용 또한 만만치 않다. 미국 항공기를 타고 여행해본 사람들은 여자승무원들의 서비스에 별로 감동을 받지 못한 경험을 했을 것이다. 40대, 50대의 여자승무원들이 베푸는 미소는 분명 20대, 30대 젊은 여자승무원들의 아름다운 미소와는 비교가 되지 않을 것이다. 문제는 나이 많다고 직장을 그만 두게 하거나 다른 부서로 이동시키면 많은 경우 소송의 화살을 피할 수 없게 된다. 미국의 전설적인 여자 앵커 바버라 월터스 (Barbara Walters)는 그녀의 나이 85세가 되던 금년에 은퇴했다. 또 다른 전설인 백악관 출입기자 헬렌 토마스 (Helen Thomas)는 그녀가 죽기 얼마 전인 2013년까지 백악관에서 UPI 현역 기자로 활동했다. 그녀가 은퇴한 때의 나이가 92세였다. 그녀는 백악관에서 아이젠하워 대통령부터 오바마 대통령까지 11명의 미국 대통령을 취재했다. 나이 70, 80에 현역에서 활동하는 사람들의 예는 지천에 깔려 있다.

바버라 월터스나 헬렌 토마스 같은 경우는 물론 나이에 따른 차별금지 때문이라고만 볼 수 없고 본인들의 탁월한 능력 때문이기도 하겠지만 소송에 대한 부담 때문에 어쩔 수 없이 비효율적이지만 본인이 그만 둘 때까지 기다리는 경우도 많다. 이곳 대학이 있는 플로리다 팜비치의 보훈병원에 아직 현역으로 일하고 있는, 85세 되는 한국인 의사분이 있다. 한국에서 의대를 나온 내 친구가 같은 병원에서 일하고 있는데 내년에 은퇴할 계획을 그 분과 상의했더니 그 분으로부터 "아직 젊은 사람이 은퇴해서 뭐 하려고?"라는 핀잔을 들었다고 한다. 우리가 70 문턱에 와있지 않은가?

기업은 안전기준 위반, 차별금지 위반, 환경보호 위반 등으로 항상 소송의 먹구름을 안고 산다. 변호사 수와 경제성장의 상관관계를 연구한 논문 수도 상당수에 달한다. 많은 연구들은 변호사 수가 많아질수록 경제성장이 둔화된다는 결과를 발표하고 있다. 그러나 이는 변호사 수의 증가가 경제성장 둔화의 원인이 된다는 것을 의미하지는 않는다. 과연 미국의 사법제도 모형은 경제 전체에 악영향을 미치는 비효율적인 제도인가 아니면 개인의 자유와 재산의 보호를 위해 방

패막이 되는 이상적인 제도인가? 미국모형은 전체보다 개인을 존중하는 미국 정신의 발로라고 볼 수 있다. 나라 전체의 경제적 측면에서는 비용이 드는 제도이지만 그러나 인간의 존엄과 가치를 중시하는 사회에서는 이러한 부작용은 얼마든지 감내할 만한 값어치가 있는 제도라고 볼 수 있다.

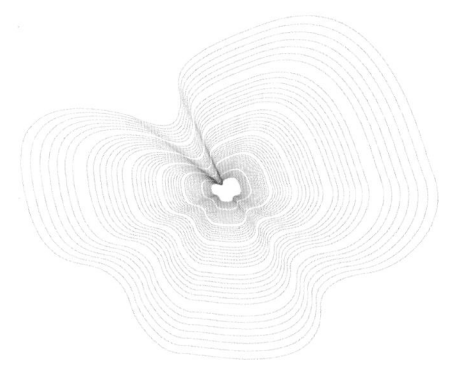

우주일화

이 홍 훈

우주일화의 즉, "우주는 한 송이 꽃이다."라는 화두는 화엄사상과 용화사상, 또는 만물일체와 만물일원의 큰 뜻을 담고 있다고 생각됩니다.

우리 곁에서 수많은 아름다운 꽃이 피어나고 그것을 가까이서 볼 수 있다는 것은 참으로 불가사의한 생명의 신비가 아닌가요.

지구 전체는 하나의 거대한 생명체입니다.

영국의 과학자 제임스 러브록이 "지구상의 생명을 보는 새로운 관점"이라는 저서에서 말하였듯이 지구에서 살고 있는 모든 생물, 대기권, 대양, 토양 등 우리 주변에 있는 생물과 무생물들은 상호 밀접한 영향을 주고받으며 거대한 생명체를 이루고 있습니다.

그리고 지구라는 거대한 생명체의 구성원들은 역동적으로 상호작용을 주고받으며 자율적으로 생명을 유지해 나가는 것입니다. 우리와 함께 진화하여 온 지구상의 모든 생명들은 수십 억년 동안을 우리와 함께 살아왔고, 앞으로도 우리가 존재하는 한 우리와 함께 공존해야 하는 같은 하나의 운명체라고 할 것 입니다.

모든 생명은 서로 더불어 사는 존재이며 상호 연관을 가지고 상호 의존 하는 존재입니다. 모생명은 온생명의 하나이고, 각 생명체의 개체생명은 온생명의 전제구조 속에서 모생명으로부터 생존에 필요한 것을 얻어내고 모생명과 공존하는데 필요한 역할을 감당한다고 합니다. 그러하기 때문에 나의 모생명에는 '너'가 포함되고, '너'의 모생명에는 '내'가 포함되어 상호 연관과 의존의 관계가 형성됩니다.(一卽多 多卽一, 不一不二)

결국 우주와 지구라는 온생명이 있어야 우리가 존재할 수 있고, 더 나아가 지구촌의 세계는 '나'로 인하여 존재하는 '너'이고, '너'로 인하여 존재하는 '나'이며, '자연'과 함께 존재하는 인간이고, '인간과 함께 존재하는' 자연입니다.

다시 말하면 인간은 자연 환경 속의 생명체로서 나와 분리되지 않는 '너' 속에 지금 이 순간 우리와 함께 호흡하는 온갖 생명이 다 포함되어 있습니다. 따라서 우리는 '내'가 있어야 '너'가 있고 '너'가 있

사진 김영수 제공

어야 '내'가 있는 만물일원의 세계에 살고 있습니다.

우주 안에 만물은 상호 의존하고, 소통, 교감하면서 그 본유의 생명력을 유지하게 됩니다.

소립자물리학적 입장에서 보면, 모든 물질은 상호작용을 하면서 존재하는 것이며, 다른 입자와 상호작용을 하지 않고 홀로 존재하는 입자는 없습니다. 그리고 물질을 구성하는 입자들은 끊임없이 주위에 있는 입자들과 상호작용을 하고 있고, 여기에 어떤 입자가 존재한다고 말 할 수 있는 것은 저기에 다른 입자와 상호 작용을 하기 때문이라고 합니다.

또한 상호작용으로 서로 존재하는 모든 것은 하나로 연결되어 있고, 존재하는 것 모두가 일체라는 것입니다.('전체로서 하나'의 의미로서 '空'을 카리킴)

물리적 진공 속에서 우주의 모든 물질의 구성요소인 소립자와 반입자가 결합하여 끊임없는 상호작용을 하면서 그물망처럼 연결되어 있으면서 끝없는 생성과 소멸을 되풀이 하고 있다는 것입니다. 더 나아가 물리적 진공을 이루는 가상입자들과 우리의 경험세계에서 보는 입자들 모두가 연결되어 있으면서 색이나 공이나 구별 없이 하나를 이루고 있다는 것입니다. 선가에서 말하고 있는 色卽時空 空卽時色이라고 할 수 있지요, 다시 말하면 색즉시공은 우주 전체가 하나로 연결되어 너와 나가 하나를 이룬다는 '만물일체'을 뜻한다고 볼 수 있지요.('전체로서 하나' 또는 '나눌 수 없는 하나')

법정스님은 이러한 우주적 철학을 담아 '우주 자체가 하나의 마음이다. 마음이 열리면 사람과 세상과의 진정한 만남이 이루어진다. 내 마음 따로 있고 네 마음 따로 있는 것이 아니다. 한 뿌리에서 파생된 가지가 곧 내 마음이고 당신의 마음이다.' 라는 선시를 남겼습니다.

또한 세레브로프 박사(구 쏘련 최초 우주인)는 몇 가지 소리를 검토한 결과 '인간의 혈액이 혈관을 흐르는 소리와 지구가 내는 고유의 진동이 화음을 이루고 있음이 밝혀졌다.' 고 말하고 있고, 불법에서는 '우주의 리듬'과 '우리 생명의 리듬'과의 공명을 말하고 있습니다. 지구에는 고유의 리듬이 있고 지구에서 자란 우리의 몸에는 지구의 리듬이 있다고 합니다.

이렇게 보면 인간은 전 우주와 하나로서 대우주를 독자적인 방법으로 나타내는 '소우주'라고 할 수 있다는 것입니다. 따라서 인류는 다같이 지구의 가족으로서 우주적으로 사고하고 지구적으로 행동하는 삶의 자세가 요청된다는 것입니다.

생명체의 생성 기반은 다른 생명체의 죽음으로 마련된 것이며, 나타남과 사라짐, 삶과 죽음의 모든 것이 하나로 연결된 전체임을 알 수 있습니다.

우주의 법계에서는 총체성과 개별성, 동일성과 차별성, 화합성과 분리성이라는 서로 상반되는 명제는 겉으로는 서로 상반되는 것 같이 보이지만, 서로 의지하고 넘나들면서 서로가 서로의 존재를 가능하게 하고 성립되게 하는 것입니다.

고대와 중국에 있어서 중국의 물리적 우주관은 감촉할 수 있는 물질로 응축된 '기'는 세계의 모든 다른 대상들과 함께 작용을 주고받으며, 음과 양의 두 기본적인 힘의 율동적인 교체와 의존하는 파동이나 진동의 방식으로 작용한다고 보고 있었습니다.

선가에서는 한 티끌 안에 온 우주가 다 들어 있다고 하지요. 그런 즉 우리 몸의 유전자에는 38억년 진화의 전 과정이 배어있을 것이고, 지금 이 순간에 존재하는 하나의 원자 속에는 전 우주의 역사가 스며들어 있으며, 극미와 극대의 세계가 연결되고, 순간과 영원의 시간이 상호 관통하는 비밀의 통로가 놓여 있습니다.

우주 전체는 하나의 몸입니다. 태양을 포함한 우주 전체가 분리될 수 없는 하나를 이루는 것이고 질량과 에너지의 상호 변화는 핵융합과 광합성을 연속된 일련의 과정으로 이해할 수 있게 합니다. 온 생명과 우주 전체가 상호 연관의 무한한 망 속에서 전개되고 있음을 보여 주고 있습니다. 하나의 근원적 전체에서 우주의 온갖 다양성이 펼쳐집니다. 소립자물리학이 소립자 하나에도 우주의 온 역사가 스며들어 있다고 보듯이, 전체로서의 총체성과 개별성은 개개의 사물에 다 들어 있는 것입니다.

이러한 우주는 한 순간도 정지하지 아니하면서 삼라만상을 끊임없이 성장시키고 있습니다. 성현들은 우주에는 창조주의 손과 같은 생명의 에너지가 존재하고 있고, 모든 만물에 끊임없이 생명을 불어넣고 있으며, 살아있는 모든 것을 좋은 방향으로 이끌고자 하는 우주의 의지, 힘, 에너지와 함께 사랑과 자비가 가득 차 있다고 합니다.

이와 같이 무한한 공간 속에서 수많은 별들과 그 안에 내재하고 있는 무한한 생명체들이 상호 교감, 소통하면서 하나가 되어 사랑과 자비로 가득 차 있으니, 따라서 우리가 살고 있는 이 우주는 아름답고 신비스러운 한 송이 꽃이 아닌가요!

그러한 우주의 힘은 무한한 공간과 별들 속에 편재하면서 모든 생명력의 근원이 되어 삼라만상의 탄생, 성장, 소멸을 주관합니다. 따라서 우리는 그 전능한 우주의 의지에 따라 그것과 조화하는 사고방식과 삶의 방식을 가지는 것이 무엇보다도 중요하다는 생각이 듭니다.

아인슈타인은 '영원한 것에 눈을 돌려라. 그것이 인간사회에서 평화와 안온을 가져다 줄 유일한 정신 근원이기 때문이다.'라고 말하였습니다.

세계 평화주의자인 이께다 박사는 "우주 그자체가 생명이며 끊임없이 변화하고 세세 영생 유전을 반복하면서 거기에 묘한 조화와 질서가 있다. 인간계든 자연계든 단독으로 일어나는 현상은 아무것도 없으며, 만물이 서로 관계를 맺고 의존하면서 하나의 코스모스를 형성하고 있고, 무수한 인연으로 서로 연결되는 세계는 우리 생명이 투영되고 동시에 우리 생명은 그 깊은 내면에서 무한한 파동성 지니고 있다. 즉 생명은 우주만큼의 넓이를 갖고 있으며, 우주즉아 아즉우주(宇宙卽我 我卽宇宙)다."라고 하였습니다.

칸트는 '맑게 갠 밤, 별이 빛나는 하늘을 쳐다볼 때 인간은 오로지 고귀한 혼만이 느끼는 일종의 만족감을 얻을 수 있다.' '감탄과 외경심으로 내 마음을 채우는 것이 두 가지가 있다. 그것은 내 위에 별이 빛나는 하늘과 내 안의 도덕률 바로 그것이다.'라고 말하고 있는 바, 칸트는 우주와 생명을 꿰뚫는, 그리고 인간의 지혜를 초월한 엄연한 법칙과 조화를 직감하고 있으면서 그것을 '감탄과 외경심'을 가지고 겸허하게 우주와 인간을 통찰하였습니다.

이 외적인 우주와 내적인 우주에 대한 '감탄과 외경심'의 마음이야말로 인간에게 있어 중요한 마음이 아닐까 생각합니다.

프리쵸프 카프라는 새로운 패러다임으로서 세계를 분리된 부분의 집합체라기보다 통합된 전체로 보는 전일적 세계관의 입장에서 모든 현상들이 근본적으로 상호 의존하고 있으며, 개인과 사회가 순환과정에 깊이 관련되어 있음을 깨닫게 해주고 있습니다.

아인슈타인 이론에서도 물질은 그 중력장과 분리 될 수 없으며 그 중력장은 만곡된 공간과 분리 될 수 없고, 물질과 공간은 단일한 전체의 분리될 수 없는 상호 의존적인 면으로 이해된다.

오늘날 양자물리학적 입장에서도 "동조"7)는 양자의 속성 중 하나가 아니라, 양자 고유의 성질이라고 하고 있고, 초끈이론에서는 미시세계의 만물들은 모두가 조그마한 끈으로 이루어져 있으며 이들의 진동하는 패턴에 따라 우주의 운명이 결정된다고 하고 있습니다.

오늘날 세계적으로 고도의 인플레이션, 대량실업, 소득과 부의 불균형을 인한 양극화, 에너지위기, 오염과 환경재해, 폭력과 범죄의 증가추세 등으로 지적, 정신적, 윤리적인 면에서 심각한 위기상황에 있다고 보고 있습니다.

모든 문명은 발생, 성장, 파탄, 소멸의 동일한 순환과정을 겪는 것으로 보입니다. 문화적 성장의 반복리듬은 모든 시대를 통해 관찰되었으며 '우주의 근본적인 역동성의 일부로 여겨진 변동의 과정'과 관계가 있는 듯합니다.

토인비는 문명의 발생은 정적 상태에서 동적 작용으로 이루어지며, 문명발생의 기본패턴은 "도전과 응전"이라는 상호작용의 패턴으로 보았고, 이와 같이 도전과 응전은 후속되는 성장 과정에서 반복되며 각기의 성공적인 반응은 새로운 창조적 적응을 요하는 불균형으로 만들어가고 있으며, 문명붕괴의 결정적 요인은 유연성의 상실로서, 분해하는 사회의 유연성 상실은 요소 간의 조화의 전반적 상실을 수반하게 됨으로써, 그것은 필연적으로 사회적 불일치와 분열로 몰고 간

---

7) 두 개의 입자 중 하나는 우주의 반대편에 놓아두고, 한 입자에 자극을 주면 떨어진 다른 입자 역시 순간적으로 반응하는 현상.

다고 말하고 있지요.

그러하기 때문에 우리 사회와 인류가 나아가야 할 미래의 방향은 경제적 번영과 함께 성장과 분배의 면에서 공정하고 정의로운 사회를 구현하여, 더불어 함께하고 균형 잡힌 사회를 근간으로 하는 동화적 통합사회를 이루는 것이라고 생각됩니다.

역사의 변증법은 풍부한 상상력과 수정력을 통하여 진화된 새로운 역사를 꿈꾸고 있으면서 인간의 존엄과 가치가 존중되고 자유가 보장되며 정의가 구현되어 모든 인류가 인간답고 평화롭게 살 수 있는 사회를 향하여 흐르는 강물처럼 도도히 나아가고 있는 것이 아닌가 생각됩니다.

이와 같은 미래의 세상을 향한 인류의 꿈이 바로 우리 모두가 "우주일화"라는 화두의 깊은 뜻을 깨닫게 됨으로써, 실현될 수 있을 것이라는 기대와 희망을 가져봅니다.

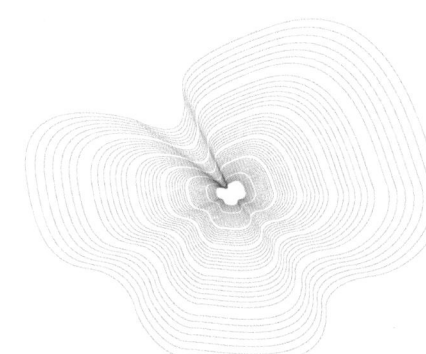

신라 소고(新羅 小考)

정 운 철

Percival Lowell이란 미국 사람이 있었다.

화성인을 관찰했고, 이 화성인이 건설한 화성의 거대한 운하도 발견하여, 1890년대, 즉19세기 마지막 Decade에, 전 세계를 화성 이야기로 떠들썩하게 만들었다. 머리가 발달해서 가분수 모양이 된 화성인이 지구를 쳐들어오는 이야기가 끊이지 않았다. 이 가분수 화성인이 나중에 스필버그의 유명한 영화, E.T의 원조가 되었다.

그런데 이 화성인 발견 전에, Lowell이 『Chosen, The Land of Morning Calm, A Sketch of Korea."라는 책을 썼고, 이 책이 조선을 세계에 알린 최초의 영어 책이라는 것도 나중에 알게 되었다.

1883. 봄, USA의 주 조선 공사 Foote가, 서양인으로는 처음, 서울에 부임하였다. 조정은 이에 대한 답례로 사신을 파견해야 된다고 의견을 모았다. 고종은 믿을 수 있는 처조카 민영익을 단장으로, 1883. 8월 보빙사를 파견하였다.

보빙사 일행이, 조선 조선사람 최초로, 태평양 건너 USA에 갈 때, P. Lowell이 안내, 통역하여, 이들이 Arthur 대통령 만나 임무 완수하게 도와주었다. 일을 마친 영익 등 일행은 또 조선 최초로 대서양 건너 Europe등 세계 일주 떠났고, 유길준은 조선 최초 미국 유학하겠다고 하여 Lowell이 이것 주선해주고, 자기는 홍영식과 같이 조선에 돌아와서 전하를 뵙고, 전하 사진도 처음으로 찍어드리고 그 해

겨울을 서울에서 보냈다.

　1884, 가을에 미국에 돌아간 로웰은, 이때 자기가 접한 조선 이야기를 1885. 책으로 낸 다음, 뜬금없이 Arizona에 가서 제 돈 들여 천문대 짓고, 10여 년 노력해서 마침내 위의 업적을 이루어 내었다.

　Lowell이, Chosen을 The Land of Morning Calm으로 번역해서, 지금 우리도 Korea를 Morning Calm이라 하고 있다. 다시 말해, Chosen은 조선인데, 조선은 朝鮮이고, 朝鮮은 Morning Calm이라고, 130년 전에, Lowell이 명쾌하게 정리해 주어서, 우리도 지금 그대로 쓰는 것이다.

　나는 이 Story를 알고 난 후, 조금 거시기해 졌다. 왜 나라 이름을 朝鮮이라 했는지, 三峯의 저술 어디를 찾아도 설명이 없다. 그 때는 나라 이름을 朝鮮이라 하면, 모든 사람이 다 알기 때문에, 이를 특별히 설명할 필요가 없어서 그랬는지 모르겠다. 하지만, 모르긴 몰라도 그 때, 명도 아직 굳건하지 못하고, 고려도 역성혁명으로 새 왕조를 다시 시작하고 있었는데, 삼봉이 요동을 도모하려는 정책을 추진한다는 보고가 올라오니, 명의 주원장이 놀라, 삼봉을 북경에 보내라는 황명을 내려, 朝, 明 관계가 긴장되었다. 는 국사 교과서의 설명을 유추하면, 고려 다음의 朝鮮은 옛날 단군 조선의 조선과 같은 것이라는 생각도 든다. 하지만, 이렇다 해도, 단군 조선의 朝鮮 역시, Morning Calm인지는 아직 아무도 모른다.

　연이나, 좀 거시기 하다는 말은, 아니 Lowell같은 코쟁이도 130년 전에, 한자 공부해서, 朝鮮 이 Morning Calm인 줄 알았는데, 나는 제 이름도 한자로 쓰면서, 백제, 신라는 무슨 의미인 줄 모르니, 좀 거시기한 정도가 아니라, 부끄러워서 낯을 들 수 없다는 말이다.

그래 중앙박물관 도서관의 이 책 저 책 뒤져 가며, 백제, 신라가 무슨 의미인지 알아내려고, 무식하게 애를 썼지만, 워낙 천학비재하여, 이를 알 수 있는 책조차 찾을 수가 없었다. 그렇다고 그냥 포기하는 내가 아닌지라, 독서백편의자현으로 독학을 결심했다.

신라, 新羅는 무슨 말일까?

신은 新이니까 새로울 新, 새 新인 줄 금방 알겠는데, 라는 羅이니까 무엇인지 금방 알 수 없었다. 옥편을 찾아보니 羅는,

1) 새 그물 라.
2) 그물 쳐서 새 잡을 라.
3) 체로 가루 등을 치는 라.
4) 가루 등을 치는 체.
5) 펼 칠 라, 벌일 라.
6) 얇고 성기게 짠 비단. 등이 있는 걸 알았다.

그래서 새 新에 그물 羅해서 New Net일까? 이거는 그냥 아닐 것 같다. 그러면, 새 新에 펼칠 羅, 벌일 羅, 해서 New Spread, or New Established일까? 글쎄, 누가 신라 땅에 와서 새로 나라를 펼쳐서, 새로 펼친 나라 즉, 新羅라 했을까? 약간 그럴듯한데, 이거는 우선 이쯤 해 놓고, 그러면, 새 新에 비단 羅, 해서 New Silk일까?

신라사람 누가, 울고 넘는 박달재 고갯마루 주막집에, 도토리묵을 싸서 허리춤에 달아주던 금봉이의 물항라 저고리가, 오는 비에 젖도록, New Silk를 개발했는데, 그때 평양지역에 있던 낙랑공주가 이걸

로 Dress를 지어 입으니, 이게 대륙까지 퍼지는 엄청난 Fashion이 돼서, '이게 무어냐? New Silk다.'하여, 대륙에서 신라를 新羅라 불렀나?

상상이야 엿 장사 맘이니까, 아무래도 상관없지만, 이것은 아닐 것 같다. 왜냐하면, Silk는 예나 지금이나 한 가지로 Old & New Silk가 없으니. 그렇다면, 새 신의 새와 같은 발음에 새 鳥(조)가 있으니 Bird Silk일까?

이것은 아니다. 그럴 거면, 鳥羅(조라)가 있으니. 새와 비슷한 발음, 쇠 金의 쇠는 어떨까? 그러면 새 新의 새는 같은 발음의 쇠, 즉 Iron이고 그래서 'Iron Silk'인가? 좀 그럴 듯하다. 왜냐하면, 신라왕은 金씨이니까. 그리고 신라는 金의 나라이니까. 그래서 새 新의 새는 New가 아니라, 발음이 같은 쇠, 즉 Iron으로 좁혔다.

그렇다면 비단 羅의 Silk는 또 무엇인가? 우선, 비단은 한반도가 원조라는 주장의 근거를 소개한다. 무슨 헛소리? 하지만 이거는 진짜다. 들어 보시라.

누에고치로 비단을 만드는데, 누에는 뽕잎을 먹고 산다.

그래서 비단의 2요소는 누에와 뽕나무이다. 이 중 뽕나무가 먼저이다. 왜냐하면, 뽕잎 먹은 누에가 고치를 치는데, 고치에서 나온 나방이가 바람 타고 어찌해서 한반도에 날아들어도, 그리고 이럴 가능성은 충분히 인정되는데, 뽕나무 없으면 날아온 것이 그만 허당이 된다. 그래 비단이 나오려면, 뽕나무가 먼저 있어야 한다.

이 뽕나무의 원산지가 한반도이다. 이거는 어지간한 식물 책 보면 나온다.

누에의 원산지도 한반도인지는 아직 밝혀지지 않았지만, 만약 누에 나방이가 이 땅에 오면 먹고 사는 걱정이 없다. 중원 같은 허허벌판에서는 새의 눈에 쉽게 뜨여 잡혀 먹기 십상이지만, 여기서는 산속 나무에 가려 새가 쪼아 먹기 쉽지 않으니, 천국에 오는 것이다. 그리고 우리가 아무데나 가서 뽕나무 열매 오디를 쉽게 따 먹는 것처럼, 우리나라는 뽕나무가 어느 산이든 지천이다.

그래 누에가 뽕 먹고 만든 고치실을 풀어서 비단을 짜는데, 이것은 사람의 기술이다.

이 기술을 한반도 사람이 처음 개발했는지는 모르지만, 그리고 이럴 가능성은 충분히 있지만, 누에, 고치, 뽕, 오디, 고치 삶아 실 뽑고 나서 먹는 번데기, 실 뽑는 물레, 뽕잎 먹은 누에의 한 잠, 두 잠, 세 잠. 그래서 마지막에 만들어진 비단이란 말까지, 이 모든 어휘가 100% 우리말이다.

많은 사람이 중국 하면 Silk Road가 유명해서, 중국이 비단의 원조라고 알고 있지만, 이렇다면, 위의 모든 어휘 중에 중국말이 최소한 하나는 섞여 있어야 한다.

생전 보도 듣도 못한 Radio가 들어왔는데, 이거를 무어라고 해야 하나? 라디오라 할 수밖에 없는 것과 같은 이치다. 고로, 비단의 원조가 중국이라면, 위의 모든 어휘 중에 중국말이 섞여 있어야 한다.

어찌됐든, 그러므로 비단의 원조는 한 반도 우리나라다. 여하튼 고구려 벽화에도 비단 옷이 나온다. 아기가 태어나서 맨 처음 입는 옷을 배내옷이라 하는데, 이 배내옷은 명주로 만든 것을 으뜸으로 친다. 보드라운 아기 살결과 똑 같이 보드라운 조선 명주는, 아기 살갗을 흠내지 않는다. 어른들이야 거친 섬유 옷을 입어도 된다. 하지만 아기 배내옷을 거친 삼베나 면직(Cotton)으로 지어 입히면, 살갗이

헐어서 아기가 고생한다.

그래 아기 키우기 위해 명주가 있어야 하는 것은 아주 오래 전에도 같았다. 그리고 배내옷은 작은 명주 조각으로도 가능하다. 그래서 값이 귀해도 수요를 충당할 수 있다.

위와 같은 환경, 조건, 역사적 고찰 결과, 예로부터 모든 옷감의 으뜸이 비단이었다. 그리고 모든 쇠 중에 으뜸이 金이다. 그래서 쇠의 으뜸을 쇠의 비단, 즉 쇠비단이라 하였다. 그래서 쇠비단을 吏讀(이두)로, 쇠 → 새의 발음에서, 新을 취하고, 비단은 뜻으로 비단 羅를 취해서, 新羅라 썼다. 이래서 쇠비단을 新羅라고 쓰기 시작했다.

그리하여 읽기는 쇠비단이라 읽고, 쓰기는 新羅라 쓰고, 뜻으로는 金을 나타냈다. 이 新羅를 나중에 신라라 읽었다.

그렇다면, 처음부터 金이라 할 것이지, 왜 新羅인가?

비단을 처음 만들었을 때, 金은 없었나? 이럴지도 모른다. 그렇지만, 박 혁거세, 탈해 이사금, 때에도 新羅, 金이란 글자는 있었다.

이 赫居世, 尼師今을 그 때는 무어라 발음했는지 지금은 모른다. 다만 그 뜻은 지금의 임금이라고 우리는 배웠다. 왜냐하면, 赫居世, 尼師今이라 하던 것을 무열왕, 경순왕처럼 王으로 바꾸었으니까. 마찬가지로 新羅, 金을 그 때 무어라 발음했는지 지금은 모른다.

그리고 新羅는 그 뜻도 무엇인지 모른다. 赫居世, 尼師今, 王 같은 대비가 없기 때문이다.

어찌됐든, 무열왕, 경순왕 때쯤이면, 김춘추는 金春秋라 쓰고, 김춘추라고 불렀다. 그렇다면, 박 혁거세 때의 金春秋는 어떻게 불렀을까?

혁거세 때, 쇠 비단, 봄가을이란 말이 확실히 있었고, 쇠비단을 글로 쓸 때에는 新羅라 썼고, 봄가을을 글로 쓸 때에는 春秋라 썼다면,

혁거세 때, 쇠비단 봄가을이라고 부르는 이름은 新羅春秋라 썼다는 것도 쉽게 추론된다. 다시 말해, 金春秋를 金春秋라 쓰고, 김춘추로 읽기 전에, 金春秋라는 의미의 이름을 부르고자 했다면, 쇠비단 봄가을이라고 부르고, 쓰기는 新羅春秋라고 썼다는 말이다. 다시 말해, 혁거세 때도, 新羅, 金이 다 있었지만, 쇠비단이라 부르는 것은 新羅라 쓰고, 금이라 부르는 것은 金이라 쓴 것이다.

그런데 당과 연합하여 신라가 3국을 통일하는 김춘추 때쯤 돼서는, 나라 이름 新羅는 계속 新羅라 쓰고, 사람 이름 쇠비단은 新羅라 쓰지 안고, 金이라 쓰고, 김이라 불렀다.

그리고 이때부터 新羅도 쇠비단이라 부르지 않고, 신라라 불렀다. 즉, 이때부터 당 나라 유학하고 돌온 세련된 사람이 新羅를, 100% 국산 말 쇠비단은 좀 촌스럽고, 신라라는 당나라 원어 발음이 아주 멋있어서, 신라라 부르기 시작한 것이다. 그래서 김춘추도 쇠비단 봄가을은 촌스러우니, 쎄련되게, 金春秋라 쓰고, 읽기도 김춘추라 읽기 시작했다.

지금 우리가, 땅 투기를 땅 투기라 하지 않고, Land Development라 해서 사기를 치는 것이나, 마이클 장이라고 저의 이름을 미국식으로 부르는 것과 같다.

그래 그 때는 신라는 新羅이고, 新羅는 쇠비단이고, 쇠비단은 金이란 것을 다 알았지만, 누구나 아는 것을 따로 설명할 필요는 없었기에, 점점 시간이 흘러 신라가 망했을 때는, 아무도 신라는 新羅이고, 新羅는 쇠비단이고, 쇠비단은 金이란 것을 알지 못하게 되었다.

신라는 金의 나라다. 그래서 신라 망해서 만주, 몽골로 간 新羅人 金 함보도, 新羅 함보가 아니라, 金 함보가 되었고, 金함보의 자손 완

안아골타도 제가 세운 나라 이름을 金이라 했다. 그래서 아이신줴라 (愛新覺羅) 누루하치도, 저의 姓을, 新을 사랑하고, 羅를 잊지 않는 즉, 愛新覺羅로 이어 갔고, 제가 세운 나라 이름도 後金(후금)이라 했다.

믿거나 말거나, 新羅는 쇠비단, 즉 金이다. 의심나시는 분은 新이라 쓰고, 쇠(iron, or gold)라는 의미를 나타낸, 신라 吏讀(이두) 서너 개 발견하시면, 시시비비는 끝난다. 한 번 애써 보시라. 시간도 이제 넉넉할 테니.

Believe or not,
Silla is 신라, 신라 is 新羅, 新羅 is Gold.

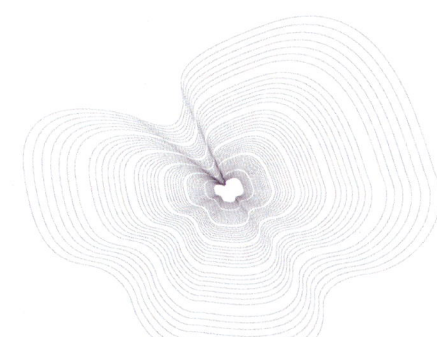

1998년 겨울, 서울

정 재 룡

절망의 바다

"…저무는 해가 마지막 노을에 반짝이던 물비늘을 걷어가자 바다는 캄캄하게 어두워져 갔고 밀물로 달려들어 해안 단애에 부딪히는 파도소리가 어둠속에서 뒤채었다. 시선은 어둠의 절벽 앞에서 꺾여지고 목측으로 가능할 수 없는 수평선 너머 캄캄한 물마루 쪽 바다로부터 산더미 같은 총포와 창검으로 무장한 적의 함대는 또다시 날개를 펼치고 몰려온다. …저녁 바다는 거칠었다. 인광의 칼날이 어둠 속에서 곤두서고 쓰러졌다. 캄캄한 바다에서 칼의 떼들이 부딪혔다…"

— 김훈 『칼의 노래』 중에서.

산더미 같은 총포와 창검을 앞세워 쇄도하는 적을 맞으면서 충무공 이순신이 분노와 절망과 적의와 연민이 뒤엉킨 감정으로 바라보았을 암울한 바다, 그 어두운 시대상황이 1997년 말 대한민국에서 또다시 벌어지게 된다.

1997년 발생한 외환위기의 후유증으로 한국 경제는 막막한 바다 한가운데서 엔진과 무선이 고장 난 채로 서서히 침몰하고 있는 한 척의 거대한 함정처럼 보였다.

대기업들이 줄을 이어 도산했고, 이 때문에 하청 중소기업들까지 연쇄적으로 도미노 부도사태를 일으켰다. 기업부도 때문에 실업자들이 거리를 메우고 홈리스들이 어두운 거리를 유령처럼 떠다니고 있었다. 사상 유래 없는 대규모 종금사 퇴출과 은행 퇴출로 금융권 역시 완전히 얼어붙었고, 간신히 살아남은 은행들도 기업 연쇄 도산에 따른 부실채권의 무게에 눌려 질식 상태였다. 끊임없이 늘어만 가는 부실채권 때문에 모든 대출이 끊기고 한마디로 나라전체가 신용경색 상태였던 것이다.

불안의 조짐은 1997년 초부터 심상치 않게 나타나기 시작했다. 연초부터 국제 금융시장에서 자금조달이 어려움을 겪기 시작하고 한국 금융기관이나 기업에 요구하는 스프레드가 높아지거나 신용공여한도가 줄어드는 등 불길한 조짐을 보였던 것이다. 기업과 금융기관들이 하루하루 달러 급전을 구하느라고 목이 타들어 가는 가운데 급기야 태국에서 시작된 외환위기의 태풍이 한국을 강타하게 된다. 그리고 같은 해 말 한국경제는 운명적인 IMF 외환위기를 맞게 된 것이다

외환위기 후폭풍

IMF 관리체제로 들어가기로 결정한 순간, 국가부도라는 최악의 상황은 면했다고 하더라도 한국 경제는 그야말로 전쟁 같은 후폭풍을 맞게 된다. 대외신인도가 땅바닥에 떨어지고 신용등급이 바닥으로 하락해 해외에서 완전히 돈줄이 말랐다. 더 큰 문제는 국내경제에 미친 엄청난 충격이었다.

외환위기 다음해인 1998년 말까지, 30대 국내재벌 가운데 절반가

량이 도산위기에 몰리면서 법정관리나 워크아웃에 들어갔고, 중소기업의 연쇄부도가 이어지면서 금융권의 고정이하 여신인 부실책권이 급증하기 시작했다. 부실채권의 급증은 금융시스템 마비로 이어지기 마련이다. 금융시스템이 마비되면 극심한 자금난으로 정상적인 기업들까지 무너져 경제가 총체적으로 붕괴할 위험을 내포하고 있었기 때문에 부실채권을 신속하게 처리해 금융건전성과 시스템을 일단 복원하는 것이 정부의 가장 시급한 과제였다.

부실채권정리라는 큰 방향은 섰지만 구체적으로 어떻게 부실채권을 정리해 나갈 것인지는 아무도 알지 못하고 있었다. 50년, 60년, 70년대, 경제 성장위주의 개발연대를 살아온 경제공무원들은 금융이 효율적 자원 분배를 담보하는 상위개념이라는 생각보다는 아직도 실물을 뒷받침해줄 하부구조라는 생각에서 빠져나오지 못한 상태였고, 수십 년 간 관치금융체제에 익숙해진 금융시장은 생전경험해 보지 못한 금융충격에 대해 어떻게 대처할지 전혀 알지 못한 채 우왕좌왕했다.

한치 앞을 내다보지 못하는 안개주의보 상황에서 한국경제는 1998년 겨울을 맞고 있었다. 크리스마스캐럴조차 거리에서 자취를 감춘 추운 12월이었다.

그런 암울함이 거리에 가득한 12월 중순 어느 날, 필자(정재룡, 당시 재경부 차관보)는 총리실 주재로 열린 실업대책회의에 이규성 장관을 대신해 참석하고 있었다.

기업들의 연쇄부도로 수많은 실직자들이 거리로 내몰렸고, 소비자들은 내일을 기약할 수 없는 불안감으로 인해 극도로 소비를 꺼리고 있어 실업자들을 위한 최소한의 사회보장과 추가 실업을 줄일 수 있는 대책마련이 시급했기 때문에 열린 회의였다.

　회의가 한참 진행되고 있는데 이규성 장관이 찾는다는 한 장의 메모가 전달됐다. 왜 만나자는지에 대한 설명은 없이 회의가 끝나는 대로 여의도 기술신용보증기금에서 만나자는 내용이었다.

　이규성 장관은 특유의 느릿한 어조로 말을 꺼냈다.

　"정 차관보도 잘 알겠지만 한국경제에서 금융구조개혁을 하려면 부실채권 정리작업을 서둘러야 하지 않겠습니까? 이전부터 기업부실자산을 정리해 본 경험이 있는 성업공사에서 부실채권 처리를 맡아 하고 있는데, 문제는 올해 들어 부실채권 규모가 천문학적으로 급증하고 있다는 점입니다. 또 지금까지는 부실채권 인수 업무를 주로 했다면 앞으로는 매각 업무를 주로 해야 합니다. 100조 원이 넘는 부실자산을 성업공사가 제대로 정리해 매각할 수 있기 위해서는 좋은 CEO가 가줘야 하는데 누구를 성업공사의 새 책임자로 내정해야 할지 고민이 많아요. 성업공사에 가서 공기업 개혁도 해야 하고 부실채권도 잘 매각해 줘야 우리나라 금융개혁이 이뤄지는데 말이죠."

　이 장관은 필자에게 성업공사 사장으로 가라는 직접적인 이야기는 하지 않았다. 다만 부실채권의 신속한 정리와 공기업 개혁을 강조하면서 "과거 정재룡 차관보가 세무대학장 시절에 상당한 개혁성과를 내지 않았느냐"고 간접적으로 언급할 뿐이었다. 그 말을 듣는 순간 필자는 성업공사 행을 결심했다.

　공무원 생활 내내 조직이나 후배들에게 절대로 부담이나 누가 되지 않도록 무조건 인사권자의 의견에 따라 처신하겠다고 생각해 왔기 때문이었다. 이 장관이 어렵게 결정하고 이야기를 했을 텐데 망설이는 모습을 보여서 부담을 주기는 싫다는 생각이 먼저였다.

물론 두려운 생각이 엄습했던 것은 사실이다. 평상시라면 몰라도 부실채권 인수와 매각 업무라는 새로운 일을 해야 하는데, 잘해야 본전이고 잘못하면 공적 자금을 잘못 집행했다는 비난과 책임을 져야 하는 그런 자리 아닌가.

즉시응낙을 하고 문을 나왔지만, 그 뒤부터 고민이 시작됐다. 이규성 장관이 준 두 가지 미션, 즉 공기업개혁과 부실채권의 효율적 정리가운데 공기업개혁은 비교적 자신이 있었으나 100조 원이 넘는 부실채권 정리를 잘해낼 수 있을지가 적지 않게 불안했던 것이다.

막대한 공적자금을 쏟아 붓는 일인데 만약 잘못될 경우 어떻게 하나, 최선을 다한다고 해도 만에 하나 잘못된 판단을 내릴 경우 그 책임을 어떻게 져야 하나, 과연 3년 임기를 다 채울 수 있을까 등등의 생각들이 어지럽게 흩어진 퍼즐의 파편들처럼 뇌리를 스쳐갔다.

새로운 도전 부실채권 정리

불안과 고민가운데서도 유일하게 위안이 됐던 한 가지 사실은 대규모 부실채권 정리 업무가 전무후한 일이었기 때문에 적어도 대한민국에는 누구도 전문가나 유경험자가 없다는 사실이었다.

결국 누가하든 미국과 스웨덴 등 대규모 부실채권 정리를 해본 경험이 있는 국가로부터 소총 쏘는 법을 먼저배우고 나중에 대포 쏘는 법, 미사일 쏘는 법까지 배워가면서 큰 전쟁을 치러야 할 상황이었던 것이다.

'나는 개발연대를 살아온 공무원이다. 늘 새로운 외부의 도전에 응전하는 것이 공무원생활의 연속이었다. 이번에도 다르지 않다, 또 한

번의 큰 도전으로 여기고 최선을 다해 응전하면 된다.'는 주문을 마음속으로 수없이 되풀이했다.

일단 부실채권의 성격과 기본적인 처리 방식에 대해 파악하는 것이 급선무였다. 관련 자료를 여기저기서 구해 읽어보기 시작했다.

부실채권은 단순한 금융업무가 아니라 부동산과 금융, 담보, 무담보 자산의 처리와 관련된 법적 소유관계 문제, 회계적 문제가 복잡하게 얽혀있는 독특한 분야였다. ABS나 MBS 등 지금은 일반화된 채권 형태지만 당시로서는 첨단에 속했던 금융기법도 부실채권 정리의 중요한 수단가운데 하나로 자주 언급되고 있었다.

일단 부실채권의 성격을 개략적으로 나마 파악하고 나자 부실채권 시장을 다루기 위한 몇 가지 기본적인 전략이 머릿속에 정리되기 시작했다. 부실채권 시장에 대한 기본적인 아이디어는 다음과 같았다.

첫째, 부실채권 시장도 부실채권이라는 상품이 거래되는 하나의 시장이므로 시장기능을 경쟁적으로 활성화시키기 위한 각종 조치가 필요하다는 점이다.

'경쟁을 통한 시장활성화'는 필자가 공정거래위원회 근무 시절 내내 늘 실무적으로 다뤄왔던 익숙한 주제였다. 우선 부실채권 시장 참여자(투자자)를 많이 끌어들이는 방안을 마련하고, 시장이 확대된 후에는 이를 모두에게 부실채권에 관한 정보를 공평하게 제공해 시장에 정보 불균형(information asymmetry)이 발생하지 않도록 한다는 것이 기본 아이디어였다.

또 투명하고 단순한 시스템을 만들어 가격이 시장의 자율적 기능에 의해 형성되도록 한다는 것이다. 정보가 완전히 공유된 투명한 시장 시스템이 확보되기만 하면 시장 참여자 가운데 최고 가격을 제시하는 매입 주체에 의해 부실채권 가격이 자연스럽게 결정되기 때문이었다.

시장은 하나의 거대한 블랙박스와 같다. 그 블랙박스 내에서 벌어지는 수많은 거래와 과정, 시장 참여자들 하나하나에 대해 일일이 간섭할 수도 없고 간섭하기도 어렵다. 따라서 정책 입안자가 할 일은 시장이라는 블랙박스가 잘 가동되도록 시스템을 정비하는 근본 원칙을 세우고 이를 실천하는 일인데, 이 원칙을 부실채권 정리 시장에도 적용한다는 것이다.

둘째, 당시 우리나라는 외환위기라는 초유의 사태를 맞아 사상 처음으로 대규모 부실채권 정리가 시작된 상황이었다. 누구도 자신있게 부실채권 전문가라고 할 만한 사람이나 기관이 없었다. 차라리 백지상태에서 누구나가 납득할 수 있을 만큼 투명한 시장 시스템을 만들어 객관적이고 상식적으로 판단하는 것이 실패의 위험을 최대한 줄이는 방법이었다.

셋째 부실채권 정리를 담당한 성업공사 조직을 최대한 효율적으로 개편하는 것이 급선무였다. 당시 IMF의 도움으로 국가파산이라는 완전 난파의 위기를 간신히 넘긴 한국 경제호는 정작 그 순간부터 부실채권의 무게에 눌려 신음하고 있었다. 부실채권의 규모가 워낙 엄청난데다 국내기업들은 외환위기의 충격으로 완전히 넋이 나간 상태여서 부실채권 매입은 엄두도 못내는 상황이었다. 외국 투자자들이 유일한 부실채권의 매입주체였다. 금융권 등으로부터 소규모 부실채권 처리 위탁업무 등을 맡아 소극적으로 해오던 성업공사의 조직으로 이들 노회한 외국 투자자들을 상대하면서 적정 이윤을 확보하려면 철저하게 민간 투자회사의 전문성과 효율성을 갖도록 성업공사

조직을 뿌리부터 변화시킬 필요가 있었던 것이다. 한편으로는 불안해하고 한편으로는 '잘할 수 있다'고 자기암시를 계속 걸면서 필자가 과천 재경부 청사 사무실에서 내다본 한국 경제는 어둠 속에서 음울하고 명멸하고 있었다.

한치 앞을 내다볼 수 없는 불안한 미래에 대한 두려움, 그러면서도 이대로 무너질 수는 없다는 오기, 절망과 희망이 뒤섞인 복잡한 상황에서 1998년 12월 말, 서울의 겨울은 무겁게 저물어 가고 있었다.

1999년 1월, 이규성 재경부 장관에게서 공기업개혁과 부실채권 정리라는 두 가지 임무를 부여 받고 KAMCO 사장으로 부임하게 된 필자는 성업공사 사장으로 발령을 받기 직전까지 재경부에서 근무하고 있던 터라 당시의 경제 상황은 물론 공사의 임무를 잘 이해하고 있었다. 미션은 명확했다. IMF 외환위기 과정에서 공사가 인수한 약 100조원의 대규모 부실채권을 잘 정리해서 위기 극복의 견인차 역할을 수행하도록 하는 것. 그러나 경제부처에서만 30년 동안 온갖 산전수전을 겪은 나로서도 부실채권 정리는 굉장히 생소한 분야였다. 그럴 수밖에 없는 게 이처럼 대규모로 부실채권이 발행됐던 사례자체를 찾아보기가 어려웠다. 유사한 사례라고 해봐야 1989년 저축대부조합 사태를 해결한 미국의 RTC나 우리보다 앞서 금융위기를 겪은 스칸디나비아 국가들 정도를 손에 꼽을 수 있었다. 그러나 우리가 처한 현실은 이들 국가보다 훨씬 더 절박했다. IMF 외환위기는 말 그대로 국가적 위기였다. 한국자산관리공사가 부실채권을 어떻게 정리하는가 하는 문제는 향후 국가경제의 명암을 가를 수도 있는 문제였다. 과연 어디서부터 실마리를 찾아야 할지 감이 잡히지 않았다. 부실채권 업무로 외부에서 전문인력들이 충원되면서 이질적인 새로운 구성원으로 인해 다시 성업공사는 내부 갈등이 있을 수밖에 없었다.

그러나 필자는 정면 돌파를 택했다. 다 함께 힘을 합치지 않으면 결코 해낼 수 없는 일이었다. 부실채권 정리라는 낯선 업무에 대한 부담감보다는 원칙만 분명하다면 편견이나 선입견 없이 백지에 그림을 그리는 게 더 쉬운 일일지도 모른다고 생각했다. IMF는 구제금융 지원조건으로 긴축재정 및 통화정책 고금리 유지, 무역과 자본의 이동확대, 한국 기업 구조조정 등을 내세웠다. 이러한 IMF 경제위기 하에서 기업등의 구조조정 및 정리해고가 이루어지면서 1999년 실업자는 180여만명에 육박하였고 수많은 가장이 거리로 내몰렸으며, 자살율도 크게 증가했다. 신용불량자가 속출하고, 고아원에 버려지는 아이들이 늘어났다. 또한 비정규직의 양산과 부익부 빈익빈의 양극화 문제가 심각하게 대두되었다. 필자는 위기상황에서 캠코가 맡은 바 역할을 완벽하게 수행하기 위해서는 그때까지 캠코가 갖고 있던 공기업으로서의 체질을 민간 금융기관처럼 바꾸는 일이 급선무라고 판단했다.

고심을 거듭한 끝에 필자는 인사제도부터 뜯어고쳤다. 공기업에서 생기기 쉬운 안정 지향적이고 보수적인 업무태도부터 불식시켜야 했다. 연봉계약제를 전격적으로 도입해 신규 채용인력을 대상으로 시행했다. 정규직이니 비정규직이니 하는 이분법적 표현을 아예 쓰지 못하게 하고 그 사이에 놓여있단 차별적인 제도나 시스템도 완전히 바꿔버렸다. 그리고 이러한 내부적 혁신은 업무효율의 극대화를 가능케 했다. 필자는 이와 함께 '투명성' 확보를 남다른 소신으로 밀어붙였다.

투명성이 확보되지 않고는 캠코가 하는 일이 결코 신뢰받을 수 없다는 것은 자명한 일이었다. 그동안 공기업으로서 행해오던 관행을 모두 깨버려야 했다. 항상 사장실의 문을 열어놓고 직원들의 의견을 경청했다. 인사뿐만 아니라 결재시스템도 간략화 하고, 보고체계도 단순화 하고, 쓸 데 없는 일에는 역량이 낭비되지 않게 오로지'부실채권을 잘 파는 일'에만 몰두할 수 있는 여건을 만들어야 한다고 생각했다. 살아남기 위해서는 다 바꿔야 했다.

부실채권 정리 기록
- 『금융산업의 뉴프론티어 - 부실채권정리』

필자는 'Fair(공정)', 'Transparent(투명)', 'Simple(단순)'의 세 가지 원칙을 바탕으로 위기의 대한민국에 조금씩 숨을 불어 넣어갔다. 필자는 내부적으로 불필요한 결제라인을 다 없애고 현장담당자에게 엄청난 권한과 책임을 이양하고 기존과 다르게 외자유치를 위하여 국제입찰을 통한 국내 부실자산을 매각해 나갔다. 나라를 위기에서 구해야 한다는 엄청난 압박감속에서 사직서를 늘 양복 안주머니에 넣고 다닐 정도로 매일 결연한 각오를 다지며 버텨낸 시간들이었다. 그렇게 캠코에서의 3년의 임기를 성공적으로 마친 필자에게 삼성경제연구소에서 연락이 왔다. 나의 부실채권정리경험, 그 질풍과 노도의 3년의 역사를 기록하자는 것이었다. 기업도산으로 야기되는 부실채권 문제는 IMF 경제위기 동안 발생한 일시적 문제가 아니라 한 나라 경제의 부침에 따라 계속적으로 발생할 수 있는 지속적인 이슈이기 때문에 그 과정을 자세히 기록하면 우리나라뿐만 아니라 세계의 다른 나라들에도 큰 도움이 될 것 같다는 얘기였다. 경제가 나빠지면 늘어나기 마련인 기업도산과 부실채권을 효율적으로 처리할 수 있는 금융법률시스템을 지닌 경제는 건강한 경제이며 그렇지 못한 경제는 하수가 막힌 건물처럼 만성적인 경제위기를 겪게 된다.

따라서 IMF 직후 부실채권으로 몸살을 앓았던 3년의 경험을 정리한 이 책은 과거에 대한 단순한 기록이 아니라 현재와 미래한국경제를 위한 경험의 공유이며 더 효율적인 부실채권 처리 시스템을 만들기 위한 자기반성과 간곡한 조언의 내용 등을 담고자 하였다. 그렇게 해서 2004년에 발간된 필자의 저서 『금융산업의 뉴프론티어- 부실채권정리』에 대해 당시 경향신문은 'IMF 사태는 임진왜란 이후 우리 민족 최대의 봉란이며 이 책은 "부실채권 정리가 절정에 이르렀던 1999.1.부터 3년간 한국 자산관리공사(KAMCO)사장을 역임한 저자가 이 나라에서 금융 위기가 재발하지 않기를 바라는 절실한 염원에서 기술한 역사의 현장 기록이며, 저자는 史官의 역할을 자임한 것으로 보인다"고 평하였다.

국내뿐 아니라 대만예금보험공사에서는 3년여에 걸쳐 이 책을 완역 출간하였고 동남아에 보급시킴으로써 국내와 해외의 많은 관심을 받기도 하였다. 대만예금보험공사에서는 이 책을 교재로 자국의 금융관련 공무원들을 연수시켰으며, 캠코의 사례를 배워 대만도 부실채권 문제를 완벽히 해결할 수 있었다고 이야기할 정도였다.

필자는 캠코 사장을 거쳐 법무법인 태평양 고문을 지내고 2004년 이후 상명대학교 법학과 석좌교수로 강단에 서서 평생 쌓아온 국가경제에 대한 경험과 노하우를 후배들에게 전달하고 있으며 필자는 건강이 허락하는 날까지 우리의 경험을 공유하고자 하는 사람들을 위해 국가경제를 위해 기여할 생각이다. 우리나라가 다시는 IMF 사태와 같은 경제위기를 겪지 않기를 누구보다 간절한 마음으로 바라는 나는 고위공직자나 정치인들이 국가를 위해 헌신하겠다는 사명감으로 투명성을 가지고 맡은바 임무를 다할 때 나라의 안녕과 번영이 가능하다고 생각한다.

그리고 세계적인 장기불황 속에서도 위기에 강한 민족성을 기반으로 신뢰를 바탕으로 하는 튼튼한 경제여건을 만들어간다면 대한민국의 미래는 밝으며 더 많은 인재들이 국내에서뿐만 아니라 세계시장으로 진출하여 자신의 역량을 발휘해 세계 속에 흔들림 없는 선진국으로 대한민국이 자리하게 될 날을 기대하면서 졸고를 감히 동기들께 내놓는 만용을 해량하여 주기를 간곡히 부탁드린다.

제6부
동기들의
출판 도서 이야기

● 강만수

일류 국가의 길 2012

현장에서 본 한국 경제 30년 2005

　부가세와 금융 정책 그리고 IMF 경제 체제 등에 대한 저자의 현장 경험과 경륜을 정리한 기록

● 강희복

지식경제 86가지 이야기 2014

　저자 본인이 경제기획원, 청와대 그리고 조폐공사 사장으로 재직하며 우리의 새로운 살 길이라고 믿고 시도하였던 "지식경제"의 실 적용 사례들을 망라한 글. 그의 아픔과 우리 미래에 대한 희망이 큰 에너지처럼 분출되고 있는 글

● 김광로

세계경영 크레도 2009

노하우가 명료하게 정리된 실전 경영학 2009

　약 40년 간 해외 근무하며 특히 인도 지역의 최고 경영자로 우뚝 선 저자, 그의 세계경영

● 김광준

기본에서 세계기업이 나온다 1996 무당미디어

중소기업연구원 최동규 부원장 및 한국경제연구원 손병두 부원장 추천사: 한국기업이 세계기업으로 되기 위해 갖추어야 할 경영기본에 관한 문제점을 제시하고 실제사례를 통한 해결책을 제시한 책. 추천사를 쓴 최동규 박사는 나중에 중소기업청장, 손병두 박사께서는 서강대 총장을 역임하심.

일본을 알면 일본시장이 열린다 1996 도서출판 한 송

'일본은 없다'라는 이상한 책이 나와서 일본을 너무 경시하는 풍조가 염려되었던 시기에, 그리고 대일무역역조가 국가 경제의 중요한 문제점으로 부각되었던 시기에, 당시 출판사장(박 태 준 회장 비서실장 역임한 조 용경 사장)등 여러 분들로부터 저술을 권유 받고 낸 책. 우리가 모르고 있는 여러 가지 일본에 대한 얘기를 소개한 책. 일본학을 연구하는 학자들에게도 꽤 알려진 책. 지금 일본 제일의 부자인 <손 마사요시>와의 인연도 소개되어 있으며, 책의 내용 중 일부는 매일 경제 신문의 매 경 춘 추 칼럼에 수회에 걸쳐 소개된 바 있음.

회사를 살아가는 지혜 1995 태일 출판사

전 현대건설 회장 이명박 추천사: 자기개발서가 전혀 없던 시절에 이런 자기개발서가 있었다니 하며 최근의 출판기획자들이 상당히 놀라는 책. 이명박 대통령이 현대건설을 퇴임하고 막 정치인으로 발돋움하려고 할 때 당시 최시중 한국갤럽회장(전 방송통신위원장)의 권유로 본 서의 추천사를 쓰게 되었음.

● 김영수

네가 본 네모진 하늘 2007 한들출판사

에덴으로 가는 길 2008 한들출판사

집나간 황소를 찾아 뉴 잉글랜드로 가다 2008 한들출판사

내가 본 네모진 하늘과 에덴으로 가는 길, 그리고 집 나간 황소를 찾아 뉴잉글랜드로 가다는 지구상에 투영된 하늘(신)의 흔적을 찾아다니며 서로 다른 종교와 이념, 사상을 가진 사람들이 더불어 사는 길은 없는 것인가를 탐구한 기록.

내가 본 아름다운 마을들 2011 한들출판사

내가 본 아름다운 마을들은 객관적인 아름다움의 존재를 공동체 속에서 밝혀 보려 한 탐구서

서울사람 시골살기 시골사람 서울 통근하기 2014 문학공원

서울사람 시골살기 시골사람 서울 통근하기는 저자의 양평 생활 수상록

해안선에 남겨진 이름들 2014 문학공원

해안선에 남겨진 이름들은 우리 해안선에 남겨진 역사와 문화의 흔적들을 정리 해본 일종의 역사지리서.

● 김종구

시장 믿어도 되나요 2012 나무농장

시장경제의 불완전성, 어떻게 풀어야 할까 <시장! 믿어도 되나요?> 시장경제를 진단하다

● 김종상

세(稅,世,歲,三)짜 이야기 2003,2007 한국세정신문사

당초 국세청 공무원 출신으로서 ,공인회계사로서 전공 분야인 세금에 대하여 쉽게 이야기식으로 세금이야기를 쓰고자 했다. 그러나 세금이야기 만을 쓰면 아무래도 딱딱하고 흥미가 적을 듯하여 평소 유모어 ,역사에도 관심이 많고 여행도 많이 했음으로 이러한 세(世)상 세(歲)월의 이야기들 과 함께 책을 편찬하였다. 이런 이야기들 중 세 가지로 선택하거나 세 가지로 정리될 수 있는 경우가 많으므로 세(삼,三)짜의 뜻이 가미 되었다. 예를 들

면 세상, 역사이야기를 쓰면서. '어떠 어떠한 세 나라' '세계의 삼대 박물관' "영국과 일본의 세 가지 공통점" '미국의 영토 확장의 세 단계' 등 이다. 지금도 한 달에 한번 이상은 '세짜이야기'라는 시론(1000자 내외)을 쓰면서 그때그때 상황에서 세짜(예: 최근에 쓴, 우리나라에 친숙한 세분의 교황님)를 찾는 노력을 하고 있다.

부가가치세 실무해설 1980, 한국세정신문사

우리나라의 세제개혁으로 1977년 7월1일부터 附加價値稅를 도입하였다
그때까지 영업세를 중심으로 물품세, 입장세등 9개의 세금을 부과하던 것을 부가가치세와 특별소비세 두 개의 세금으로 통합하였다.
당시 수출 및 투자의 지원, 근거과세, 세무행정의 능율화 등을 위하여 아시아 국가로서는 처음으로 부가가치세제를 도입 시행한 것이다.
부가가치세제는 이런 세 가지 목적 이외에도 안정적인 세원의 확보 등에 크게 기여하여 성공을 거둔 것으로 평가되었고 그 후 일본, 중국, 대만 등의 나라도 시행하고 있다. 본인은 24년의 세무공무원 경력중 이 분야에서 가장 많이 근무하여 그 실무적인 경험을 토대로 풀어 써서 납세자들과 이 방면의 전문가들에게 작으나마 도움이 되었다.

국세청사람들 2001년, 매일경제신문사

1966년 재무부에서 독립, 발족된 국세청에 1974년 세무서 과장으로 근무를 시작하고 1998년 부산지방국세청장으로 퇴임할 때 까지 24년 동안 경험하고 지켜본 국세청 청장 이하 15000여명의 국세공무원들의 이야기를 쓴 책이다. 본인은 특히 국세청 본부 등에서 10여 년 동안, 3대 청장부터 11대 청장까지 8명의 국세청장을 지근거리에서 그들의 인품과 국세행정 추진 상황을 보면서 분석 비교하기도 했다. 매일경제신문사에 연제 되던 내

용을 중심으로 일반에게 잘 알려지지 않은 국세공무원들의 실상과 애환을 처음으로 소개했다. 한편 본인은 청춘시기의 중요한 부분을 지냈던 국세청의 경력을 정리했다는 것을 보람으로 생각한다.

● 김중양

한국인사행정론 1989, 2008. 개정 6판, 법문사

한국인사행정론은 1989년에 초판이 발간되었다. 이 책은 저자가 인사국장을 역임한 인사전문가의 입장에서 쓴 책이다. 인사행정의 이론을 실무인 사정책에 접목시킨 책이다. 그래서 25년에 이르도록 스테디 셀러의 행정학 전문서적의 반열에 오른 것이다. 대학의 교재와 인사전문가 및 인사담당 공무원의 필독서로 꼽히고 있다. 1994년에 대만정부에서 중국어로 번역하여 시판 했다. 2006년에는 영문으로 번역하여 세계행정학계에 읽혀지고 있다. 이책은 내용의 독특성으로 '한국행정 50년사'에 행정학 분야의 명저로 등재되기도 했다. 초판부터 개정6판까지 모으면 우리나라 인사행정의 흐름과 변천을 역사적으로 파악할 수 있게 된다.

명산에 오르면 세상이 보인다 2010 한국문학세상

저자는 30여년 간 수많은 산을 올랐다, 백두대간도 종주해 보았고, 100대 명산도 모두 올라가 보았다. 매주 등산을 거르지 않고 있다. 이 책은 저자가 산행을 하면서 느꼈던 점들을 글로 표현한 것이다. 명산에 올라 융융한 산기운을 온몸으로 느끼면서 인생을 바라보는 시각을 내용에 담은 산행수필집이다. 저자는 1994년 서울신문의 '굄돌' 고정필진으로, 2006년 한국문인지를 통하여 수필가로 등단했다. 이 책을 통하여 산행의 묘미를 알 수 있게 되고, 산에 오르면 누구나 넉넉한 마음을 가질 수 있게 됨을 알게 된다. 아울러 춘하추동(春夏秋冬)으로 나누어 재미있고 쉽게 쓴 글이기 때문에, 누구나 읽으면서 신선한 산 공기와 계곡의 흐르는 물소리를 들을 수 있게 된다.

● 김 철

법과 경제질서-21세기 시대 정신 2010 한국학술정보

경제위기와 치유의 법학 2014 한국학술정보

● 박휴상

법조윤리 2013

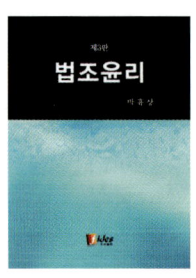

2009년부터 법학전문대학원제도가 시행됨에 따라 법조윤리는 새로운 법조인이 되기 위해 거쳐야 할 필수과정이 되었다. 법조윤리는 현재 법학전문대학원 필수과목으로 지정되어 있고, 변호사시험에서도 법조윤리시험에 합격하여야만 본 시험에 응시할 수 있도록 하고 있다. 또한 변호사법에 따라 변호사들은 매년 연수교육을 받아야 하는데, 그중에서 법조윤리는 반드시 이수해야 하는 필수교육과정이다. 법조윤리는

이제 법학전문대학원생은 물론 모든 법조인에게 평생을 두고 고민해야 할 과제가 된 셈이다.

　이러한 배경에 따라 본인은 2010년 8월 피데스 출판사를 통하여 법조윤리 책을 출간하였다. 이 책은 총 587페이지에 이르는 법학전문대학원 교과서로서 2013년 3월 현재 제3판을 발간하여 판매 중에 있다.

　본인은 이 책을 특히 다음 사항에 중점을 두고 기술하였다.

　첫째, 법조윤리의 실천적인 측면뿐만 아니라 이념적인 측면도 함께 중시함으로써 법조인의 사회적 역할과 '건전한 윤리관'의 제고에 기여하는 책자를 만들고자 했다. 법조인의 역할과 가치를 높이기 위해서는 단순히 윤리규정에 관한 지식을 전달하는 실천적 측면으로는 한계가 있다고 본다. 미국과 일본에서 법조윤리의 이념적 측면이 강조되고 있는 것도 이와 무관하지 않을 것이다. 따라서 이 책은 단순히 실천적인 측면뿐만 아니라, '법조인'이라는 전문직으로서의 성격, 역할, 이념 등에 대한 고려도 함께 중시함으로써 법학전문대학원생들로 하여금 법조인의 역할과 가치를 충분히 숙지할 수 있도록 하였다.

　둘째, 법조윤리의 실용성을 높이기 위하여 각 주제에 대한 사례를 제시하여 독자들로 하여금 그 해결방안을 생각해볼 수 있도록 하였다. 법학전문대학원에서는 이른바, 문제해결방식을 이용한 강의가 일반적이다. 이 방식은 특히 법조인으로 활동하면서 부딪힐 수 있는 윤리적 문제를 구체적인 사안에서 해결할 수 있는 능력을 배양한다는 점에서 가장 효과적인 법조윤리 교육방식으로 인정되고 있다. 따라서 이 책에서는 각 주제마다 실무에 유용한 사례들을 소개하였다. 교수와 학생들은 이를 바탕으로 상호질의 및 토론을 할 수 있으며, 각 사례에 담겨진 문제점들을 검토하고 분석함으로써 그 해결방안을 찾는 훈련을 할 수 있도록 하였다.

　셋째, 법조윤리규범은 물론, 관련 판례와 대한변협의 질의회신사례 등을 망라하여 소개하였다. 특히 법조계의 고질적 병폐로 지적되어 온 전관예우 방지를 위한 공직퇴임변호사의 수임제한, 비리 변호사의 징계정보에 관한 규정 등 최근의 변호사법 개정내용을 상세하게 설명하였다. 판례와 질의회신 등은 이들의 사실관계를 간추려 사례화함으로써 단순히 결론을 암기하는 데에 그치지 않고 이들을 통하여 법적, 윤리적 사고를 훈련할 수 있도록 하였다.

　이상과 같은 내용으로 출간된 이 책이 계속하여 독자들로부터 변함없는 사랑과 성원을 받아 한층 유익한 법조윤리서로 발전될 수 있기를 기대해본다. law school 의 윤리 교재로 폭넓은 분야에 걸쳐 법조인이 돌아 보아야 할 덕목들을 기술.

● 오종권

눈(眼) 2014 소설집

　이번에 세 번째 소설을 발간하였다. 제목은 '눈(眼)'. 중편 1편과 단편 5편을 묶은 소설집이다. 앞서 두 권의 장편소설에서처럼 우리네 인생에서 불변의 것이 무엇인가를 천착하고 있다.
　인생은 대부분의 사람들이 생각하듯 안개처럼 한 순간에 스러지는 것이 아닐 것이기 때문이다.
　이 책의 머리말 중 일부를 인용함으로써 소개에 갈음하고자 한다.
　"결국 우리가 오감으로 지각하고 있는 것들은 꺼풀뿐이라는 것을 알게 되었고, 인간이라면 모두 그것을 알 수 있으며, 그런데도 그 알게 된 바에 따라서 행동을 하지 않는다는 것도 알게 되었다. 사실 그것은 큰 모순이었지만 대부분의 사람들은 그것을 모순이라고 말하지 않으며, 누군가가 그것을 모순이라고 지적하는 것을 금기시하기까지 하였다. 아마 인간 자체가 모순 덩어리이기 때문에 모순의 눈에는 모순이 모순 같지 아니하기 때문이기도 하리라……
　과학이 로켓을 이 땅에서 쏘아 올려 저 하늘로, 저 우주로 날려 보내듯 우리를 우리의 눈으로 보이지 않는 저곳으로 날려 보낼 수 있다는 것은 아이러니인가? 어쩌면 제 눈 찌르기인가? 아니면 원래의 마련인가? 어쨌든 우리는 새로운 세상을 맞이하고 있다.

파문 1997 소설집

별들의 노래 2007 장편소설

大生 1998 시집

형법노트 전자책

● 오치용

꽃섬이야기 2014 도서출판 난빛

　난지도의 과거와 오늘을 기록하여 UNESCO에 문화유산으로 등록하려는 뜻을 갖고 쓴 난지도 이야기

● 윤경희

어둠 속에 눈을 뜬들 무엇이 보이랴 시집

　시인 윤경희를 있게 한 시집, 그의 삶과 고뇌 그리고 그 속에서 피어난 깊은 지혜가 시를 읽는 독자들에게 스며들게 한다

● 윤기향

증권의 논리 투자의 예술 2000

재미 경제학자인 저자가 한국의 일반 투자자들을 위한 증권 투자 안내서

현대 거시 경제론 1997

● 윤증현

금융위기와 한국의 위기 대응책 2009

위기를 기회로 바꾼 통찰과 소통의 리더 십 2011

● 이근식

자유와 상생 새로운 시대 정신을 찾아서 2005

● 정운철

이야기는 아렇게 시작되었다.

● 정재룡

(사진 좌측부터) 금융 연구원 원장 사기, 불량 채권 처리 신 도서 작가 정재룡, 중앙 예금 보험 공사 이사장 채진재 및 총경리 진전승이 신 도서 발표회에서 전체 기념 사진 촬영

사진/이수운

한국 불량채권 처리 경험의 이해

[기자 이수운/공상시보 (타이베이)]

한국과 대만의 불량 채권 처리의 국제적 처리 경험을 교류하기 위해, 중앙예금 보험공사와 대만 금융연구원은 일전(14일) 대만 금융연구원 청업당에서 [불량 채권 판매 후속처리의 난제-한국 경험 좌담회]와 [금융산업의 신 영역-불량 채권의 처리 신 도서 발표회]를 개최했다. 이 회의에서, 한국 [불량 채권의 처리] 신 도서의 작가 정

재룡 박사를 대만으로 초청하였고, 그는 전문 강연을 했다. 그는 한국의 성공적인 경험이 아시아 전역으로 확대되기를 바랐으며, 타국의 불량 채권 처리문제에 적극 협력하고, 유럽 아시아 두 대륙 금융의 소방대원 역할을 하기를 염원했다. 이 회의에는 많은 대만 재경학 전문가와 기업가들이 참여하여 경청했다. 중앙예금보험공사 이사장 채진재는 한국이 1997년 말 기업의 과도적 투자가 이윤을 얻지 못하고 은행 시스템이 위험 관리 마인드가 결핍되어 있어서, 거액의 단기 외채를 의지하여 기업의 장기적 수신 기금을 지원했으며, 이로 인해 심각한 금융위기를 초래했고, 국가 경제가 붕괴 위험에 처했다고 했다. 이 위기에 대응하기 위해, 한국은 국제통화기금(IMF), 세계은행(WB), 아시아 개발은행(ADB) 등에 583억 달러를 긴급 신청한 것 외에, IMF의 감독 협력하에 금융, 기업, 노동 및 행정 등 4대 개혁을 진행하였다. 이 중 금융 개혁과 관련된 면에서, 정부가 공공자금을 투입하고, 한 측면에서는 한국 예금 보험 공사(KDIC)가 이 문제를 담당하여 퇴출하게 되었다. 다른 한 측면에서는 한국자산관리공사(KAMCO)가 금융기구의 불량채권 구매와 처리를 담당했으며, 기업 조정을 통해 그리고 적극적이고 선진적인 기술을 응용하여 불량 자산 처리 가치를 높였으며, 금융 및 경제가 다시 만나는 목표를 성공적으로 달성해서, 국제적인 명성을 얻었다고 설명했다.

이 서적의 작가 정재룡은 한국에 금융위기가 발생했을 때, 재정 경제부 차관보를 역임했으며, 위기로 인해 KAMCO 구조 개혁 후의 첫 번째 사장으로 임명되어, 백조원의 불량 채권의 구입과 처리를 진행했다. 이 책은 이 공사가 불량 채권 처리의 절정기(1999~2002년)에 직면한 각종 도전과 작가가 어떻게 강인한 정신으로 불량 채권 처리 경험을 이끌어냈으며, 국가에 적극 헌신한다는 사명 하나만으로 많은 어려움을 이겨내고, 결국에는 사명을 완수한 후 [아시아 최고의 불량 채권 처리 기관상]을 획득하여 국제적으로 널리 알려지게 되었는지 상세하게 묘사하고 있다.

이 서적은 정재룡 개인 업무의 회고록이지만, 실제 내용은 주로 한국이 어떻게 기적처럼 금융 재건사업을 이룩했는지의 과정을 담고 있다. 채진재는 말하기를, 자신은 2004년 초 운 좋게도 정사장으로부터 본서를 선물로 받게 되었는데, 내용이 아주 탁월하다고 깊이 느껴, 특별히 대만 주한국 대표처 경제조 조장 정철국씨에게 번역을 부탁하였고, 대만 금융연구원 사기 원장에게 출판을 건의하여 독자에게 선보이게 되었다고 말했다.

● 황우여

지혜와 일곱기둥 2005

한국의 헌법 재판과 일반재판 1996

부록

지상갤러리
편집후기
발간일지

솔숲, 종이에 수채. 52.8 X 40cm, 오규원

신화의 꿈, 91cm x 91cm, oil on canvas, 모지선

신화의 꿈-1, 73cm x 61cm, pencil, oil on canvas, 모지선

신화의 꿈

모 지 선

깊은 산골짜기 산사의 어느 모퉁이에서 깨어진 사금파리하나 집어 듭니다. 그 사금파리에 비친 조그만 하늘, 깨진 사금파리 조각에 물 긷는 여인의 손길이 느껴집니다. 그 정화수에 비친 새벽 별빛이 보입니다. 조그만 사금파리로 백년의 門을 엽니다. 천년의 門을 엽니다.

무한한 우주의 여행을 떠나는 門이 됩니다. 어떤 門이라 할지라도 열고 들어가려면 열정과 호기심과 상상력, 부단한 노력의 열쇄가 필요합니다. 꿈처럼 피어나는 동화 같은 어린 마음, 힘들어도 포기할 줄 모르는 어리석은 마음. 나는 손에 쥔 연필 한 자루로 그 門을 열려합니다. 두 손을 휘둘러 허공에 그려봅니다. 연필 한 자루의 자유, 작가의 희노애락의 표현의 기쁨 그 속에 어느 여인의 숨결, 아름다운 음악의 선율, 무너진 신전의 돌무더기 속에 날개를 접고 내려앉는 선비의 모습이 보입니다.

세상을 잊고 그 어느 곳에라도 갈 수 있는 시공초월의 세계, 작가의 특권인 상상과 허구가 하나의 세상으로 만나는 환상의 세계! "신화의 꿈"을 가능하게 하는 드로잉의 세계가 바로 작가가 꿈꾸는 세상입니다. 깨어진 사금파리도 과거의 아름다운 항아리의 꿈을 꿈니다. 시간이 흘러 눈을 뜨니 세상으로 다시 깨어난다 할지라도 "신화의 꿈"을 꿀 수 있는 피안의 세계로 이제 당신을 초대합니다.

Runner, 92cm x 73cm, acrylic on canvas, 김광로

Voyage, 117cm x 92cm, oil on canvas , 김광로

편집후기

　대학 졸업 후 뿔뿔이 흩어져 살던 우리가 이 이야기 집을 계기로 다시 하나가 되었다. 처음에는 다소 막연하기도 하였던 작업이 위원회가 구성되고 위원들의 의견이 집약되자 일사천리로 진행되었다. 역시 시작이 중요하다. 머뭇거리던 동기들도 소식을 전해 오기 시작하고 해외의 동기들까지 마감일을 연기하여 줄 것을 요청하며 글을 보내올 때 비로소 이 작업이 우리를 다시금 소통하게 하고 있음을 알게 하였다. 50년 세월이 결코 우리를 떼어놓을 수 없었다는 것을 우리는 이 책으로 증명하였다.

　기록하여 놓지 않으면 사라질 중요한 이야기들이 이곳에 많이 수록되었다. 학창시절의 아름다운 추억들, 50년 인생의 기쁘고 슬픈 기록들, 후대에 남기면 분명 읽는 이에게 도움이 될 우리나라 중흥의 중심에 있던 사람들의 이야기를 이곳에 수록하였음에 자부심을 느낀다.

　참여해주신 모든 동기들께 기쁨의 선물이 되기를 빌며 참여하지 못한 동기들도 참여의 의욕만은 분명했기에 이 이야기 집이 우리 모두의 열망으로 만들어진 것임을 기록해놓고자 한다. 동기들과 후대에 이를 보는 이들의 이해를 위해 보다 상세한 진행과정, 발간일지를 부록에 상세히 기록한다.

　표지화와 관련하여 편집위원들과 운영 위원회 측에서 많은 고뇌를 하였음을 밝힌다. 표지화에 참여 해 준 김광로, 오규원 그리고 화가 부인까지 동원한 한광수 동기들에게 특별한 감사를 드린다.

　이 책을 국립 중앙도서관에 보내 영구 보존되게 할 것임을 밝힌다.

편 집 위 원 회

위원장: 백윤수
간 사: 김영수 김종상 김중양
위 원: 김광로 김인주 김종구 김 철 김학수 박재윤
        배영길 오치용 윤석분 윤경희 정운철

발간일지

- **2014년 1월**

  동기회의 신년 하례식 장에서 몇몇 동기(김영수 김종상 김학수 박재윤 정재룡)들이 동기 문집 만드는 일에 대하여 의견 접근이 이루어지다.

- **2014. 2. 21.**

  발기모임: 남촌 12;00
  참 석 자: 김광로, 김영수, 김인주, 김중양, 김종구, 김학수, 박재윤, 백윤수, 오치용, 윤경희, 윤석분
  협의사항: 편집위원장에 백윤수, 간사에 김영수

- **2014. 2. 23. 알리는 글**

  수　신: 65동기회 제위
  발　신: 동기회장 정재룡 / 동기회 문집 편집 위원장 백윤수
  제　목: 입학 50주년 기념 동기 문집 발간

  ### 1. 편집위원회 구성

  2015년이 되면 우리가 법대에 입학한 지 50주년이 됩니다. 우리들의 나이도 이제 지나간 삶을 정리하고 후대를 위해 무엇인가 기록으로 남겨야 할 시기를 맞고 있습니다. 지난 번 동기회 신년 하례식에서 발기되어 꾸준히 논의되었던 바 많은 분들의 의기가 투합되어 드디어 2월 21일 교대역 점심 모임에서 '입학 50주년 기념 문집 편집위원회'가 다음과 같이 구성 되어 그 활동을 시작하였습니다.

위원장: 백윤수

위　원: 김광로, 김영수, 김인주, 김종구, 김종상, 김중양, 김철,
　　　　김학수, 박재윤, 오치용, 윤경희, 윤석분, 정영일

간　사: 김종상, 김중양, 김영수

2. 일정 및 원고 모집

가. 향후 일정: 5월 말까지 원고를 모집하고 가을이 지나기 전에 동기 문집을 발간함.

나. 원고 모집

1) 원고의 형태: 주제는 없으나 후대에 남기고 싶은 이야기를 내용으로 하여 주시기 바람. 시, 평론, 단편 소설, 수필, 여행기, 수상록, 논문 등 모든 형태의 글, 필요한 범위 내에서 그림 또는 사진을 포함.

2) 원고의 분량: A4지 5매 이내로서 글자의 크기는 본문의 경우 10 포인트로 함.

3) 제출 방법 및 제출처: e-mail로 간사인 김영수에게 송부 yuyu@yuyutour.com

4) 사용 소프트웨어: 아래 한글 또는 마이크로 소프트 워드. 단, word로 할 경우 출판 단계에서 전부 아래 한글로 전환해야 하는 어려움이 있으니 가급적 아래 한글을 사용해주시기 바람.

5) 세상 떠난 동기들의 글: 이미 유명을 달리한 동기들의 글을 갖고 계신 분들은 그 글 중에서 골라 간사에게 보내주시면 뜻있는 문집이 될 것입니다.

6) 문집의 제목은 추후 편집 위원회에서 논의 결정하되 그때까지는 임시 "입학50주년기념 65동기회 문집", 약칭으로 "65동기회 문집"으로 칭함
7) 필자 소개 : 필자를 소개할 주요 경력, 특히 발간 저서가 있으면 그 저서 이름, 그리고 필자의 사진, 단 사진은 가족사진도 가함. 사진과 필자 소개는 원고 하단에 위치 시켜 주시면 좋겠음.

3. 발간 비용

동기회 기금에서 출연하되 논의 여하에 따라 동기회 전원을 대상으로 약간의 특별기금 출연이 있을 수도 있음.

4. 편집위원회 운영

원고 모집 단계에서는 간사 중심으로 운영하되 5월까지 모집된 원고를 중심으로 전체 회의를 6월 중 소집하여 편집 방향과 출판에 필요한 사항을 결정함. 그 후로는 중요한 단계마다 위원장의 판단에 따라 소집하여 의논하되 출판을 위한 마지막 교정 단계에서는 필히 공동으로 작업하고 표지, 책 제목, 편제 그리고 시판 여부 등을 결정함.

5. 간사회의

간사회의는 위원장 주재 하에 운영하되 실무는 김영수가 맡고 평상시에는 이 메일 등을 통해 상호 의논하며 진행 함. 대외 공지문은 필히 65 동기회장과 편집위원장 명의로 함.

● 2014. 4. 1. 문집 편집위원회 1차 모임 회의록

일 시: 2014.4.1.
장 소: 남촌
참석자: 위원장 백윤수
간 사: 김종상, 김영수
위 원: 김인주, 김종구, 김 철, 김학수, 오치용, 윤경희, 윤석분
불참자: 김광로(지방 출장), 김중양(대학 강의) 박재윤(업무)
단, 의견은 김영수가 대신 받아 회의석상에서 대변하였음.

논의사항

1. "문집"이라는 표현

글쓰기 좋아하는 동기들만 참여한다는 인상을 불식시키고 전원 참여하는 마당으로 만들기 위해 "50년 추억담" "50년 story telling" 등으로 하는 것이 좋겠다는 논의가 있어 일단 "50년 이야기 집"으로 잠정 통일하기로 하고 여론을 들어 책 제목은 추후에 정하기로 함.

2. 전원 참여를 위한 구체적 방안

1) 세상을 떠난 동기들의 이야기
가) 일찍 간 분들의 처 또는 자식을 접촉하여 동기들이 남긴 글이나 그들의 회상을, 글 또는 사진 등으로 받아 전재함.
나) 먼저 간 분들의 회고담들을 쓸 수 있는 살아있는 동기들로부

터의 추모 글을 받음. 구체적으로 '누구의 일을 누가 담당할 것인가?'는 재론하기로 함.
    (예시: 조영래에 대하여는 박성민이 적임)
 2) '글'이냐 '자료'냐의 문제: 창작된 글만을 대상으로 할 것이 아니고 폭을 넓혀 사진, 언행록, 변호사나 검사, 판사들의 주요 공판 관련 기록, 두일회 등산회와 같은 동기회 소 모임 활동 기록 등 남기고 싶은 글, 자료들을 모두 대상으로 하여 수집, 정리, 수록 하기로 함. 따라서 모든 동기들로부터 자신들의 창작물이나 현실 생활 기록을 글이나 사진 등으로 제출 받음.

3. 원고 또는 자료의 수집

1) 시기 : 금년(2014) 6월 말까지 1차로 수집하여 내용을 분류하고 1차의 미비점을 보완하는 2차 모집은 9월 말까지 진행함.
2) 형태: 형식 구분 없이 글이나 자료로 받음. 단, 이메일로 받기로 하나 이메일이 없는 사람들의 경우 문서 또는 자료 형태로 우편 등을 통해 받음. 글의 경우에도 시, 수필, 회고록, 단편소설, 여행기, 평론, 논문 등도 포함하기로 하며 그림이나 삽화도 가함.
3) 주요경력 : 원고 등을 제출 받을 때 본인의 주요 경력도 같이 받아 정리, 소개 하기로 함. 발간 저서 이름, 그림 전시회 기록, 글
4) 내용 예시
    · 학창시절 이야기 (교수, 학교생활, 기타 활동 이야기)
    · 첫사랑 이야기

- 인생살이
- 남기고 싶은 중요한 경험·인생 여정에서의 중요한 결정들
- 사회생활 이야기
- 인생관·철학·윤리 등
- 문화·예술·여행
- 자연 속 삶
- 잊지 못할 사람들 이야기
- 국가와 국민에 대한 이야기

4) 원고 등의 분량: A4지 5매 이내로 하고 글자의 크기는 본문의 경우 10포인트로 함. 사진 자료는 가급적 여러 동기들이 관계된 자료를 우선적으로 수집하기로 하고 개인의 경우 5매 이내로 함. 판결문 등의 경우 역시 원고 분량인 A4지 5매 이내의 요약본으로 함을 원칙으로 함.

5) 제출방법: 이메일 이용을 원칙적으로 함. 이메일 주소: yuyu@yuyutour.com
주소 : 인천시 중구 하늘달빛로 113 아파트 753-3503 김영수
이메일 사용시 소프트웨어 아래한글을 이용.
단, 부득이한 경우는 MS word도 가함

7) 발간된 '50년 이야기집'의 표지 제목: 동기들의 여론을 들어 편집위원회에서 추후에 별도로 정함.

8) 수집방법: 특히 꼭 필요한 글이라고 생각되는 경우 편집위원 중에서 해당분야 수집책을 지정하여 원고 수집에 임함.

4. 발간비용 문제

성격상 동기 전원이 참가하여 제작하는 기념물이므로 참여를 권장할 필요성도 있고 어차피 50주년 행사 비용을 회원들로부터 갹출하면서 동시에 편집위원들이나 자료 제출 동기들에게 출판 비용을 별도로 지우는 것은 형평상의 문제도 있고 하여 운영위원회의 원칙을 재고 해줄 것을 회의에 참석한 정재룡 동기회장에게 요청하였음.

5. 난지도 모임

동기들의 야외 모임 모습도 기록에 남기고 글쓰기 위한 환경도 조성할 겸하여 오치용 목사 주관으로 서울시의 협조를 받아 "난지도 글쓰기/그리기 / 돌아보기 모임을 다음과 같이 동기회 이름으로 개최하기로 하였음. 구체적 사항은 별도로 동기회 명의로 통보함.

일　시: 2014년 5월 21일 12:00
장　소: 디지털 미디어시티 역 2번 출구
내　용: 난지도의 역사와 변천과정을 돌아보는 일정으로 점심식사 후 "난지도 이야기" 전시관·미디어센터·월드컵경기장·에너지드림센터·월드컵공원 등을 특별히 준비한 전용 관광버스와 도보로 돌아봄.

6. 차기 편집위원회 모임

일　시: 2014년 6월 9일 12:00
장　소: 남촌

- 2014. 5. 6. 간사회의

    장　소: 남미옥
    참석자: 백윤수 위원장 / 김종상 / 김영수
    논　의: "50년 이야기 집"을 구성할 내용 특히 동기간 소 모임 활동 내역 파악/사망한 사람들의 이야기를 수집하는 방법에 대해 심도있게 논의함. 그 상세는 5.16자 회람에 언급됨.
    1) 특이 직종군의 이야기
    2) 동기간 행사 이야기(여행 등)
    3) 출판기념회 정리(도서 출판 내역 정리)

- 2014. 5. 16. 회람

65동기생 여러분, 현재 진행 중인 '입학 50년 추억 모으기'와 관련하여 특히 다음의 자료가 필요하오니 자료를 갖고 있는 분이나 자료의 소스를 알고 계신 분은 연락 또는 자료 제출 바랍니다.

1. 두일회 관련

두일회 회장이던 조용국 동기가 당시의 두일회 활동 기록(참가자 및 골프기록 등)은 갖고 있으나 활동을 보여 주는 사진 자료가 없어 이를 찾고 있습니다. 반드시 전원의 사진이 아니더라도 가하오니 사진들이 있으신 분은 조용국 동기 또는 김영수 동기(yuyu@yuyutour.com)에게 연락 주시기 바랍니다.

동시에 두일회 관련 일화 역시도 수집하오니 당시 일들을 기록하여 역시 상기와 같은 방법으로 통보주시면 많은 도움이 되겠습니다.

2. 사망 동기에 대한 자료

1) 먼저 간 동기들 김시승, 박상서, 박현수, 성락천, 윤민규, 윤석천, 윤충근, 이명천, 이상욱, 이해관, 임완규, 전인선, 조영래, 최기호, 최창식 - 의 가족연락처(전화번호 또는 이메일), 별세 날짜를 아시는 분들은 그 내용.
2) 그들의 글이나 사진을 갖고 계신 분들은 그 자료
3) 동기에 대한 회고담
4) 같은 직장에 다니셨던 분들은 당시의 동료들 모임을 주선 해 주시면 '동기 추억 모음' 담당 간사가 참가하여 집단 인터뷰를 통해 먼저 간 동기에 대한 추억담을 기록 하고자 함. -김영수 yuyu@yuyutour.com에게 연락

3. 기타 산악회 모임, 여행을 같이한 모임 등,

비정규적인 모임도 동기들이 같이 한 모임이면 그 이야기를 남기고자 하니 글로 써 보내주시든가 아니면 별도의 모임을 주선하여 주시면 역시 관련 편집위 간사가 참석하여 이야기를 채록함.

동기 여러분의 적극적 협조를 기대합니다.

- 입학 50주년 문집 편집위원회 위원장 백 윤 수

- **2014. 9. 1. 편집회의**

참석자: 김영수, 김인주, 김종구, 김종상, 김학수, 윤석분, 오치용, 정운철(위원장 백윤수는 해외에 체류 중으로 회의 진행을 김영수 간사에게 위임함.)

(동기회로부터 정재룡, 이흥원, 박동수, 윤교중)

장 소: 남촌 12;00

의 안: 하기 편집안에 대한 검토.

1. 원고는 9월 말까지 최종 마감하여 10월부터 구체적인 편집에 들어감. 책자는 1월 중순까지 발간함.
2. 고인이 된 동기들의 이야기는 더 많은 동기들의 단편적 추억들을 모으기 위해 전원에게 취지를 고지함.
3. 표지는 "50"이라는 이미지를 살리기로 하고 김광로 화백에게 의뢰함.
4. 동기회 본부에서 동기회 연혁을 작성, 제출키로 함.
5. 세월호 이야기는 다른 표현을 쓰거나 아니면 기타 항목에 편제하기로 하고 후대에 주는 이야기는 추가되는 원고를 감안하여 독립 여부를 판단하기로 함. 조국을 위한 기도문 등이 추가되면 좋겠음.
6. 편집 안중 제4부 "문화와 삶에 관한 이야기"는 "삶과 문화에 관한 이야기"로 하기로 함.
7. 스승님들과의 추억을 더 많이 모았으면 함.
8. 기록 사진 등을 추가로 모집하기로 함
9. 동기들의 출판도서 이야기에 정운철의 "이야기는 이렇게 시작

되었다"가 추가됨.
10. 오치용 목사가 위원장으로 총 지휘하고 있는 '난빛도시 축제'에 10월17일 금요일 11시에 부부 동반하여 참여하기로 함. 이 축제에서 동기들 사진을 추가로 확보하기로 함.
11. 동기들의 그림이나 저서 등을 축제 시 기부하여 시민들에게 판매하기로 하고 수익금은 축제위원회에서 불우 이웃에게 전달하기로 하며 상세한 요령은 동기회에서 일괄 고지하기로 함.
12. 다음 편집회의는 10월 6일 12시 남촌에서 개최함. 김종상 동기가 생일(9월1일)을 맞아 케익을 가져와 회의 현장에서 축하 파티가 있었음. 오늘 점심 식사비용은 정운철 동기가 결제하여 모두의 박수를 받았음을 부기함.

편집회의 장면

- 2014.10. 6. 편집회의

장　소: 남촌
참석자: 김인주, 김철, 김학수, 박재윤, 배영길, 백윤수, 오치용, 김영수(동창회 본부로부터 정재룡, 윤교중, 이홍원, 박동수)
특기사항: 배영길 위원이 불원천리 부산에서부터 올라와 참석해주었으며 점심 비용은 박재윤 위원이 부담하였습니다.

< 토 의 >
1. 발간 일정 및 배포계획

최종 배포는 모든 동기들의 집으로 우송함
배포량은 각 두 권으로 하고 추가 요청이 있는 경우에는 유료로 하되 추후 재론함(권당 금액, 입금처 등), 추가 수령하고자 하는 인원은 배포 전 확인.
배포 일은 3월 중으로 하되 기념일 이전에 읽어 볼 수 있도록 함.
총 발행 부수는 500권으로 함.
교정은 윤석분, 김영수가 일단 담당하기로 하고 추가 희망자 신청 받기로 함.
2015년 신년 하례식 석상에서 배포하자는 의견도 있었음.

2. 발간 기념 행사

동기 50주년 기념 모임석상에서 별도 프로그램을 만들어 하기로 함.

3. 교정 / 편집 일정

다음 편집회의 시 전 내용을 프린트하여 참가자 전원 공람하며 전체의 편제 및 내용 첨삭 등 추가 논의하기로 함.

4. 책 제목

지금까지 임시로 "65동기 50년 이야기집"으로 통칭하여 왔으나 무엇인가.우리들의 모습을 표현하는 이름으로 연구 해보고 다음 회의 시 다시 논의하기로 함.

* 제안된 이름들
  1) '낙산 반세기' 등 낙산과 관련된 이름
  2) 서울 법대 65학번, 우리들의 50년 이야기(또는 스토리)

* 서울법대라는 이름은 표기하자는 의견과 표기하지 말자는 의견이 각기 있었으나 현실적으로 어떠한 형태로든 표기 하자는 쪽으로 의견이 모아짐.

5. 영문 병기의 문제

오치용 위원으로부터 논문처럼 영문으로 내용을 약술하여 책에 집어 넣을 필요가 제기됨. 표지의 경우에도 뒷면에는 영어로 표지를 만드는 것도 좋겠다는 의견이 있었음. 제출된 원고 중에는 영어로 작성된 부분도 있어 발간 취지 등은 영어로도 병기하는 것이 좋겠다고 의견이 모아짐. 영어본은 오치용 위원이 담당하기로 함.

6. 전체 편제

대체로 현재의 장, 절을 유지하기로 하였으나 전체 원고를 1차 편집하여 안을 만든 후 다음 회의석상에서 전체 내용을 보며 의논하기로 함.(중간에 간사들이 모여 집중 논의하기로 함.)

7. 표지화

지난 번 회의 시 결정된 바 김광로 화백의 그림 중에서 택하기로 하여 3개의 안을 (그림 3점)을 놓고 참가자 각자의 의견을 물었던 바 그림 중 두 점(9815, 9813)으로 각기 표지 sample을 만들어 다음 회의 시 눈으로 보아가며 재논의하기로 함.

표지 샘플의 책 제목은 임시로 "우리들의 50년 이야기"로 표기하기로 함.

8. 난빛도시 축제 참여

오치용 동기가 주관하는 10월17일 난빛도시 축제에 강남모임 대신하여 참여하기로하고 상세 참가요령은 동창회에서 일괄 발송하기로 함.

단, 동기들의 그림 또는 출판도서 등을 제공하여 당일 현장 판매하기로 하고 수익금은 오치용 동기가 추진하고 있는 "난빛도시 유네스코 등재 사업"을 위해 기증하기로 함.

- 2014. 10. 31 편집회의 의사록

장   소: 남촌
참석자: 백윤수, 김영수, 김인주, 김종구, 윤석분(동기회로부터 정재룡 이홍원)
사전에 이메일로 의견 표한 위원: 김중양, 박재윤, 김학수, 김 철
안   건: 책자이름 정하기
토의 과정; 그간 위원들로부터 공개 모집한 안을 대상으로 의견을 구한바 낙산이라는 이름을 포함한 제목에 다소 많은 인원이 찬성하였으나 '낙산' 이름을 제외하자는 의견 역시 논리성을 갖고 있어 여러 안 중에서 다음 세 가지 안을 회람하여 전 동기들로부터 의견을 구하기로 함.
제목 안 : 1. 『서울법대 65동기 50년 기념문집』 낙산 연가
         2. 『서울법대 65동기들의 이야기』 낙산의 추억 반세기
         3. 『서울 법대 65동기 기념문집』 우리들의 50년 이야기

- 2014. 11. 17 회의록

장   소: 남촌
일   시: 2014. 11. 17. 12:00-13:40
참석자: 김인주, 김종구, 박재윤, 백윤수, 오치용, 윤경희, 정운철, 김영수(이홍원)
i. 11.14. 운영회의 결과 보고: 백윤수
ii. 표지 안은 전 동기에게 공모하여 그림, 서예, 사진 등 제한 없이 안을 받아 보는 절차가 필요하며 이렇게 해서 수집된 안과

기존의 안을 같이 검토하여 보자.(*표제 및 표지안을 동기회에서 공람 고지하기로 함.)
iii. 이왕 책을 만드는 것이니 더 공을 들여 좋은 책을 만들기 위해 book designer들의 도움을 받아 보는 것도 좋겠다.
iv. 천연색 인쇄로 하기로 하고 지질도 좀 더 좋은 것으로 하자.
v. 상기 질을 높이는 문제와 관련하여 운영위원회 측에서 기존의 예상 600만원 보다 더 지출할 준비가 되어 있다고 얘기하였다. 기존의 표지 안 그리고 추가 비용 문제를 보고하는 중 정운철 위원이 "50주년 기념 위원회"에서 "50년 이야기 집"에 투입할 것을 조건으로 '500만원'을 쾌척하기로 함.

1. 향후 일정

출간 일정: 2015. 2월 말 이전에 출간함.
교정 등 일정
    1) 11월21일: 위원장과 교정 업무 주 간사인 김영수, 윤석분이 출판사를 방문하여 책의 형태와 질 그리고 출간 일정 등에 관한 협의를 함.
    2) 12월 1일 예정된 편집회의에서 인쇄된 1차 편집 안을 프린트 아웃하여 놓고 위원들이 같이 검토, 교정.

2 기타 일정

회의석상에서는 토의되지 않았으나 약 세 차례의 교정을 거쳐야 할 듯하며 1월 20일경에는 표지 등 모든 것이 마련된 상태에서 최종

교정이 위원들 동참 하에 이루어져야 할 듯함.

3. 책 이름 및 표지안의 결정

책 이름 그리고 표지안에 대하여서는 사실 편집 위원들 간에는 충분히 토의 되었음으로 공모에 의해 수집된 안과 기존의 모든 안을 같은 입장에서 놓고 이의 선택 여부와 그의 활용 방안(표제, 표지 그림으로의 선택, 기타 내지에의 삽입 등) 등 상세한 사항은 편집 위원회 집행부에 일임하기로 함.

4. 참고사항

1) 표지그림에 대한 위원들의 의견
   김중양: 2번 · 배영길: 1번 또는 4번 · 윤경희: 3번
   윤석분: 5번 · 정운철: 모두 OK.

2) 정의의 종 사진
지난 번 회의석상에서 논의 된 정의의 종 사진 삽입 건 관련하여 김영수가 그 사진을 입수하였음을 보고하였고 표지 내지에 설명과 함께 배치하였으면 한다는 김인주 위원의 의견이 있었음.
모두 좋은 책 만들기 위해 매진할 것을 약속하고 출판기금에 기여하기로 한 정운철 위원에게 감사의 박수를 보냄으로 회의를 마감하였음.

표지 결정 과정

"50년 이야기집"의 표지를 결정 하는 과정은 우리들의 50년을 돌아보는 듯 하는 여정이었다. 수많은 일들이 있었다. 동기들의 작품으로 하자고 할 때까지는 일사천리였다. 마치 낙원에 난초가 피어나듯 순조롭고 아름답게 진행되었다. 그러나 그 작품의 범위를 동기들의 가족으로까지 넓히는 문제를 둘러싸고 우리는 고뇌하였다.

여러 차례의 토론 끝에 오로지 50년 간의 이야기를 상징할 수 있는 그림을 구하자고 정하였고 동기 회장단이 그림을 구하러 작가를 찾아 다녔다. 작가가 없는 화실에서 마음에 드는 그림을 들고 오는 일도 있었는데 나중에 그 사실을 안 작가가 다시 그림을 그려 보내기도 하였다. 우여곡절 끝에 김광로 동기의 그림과 한광수 동기의 부인 모지선 화가의 작품들 중에서 시안을 만들어 편집위원들과 운영위원들의 의견을 들었다.

그 결과 한광수 동기의 부인 모지선 화가의 작품 중에서 우리들의 학창시절과 그 후 50년의 정진 과정을 연상하게 하는 그림이 선정되었다. 여러 차례 시안을 그려준 김광로 화백에게 감사하며 모든 인연 다 떠나 오로지 이야기 집을 잘 만들어보자고 양평의 화실까지 몇 차례 왕복한 동기 회장단의 고뇌를 이곳에 기록으로 남긴다.

졸업 20주년 기념 홈커밍 행사에서. 가족들과 함께.

서울 법대 65동기 50년 이야기

출간의 기쁨을 함께 하고자 합니다.

2015. 5

김 · 장 법률사무소

우리들의 50년 기념행사

50주년 축하연

· 일   시: 2015년 5월 7일(목) 오후 6시
· 장   소: 라움아트센터 3층 갤러리홀

50-50 걷기대회

· 일   시: 2015년 4월 27일(월) ~ 4월 30일(목)
· 장   소: 강원도 양양군 죽도정 ~ 강원도 동해시 옥계해수욕장
· 참여방법: 전구간이든 일부이든 사정에 따라 자유로이 참여함.
· 참가비: 10만원(초과비용 동기회부담)
· 신   청 : 숙소예약 문제가 있으니 미리 신청 요망.
· 신   청 : 안길용 010-3125-8955

부부동만 국내여행

· 일   시 : 2015년 9월 9일 ~ 9월 11일(2박 3일 예정)
· 여행지 : 여수기점으로 목포, 진도 등 예정.
· 비   용 : 한 couple당 50만원 (동기회에서 50만원 부담)
· 신   청 : 리무진버스 예약 등 여행계획 수립이 필요하며 미리 신청을 받기로 하였습니다. 조기에 신청마감 될 수 있음을 유의해 주십시오.(신청 : 김인주 010-3744-5652)
· 홈페이지: http://myhome.netsgo.com/yuyu
· E-mail : yuyu@netsgo.com

2015년 4월 10일 서울법대 50년 기념행사 최종 운영위원회의 및 편집위원회

서울법대 65동기 우리들의 50년 이야기

초판인쇄일 2015년 4월 17일
초판발행일 2015년 5월 1일

발 행 처 : 서울법대65동기회
발 행 인 : 정재룡

펴 낸 이 : 김순진
펴 낸 곳 : 도서출판 문학공원
등 　 록 : 2004년 3월 9일 제6-706호
주 　 소 : 우편번호(130-814) 서울 동대문구 난계로 26길17호
　　　　　삼우빌딩 C동 302호 계간 스토리문학사
전 　 화 : 02-2234-1666
팩 　 스 : 02-2236-1666
홈페이지 : http://cafe.daum.net/yob51
이 메 일 : 4615562@hanmail.net